Auditing

21世纪会计系列规划教材

精要版

审计

（第二版）

邓川 编著

东北财经大学出版社
Dongbei University of Finance & Economics Press
大连

图书在版编目（CIP）数据

审计／邓川编著．—2版．—大连：东北财经大学出版社，2011.12（2014.7重印）
（21世纪会计系列规划教材·精要版）
ISBN 978-7-5654-0616-4

Ⅰ.审… Ⅱ.邓… Ⅲ.审计学-高等学校-教材 Ⅳ.F239.0

中国版本图书馆CIP数据核字（2011）第246568号

东北财经大学出版社出版
（大连市黑石礁尖山街217号 邮政编码 116025）
教学支持：（0411）84710309
营 销 部：（0411）84710711
总 编 室：（0411）84710523
网 址：http：//www.dufep.cn
读者信箱：dufep @ dufe.edu.cn

大连力佳印务有限公司印刷 东北财经大学出版社发行

幅面尺寸：170mm×240mm 字数：396千字 印张：19 3/4
2011年12月第2版 2014年7月第6次印刷

责任编辑：李智慧 吴茜 高铭 责任校对：贺 鑫
封面设计：冀贵收 版式设计：钟福建

ISBN 978-7-5654-0616-4
定价：32.00元

前　言

作为一本面向会计学、财务管理、审计学专业本科生的教材，本书主要有以下特点：

第一，突出审计基本理论和方法。力求讲透审计学的基本概念和基本理论，同时让学生初步熟悉基本业务循环的审计实务，希望达到举一反三的效果。在基本理论中，又重点融入我国2006年新审计准则中的现代风险导向审计理念，将风险识别、风险评估和风险应对的核心思想融入各交易循环审计的实务中。

第二，在编写体例上，本书设置了"主要知识点"、"关键概念"、"案例分析"、"复习思考题"、"参考文献与推荐阅读"等栏目。其中，"案例分析"便于学生掌握理论知识，"参考文献与推荐阅读"则为学生加深对课本知识的理解和拓宽视野提供了帮助。

第三，本书以注册会计师审计为主，并在介绍鉴证业务的基础上，重点讲述历史财务报表审计业务。

本教材共15章。第1至3章主要阐述审计需求与发展、审计职业规范与责任；第4章主要阐述历史财务报表审计目标及其实现；第5至7章主要阐述审计计划、风险评估与风险应对；第8章主要阐述审计抽样及其运用；第9至13章主要阐述历史财务报表各交易循环的基本流程、涉及的主要账户和记录、进一步的审计程序；第14至15章主要阐述终结审计阶段的各项工作，以及审计报告的含义、审计意见类型和审计报告决策等。

根据我国2010年对审计准则的修订情况，本书第二版也及时进行了修订。涉及的主要内容包括：第2章"审计职业规范体系"中介绍了准则的总体修改情况；第4章"财务报表的审计目标及其实现"中修订了注册会计师的总体目标；第5章"计划审计工作"中修订了审计重要性的概念以及运用重要性评价错报的影响，并增加了相应的案例；第15章"审计报告"中修订了出具各种审计意见的要求以及相应审计报告的格式，增加了"其他报告责任"、"其他事项段"等审计报告内容。此外，对函证的概念和内容也在相关章节中作了修改。

本书由邓川编写。在编写过程中，笔者参阅、借鉴了国内外的相关论著和教材，在此致以诚挚的感谢。

本教材在编写过程中得到了浙江财经学院会计学院汪祥耀教授的指导和帮助，在此深表感谢。同时感谢喻万芹、郭文、杨文莺、许璠、胡斌、罗建中、潘炜权、江婷、叶君军、沈彬彬、沈洁、胡雪倩、丁翔等同学对书稿的首次校对。东北财经大学出版社方红星社长和李智慧主任为本书的出版作了深入细致的指导，在此一并表示谢意。

由于我们的经验和水平有限，错误在所难免，恳请各位专家与读者批评指正。

编　者

2011年11月

目　录

第1章

审计概论

主要知识点

审计产生的原因；审计的概念；审计业务的分类；注册会计师职业

关键概念

审计（Audit） 受托责任（Accountability） 信息风险（Information Risk） 审计师（Auditor） 注册会计师（Certified Public Accountant） 会计师事务所（Accounting Firm）

1.1 审计产生的原因

在原始社会，生产资料归原始公社所有，在这种人人平等的社会中，不需要建立专门的监督制度，因而也就不可能产生审计。随着生产力的发展，生产资料也逐步由公有制转变为私有制，公有财产变成了私有财产。当财产所有人时间、精力不足时，他们就需要委托其他人员管理财产。财产的所有权与经营管理权出现分离，委托人与受托责任人之间产生了受托责任关系，进而才产生了审计。

无论是在政府组织中还是企业内外部，都存在着这种受托责任关系。就政府而言，国民为责任委托人，各级政府管理部门为受托责任人；就企业整体而言，财产所有者（包括债权人）为责任委托人，企业管理当局为受托责任人；就企业内部而言，最高行政管理当局为责任委托人，各级管理部门为受托责任人。要评价责任人履行受托经济责任的状况，委托人需要责任人提供反映其履行责任的相关资料，其中很多信息是由财务报告提供的。

然而，随着社会的日益复杂，责任委托人或决策者获得不可靠信息的可能性与日俱增。具体而言，以下四个因素导致委托人或决策者面临的信息风险加大，从而需要审计：

（1）信息的间接性

在现代社会中，委托人几乎不可能大量地取得他所在组织的第一手资料，而是必须借助他人之手，如此一来，信息故意或无意错报的可能性就会增加。

（2）信息提供者的偏向和动机

只要信息提供者（受托责任人）和信息使用者（委托人）的目标不一致，那么信息就有可能偏向提供者，其原因可能是提供者对未来事项的盲目乐观，或故意用某种方式来影响信息使用者。无论哪种情况都将导致信息的错报。例如，在借款决策中，借款人为了增加取得贷款的机会，就很可能在其报表中制造有利于他们的偏差。

（3）过量信息

随着组织规模的扩大，业务量的增多，信息记录不当的可能性也随之增加。而这种不当信息很可能被大量的其他信息所掩盖。例如，某大型政府部门向供货商多开了2 000元发票，那么，除非该部门设计了较为复杂的程序，才能够发现这类错误，否则这一错误被掩盖的可能性就非常大。如果大量的小额错误未能被发现，则其累计金额就可能是重大的。

（4）复杂的交易业务

最近几十年来，各组织间的交易业务日趋复杂，正确记录业务的难度也随之增加。以一个企业收购另一企业为例，正确处理该类会计业务是一个相当困难和重要的问题。又如，衍生金融工具的复杂性带来的披露难题。

对于信息风险，委托人可以直接去企业现场检查相关的记录，以取得有关报表可靠性的信息。然而，由于委托人的专业知识有限或者成本太高，这种方法并不可行。此时，聘请一个独立的第三方来检查就能解决这个难题，也才能做到客观、公正。这个独立的第三方就是审计人（即审计机构或审计人员）。审计人与财产委托人之间也形成了审计的委托责任关系。责任委托人是审计授权人或财产委托人，受托责任人为被审计人（财产受托责任人）。如果我们把审计人看作是第一关系人，把责任委托人看作是第二关系人，把受托责任人看作是第三关系人，则审计关系可用图1—1表示。

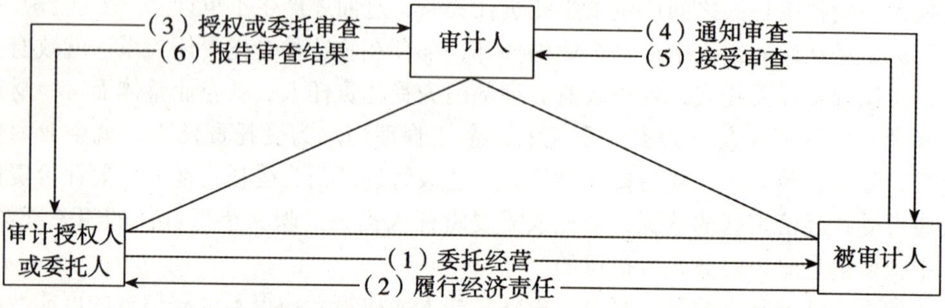

图1—1 审计三方关系

【案例分析1—1】审计可以通过降低信息风险来降低资本成本

为了解释审计的需求，我们考虑某银行经理向企业贷款时所做的决策。贷款将使得银行资产的所有者与使用者发生分离。银行经理进行这个决策时需考虑财务报表所反映的财务状况及银行以前同该企业的财务关系。如果银行决定贷款给企业，若资金成本为13%，我们假定该贷款利率由以下三个因素决定：

（1）无风险利率。我们假定其为5.5%，该利率近似于银行投资于与企业贷款期限相同的国债所能取得的收益率。

(2) 客户的经营风险。这一风险反映了企业由于经济或经营状况的变化，如经济衰退、管理部门决策不当、出现意外的行业竞争等而不能偿还贷款的可能性。我们假定该经营风险的加成利率为3.5%。

(3) 信息风险。这一风险反映企业在经营决策时所依据信息不正确的可能性，而财务报表不正确的可能性是导致信息风险的一个可能因素。我们假定该信息风险的加成利率为4%。

审计对无风险利率或经营风险都没有影响，但对信息风险却有重大影响。如果银行经理认为由于借款人的财务报表已经过审计，信息风险减小，那么他会考虑降低借款利率。信息风险的降低对借款人能否以合理的成本取得资金会产生重大影响。例如，假如某大型公司有总计约10亿元的长期借款，即使该笔债务的利率只降低一个百分点，每年也可节约1千万元的利息支出。如果审计成本小于节约的利息成本，理性的公司将选择让其财务报表接受审计。

毕马威的高级合伙人 Robert Elliott 认为，下列因素将在未来显著地降低信息风险：(1) 技术进步将会极大地减少为投资者提供相关、及时信息的成本。(2) 随着更多公司的网络化，投资者获取过时信息的风险将会降低。(3) 新的会计和审计准则已要求更好地披露分部经营情况、风险及不确定性的情形。新的规则要求提供非财务业绩数据及预测性信息。(4) 注册会计师开发出更有效的审计方法，例如，对电脑控制系统的持续性审计，这些新方法能提供新的保证水平。

资料来源 改编自1995年12月11日《现代会计》第16页。

1.2 审计的定义

1.2.1 相关组织对审计的定义

关于审计定义的争议由来已久，下面列举若干审计定义：

(1) 美国会计学会（AAA）发布的《基本审计概念说明》中，把审计描述为："为确定关于经济活动及经济事项的认定和既定标准之间的一致程度，而客观地收集和评价与这种认定有关的证据，并将结果传达给利益相关者的系统过程。"

(2) 国际会计师联合会（IFAC）下设的国际审计与鉴证准则理事会（IAASB）将注册会计师审计概念描述为："财务报表审计的目标是，使审计师能够对会计报表是否在所有重要方面按照适用的财务报告框架编制发表意见。"

(3) 1997年10月颁布的《中华人民共和国审计法实施条例》第二条规定："审计是审计机关依法独立检查被审计单位的会计凭证、会计账簿、会计报表，以及其他与财政收支、财务收支有关的资料和资产，监督财政收支、财务收支真实、合法和效益的行为。"

(4) 国际内部审计师协会（IIA）在1999年6月批准了内部审计的新定义："内部审计是一项独立、客观的鉴证和咨询活动。其目的在于增加价值和改进组织运作，它通过系统化和规范化的方法评价和改进风险管理、控制和高层管理过程，帮助组织实现其目标。”

在上述定义中，美国会计学会的审计定义最具代表性。综观上述定义我们可以发现，政府审计机关、注册会计师审计组织和内部审计组织对审计所下的定义是不完全相同的，它们各有侧重点。政府审计机关把审计看成是经济监督活动，注册会计师审计组织把审计看成是对财务报表的鉴证活动，而内部审计组织则把审计看成是一种对经济活动的鉴证和咨询活动。

1.2.2 审计与会计的区别

会计是对经济事项进行系统的记录、分类和汇总，其目的是为决策提供所需的财务信息。为了提供相关的信息，会计人员必须全面掌握列报会计信息应遵循的原则和规则。此外，会计人员应制订一套会计处理系统，以确保能以合理的成本，及时恰当地记录单位所发生的经济事项。

在审计会计数据时，审计人员应关注所记录的信息是否恰当地反映了会计期间内所发生的经济事项。由于会计规则是评价会计记录是否恰当的标准，因而负责审计这些数据的审计人员也应全面掌握这些规则。就财务报表审计而言，这些规则就是会计准则。除了懂得会计之外，审计人员还必须拥有收集和解释审计证据的专业能力。是否具备这种专业能力正是审计师与会计人员的区别所在。确定适当的审计程序，确定所测试项目的数量和类型，评价审计结果等，这些都是审计特有的工作。

1.3 审计的分类

1.3.1 按审计主体分类

审计按其执行主体不同可分为政府审计、注册会计师审计和内部审计。

政府审计是指由政府审计机关所实施的审计。政府审计的主要特点是法定性，被审计单位不得拒绝。审计机关作出的审计决定，被审计单位和有关人员必须执行。

注册会计师审计，又称社会审计、民间审计或独立审计，是指注册会计师接受委托对被审计单位的财务会计报告进行审查并发表意见的审计。这也是本书的重点讲述内容。

内部审计是指由部门和单位内部设置的审计机构或专职人员对本部门、本单位及下属单位的财务收支及有关经济活动进行的审计。

1.3.2 按审计的内容和目的分类

审计按内容和目的不同可分为财务报表审计、经营审计和合规性审计。

财务报表审计（Financial Statements Audit），是指审计人员通过执行审计工作，对财务报表是否按照规定的标准进行编制发表审计意见。规定的标准通常是企业会计准则和相关的会计制度。

经营审计（Operational Audit），是指审计人员为了评价被审计单位经营管理活动的经济性、效率性和效果性，而对其经营管理程序和方法进行的评价。在经营审计中，审计的对象不仅限于会计，还包括组织机构、计算机信息系统、生产方法及手段、市场营销、贸易政策等领域。在经营审计结束后，审计人员一般要向被审计单位提出经营管理的建议。经营审计又称为管理审计或绩效审计。

合规性审计（Compliance Audit），是指审计人员通过审计来确定被审计单位是否遵循了特定的程序、规则或法规。比如，审计人员接受委托审计与银行签订的合同，以确定被审计单位是否遵守了合同规定的要求。合规性审计的结果通常报送给被审计单位管理当局或外部特定的使用者。合规性审计又称为符合性审计或遵循性审计。

1.3.3 按审计方法分类

一百多年来，虽然审计的根本目标没有发生重大变化，但审计环境却发生了很大的变化。注册会计师为了实现审计目标，一直随着审计环境的变化调整着审计方法。审计方法从账项基础审计发展到风险导向审计，这些都是注册会计师为了适应审计环境的变化而作出的调整。

1）账项基础审计

在审计发展的早期（19世纪以前），由于企业组织结构简单，业务性质单一，注册会计师审计主要是为了满足财产所有者对会计核算进行独立检查的要求，促使受托人（通常为经理或下属）在授权经营过程中作出诚实、可靠的行为。注册会计师审计的重心在资产负债表，旨在发现和防止错误与舞弊，审计方法是详细审计。详细审计又称为账项基础审计，由于早期获取审计证据的方法比较简单，注册会计师将大部分精力投向对会计凭证和账簿的详细检查。这种审计方法就是账项基础审计方法（Accounting Number-based Audit Approach）。

2）制度基础审计

19世纪即将结束时，会计和审计步入了快速发展时期。注册会计师审计的重点从检查受托责任人对资产的有效使用转向检查企业的资产负债表和利润表，判断企业的财务状况、经营成果是否真实和公允。由于企业规模的日益扩大，经济活动和交易事项的内容不断丰富、复杂，注册会计师的审计工作量迅速增大，而需要的审计技术日益复杂，使得详细审计难以实施，企业对审计费用难以承受。为了进一步提高审计效率，注册会计师将审计的视角转向企业的管理制度，特别是会计信息赖以生成的内部控制，从而将内部控制与抽样审计结合起来。因为职业界逐渐认识到，设计合理并且执行有效的内部控制可以保证财务报表的可靠性，防止重大错误和舞弊的发生。从20世纪50年代起，以控制测试为基础的抽样审计在西方国家得到了广泛应用，该方法称作制度基础审计方法（System-based Audit Approach）。

3）风险导向审计

由于审计风险受到企业固有风险因素的影响，如管理人员的品行和能力、行业所处环境、业务性质、容易产生错报的财务报表项目、容易遭受损失或被挪用的资产等导致的风险，又受到内部控制风险因素的影响，即账户余额或各类交易存在错报，内部控制未能防止、发现或纠正的风险。此外，还受到注册会计师实施审计程序未能发现账户余额或各类交易存在错报风险的影响，职业界很快开发出了审计风险模型。审计风险模型的出现，从理论上解决了注册会计师以制度为基础采用抽样审计的随意性，又解决了审计资源的分配问题，要求注册会计师将审计资源分配到最容易导致财务报表出现重大错报的领域。注册会计师以审计风险模型为基础进行的审计，称为风险导向审计方法（Risk-oriented Audit Approach）。

1.3.4 政府审计按目的和内容的进一步分类

政府审计按其内容和目的不同可分为财政财务审计、绩效审计和经济责任审计。

财政财务审计可细分为财政审计和财务审计。财政审计是由政府审计机关对本级财政预算执行情况和下级政府财政预算执行情况和决算，以及预算外资金的管理和使用情况的合法性和会计资料及其他有关资料的合法性、真实性、完整性进行的审计监督。财务审计是由政府审计机关、注册会计师审计组织、内部审计机构对各级政府部门、金融机构、企事业单位的财务收支及有关经济活动的合法性、合规性和会计资料的合法性、真实性、完整性、公允性所进行的审计监督、鉴证、评价活动。

绩效审计是由审计机构对被审计单位或项目的财政、财务收支或经营管理活动的经济性、效率性和效果性进行审查，评价其经济效益的优劣，并提出建议，促进其改善经营管理，提高经济效益的一种经济监督、评价活动。绩效审计在国外有各种叫法，如“三 E”审计、经营审计、管理审计、经济效益审计、价值为本审计等。

经济责任审计是审计机构对政府行政领导和企事业单位的高级管理者在任期间履行经济责任的情况进行审查，考核其任职期间是否存在违反财经法纪的行为及实现业绩情况的监督、评价、鉴证活动。这种审计类型是我国审计的一大特色。中共中央办公厅于1999 年发布了《县级以下党政领导干部任期经济责任审计暂行规定》和《国有企业及国有控股企业领导人员任期经济责任审计暂行规定》。前者第三条规定：“本规定所称领导干部任期经济责任，是指领导干部任职期间对其所在部门、单位的财政收支、财务收支真实性、合法性和效益性，以及有关经济活动应当负有的责任，包括主管责任和直接责任。”后者第三条规定：“本规定所称任期经济责任，是指企业领导人员任职期间对其所在企业资产、负债、损益的真实性、合法性和效益性，以及有关经济活动应负有的责任，包括主管责任和直接责任。”

1.4 审计职业组织

1.4.1 中国注册会计师协会

中国注册会计师协会（The Chinese Institute of Certified Public Accountants,

CICPA），于1988年11月15日成立。根据《中华人民共和国注册会计师法》（以下简称《注册会计师法》）的规定，中国注册会计师协会是中国注册会计师行业的全国组织，接受财政部、民政部的监督、指导。省、自治区、直辖市注册会计师协会是注册会计师行业的地方组织。中国注册会计师协会的宗旨是服务、监督、管理、协调。

中国注册会计师协会依法履行以下职责：（1）审批和管理本会会员，指导地方注册会计师协会办理注册会计师注册；（2）拟订注册会计师执业准则、规则，监督、检查实施情况；（3）组织对注册会计师的任职资格、注册会计师和会计师事务所的执业情况进行年度检查；（4）制定行业自律管理规范，对违反行业自律管理规范的行为予以惩戒；（5）组织实施注册会计师全国统一考试；（6）组织和推动会员培训工作；（7）组织业务交流，开展理论研究，提供技术支持；（8）开展注册会计师行业宣传；（9）协调行业内、外部关系，支持会员依法执业，维护会员合法权益；（10）代表中国注册会计师行业开展国际交往活动；（11）指导地方注册会计师协会工作；（12）办理法律、行政法规规定和国家机关委托或授权的其他有关工作。

1.4.2 政府审计机关

我国政府审计机关是以《中华人民共和国宪法》（以下简称《宪法》）为依据设立的。《宪法》第九十一条规定："国务院设立审计署，对国务院各部门和地方各级政府的财政收支，对国家的财政金融机构和企业事业组织的财务收支，进行审计监督。审计署在国务院总理领导下，依照法律规定独立行使审计监督权，主管全国的审计工作，不受其他行政机关、社会团体和个人的干涉。县级以上的地方各级人民政府设立审计机关。地方各级审计机关依照法律规定独立行使审计监督权，对本级人民政府和上一级审计机关负责。"

审计署依据《中华人民共和国审计法》进行下列审计：（1）中央财政预算执行情况和其他财政收支。（2）中央各部门、事业单位及下属单位的财务收支。（3）省级人民政府预算的执行情况和决算。（4）中央银行的财务收支和中央金融机构的资产、负债和损益状况。（5）国务院各部门管理的和受国务院委托由社会团体管理的社会保障基金、环境保护资金、社会捐赠资金及其他有关基金、资金的财务收支。（6）国际组织和外国政府援助、贷款项目的财务收支。（7）其他法律法规规定应由审计署进行的审计。

1.4.3 中国内部审计协会

中国内部审计协会前身为中国内部审计学会，成立于1984年。2002年学会更名为协会，成为对企业、事业行政机关和其他事业组织的内审机构进行行业自律管理的全国性社会团体组织。中国内部审计协会接受审计署、民政部的业务指导和监督管理。中国内部审计协会负责制定内部审计准则、职业道德标准，并监督检查实施情况。

1.5 注册会计师职业

1.5.1 会计师事务所

会计师事务所是注册会计师依法承办业务的机构。综观各国情况，会计师事务所的组织形式主要有独资、普通合伙制、有限责任公司制、有限责任合伙制四种。

(1) 独资会计师事务所

独资会计师事务所由具有注册会计师执业资格的个人独立开业，承担无限责任。它的优点是，对执业人员的需求不多，容易设立，执业灵活，能够在代理记账、代理纳税等方面很好地满足小型企业的需求，虽承担无限责任，但实际发生风险的程度相对较低。缺点是，无力承担大型业务，缺乏发展后劲。

(2) 普通合伙制会计师事务所

普通合伙制会计师事务所是由2名或2名以上注册会计师组成的合伙组织，合伙人以各自的财产对事务所的债务承担无限连带责任。它的优点是，在风险牵制和共同利益的驱动下，促使会计师事务所强化专业发展，扩大规模，提高规避风险的能力。缺点是，建立一个跨地区、跨国界的大型会计师事务所要经历一个漫长的过程。同时，任何一个合伙人在执业中的失误或舞弊行为，都可能给整个会计师事务所带来灭顶之灾，使之一日之间“土崩瓦解”。

在我国，设立合伙会计师事务所必须具备下列条件：2名或2名以上符合规定条件的注册会计师为合伙人，由合伙人聘用一定数量符合规定条件的注册会计师和其他专业人员参加会计师事务所工作；有固定的办公场所和必要的设施；有能够满足执业和其他业务工作所需的资金。另外，合伙会计师事务所应当建立风险基金，或向保险机构投保职业保险。

(3) 有限责任公司制会计师事务所

有限责任公司制会计师事务所由注册会计师认购会计师事务所股份，并以其所认购股份对会计师事务所承担有限责任。会计师事务所以其全部资产对其债务承担有限责任。它的优点是，可以通过股份制形式迅速聚集一批注册会计师，建立规模型大所，承办大型业务。缺点是，降低了风险责任对执业行为的高度制约，弱化了注册会计师的个人责任。

在我国，有限责任会计师事务所的设立必须符合下列条件：不少于人民币30万元的注册资本；有10名以上在国家规定的职龄以内的专职从业人员，其中至少有5名注册会计师；有5名以上符合规定条件的发起人；有固定的办公场所；审批机关规定的其他条件。

(4) 有限责任合伙制会计师事务所

有限责任合伙制（Limited Liability Partnership，LLPs）是一种特殊的合伙制，其最大的特征在于既融入了合伙制和有限责任公司制会计师事务所的优点，又摒弃了它们的不足。无过失的合伙人对于其他合伙人的过失或不当执业行为以自己在事务所的财产为限承担责任，不承担无限责任，除非该合伙人参与了过失或不当执业行为。到1995年年底，原“六大”国际会计公司在美国执业机构已完成了向有限责任合伙制的转型，在它们的主导下，许多国家和地区的大中型会计师事务所也陆续转型。有限责任合伙制已成为当今注册会计师职业界组织形式发展的一大趋势。

在我国，会计师事务所是国家批准成立的依法独立承办注册会计师业务的单位，实行自收自支，独立核算，依法纳税。注册会计师只有加入会计师事务所才能执业。根据现行《注册会计师法》的规定，我国注册会计师只准设立有限责任会计师事务所和合伙会计师事务所，不准个人设立独资会计师事务所。随着我国新修订的《中华人民共和国合伙企业法》于2007年6月1日开始实施，我国会计师事务所向有限责任合伙制的转型也逐渐开始进行。

为了贯彻落实《国务院办公厅转发财政部关于加快发展我国注册会计师行业若干意见的通知》（国办发［2009］56号），促进我国会计师事务所做大做强，财政部、国家工商行政管理总局于2010年制定了《关于推动大中型会计师事务所采用特殊普通合伙组织形式的暂行规定》，要求大型会计师事务所应当于2010年12月31日前转制为特殊普通合伙组织形式；鼓励中型会计师事务所于2011年12月31日前转制为特殊普通合伙组织形式。大型会计师事务所是指在人才、品牌、规模、技术标准、执业质量和管理水平等方面居于行业领先地位，能够为我国企业“走出去”提供国际化综合服务，行业排名前10位左右的会计师事务所。

会计师事务所转制为特殊普通合伙组织形式，应当有25名以上符合规定的合伙人、50名以上的注册会计师，以及人民币1 000万元以上的资本。采用特殊普通合伙组织形式的会计师事务所，一个合伙人或者数个合伙人在执业活动中因故意或者重大过失造成合伙企业债务的，应当承担无限责任或者无限连带责任，其他合伙人以其在合伙企业中的财产份额为限承担责任。合伙人在执业活动中非因故意或者重大过失造成的合伙企业债务以及合伙企业的其他债务，由全体合伙人承担无限连带责任。

1.5.2 会计师事务所的职员级别

典型会计师事务所的职员级别包括合伙人（Partner）或股东、高级经理（Manager）、督导人员（Supervisor）、项目经理（Senior）或主管审计师（In-charge Auditor）、助理人员（Staff Assistant）等。新员工通常从助理人员做起，在每一级别工作2~3年，最后成为合伙人。虽然这些职位在不同的事务所中名称各不相同，但结构大致一样。本书中提到的审计师是指在审计中执行某一方面审计工作的人。在较大的审计业务中，通常需要配备一至多名各个级别的审计师。

表1—1总结了事务所内不同级别的职员应具备的工作经验和承担的责任，正如表中所述，职位越高，责任越大。此外，员工们可通过参与各种业务获得不同的工作经验，但随着审计技术和计算机的不断发展，新从业的助理人员将被赋予更大的责任，面临更大的挑战。

表 1—1 职员的级别与责任

级别	平均工作经验	主要责任
助理人员	0～2 年	执行大部分详细的审计工作
项目经理或主管审计师	2～5 年	协调并负责外勤工作，对助理人员的工作进行复核和督导
高级经理与督导	5～10 年	对整个审计工作进行管理，帮助制订项目计划、复核项目工作，并负责与客户的沟通与联系。一个高级经理人员可能同时负责一个以上的业务
合伙人	10 年以上	复核整个审计工作，参与制定重要的审计决策。由于合伙人是事务所的所有者，故对审计工作和为客户提供的服务承担最终责任

事务所级别划分的本质在于促使员工提高胜任能力。因为每一级别的审计师都要对下级审计师的工作进行督导和复核，例如，项目经理或主管审计师直接对助理人员的工作进行督导，而助理人员的工作又由项目经理、高级经理和合伙人进行复核。

为了提高审计师的胜任能力，使其更好地为客户提供服务，许多事务所按照行业的特殊性来组织业务部门，每一级别的审计师可能专门具备某一个特殊行业（如金融机构）的审计知识。通过行业专门化可以加深审计师对客户所在行业的了解。为了方便审计，还可以聘请专业人士加入行业专门化审计工作小组，比如一个卫生保健专门化小组可能包括审计师、税务专家、卫生保健专业咨询人员。

1.5.3 职业资格的取得

1）注册会计师资格的取得

我国于 1991 年建立了注册会计师全国统一考试制度。根据《注册会计师法》的规定，具有高等专科以上学校的学历，或者具有会计或相关专业中级以上技术职称的中国公民，可以申请参加注册会计师全国统一考试。从 2009 年起，考试划分为专业阶段考试和综合阶段考试。考生在通过专业阶段考试的全部科目后，才能参加综合阶段考试。专业阶段考试设会计、审计、财务成本管理、公司战略与风险管理、经济法、税法 6 个科目；综合阶段考试设职业能力综合测试 1 个科目。

具有会计或者相关专业高级技术职称的人员，可以申请免予专业阶段考试 1 个专长科目的考试。专业阶段考试的单科考试合格成绩 5 年内有效。对在连续 5 个年度考试中取得专业阶段考试全部科目考试合格成绩的考生，财政部颁发注册会计师全国统一考试专业阶段考试合格证书。综合阶段考试科目应在取得注册会计师全国统一考试专业阶段考试合格证书后 5 个年度考试中完成。对取得综合阶段考试科目考试合格成绩的考生，财政部颁发注册会计师全国统一考试全科考试合格证书。

通过注册会计师考试全科成绩合格者，均可取得注册会计师资格，申请加入注册会计师协会成为非执业会员，但不能执业。要有执业资格，还必须加入一家会计师事务所，从事审计工作2年以上，并符合其他条件，才能向省级注册会计师协会申请注册。经批准注册后，发给财政部统一印制的注册会计师证书，方可执行注册会计师业务。

2）国际注册内部审计师资格的取得

国际注册内部审计师（CIA）是国际内部审计师协会认证的一项专业资格，是目前世界各国公认的内部审计资格。CIA的4门考试科目为：内部审计在治理、风险和控制中的作用，实施内部审计业务，经营分析和信息技术，经营管理技术。每科试题为100道选择题。具备下列条件之一者，可报名参加考试：（1）具有本科或本科以上学历；（2）具有中级或中级以上专业技术资格；（3）持有注册会计师证书或非执业注册会计师证书；（4）本科院校审计、会计及相关专业四年级学生（含报名期间三年级，考试期间升为四年级学生）。具有下列资格之一者，可申请免试第四门科目“经营管理技术”：（1）持有中级或中级以上审计师专业技术资格证书；（2）持有中级或中级以上会计师专业技术资格证书；（3）持有注册会计师执业证书或非执业注册会计师证书。

1.6 审计职业的业务范围

根据《注册会计师法》的规定，注册会计师依法承办审计业务和会计咨询、会计服务业务。此外，注册会计师还根据委托人的委托，从事审阅业务、其他鉴证业务和相关服务业务。

1.6.1 审计业务

1）审查企业会计报表，出具审计报告

《公司法》要求各类公司依法接受注册会计师的审计。一是第五十五条规定：“监事会、不设监事会的公司的监事发现公司经营情况异常，可以进行调查；必要时，可以聘请会计师事务所等协助其工作，费用由公司承担。”二是第六十三条规定：“一人有限责任公司应当在每一会计年度终了时编制财务会计报告，并经会计师事务所审计。”三是第一百六十五条规定：“公司应当在每一会计年度终了时编制财务会计报告，并依法经会计师事务所审计。”

目前，国家对上市公司监管所依据的信息主要来自上市公司的财务报表和注册会计师对其出具的审计报告，注册会计师在某种程度上已成为上市公司监管的第一道防线，在证券市场上扮演着越来越重要的角色。如果注册会计师出具了非标准无保留意见审计报告，表明财务报表存在不同程度的问题，或需要在某一方面予以强调。上市公司为了避免注册会计师出具这种类型的审计报告，无论是否情愿，都须遵守国家颁布的企业会计准则。从某种意义上说，注册会计师通过对上市公司年度财务报表的审计，实施了对上市公司的监督，提高了会计信息的质量。因此，注册会计师作为独立审计人，是联系资本市场和广大投资者必不可少的纽带，对投资者承担着重大责任。

不仅上市公司需要注册会计师作审计，国有企业及其他企业也需要注册会计师作审计。1998 年 10 月，财政部发布了《国有企业年度会计报表注册会计师作审计暂行办法》，规定从 1998 年起，国有企业年度财务报表，除个别特殊行业（企业）外，不再实行财政审批制度，其财务报表应于年度终了在规定时间内委托注册会计师实施审计。国务院于 2000 年公布并于 2001 年 1 月 1 日起施行的《企业财务会计报告条例》，要求国有企业、国有控股的或占主导地位的企业应当至少每年一次向本企业的职工代表大会公布财务会计报告，并重点说明注册会计师审计的情况。

2）验证企业资本，出具验资报告

根据《公司法》、《公司登记管理条例》的规定，公司及其他企业在设立审批时，必须提交注册会计师出具的验资报告。《公司法》第二十九条规定："股东缴纳出资后，必须经依法设立的验资机构验资并出具证明。"第九十条规定："发行股份的股款缴足后，必须经依法设立的验资机构验资并出具证明。"公司及其他企业申请变更注册资本时，也要提交验资报告。因此，验资业务成为注册会计师业务的重要组成部分。验资报告具有法定证明力，注册会计师及其所在的会计师事务所对其出具的验资报告承担相应的法律责任。

3）办理企业合并、分立、清算事宜中的审计业务，出具有关的报告

企业合并、分立或终止清算时，应当分别编制合并、分立财务报表以及清算财务报表。为了帮助财务报表使用人确立对这些报表的信赖程度，企业需要委托注册会计师对其编制的财务报表进行审计。在这些财务报表的审计过程中，注册会计师同样应当审查形成财务报表的所有会计资料及其反映的经济业务，并关注合并、分立及清算过程中出现的特定事项。审计业务完成后出具的相应的审计报告同样具有法定证明力，承办注册会计师及其所在的会计师事务所应当承担相应的法律责任。

4）法律、行政法规规定的其他审计业务

在实际工作中，注册会计师还可根据国家法律、行政法规接受委托，对以下特殊目的业务进行审计：（1）按照企业会计准则和相关会计制度以外的其他基础（简称特殊基础）编制的财务报表；（2）财务报表的组成部分；（3）合同的遵守情况；（4）简要财务报表。这些业务的办理需要注册会计师具备和运用相关的专门知识，注意处理问题的特殊性。

1.6.2 审阅业务

在许多国家和地区，注册会计师除了承办传统审计业务外，还承办其他鉴证业务，以增强信息使用者对所鉴证信息的信赖程度，其中就有审阅业务。财务报表审阅的目标，是注册会计师在实施审阅程序的基础上，说明是否注意到某些事项，使其相信财务报表没有按照适用的会计准则和相关会计制度的规定编制，未能在所有重大方面公允反映被审阅单位的财务状况、经营成果和现金流量。审阅程序相对比审计程序简单，因而其提供的保证水平比审计低。

1.6.3 其他鉴证业务

目前，在全球范围内，除了审计和审阅业务外，注册会计师还承办其他鉴证业务，如财务信息审核业务、网誉认证和系统鉴证等，这些鉴证业务可以增强使用者的信赖程度。我国注册会计师承办的业务范围较为广泛，既有针对历史财务信息的审计和审阅业务，又有历史财务信息以外的其他鉴证业务，例如，内部控制审核、预测性财务信息的审核等等。

1.6.4 相关服务

相关服务包括对财务信息执行商定程序、代编财务信息、税务服务、管理咨询，以及会计服务等。

对财务信息执行商定程序，是注册会计师对特定财务数据、单一财务报表或整套财务报表等财务信息执行与特定主体商定的具有审计性质的程序，并就执行的商定程序及结果出具报告。

代编财务信息，是注册会计师运用会计而非审计的专业知识和技能，代客户编制一套完整或非完整的财务报表，或代为收集、分类和汇总其他财务信息。

税务服务包括税务代理和税务筹划。税务代理是注册会计师接受企业或个人委托，为其填制纳税申报表，办理纳税事项。税务筹划是由于纳税义务发生范围和时间不同，注册会计师从客户利益出发，代替纳税义务人设计可替代或不同结果的纳税方案。其所得税的纳税筹划业务，现已扩展到财产税、遗产税等诸多税种。

管理咨询服务是注册会计师与非注册会计师激烈竞争的一个领域。从 20 世纪 50 年代起，注册会计师的管理咨询服务收入开始增长，并保持着强劲的增长势头。其原因主要是：首先，管理咨询服务是增值服务；其次，企业内部结构重组给注册会计师带来了无限商机。最近几年，大型会计师事务所越来越明显地成为管理咨询服务的主要提供者。管理咨询服务范围很广，主要包括对公司治理结构，信息系统，预算管理，人力资源管理，财务会计，经营效率、效果和效益等提供诊断及专业意见与建议。

注册会计师提供的会计咨询和会计服务业务，除了代编财务信息外，还包括对会计政策的选择和运用提供建议、担任常年会计顾问等。注册会计师执行的会计咨询和会计服务业务属于服务性质，是所有具备条件的中介机构甚至个人都能够从事的非法定业务。

复习思考题

1. 试解释审计产生的原因。
2. 如何理解审计的含义？
3. 审计业务有哪些分类？
4. 审计与会计有何区别和联系？
5. 注册会计师的业务有哪些？
6. 会计师事务所的组织形式有哪些？每种组织形式各有哪些利弊？

参考文献与推荐阅读

1. 陈颖:《美国会计师事务所的组织形式》,载《中国注册会计师》,2004(10)。

2. 葛笑天:《政府职能转变中的政府审计变革初探》,载《审计研究》,2005(1)。

3. 雷达:《新公共管理对绩效审计的影响及对我国绩效审计发展的启示》,载《审计研究》,2004(2)。

4. 刘燕:《合伙与公司间踯躅前行——美国会计师事务所组织形式的演变与企业组织法律制度的创新》,http://www. 110. com/ziliao/article-140109. html。

5. 马贤明、胡波:《对当前推行合伙制的思考》,载《中国注册会计师》,2002(6)。

6. 宋常、吴少华:《我国绩效审计理论研究回顾与展望》,载《审计研究》,2004(2)。

7. 王瑜:《受托责任　协调　独立——审计本质的新思考》,载《审计与经济研究》,1996(5)。

8. 吴联生:《政府审计机构隶属关系评价模型——兼论我国政府审计机构隶属关系的改革》,载《审计研究》,2002(5)。

9. 谢盛纹:《审计学》,大连,东北财经大学出版社,2008。

10. 张红英:《领导干部任期经济责任审计特点及其优化》,载《审计理论与实践》,2002(5)。

11. 中国神华(601088)2009 年半年报的审阅报告,中国神华 2009 年半年报,第 86 页,上海证券交易所网站,http://www. sse. com. cn/sseportal/cs/zhs/scfw/gg/ssgs/2009-08-29/601088_2009_z. pdf。

12. 中国注册会计师协会:《我国注册会计师行业发展的四个阶段——行业发展研究资料(No. 2008-8)》,http://www. cicpa. org. cn/Column/Research_data/200810/t20081020_14431. htm。

13. http://www. ciia. com. cn,中国内部审计协会。

14. http://www. audit. gov. cn,中国审计署。

15. http://www. cicpa. org. cn,中国注册会计师协会。

第2章

审计职业规范体系

主要知识点

中国注册会计师执业准则的基本框架；鉴证业务的理解；会计师事务所质量控制准则的框架与内容；职业道德的基本原则；对独立性的威胁和防范

关键概念

审计准则（Auditing Standards） 鉴证（Assurance） 质量控制准则（Quality Control Standards） 职业道德（Professional Ethics） 独立性（Independence） 合理保证（Reasonable Assurance）

注册会计师职业的性质决定了其对社会公众应承担的责任。注册会计师行业之所以产生和发展，是因为注册会计师能够站在独立的立场对企业管理层编制的财务报表进行审计，并提出客观、公正的审计意见，作为财务报表使用人进行决策的依据。所谓财务报表使用人，包括现有和潜在的投资人、债权人以及政府有关部门等所有与企业有关并关心企业的人士，可泛指为社会公众。注册会计师尽管接受被审计单位的委托并向其收取费用，但服务的对象却是社会公众，这就决定了注册会计师从诞生的那一天起就承担了对社会公众的责任。为使注册会计师切实担负起神圣的职责，为社会公众提供高质量的专业服务，在社会公众中树立良好的职业形象和职业信誉，就必须强调注册会计师的职业规范。本章主要讲解注册会计师的执业准则和职业道德规范。其中，执业准则包括技术准则和质量控制准则。

2.1 执业准则

2.1.1 执业准则的作用

执业准则是指会计师事务所和注册会计师在执业过程中必须遵循的技术行为规范，是衡量注册会计师工作质量的权威性标准。执业准则的作用可归纳为以下几点：

1）有利于提高注册会计师的工作质量

执业准则对注册会计师的任职条件、业务能力及其在工作中应保持的职业谨慎等作出了规定，这为保证注册会计师的工作质量创造了条件。同时，执业准则对注册会计师工作的基本程序和方法，以及工作报告的撰写方式和要求等也作了详细规定，使注册会计师工作有了统一的标准，从而有助于工作质量的提高。

2）有利于社会了解注册会计师的工作，赢得社会公众的信任

社会公众的信赖是审计职业赖以生存和发展的前提和基础。执业准则不仅是注册会计师的执业指南，同时也是审计职业界对工作质量提出的要求。制定、实施执业准则，使社会能够了解注册会计师工作的基本要求，有助于维护行业整体形象，赢得社会公众的信赖。

3）有利于明确注册会计师的责任，维护会计师事务所和注册会计师的合法权益

执业准则规定了注册会计师责任的最低要求。只要注册会计师按照准则要求执业，就可最大限度地降低执业风险。当注册会计师受到不公正的指责和控告时，执业准则就成为划清责任界限、评判执业质量的重要依据。

4）有利于推动审计理论的研究，促进审计经验的交流

执业准则是注册会计师实践工作经验的总结和升华。作为审计理论的重要组成部分，审计执业准则的制定、实施和发展，可以促进审计理论水平的提高，并且通过各国执业准则的协调，有利于推动国际间的审计经验和学术交流，促进全球经济的共同繁荣和发展。

2.1.2 国际审计准则

国际审计准则最初是由国际会计师联合会下属的国际审计实务委员会（International Auditing Practices Committee，IAPC）所颁布的。IAPC 在 2002 年被改组为目前的国际审计与鉴证准则理事会（International Auditing and Assurance Standards Board，IAASB）。目前，超过 100 个国家已采纳国际审计准则或将其融入到自己国家的审计准则中。越来越多的国家管制机构正在接受使用国际审计准则审计的财务报表。金融稳定论坛将国际审计准则纳入良好金融市场的 12 个关键准则之中。

目前，IAASB 的业务准则体系如图 2—1 所示。

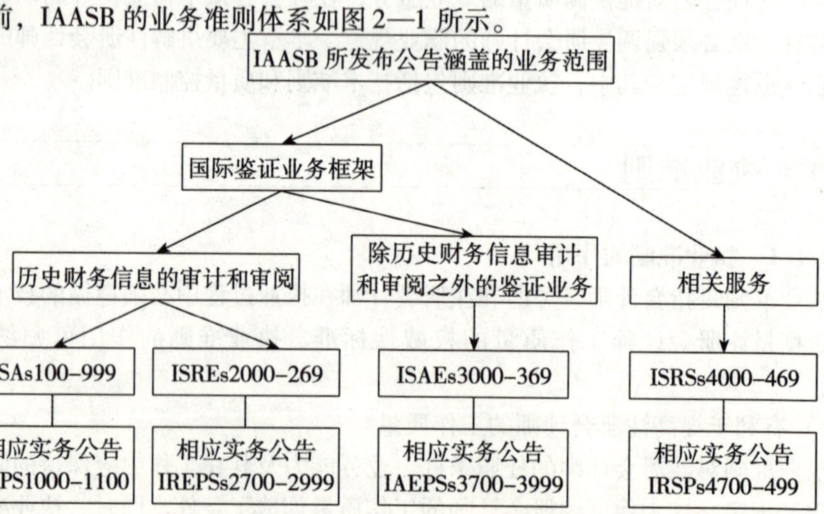

图 2—1 IAASB 发布的公告体系

2.1.3 中国注册会计师执业准则体系

中国注册会计师协会自 1988 年成立以后，为了提高注册会计师业务水平和工作的规范程度，从 1991 年到 1993 年，先后发布了《注册会计师检查验证会计报表规则（试行）》等 7 个执业规则。这些执业规则对我国注册会计师行业走向正规化、法制化和专业化起到了积极作用。经财政部批准同意，中国注册会计师协会自 1994 年 5 月开始起草独立审计准则。1996 年至 2003 年，中注协先后制定了 6 批独立审计准则，共计 48 个项目（如图 2—2 所示）。

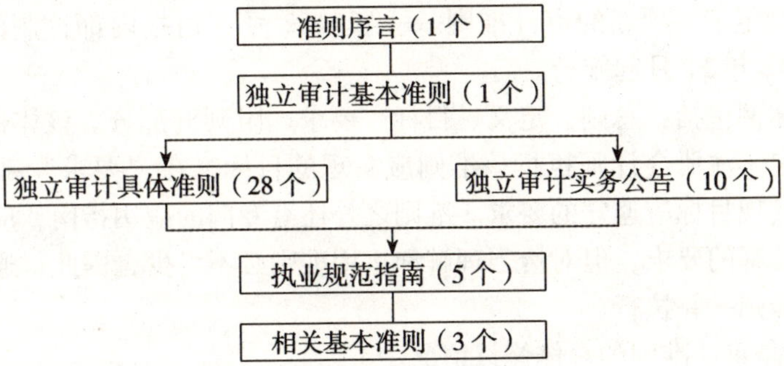

图 2—2 中国独立审计准则体系

根据我国实际情况和国际趋同的需要，财政部于 2006 年 2 月 15 日发布了新的"中国注册会计师执业准则体系"，取代了"中国注册会计师独立审计准则体系"，这标志着适应我国市场经济发展要求、与国际审计准则趋同的注册会计师执业准则体系正式建立。该准则体系共有 48 项准则，其结构如图 2—3 所示。

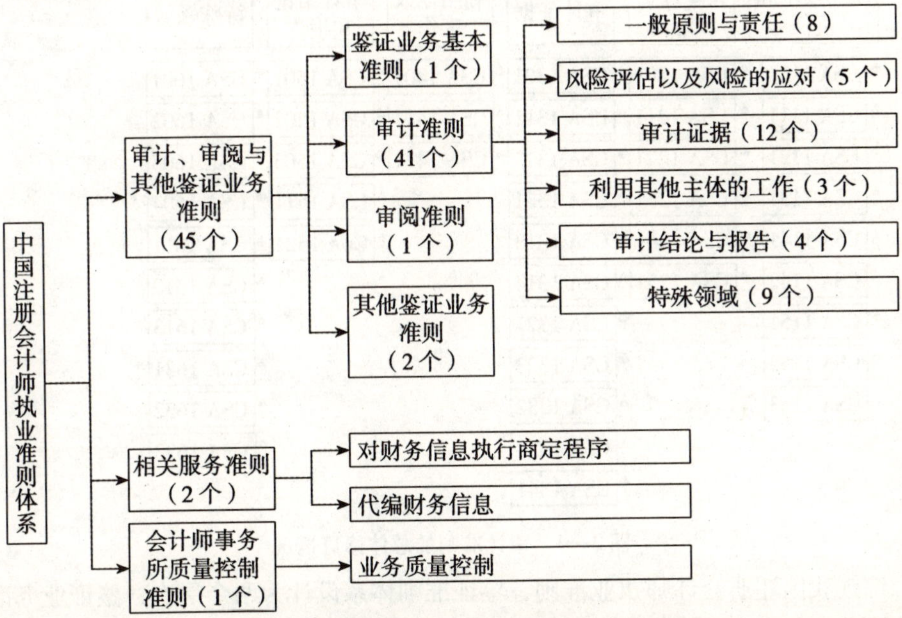

图 2—3 中国注册会计师执业准则体系（2006）

2003 年开始，IAASB 重新审视其准则起草体例，以改进准则的明晰度，确保准则的一致运用，这就是明晰项目（Clarity Project）。2009 年 3 月，IAASB 宣布完成了该项目。

为与国际准则持续趋同，提高准则理解和执行的一致性，我国也对 2006 年版的审计准则和质量控制准则进行了修订，并于 2010 年 11 月正式发布了修订后的准则。该修订包括：按照 IAASB 新体例改写准则，提高准则的明晰度，同时也对 16 项准则的内容进行实质性修订；取消了原审计准则第 1621 号《对小型被审计单位审计的特殊考虑》，代之以在每项应用指南中增加“对小型被审计单位的特殊考虑”部分；制定了 1 项新的审计准则——第 1152 号《通报内部控制的缺陷》。新准则将自 2012 年 11 月起施行。

新准则体例包括：总则、定义、目标、要求、附则五部分。该体例在“目标”部分明确界定了注册会计师执行该准则应实现的目标。在“要求”部分规定了注册会计师为实现目标应遵守的要求。准则之外还有专门的应用指南，应用指南不构成对注册会计师的要求，但对恰当理解和运用准则必不可少，因此，通常也需要注册会计师与准则一并执行。

图 2—4 是审计准则的总体修订情况。

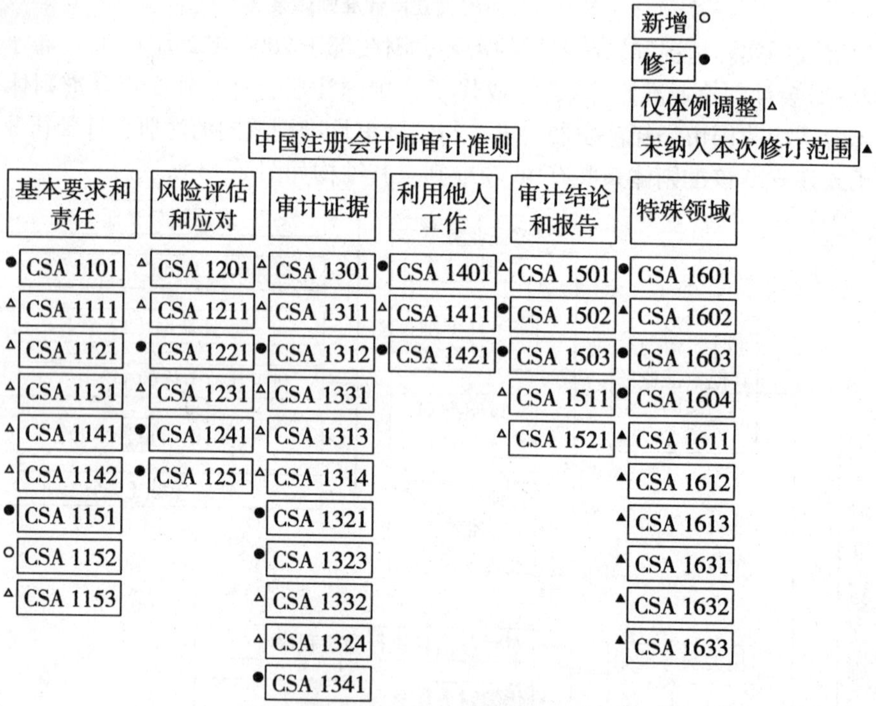

图 2—4　审计准则的总体修订情况

综观我国注册会计师执业准则，鉴证准则体系设计为两个层次：鉴证业务准则由鉴证业务基本准则统领，第一个层次为鉴证业务基本准则，第二个层次为审计准则、审阅准则和其他鉴证业务准则。其中，审计准则是整个执业准则体系的核心。

审计准则用以规范注册会计师执行历史财务信息的审计业务。在提供审计服务时，注册会计师对所审计信息是否不存在重大错报提供合理保证，并以积极方式提出结论。审阅准则用以规范注册会计师执行历史财务信息的审阅业务。在提供审阅服务时，注册会计师对所审阅信息是否不存在重大错报提供有限保证，并以消极方式提出结论。

其他鉴证业务准则用以规范注册会计师执行历史财务信息审计或审阅以外的其他鉴证业务，根据鉴证业务的性质和业务约定的要求，提供有限保证或合理保证。

相关服务准则用以规范注册会计师代编财务信息，执行商定程序，提供管理咨询等其他服务。在提供相关服务时，注册会计师不提供任何程度的保证。

质量控制准则用以规范会计师事务所在执行各类业务时应当遵守的质量控制政策和程序，是对会计师事务所质量控制提出的制度要求。

2.1.4　中国注册会计师鉴证业务基本准则

随着经济的发展和社会的需求，注册会计师的业务范围经历了由法定审计业务向其他领域拓展的过程。目前，我国注册会计师承办业务类型较多，其中既有财务报表审计和审阅、内部控制审核等业务，又有代编财务信息、执行商定程序、管理咨询和税务咨询等业务。传统的“审计”定义已经很难涵盖这些业务的性质。因此，审计界用了更广泛的“鉴证”概念。中国注册会计师协会制定了《中国注册会计师鉴证业务基本准则》。

1）鉴证业务的定义、类型和目标

（1）鉴证业务的定义

鉴证业务是指注册会计师对鉴证对象信息提出结论，以增强除责任方之外的预期使用者对鉴证对象信息信任程度的业务。鉴证对象信息是按照标准对鉴证对象进行评价和计量的结果。如责任方按照会计准则和相关会计制度（标准）对其财务状况、经营成果和现金流量（鉴证对象）进行确认、计量和列报（包括披露，下同）而形成的财务报表（鉴证对象信息）。

鉴证业务包括历史财务信息审计业务、历史财务信息审阅业务和其他鉴证业务。注册会计师执行历史财务信息审计业务、历史财务信息审阅业务和其他鉴证业务时，应当遵守本准则以及依据本准则制定的审计准则、审阅准则和其他鉴证业务准则。

(2) 基于责任方认定的业务和直接报告业务

鉴证业务可分为基于责任方认定的业务和直接报告业务。

在基于责任方认定的业务中，责任方对鉴证对象进行评价或计量，鉴证对象信息以责任方认定的形式为预期使用者获取。如在财务报表审计中，被审计单位管理层（责任方）对财务状况、经营成果和现金流量（鉴证对象）进行确认、计量和列报（评价或计量）而形成的财务报表（鉴证对象信息）即为责任方的认定，该财务报表可为预期使用者获取，注册会计师针对财务报表出具审计报告。这种业务属于基于责任方认定的业务。

在直接报告业务中，注册会计师直接对鉴证对象进行评价或计量，或者从责任方获取对鉴证对象评价或计量的认定，而该认定无法为预期使用者获取，预期使用者只能通过阅读鉴证报告获取鉴证对象信息。如在内部控制鉴证业务中，注册会计师可能无法从管理层（责任方）获取其对内部控制有效性的评价报告（责任方认定），或虽然注册会计师能够获取该报告，但预期使用者无法获取该报告，注册会计师直接对内部控制的有效性（鉴证对象）进行评价并出具鉴证报告，预期使用者只能通过阅读该鉴证报告获得内部控制有效性的信息（鉴证对象信息），这种业务属于直接报告业务。

（3）鉴证业务的目标

鉴证业务的保证程度分为合理保证和有限保证。合理保证的保证水平要高于有限保证的保证水平。

合理保证的鉴证业务的目标是注册会计师将鉴证业务风险降至该业务环境下可接受的低水平，以此作为以积极方式提出结论的基础。如在历史财务信息审计中，要求注册会计师将审计风险降至该业务环境下可接受的低水平，对审计后的历史财务信息提供高水平保证（合理保证），在审计报告中对历史财务信息采用积极方式提出结论。这种业务属于合理保证的鉴证业务。

有限保证的鉴证业务的目标是注册会计师将鉴证业务风险降至该业务环境下可接受的水平，以此作为以消极方式提出结论的基础。如在历史财务信息审阅中，要求注册会计师将审阅风险降至该业务环境下可接受的水平（高于历史财务信息审计中可接受的低水平），对审阅后的历史财务信息提供低于高水平的保证（有限保证），在审阅报告中对历史财务信息采用消极方式提出结论。这种业务属于有限保证的鉴证业务。

2）业务承接

在接受委托前，注册会计师应当初步了解业务环境，包括业务约定事项、鉴证对象特征、使用的标准、预期使用者的需求、责任方及其环境的相关特征，以及可能对鉴证业务产生重大影响的事项、交易、条件和惯例等其他事项。

在初步了解业务环境后，只有符合独立性和专业胜任能力等相关职业道德规范的要求，并且拟承接的业务具备下列所有特征时，注册会计师才能将其作为鉴证业务予以承接：（1）鉴证对象适当；（2）使用的标准适当且预期使用者能够获取该标准；（3）注册会计师能够获取充分、适当的证据以支持其结论；（4）注册会计师的结论以书面报告形式表述，且表述形式与所提供的保证程度相适应；（5）该业务具有合理的目的。如果鉴证业务的工作范围受到重大限制，或者委托人试图将注册会计师的名字和鉴证对象不适当地联系在一起，则该项业务可能不具有合理的目的。

对已承接的鉴证业务，如果没有合理理由，注册会计师不应将该项业务变更为非鉴证业务，或将合理保证的鉴证业务变更为有限保证的鉴证业务。当业务环境变化影响到预期使用者的需求，或预期使用者对该项业务的性质存在误解时，注册会计师可以应委托人的要求，考虑同意变更该项业务。如果发生变更，注册会计师不应忽视变更前获取的证据。

3）鉴证业务的三方关系

鉴证业务涉及的三方关系人包括注册会计师、责任方和预期使用者。责任方与预期使用者可能是同一方，也可能不是同一方。因此，是否存在三方关系人是判断某项业务是否属于鉴证业务的重要标准之一。如果某项业务不存在除责任方之外的其他预期使用者，那么该业务不构成一项鉴证业务。

三方之间的关系是，注册会计师对由责任方负责的鉴证对象或鉴证对象信息提出结论，以增强除责任方之外的预期使用者对鉴证对象信息的信任程度。此外，鉴证业务还会涉及委托人，但委托人不是单独存在的一方，委托人通常是预期使用者之一，委托人也可能由责任方担任。

(1) 注册会计师

注册会计师，是指取得注册会计师证书并在会计师事务所执业的人员，有时也指其所在的会计师事务所。如果鉴证业务涉及的特殊知识和技能超出了注册会计师的能力，注册会计师可以利用专家协助执行鉴证业务。在这种情况下，注册会计师应当确信包括专家在内的项目组整体已具备执行该项鉴证业务所需的知识和技能，并充分参与该项鉴证业务和了解专家所承担的工作。

(2) 责任方

责任方是指下列组织或人员：在直接报告业务中，对鉴证对象负责的组织或人员；在基于责任方认定的业务中，对鉴证对象信息负责并可能同时对鉴证对象负责的组织或人员。前者如在系统鉴证业务中，注册会计师直接对系统的有效性进行评价并出具鉴证报告，该业务的鉴证对象是被鉴证单位系统的有效性，责任方是对该系统负责的组织或人员，即被鉴证单位的管理层；后者如在企业聘请注册会计师对企业管理层编制的持续经营报告进行鉴证。在该业务中，鉴证对象信息为持续经营报告，由该企业的管理层负责，企业管理层为责任方。该业务的鉴证对象为企业的持续经营状况，它同样由企业的管理层负责。

(3) 预期使用者

预期使用者是指预期使用鉴证报告的组织或人员。责任方可能是预期使用者，但不是唯一的预期使用者。

如果鉴证业务服务于特定的使用者或具有特殊目的，注册会计师可以很容易地识别预期使用者。例如，企业向银行贷款，银行要求企业提供一份与贷款项目相关的预测性财务信息审核报告，那么，银行就是该鉴证报告的预期使用者。然而，注册会计师有时可能无法识别使用鉴证报告的所有组织和人员，尤其在各种可能的预期使用者对鉴证对象存在不同的利益需求时。此时，预期使用者主要是指那些与鉴证对象有重要和共同利益的主要利益相关者，例如，在上市公司财务报表审计中，预期使用者主要是指上市公司的股东。注册会计师应当根据法律法规的规定或与委托人签订的协议识别预期使用者。

4）鉴证对象

鉴证对象是否适当是注册会计师能否将一项业务作为鉴证业务予以承接的前提条件。适当的鉴证对象应当同时具备下列条件：①鉴证对象可以识别；②不同的组织或人员对鉴证对象按照既定标准进行评价或计量的结果合理一致；③注册会计师能够收集与鉴证对象有关的信息，获取充分、适当的证据，以支持其提出适当的鉴证结论。

在注册会计师提供的鉴证业务中，存在多种不同类型的鉴证对象，相应地，鉴证对象信息也具有多种不同的形式。鉴证对象与鉴证对象信息具有多种形式，主要包括：①当鉴证对象为财务业绩或状况时（如历史或预测的财务状况、经营成果和现金流量），鉴证对象信息是财务报表；②当鉴证对象为非财务业绩或状况时（如企业的运营情况），鉴证对象信息可能是反映效率或效果的关键指标；③当鉴证对象为物理特征时（如设备的生产能力），鉴证对象信息可能是有关鉴证对象物理特征的说明文件；④当鉴证对象为某种系统和过程时（如企业的内部控制或信息技术系统），鉴证对象信息可能是关于其有效性的认定；⑤当鉴证对象为一种行为时（如遵守法律法规的情况），鉴证对象信息可能是对法律法规遵守情况或执行效果的声明。

5）标准

标准是指用于评价或计量鉴证对象的基准。标准可以是正式的规定，如编制财务报表所使用的会计准则和相关会计制度，也可以是某些非正式的规定，如单位内部制定的行为准则或确定的绩效水平。

正式的规定通常是一些“既定的”标准，是由法律、法规规定的，或是由政府主管部门或国家认可的专业团体依照公开、适当的程序发布的。例如：编制财务报表时，其标准是权威机构发布的会计准则和相关会计制度；编制内部控制报告时，标准可能是已确立的内部控制规范或指引；编制遵循性报告时，标准可能是适用的法律、法规。非正式的规定通常是针对具体的业务项目“量身定做”的，包括企业内部制定的行为准则、确定的绩效水平或商定的行为要求等。

注册会计师在运用职业判断对鉴证对象作出合理一致的评价或计量时，需要有适当的标准。适当的标准应当具备下列所有特征：①相关性。相关的标准有助于得出结论，便于预期使用者作出决策。②完整性。完整的标准不应忽略业务环境中可能影响得出结论的相关因素，当涉及列报时，还包括列报的基准。③可靠性。可靠的标准能够使能力相近的注册会计师在相似的业务环境中，对鉴证对象作出合理一致的评价或计量。④中立性。中立的标准有助于得出无偏向的结论。⑤可理解性。可理解的标准是有助于得出清晰、易于理解、不会产生重大歧义的结论。

6）证据

注册会计师应当以职业怀疑态度计划和执行鉴证业务，获取有关鉴证对象信息是否不存在重大错报的充分、适当的证据。在计划和执行鉴证业务时，注册会计师保持职业怀疑态度十分必要。它有助于降低注册会计师忽视异常情况的风险，有助于降低注册会计师在确定鉴证程序的性质、时间、范围及评价由此得出的结论时采用错误假设的风险，有助于避免注册会计师根据有限的测试范围过度推断总体实际情况的风险。

（1）证据与鉴证业务风险

鉴证业务风险是指在鉴证对象信息存在重大错报的情况下，注册会计师提出不恰当结论的可能性。不同保证程度的鉴证业务，要求注册会计师将鉴证业务风险降至不同的水平。在合理保证的鉴证业务中，注册会计师应当将鉴证业务风险降至具体业务环境下可接受的低水平，以获取合理保证，作为以积极方式提出结论的基础。在有限保证的鉴证业务中，由于证据收集程序的性质、时间和范围与合理保证的鉴证业务不同，其风险水平高于合理保证的鉴证业务。

与合理保证的鉴证业务相比，有限保证的鉴证业务在证据收集程序的性质、时间、范围等方面是有意识地加以限制的。例如，财务报表审阅业务是一项有限保证的鉴证业务，在该业务中，注册会计师主要通过询问和分析程序来获取充分、适当的证据。然而，无论是合理保证还是有限保证的鉴证业务，如果注意到某事项可能导致对鉴证对象信息是否需要作出重大修改产生疑问，注册会计师应当执行其他足够的程序，追踪这一事项。

（2）证据与鉴证业务的固有局限性

由于下列因素的存在，将鉴证业务风险降至零几乎不可能，也不符合成本效益原则：

①选择性测试方法的运用。注册会计师要在合理的时间内以合理的成本完成鉴证任务，通常只能采用选取特定项目和抽样等选择性测试的方法对鉴证对象信息进行检查。选取特定项目实施鉴证程序的结果不能推断至总体；抽样也可能产生误差，在采用这两种方法的情况下，都不能百分之百地保证鉴证对象信息不存在重大错报。

②内部控制的固有局限性。例如：在决策时的人为判断可能出现错误和由于人为失误而导致内部控制失效；内部控制可能由于两个或更多的人员进行串通或管理层凌驾于内部控制之上，而使内部控制被规避。小型企业拥有的员工通常较少，限制了其职责分离的程度，业主凌驾于内部控制之上的可能性更大。

③大多数证据是说服性而非结论性的。证据的性质决定了注册会计师依靠的并非是完全可靠的证据。不同类型的证据，其可靠程度存在差异，即使是可靠程度最高的证据也有其自身的缺陷。例如，对应收账款进行函证，虽然提供的证据相对比较可靠，但受到被询证者是否认真对待询证函、是否能够保持独立性和客观性、是否熟悉所函证事项等诸多因素的影响。尽管注册会计师在设计询证函时要考虑这些因素，但是很难能百分之百地保证函证结果的可靠性。

④在获取和评价证据以及由此得出结论时涉及大量判断。在获取证据时，注册会计师可以选择获取何种类型和何种来源的证据。获取证据之后，注册会计师要依据职业判断，对其充分性和适当性进行评价。最后，依据证据得出结论时，更是离

不开注册会计师的职业判断。

⑤在某些情况下，鉴证对象具有特殊性。例如，鉴证对象是矿产资源的储量、艺术品的价值、计算机软件开发的进度等。

7）鉴证报告

注册会计师应当出具含有鉴证结论的书面报告，该鉴证结论应当说明注册会计师就鉴证对象信息获取的保证。如果鉴证业务的工作范围受到限制，或者责任方认定在某一重要方面不公允，或者鉴证对象信息存在重大错报等，注册会计师应当判断这些情形的重要程度，考虑适当时不再出具无保留结论的报告。

(1）鉴证结论的表述形式

在基于责任方认定的业务中，注册会计师的鉴证结论可以采用下列两种表述形式：①明确提及责任方认定，如“我们认为，责任方作出的‘根据×标准，内部控制在所有重大方面是有效的’这一认定是公允的”；②直接提及鉴证对象和标准，如“我们认为，根据×标准，内部控制在所有重大方面是有效的”。

(2）提出结论的积极方式和消极方式

在直接报告业务中，注册会计师应当明确提及鉴证对象和标准。在合理保证的鉴证业务中，注册会计师应当以积极方式提出结论，如“我们认为，根据×标准，内部控制在所有重大方面是有效的”或“我们认为，责任方作出的‘根据×标准，内部控制在所有重大方面是有效的’这一认定是公允的”。

在有限保证的鉴证业务中，注册会计师应当以消极方式提出结论，如“基于本报告所述的工作，我们没有注意到任何事项使我们相信，根据×标准，×系统在任何重大方面是无效的”或“基于本报告所述的工作，我们没有注意到任何事项使我们相信，责任方作出的‘根据×标准，×系统在所有重大方面是有效的’这一认定是不公允的”。

2.2 会计师事务所质量控制准则

2.2.1 质量控制的含义

质量控制，是指会计师事务所为了确保业务质量符合注册会计师执业准则的要求而建立和实施的控制政策和程序的总称。质量控制是保证独立审计准则得到遵守和落实的重要手段，是会计师事务所内部控制体系的核心内容，是会计师事务所生存和发展的基本条件。会计师事务所通过制定科学、完善的质量控制制度，以合理保证：

(1）会计师事务所及其人员遵守法律法规的规定、中国注册会计师职业道德规范以及中国注册会计师审计准则、中国注册会计师审阅准则、中国注册会计师其他鉴证业务准则和中国注册会计师相关服务准则（统称为业务准则）。

(2）会计师事务所和项目负责人根据具体情况出具恰当的报告。项目负责人是指会计师事务所中负责某项业务及其执行，并代表会计师事务所在业务报告上签字的主任会计师或经授权签字的注册会计师。

2.2.2 我国会计师事务所质量控制准则

经财政部批准，中国注册会计师协会1996年12月26日发布了《中国注册会计师质量控制基本准则》。为适应新形势的要求和与国际接轨，中国注册会计师协会于2006年发布了《中国注册会计师质量控制准则第5101号——业务质量控制》和《中国注册会计师审计准则第1121号——历史财务信息审计的质量控制》两个准则，以规范会计师事务所的业务质量控制，明确会计师事务所及其人员的质量控制责任。其中：前者从会计师事务所层面上进行规范，适用于包括历史财务信息审计业务在内的各项业务；后者从执行审计项目的负责人层面上进行规范，仅适用于历史财务信息审计业务。两项准则联系紧密，前者是后者的制定依据。2010年，财政部对上述两个准则按照新的格式、体例进行了调整。

根据《中国注册会计师质量控制准则第5101号——业务质量控制》，会计师事务所完整的质量控制体系包含7个要素：①对业务质量承担的领导责任；②职业道德规范；③客户关系和具体业务的接受与保持；④人力资源；⑤业务执行；⑥业务工作底稿；⑦监控。

1）对业务质量承担的领导责任

（1）对主任会计师的总体要求

会计师事务所内部重视质量的文化，为会计师事务所质量控制设定了好的基调，将对制定和实施质量控制制度产生广泛和积极的影响。明确质量控制制度的最终责任人，对会计师事务所的业务质量控制起着决定作用。为此，会计师事务所应当制定政策和程序，培育以质量为导向的内部文化。这些政策和程序应当要求会计师事务所主任会计师对质量控制制度承担最终责任。

为保证质量控制制度的具体运作效果，主任会计师必须委派适当的人员并授予其必要的权限，以帮助主任会计师正确履行其职责。受会计师事务所主任会计师委派承担质量控制制度运作责任的人员，应当具有足够、适当的经验和能力以及必要的权限以履行其责任。足够、适当的经验和能力，是为了使其能够识别和了解质量控制问题；必要的权限，是为了保证其能够实施质量控制政策和程序。

（2）行动示范和信息传达

会计师事务所培育以质量为导向的内部文化，就是要在会计师事务所内形成和传播质量至上的内部文化。内部质量文化能否形成，有赖于会计师事务所各级管理层的努力。会计师事务所的领导层及其作出的示范对会计师事务所的内部文化有重大影响。会计师事务所各级管理层应当通过清晰、一致及经常的行动示范和信息传达，强调质量控制政策和程序的重要性以及下列要求：按照法律法规、职业道德规范和业务准则的规定执行工作；根据具体情况出具恰当的报告。

（3）树立质量至上的意识

会计师事务所的领导层应当树立质量至上的意识。会计师事务所应当通过下列措施实现质量控制的目标：

①合理确定管理责任，以避免重商业利益轻业务质量。会计师事务所的领导层必须首先认识到，其经营策略应当满足会计师事务所执行所有业务都要保证质量这一前提条件。

②建立以质量为导向的业绩评价、薪酬及晋升的政策和程序。会计师事务所针对员工设计的有关业绩评价、薪酬及晋升（包括激励制度）的政策和程序，应当表明会计师事务所最重视的是质量，以形成正确的行为导向。

③投入足够的资源制定和执行质量控制政策和程序，并形成相关文件记录。

2）职业道德规范

会计师事务所应当制定政策和程序，以合理保证会计师事务所及其人员遵守职业道德规范。经验表明，会计师事务所如不能合理保证职业道德规范得到遵守，就无法保证业务质量。值得注意的是，执行鉴证业务还应当遵守独立性要求。

会计师事务所应当制定政策和程序，以合理保证能够获知违反独立性要求的情况，并采取适当行动予以解决。这些政策和程序应当包括下列要求：①所有应当保持独立性的人员，将注意到的违反独立性要求的情况立即告知会计师事务所；②会计师事务所将已识别的违反这些政策和程序的情况，立即传达给需要与会计师事务所共同处理这些情况的项目负责人，以及需要采取适当行动的会计师事务所内部其他相关人员和受独立性要求约束的人员；③项目负责人、会计师事务所内部的其他相关人员，以及需要保持独立性的其他人员，在必要时，立即向会计师事务所告知他们为解决有关问题采取的行动，以便会计师事务所能够决定是否应当采取进一步的行动。

会计师事务所应当每年至少一次向所有受独立性要求约束的人员获取其遵守独立性政策和程序的书面确认函。当有其他会计师事务所参与执行部分业务时，会计师事务所也可以考虑向其获取有关独立性的书面确认函。书面确认函既可以是纸质的，也可以是电子形式的。通过获取确认函以及针对违反独立性的信息采取适当的行动，会计师事务所可以表明，其强调保持独立性的重要性，并使保持独立性的问题清楚地展示在会计师事务所人员面前。

3）客户关系和具体业务的接受与保持

会计师事务所应当制定有关客户关系和具体业务接受与保持的政策和程序，以合理保证只有在下列情况下，才能接受或保持客户关系和具体业务：①已考虑客户的诚信，没有信息表明客户缺乏诚信；②具有执行业务必要的素质、专业胜任能力、时间和资源；③能够遵守职业道德规范。

（1）客户的诚信

无论是新接受还是连续接受委托，会计师事务所都应考虑委托人的主要管理人员是否正直、诚实。会计师事务所不应同管理层不正直、不诚实的客户打交道。针对有关客户的诚信，会计师事务所应当考虑下列主要事项：①客户主要股东、关键管理人员、关联方及治理层的身份和商业信誉；②客户的经营性质；③客户主要股东、关键管理人员及治理层对内部控制环境和会计准则等的态度；④客户是否过分考虑将会计师事务所的收费维持在尽可能低的水平；⑤工作范围受到不适当限制的迹象；⑥客户可能涉嫌洗钱或其他刑事犯罪行为的迹象；⑦变更会计师事务所的原因。

所谓管理层，是指对被审计单位经营活动的执行负有管理责任的人员或组织。管理层负责编制财务报表，并受到治理层的监督。治理层是指对被审计单位战略方向以及管理层履行经营管理责任负有监督责任的人员或组织。治理层的责任包括对财务报告的监督。

会计师事务所可以通过下列途径，获取与客户诚信相关的信息：①与为客户提供专业会计服务的现任或前任人员进行沟通，并与其讨论；②向会计师事务所其他人员、监管机构、金融机构、法律顾问和客户的同行等第三方询问；③从相关数据库中搜索客户的背景信息。

（2）执行业务必要的素质、专业胜任能力、时间和资源

在确定是否具有接受新业务所需的必要素质、专业胜任能力、时间和资源时，会计师事务所应当考虑下列事项，以评价新业务的特定要求和所有相关级别的现有人员的基本情况：①会计师事务所人员是否熟悉相关行业或业务对象；②会计师事务所人员是否具有执行类似业务的经验，或是否具备有效获取必要技能和知识的能力；③会计师事务所是否拥有足够的具有必要素质和专业胜任能力的人员；④在需要时，是否能够得到专家的帮助；⑤如果需要项目质量控制复核，是否具备符合标准和资格要求的项目质量控制复核人员；⑥会计师事务所是否能够在提交报告的最后期限内完成业务。

（3）是否违反职业道德规范

在确定是否接受新业务时，会计师事务所还应当考虑接受该业务是否会导致现实或潜在的利益冲突。如果识别出潜在的利益冲突，会计师事务所应当考虑接受该业务是否适当。

4）人力资源

会计师事务所应当制定政策和程序，合理保证拥有足够的具有必要素质和专业胜任能力并遵守职业道德规范的人员，以使会计师事务所和项目负责人能够按照法律法规、职业道德规范和业务准则的规定执行业务，并根据具体情况出具恰当的报告。

（1）人力资源政策

会计师事务所制定的人力资源政策和程序应当解决下列人事问题：①招聘；②业绩评价；③提高人员素质；④提高专业胜任能力；⑤职业发展；⑥晋升；⑦薪酬；⑧人员需求预测。

会计师事务所应当制定招聘程序，以选择正直的、通过发展能够具备执行业务所需的必要素质和专业胜任能力的人员。

由于执业环境和工作要求在不断发生变化，会计师事务所应当采取措施确保人员持续保持必要的素质和专业胜任能力。会计师事务所可以通过下列途径提高人员

素质和专业胜任能力：①职业教育；②职业发展，包括培训；③工作经验；④由经验更丰富的员工提供辅导。

为了激励注册会计师提高素质和专业胜任能力，遵守职业道德规范，不断提高审计工作质量，会计师事务所应当制定业绩评价、薪酬及晋升程序，对发展和保持专业胜任能力并遵守职业道德规范的人员给予应有的肯定和奖励。业绩评价、薪酬及晋升程序应当：①使人员知晓会计师事务所对业绩和遵守职业道德规范的期望；②向人员提供业绩、工作进步及职业发展方面的评价和咨询；③帮助人员了解提高业务质量及遵守职业道德规范是晋升更高职位的主要途径，而不遵守会计师事务所的政策和程序可能招致惩戒。

（2）项目组成员的委派

会计师事务所应当对每项业务委派至少一名项目负责人负责。会计师事务所应当制定政策和程序，明确下列要求：①将项目负责人的身份和作用告知客户管理层和治理层的关键成员；②项目负责人具有履行职责必要的素质、专业胜任能力、权限和时间；③清楚界定项目负责人的职责，并告知该项目负责人。

对于项目组其他成员，会计师事务所应当确保其具有必要素质、专业胜任能力和时间，按照法律法规、职业道德规范和业务准则的规定执行业务，以使会计师事务所和项目负责人能够根据具体情况出具恰当的报告。

委派项目组成员时应考虑下列事项：①业务类型、规模、重要程度、复杂性和风险；②需要具备的经验、专业知识和技能；③对人员的需求，以及在需要时能否获得具备相应素质的人员；④拟执行工作的时间；⑤人员的连续性和轮换要求；⑥在职培训的机会；⑦需要考虑独立性和客观性的情形。

5）业务执行

业务执行是编制和实施业务计划，形成和报告业务结果的总称。

（1）指导、监督与复核

会计师事务所在制定指导、监督与复核政策和程序时，应当考虑包括下列事项：①如何将业务情况简要告知项目组，使项目组了解工作目标；②保证适用的业务准则得以遵守的程序；③业务监督、员工培训和辅导的程序；④对已实施的工作、作出的重大判断以及拟出具的报告进行复核的方法；⑤对已实施的工作及其复核的时间和范围作出适当记录；⑥保证所有的政策和程序是合时宜的。

指导的具体要求包括：①使项目组了解工作目标。让项目组的所有成员都了解拟执行工作的目标，对于有效执行所分派的工作很重要，因此，项目组的所有成员应当了解拟执行工作的目标。②提供适当的团队工作和培训。适当的团队工作和培训，对于帮助经验较少的项目组成员清楚了解所分派工作的目标十分必要。为此，项目负责人应当通过适当的团队工作和培训，使经验较少的项目组成员清楚了解所分派工作的目标。

监督也是质量控制的一个重要因素。项目负责人对业务的监督内容具体包括下列方面：①追踪业务进程。要求项目负责人在业务进行中适时实施必要的监督，以检查各成员是否能够顺利完成业务工作。②考虑项目组各成员的素质和专业胜任能力，以及是否有足够的时间执行工作，是否理解工作指令，是否按照计划方案执行工作。③解决在执行业务过程中发现的重大问题，考虑其重要程度并适当修改原计划的方案。原计划的方案是根据以往经验、对客户及其委托业务项目的了解等因素确定的。然而，随着具体工作程序的实施可能会发现客户的具体情况发生了变化，此时，有必要对工作程序作适当的调整。④识别在执行业务过程中需要咨询的事项，或需要由经验较丰富的项目组成员考虑的事项。

复核范围可能随业务的不同而不同。例如，执行高风险的业务、对金融机构执行的业务和为重要客户执行的业务可能需要进行更详细的复核。确定复核人员的原则是，由项目组内经验较多的人员复核经验较少的人员执行的工作。在复核项目组成员已执行的工作时，复核人员应当考虑：①工作是否已按照法律法规、职业道德规范和业务准则的规定执行；②重大事项是否已提请进一步考虑；③相关事项是否已进行适当咨询，由此形成的结论是否得到记录和执行；④是否需要修改已执行工作的性质、时间和范围；⑤已执行的工作是否支持形成的结论，并得以适当记录；⑥获取的证据是否充分、适当；⑦业务程序的目标是否实现。

（2）咨询

项目组在业务执行中时常会遇到各种各样的疑难问题或者争议事项。当这些问题和事项在项目组内不能得到解决时，有必要向项目组之外的适当人员咨询。为此，会计师事务所应当建立政策和程序，以合理保证：①就疑难问题或争议事项进行适当咨询；②可获取充分的资源进行适当咨询；③咨询的性质和范围得以记录；④咨询形成的结论得到记录和执行。咨询包括与会计师事务所内部或外部具有专门知识的人员，在适当专业层次上进行的讨论，以解决疑难问题或争议事项。

（3）意见分歧

会计师事务所应当制定政策和程序，以处理和解决项目组内部、项目组与被咨询者之间以及项目负责人与项目质量控制复核人员之间的意见分歧。在实务中，应鼓励在业务执行的较早阶段识别出意见分歧，并为拟采取的后续步骤提供明确指南，还要求对分歧的解决及所形成结论的执行情况进行记录。只有意见分歧问题得到解决，项目负责人才能出具报告。如果在意见分歧问题没有得到解决前，项目负责人就出具报告，不仅有失应有的谨慎，而且容易导致出具不恰当的报告，难以合理保证实现质量控制的目标。

（4）项目质量控制复核

所谓项目质量控制复核，是指会计师事务所挑选不参与该业务的人员，在出具报告前，对项目组作出的重大判断和在准备报告时形成的结论作出客观评价的过程。对特定业务，会计师事务所还应当实施项目质量控制复核，从而体现分类控制、突出重点的质量控制理念。值得注意的是，项目质量控制复核并不减轻或替代项目负责人的责任。

①项目质量控制复核的对象。需要进行项目质量控制复核的业务通常包括上市

公司和符合适当标准的其他业务。在制定用于确定除上市公司财务报表审计以外的其他业务是否需要实施项目质量控制复核的标准时，会计师事务所应当考虑下列事项：A. 业务的性质，包括涉及公众利益的范围；B. 在某项业务或某类业务中已识别的异常情况或风险；C. 法律法规是否要求实施项目质量控制复核。

②项目质量控制复核的性质。确定复核的性质就是决定采用怎样的方法实施复核。会计师事务所通常采用的项目质量控制复核方法包括：A. 与项目负责人进行讨论；B. 复核财务报表或其他业务对象信息及报告，尤其考虑报告是否适当；C. 选取与项目组作出重大判断及形成结论有关的工作底稿进行复核。

③项目质量控制复核的时间。会计师事务所应当要求在出具报告前完成项目质量控制复核。项目质量控制复核人员应当在业务过程中的适当阶段及时实施复核，以使重大事项在出具报告前得到满意解决。如果项目负责人不接受项目质量控制复核人员的建议，并且重大事项未得到满意解决，项目负责人不应当出具报告。只有在按照会计师事务所处理意见分歧的程序解决重大事项后，项目负责人才能出具报告。

④项目质量控制复核的范围。项目质量控制复核的范围取决于业务的复杂程度和出具不恰当报告的风险。对于上市公司财务报表审计，复核人员至少应当考虑：A. 项目组就具体业务对会计师事务所独立性作出的评价；B. 在审计过程中识别的特别风险以及采取的应对措施；C. 作出的判断，尤其是关于重要性和特别风险的判断；D. 是否已就存在的意见分歧、其他疑难问题或争议事项进行适当咨询，以及咨询得出的结论；E. 在审计中识别的已更正和未更正的错报的重要程度及处理情况；F. 拟与管理层、治理层以及其他方面沟通的事项；G. 所复核的审计工作底稿是否反映了针对重大判断执行的工作，是否支持得出的结论；H. 拟出具的审计报告的适当性。

⑤项目质量控制复核人员的资格标准。被委派的项目质量控制复核人员应符合下列要求：A. 履行职责需要的技术资格，包括必要的经验和权限；B. 在不损害其客观性的前提下，提供业务咨询的程度。

⑥在确定项目质量控制复核人员时，会计师事务所应当避免下列情形：A. 由项目负责人挑选；B. 在复核期间以其他方式参与该业务；C. 代替项目组进行决策；D. 存在可能损害复核人员客观性的其他情形。

在业务执行过程中，项目负责人可以向项目质量控制复核人员进行咨询。当咨询问题的性质和范围十分重大时，项目组和复核人员应当谨慎对待，以使复核人员保持客观性。如果复核人员不能保持客观性，会计师事务所应当委派其他人员或聘请具有适当资格的外部人员，担当项目质量控制复核人员或该项业务的被咨询者。

6）业务工作底稿

项目组在出具业务报告后应及时将工作底稿归整为最终业务档案。由于鉴证业务的职业责任较大，而其工作底稿又对证明会计师事务所是否履行了规定责任起着关键性作用，因此，历史财务信息审计和审阅业务、其他鉴证业务的工作底稿的归档期限为业务报告日后 60 天内。如果针对客户的同一财务信息执行不同的委托业务，出具两个或多个不同的报告，会计师事务所应当将其视为不同的业务，在规定的归档期限内分别将业务工作底稿归整为最终业务档案。

在业务工作底稿的管理上，会计师事务所应当制定政策和程序，以满足下列要求：①安全保管业务工作底稿并对业务工作底稿保密；②保证业务工作底稿的完整性；③便于使用和检索业务工作底稿；④按照规定的期限保存业务工作底稿。

除特定情况外，会计师事务所应当对业务工作底稿包含的信息予以保密。这些特定情况有：①取得客户的授权；②根据法律法规的规定，会计师事务所为法律诉讼准备文件或提供证据，以及向监管机构报告发现的违反法规行为；③接受注册会计师协会和监管机构依法进行的质量检查。

业务工作底稿保存期限应满足法律法规的规定和会计师事务所的需要。对历史财务信息审计和审阅业务、其他鉴证业务，会计师事务所应当自业务报告日起，对业务工作底稿至少保存 10 年。如果法律法规有更高的要求，还应保存更长的时间。

业务工作底稿的所有权归会计师事务所所有。会计师事务所可自主决定允许客户获取业务工作底稿部分内容，或摘录部分工作底稿，但披露这些信息不得损害会计师事务所执行业务的有效性。对鉴证业务，披露这些信息不得损害会计师事务所及其人员的独立性，否则不得向客户提供相关工作底稿信息。

7）监控

会计师事务所应当制定监控政策和程序，以合理保证质量控制制度中的政策和程序是相关、适当的，并正在有效运行。这些监控政策和程序应当包括持续考虑和评价会计师事务所的质量控制制度，如定期选取已完成的业务进行检查。监控应当由具有专业胜任能力的人员实施。会计师事务所可以委派主任会计师、副主任会计师或具有足够经验和权限的其他人员履行监控责任。

监控的内容包括质量控制制度设计的适当性和有效性。会计师事务所应当从下列方面对质量控制制度进行持续考虑和评价：①确定质量控制制度的完善措施，包括要求对有关教育与培训的政策和程序提供反馈意见；②与会计师事务所适当人员沟通已识别的质量控制制度在设计、理解或执行方面存在的缺陷；③由会计师事务所适当人员采取追踪措施，以对质量控制政策和程序及时作出必要的修正；④法律法规、职业道德规范和业务准则的新变化，以及会计师事务所的政策和程序如何适当反映这些变化；⑤有关独立性政策和程序遵守情况的书面确认函；⑥职业发展，包括培训；⑦与接受和保持客户关系及具体业务相关的决策。

会计师事务所应当周期性地选取已完成的业务进行检查，周期最长不得超过 3 年。在每个周期内，应对每个项目负责人的业务至少选取一项进行检查。参与业务执行或项目质量控制复核的人员不应承担该项业务的检查工作。对于实施监控程序发现的缺陷，会计师事务所应当确定这些缺陷是否是系统性的、重复出现的或其他需要及时纠正的重大缺陷。

会计师事务所在评价各种缺陷后，应当提出下列改进措施：①采取与某项业务或某个成员相关的适当补救措施；②将监控发现的缺陷告知负责培训和职业发展的人员；③改进质量控制政策和程序；④对违反会计师事务所政策和程序的人员，尤其是对反复违规的人员实施惩戒。

会计师事务所应当每年至少一次将质量控制制度的监控结果传达给项目负责人及会计师事务所内部的其他适当人员，以使会计师事务所及其相关人员能够在其职责范围内及时采取适当的行动。传达的信息应当包括：①已实施的监控程序；②实施监控程序得出的结论；③系统性的、重复出现的或其他重大的缺陷及整改措施。

【案例分析2—1】ABC会计师事务所在甲公司审计中的质量控制问题

ABC会计师事务所接受委托，对甲公司201×年度财务报表进行审计，并委派A注册会计师为项目负责人。在接受委托后，A注册会计师发现甲公司业务流程采用计算机信息系统控制，审计项目组成员均缺少这方面的专业技能。A注册会计师了解到某软件公司张先生曾参与甲公司计算机信息系统的设计工作，因此，聘请张先生加入审计项目组，测试该系统并出具测试报告。

在审计过程中，A注册会计师要求审计项目组成员相互复核所执行的工作，并在工作底稿的复核人员栏签字。在复核过程中，审计项目组成员之间在某个专业问题上存在分歧，A注册会计师就此问题专门致函有关部门进行咨询，始终没有得到回复。考虑到该项业务的高风险性，在出具审计报告后，ABC会计师事务所专门指派未参与该项业务的经验丰富的注册会计师实施了项目质量控制复核。

分析ABC会计师事务所（包括审计项目组）在业务质量控制方面存在的问题如下：

(1) 在接受委托后，A注册会计师才发现甲公司业务流程采用计算机信息系统控制，审计项目组成员均缺少这方面的专业技能。事务所在签约前就应考虑执行审计的能力（确定审计小组的关键成员、考虑在审计过程中向外界专家寻求协助的需要和具有必要的时间），选派有专业能力的人员来承担该项工作。如果会计师事务所不具备专业胜任能力，应当拒绝接受委托。

(2) 审计项目组成员会产生自我评价威胁。聘请参与甲公司计算机信息系统设计的人参与审计工作不恰当。张先生是参与甲公司计算机信息系统设计工作的人员，如果参与审计工作对甲公司计算机信息系统进行评价，属于自己评价自己的设计成果。自我评价会对独立性产生威胁。

(3) 审计项目组成员之间互相复核不恰当。复核人员应当拥有适当的经验、专业胜任能力和责任感，因此，确定复核人员的原则是，由项目组内经验较多的人员复核经验较少的人员执行的工作，这样才能够达到复核的目的。

(4) 审计项目组成员之间存在专业问题争议尚未解决就出具审计报告是不恰当的。只有在意见分歧问题得到解决后，项目负责人才能出具报告。如果在意见分歧问题得到解决前，项目负责人就出具报告，不仅有失应有的谨慎，而且容易导致出具不恰当的报告，难以合理保证实现质量控制的目标。

(5) 会计师事务所在出具审计报告后才进行项目质量控制复核是不恰当的。

需要进行项目质量复核的业务，应当要求在出具报告前完成质量控制复核，且对于复核提出的重大事项得到满意解决后，项目负责人才能出具报告。

2.3 职业道德规范

注册会计师的职业道德，是指注册会计师的职业品德、职业纪律、执业能力及职业责任等的总称。中国注册会计师协会于1992年发布了《中国注册会计师职业道德守则（试行）》，于1996年12月发布了《中国注册会计师职业道德基本准则》，于2002年6月发布了《中国注册会计师职业道德规范指导意见》。2009年10月，财政部发布了《中国注册会计师职业道德守则》，于2010年7月1日起施行。该守则的发布标志着我国注册会计师行业诚信建设取得了又一重大成果。

2.3.1 注册会计师职业道德基本原则

1）诚信、独立、客观、公正

注册会计师应当遵循诚信、客观和公正的原则，在执行审计和审阅业务以及其他鉴证业务时保持独立性。

诚信是指注册会计师应当在所有的职业活动中，正直、诚实守信。注册会计师如果认为业务报告、申报资料或其他信息存在下列问题，则不得与这些有问题的信息发生牵连：①含有严重虚假或误导性的陈述；②含有缺少充分依据的陈述或信息；③存在遗漏或含糊其辞的信息。在鉴证业务中，如果存在上述情形，但注册会计师依据执业准则出具了恰当的非标准业务报告，则不被视为违反上述规定。

独立性是注册会计师执行鉴证业务的灵魂，独立性包括实质上的独立性和形式上的独立性。实质上的独立性是一种内心状态，使得注册会计师在提出结论时不受损害职业判断的因素影响，诚信行事，遵循客观和公正原则，保持职业怀疑态度；形式上的独立性是一种外在表现，使得一个理性且掌握充分信息的第三方，在权衡所有相关事实和情况后，认为会计师事务所或审计项目组成员没有损害诚信原则、客观和公正原则或职业怀疑态度。注册会计师执行审计和审阅业务以及其他鉴证业务时，应当从实质上和形式上保持独立性，不得因任何利害关系影响其客观性。

注册会计师应当公正处事、实事求是，不得由于偏见、利益冲突或他人的不当影响而损害自己的职业判断。如果存在导致职业判断出现偏差，或对职业判断产生不当影响的情形，注册会计师不得提供相关专业服务。

2）专业胜任能力和应有的关注

专业胜任能力是所有职业赖以生存的基础。注册会计师应当通过教育、培训和执业实践获取和保持专业胜任能力。注册会计师应当持续了解并掌握当前法律、技术和实务的发展变化，将专业知识和技能始终保持在应有的水平，确保为客户提供具有专业水准的服务。在应用专业知识和技能时，注册会计师应当合理运用职业判断。注册会计师应当采取适当措施，确保在其领导下工作的人员得到应有的培训和督导。在必要时，应当使客户以及业务报告的其他使用者了解专业服务的固有局限性。

注册会计师应当保持应有的关注，遵守执业准则和职业道德规范的要求，勤勉尽责，认真、全面、及时地完成工作任务。

3）保密

注册会计师应当对职业活动中获知的涉密信息保密，不得未经客户授权或法律、法规允许，向会计师事务所以外的第三方披露其所获知的涉密信息，不得利用所获知的涉密信息为自己或第三方谋取利益。即使在终止与客户的关系后，注册会计师也应当对以前职业活动中获知的涉密信息保密。注册会计师在社会交往中应当履行保密义务，警惕无意中泄密的可能性，特别是警惕无意中向近亲属或关系密切的人员泄密的可能性。同时，注册会计师应当采取措施，确保下级员工以及提供建议和帮助的人员履行保密义务。如果获得新客户，注册会计师可以利用以前的经验，但不得利用或披露以前职业活动中获知的涉密信息。

在下列情形下，注册会计师可以披露涉密信息：①法律、法规允许披露，并取得客户的授权；②根据法律、法规的要求，为法律诉讼、仲裁准备文件或提供证据，以及向监管机构报告所发现的违法行为；③法律、法规允许的情况下，在法律诉讼、仲裁中维护自己的合法权益；④接受注册会计师协会或监管机构的执业质量检查，答复其询问和调查；⑤法律、法规，执业准则和职业道德规范规定的其他情形。

4）职业的行为

注册会计师应当遵守相关法律、法规，避免发生任何损害职业声誉的行为。在向公众传递信息以及推介自己和工作时，注册会计师应当客观、真实、得体，不得损害职业形象。注册会计师不得夸大宣传提供的服务、拥有的资质或获得的经验，不得贬低或无根据地比较其他注册会计师的工作。

2.3.2 职业道德概念框架

职业道德概念框架是指解决职业道德问题的思路和方法，用以指导注册会计师识别对职业道德基本原则的不利影响，评价不利影响的严重程度，必要时采取防范措施消除不利影响或将其降低至可接受的水平。

1）对遵循职业道德基本原则产生不利影响的因素

可能对职业道德基本原则产生不利影响的因素包括自身利益、自我评价、过度推介、密切关系和外在压力。

（1）自身利益

自身利益导致不利影响的情形主要包括：①鉴证业务项目组成员在鉴证客户中拥有直接经济利益；②会计师事务所的收入过分依赖某一客户；③鉴证业务项目组成员与鉴证客户存在重要且密切的商业关系；④会计师事务所担心可能失去某一重要客户；⑤鉴证业务项目组成员正在与鉴证客户协商受雇于该客户；⑥会计师事务所与客户就鉴证业务达成或有收费的协议；⑦注册会计师在评价所在会计师事务所以往提供的专业服务时，发现了重大错误。

（2）自我评价

自我评价导致不利影响的情形主要包括：①会计师事务所在对客户提供财务系统的设计或操作服务后，又对系统的运行有效性出具鉴证报告；②会计师事务所为客户编制原始数据，这些数据构成鉴证业务的对象；③鉴证业务项目组成员担任或最近曾经担任客户的董事或高级管理人员；④鉴证业务项目组成员目前或最近曾受雇于客户，并且所处职位能够对鉴证对象施加重大影响；⑤会计师事务所为鉴证客户提供直接影响鉴证对象信息的其他服务。

（3）过度推介

过度推介导致不利影响的情形主要包括：①会计师事务所推介审计客户的股份；②在审计客户与第三方发生诉讼或纠纷时，注册会计师担任该客户的辩护人。

（4）密切关系

密切关系导致不利影响的情形主要包括：①项目组成员的近亲属担任客户的董事或高级管理人员；②项目组成员的近亲属是客户的员工，其所处职位能够对业务对象施加重大影响；③客户的董事、高级管理人员或所处职位能够对业务对象施加重大影响的员工，最近曾担任会计师事务所的项目合伙人；④注册会计师接受客户的礼品或款待；⑤会计师事务所的合伙人或高级员工与鉴证客户存在长期业务关系。

（5）外在压力

外在压力导致不利影响的情形主要包括：①会计师事务所受到客户解除业务关系的威胁；②审计客户表示，如果会计师事务所不同意对某项交易的会计处理，则不再委托其承办拟议中的非鉴证业务；③客户威胁将起诉会计师事务所；④会计师事务所受到降低收费的影响而不恰当地缩小工作范围；⑤由于客户员工对所讨论的事项更具有专长，注册会计师面临服从其判断的压力；⑥会计师事务所合伙人告知注册会计师，除非同意审计客户不恰当的会计处理，否则将影响晋升。

2）应对不利影响的防范措施

注册会计师必要时采取防范措施消除不利影响或将其降低至可接受的水平，或者终止业务约定或拒绝接受业务委托。在判断如何具体应对时，注册会计师应当考虑：一个理性且掌握充分信息的第三方，在权衡注册会计师当时可获得的所有具体事实和情况后，是否很可能认为这些防范措施能够消除不利影响或将其降低至可接受的水平，以使职业道德基本原则不受损害。

应对不利影响的防范措施包括下列两类：法律、法规和职业规范规定的防范措施；在具体工作中采取的防范措施。

（1）法律、法规和职业规范规定的防范措施

法律、法规和职业规范规定的防范措施主要包括：①取得注册会计师资格必需的教育、培训和经验要求；②持续的职业发展要求；③公司治理方面的规定；④执业准则和职业道德规范的要求；⑤监管机构或注册会计师协会的监控和惩戒程序；⑥由依法授权的第三方对注册会计师编制的业务报告、申报资料或其他信息进行外

部复核。

（2）在具体工作中采取的防范措施

在具体工作中，应对不利影响的防范措施包括会计师事务所层面的防范措施和具体业务层面的防范措施。

会计师事务所层面的防范措施主要包括：①领导层强调遵循职业道德基本原则的重要性；②领导层强调鉴证业务项目组成员应当维护公众利益；③制定有关政策和程序，实施项目质量控制，监督业务质量；④制定有关政策和程序，识别对职业道德基本原则的不利影响，评价不利影响的严重程度，采取防范措施消除不利影响或将其降低至可接受的水平；⑤制定有关政策和程序，保证遵循职业道德基本原则；⑥制定有关政策和程序，识别会计师事务所或项目组成员与客户之间的利益或关系；⑦制定有关政策和程序，监控对某一客户收费的依赖程度；⑧向鉴证客户提供非鉴证服务时，指派鉴证业务项目组以外的其他合伙人和项目组，并确保鉴证业务项目组和非鉴证业务项目组分别向各自的业务主管报告工作；⑨制定有关政策和程序，防止项目组以外的人员对业务结果施加不当影响；⑩及时向所有合伙人和专业人员传达会计师事务所的政策和程序及其变化情况，并就这些政策和程序进行适当的培训；⑪指定高级管理人员负责监督质量控制系统是否有效运行；⑫向合伙人和专业人员提供鉴证客户及其关联实体的名单，并要求合伙人和专业人员与之保持独立；⑬制定有关政策和程序，鼓励员工就遵循职业道德基本原则方面的问题与领导层沟通；⑭建立惩戒机制，保障相关政策和程序得到遵守。

具体业务层面的防范措施主要包括：①对已执行的非鉴证业务，由未参与该业务的注册会计师进行复核，或在必要时提供建议；②对已执行的鉴证业务，由鉴证业务项目组以外的注册会计师进行复核，或在必要时提供建议；③向客户审计委员会、监管机构或注册会计师协会咨询；④与客户治理层讨论有关的职业道德问题；⑤向客户治理层说明提供服务的性质和收费的范围；⑥由其他会计师事务所执行或重新执行部分业务；⑦轮换鉴证业务项目组合伙人和高级员工。

此外，注册会计师可以根据业务的性质考虑依赖客户采取的防范措施，但是仅依赖客户的防范措施，不可能将不利影响降低至可接受的水平。客户通过制定政策和程序采取的防范措施主要包括：①要求由管理层以外的人员批准聘请会计师事务所；②聘任具备足够经验和资历的员工，确保其能够作出恰当的管理决策；③执行相关政策和程序，确保在委托非鉴证业务时作出客观选择；④建立完善的公司治理结构，与会计师事务所进行必要的沟通，并对其服务进行适当的监督。

2.3.3 审计业务对独立性的要求

在提供审计服务的过程中可能存在多种对独立性产生不利影响的情形，注册会计师应当对此保持警觉，并采取防范措施消除不利影响或将其降低至可接受的水平。

1）经济利益

经济利益是指因持有某一实体的股权、债券和其他证券以及其他债务性的工具而拥有的利益，包括为取得这种利益享有的权利和承担的义务。在审计客户中拥有经济利益，可能因自身利益导致不利影响。不利影响存在与否及其严重程度取决于拥有经济利益人员的角色，经济利益是直接还是间接的，以及经济利益的重要性。

确定经济利益是直接还是间接的，取决于受益人能否控制投资工具或是否具有影响投资决策的能力。如果受益人能够控制投资工具或具有影响投资决策的能力，这种经济利益则界定为直接经济利益，否则为间接经济利益。

此外，近亲属的经济利益也可能对注册会计师的独立性产生不利影响。近亲属包括主要近亲属和其他近亲属。主要近亲属是指配偶、父母或子女。其他近亲属是指兄弟姐妹、祖父母、外祖父母、孙子女、外孙子女。

（1）在审计客户中拥有经济利益

如果会计师事务所、审计项目组成员或其主要近亲属在审计客户中拥有直接经济利益或重大间接经济利益，将因自身利益产生非常严重的不利影响，导致没有防范措施能够将其降低至可接受的水平。因此，会计师事务所、审计项目组成员或其主要近亲属不得在审计客户中拥有直接经济利益或重大间接经济利益。

如果审计项目组某一成员的其他近亲属在审计客户中拥有直接经济利益或重大间接经济利益，将因自身利益产生非常严重的不利影响。不利影响的严重程度主要取决于审计项目组成员与其他近亲属之间的关系，以及该经济利益对其他近亲属的重要性。会计师事务所及其注册会计师可以采取的防范措施包括：①其他近亲属尽快处置全部经济利益，或处置全部直接经济利益并处置足够数量的间接经济利益，以使剩余经济利益不再重大；②由审计项目组以外的注册会计师复核该成员已执行的工作；③将该成员调离审计项目组。

（2）在审计客户之外的实体中拥有经济利益

当一个实体在审计客户中拥有控制性的权益，并且审计客户对该实体重要时，如果会计师事务所、审计项目组成员或其主要近亲属在该实体中拥有直接经济利益或重大间接经济利益，将因自身利益产生非常严重的不利影响，因此，会计师事务所、审计项目组成员或其主要近亲属不得在该实体中拥有直接经济利益或重大间接经济利益。

当会计师事务所、审计项目组成员或其主要近亲属在某一实体中拥有经济利益，并且审计客户也在该实体中拥有经济利益，可能因自身利益产生不利影响。如果经济利益并不重大，并且审计客户不能对该实体施加重大影响，则不被视为损害独立性。如果经济利益重大，并且审计客户能够对该实体施加重大影响，则没有防范措施能够将不利影响降低至可接受的水平。因此，会计师事务所不得拥有此类经济利益。拥有此类经济利益的人员，在成为审计项目组成员之前，应当处置全部经济利益，或处置足够数量的经济利益，使剩余经济利益不再重大。

会计师事务所、审计项目组成员或其主要近亲属在某一实体中拥有经济利益，并且知悉审计客户的董事、高级管理人员或具有控制权的所有者也在该实体中拥有经济利益，可能因自身利益、密切关系或外在压力产生不利影响。注册会计师在必要时采取的防范措施主要包括：将拥有该经济利益的审计项目组成员调离审计项目组；由审计项目组以外的注册会计师复核该成员已执行的工作。

(3) 审计项目组之外的会计师事务所员工的经济利益

当其他合伙人与执行审计业务的项目合伙人同处一个分部时，如果其他合伙人或其主要近亲属在审计客户中拥有直接经济利益或重大间接经济利益，将因自身利益产生非常严重的不利影响，导致没有防范措施能够将其降低至可接受的水平。因此，其他合伙人或其主要近亲属不得在审计客户中拥有直接经济利益或重大间接经济利益。基于同样的原因，为审计客户提供非审计服务的其他合伙人、管理人员或其主要近亲属也不得在审计客户中拥有直接经济利益或重大间接经济利益。

对于上述其他合伙人或管理人员，如果其主要近亲属作为审计客户的员工有权（例如，通过退休金或股票期权计划）取得该经济利益，并且在必要时能够采取防范措施消除不利影响或将其降低至可接受的水平，则不被视为损害独立性。如果其主要近亲属拥有或取得处置该经济利益的权利，例如，按照股票期权方案有权行使期权，则应当尽快处置或放弃该经济利益。

2）贷款和担保

如果银行或类似金融机构等审计客户不按照正常的程序、条款和条件提供贷款或担保，或者由不属于银行或类似金融机构的审计客户提供贷款或贷款担保，将因自身利益对独立性产生非常严重的不利影响。因此，会计师事务所、审计项目组成员或其主要近亲属不得接受此类贷款或担保。

如果会计师事务所按照正常的贷款程序、条款和条件，从银行或类似金融机构等审计客户处取得贷款，即使该贷款对审计客户或会计师事务所影响重大，也可通过由所属网络中未参与执行审计业务并且未接受该贷款的会计师事务所复核已执行的工作，将因自身利益产生的不利影响降低至可接受的水平。此处的网络，是指由多个会计师事务所组成，旨在通过合作实现下列一个或多个目的的联合体：共享收益或分担成本；共享所有权、控制权或管理权；共享统一的质量控制政策和程序；共享同一经营战略；使用同一品牌；共享重要的专业资源。

如果审计项目组成员或其主要近亲属按照正常的程序、条款和条件从银行或类似金融机构等审计客户处取得贷款，则不会对独立性产生不利影响。

另一方面，会计师事务所、审计项目组成员或其主要近亲属向审计客户提供贷款或为其提供担保，将因自身利益产生非常严重的不利影响，导致没有防范措施能够将其降低至可接受的水平。

3）商业关系

会计师事务所、审计项目组成员或其主要近亲属与审计客户或其高级管理人员之间可能存在以下商业关系：①在与客户或其控股股东、董事、高级管理人员共同开办的企业中拥有经济利益；②按照协议，将会计师事务所的产品或服务与客户的产品或服务结合在一起，并以双方名义捆绑销售；③按照协议，会计师事务所销售或推广客户的产品或服务，或者客户销售或推广会计师事务所的产品或服务。

上述商务关系可能因自身利益或外在压力产生严重的不利影响。会计师事务所不得介入此类商业关系；如果存在此类商业关系，应当予以终止。如果此类商业关系涉及审计项目组成员，会计师事务所应当将该成员调离审计项目组。如果审计项目组成员的主要近亲属与审计客户或其高级管理人员存在此类商业关系，注册会计师应当评价不利影响的严重程度，并在必要时采取防范措施消除不利影响或将其降低至可接受的水平。

此外，会计师事务所、审计项目组成员或其主要近亲属从审计客户处购买商品或服务，如果按照正常的商业程序公平交易，通常不会对独立性产生不利影响。然而，如果交易性质特殊或金额较大，可能因自身利益产生不利影响。会计师事务所应当在必要时采取以下防范措施消除不利影响或将其降低至可接受的水平：①取消交易或降低交易规模；②将相关审计项目组成员调离审计项目组。

4）家庭和私人关系

如果审计项目组成员与审计客户的董事、高级管理人员，或所处职位能够对客户会计记录或被审计财务报表的编制施加重大影响的员工（以下将这三者统称为特定员工）存在家庭和私人关系，可能因自身利益、密切关系或外在压力产生不利影响。不利影响存在与否及其严重程度取决于多种因素，包括该成员在审计项目组的角色、其家庭成员或相关人员在客户中的职位以及关系的密切程度等。

如果审计项目组成员的主要近亲属是审计客户的特定员工，或者在业务期间或财务报表涵盖的期间曾担任上述职务，只有把该成员调离审计项目组，才能将对独立性的不利影响降低至可接受的水平。

如果审计项目组成员的主要近亲属在审计客户中所处职位能够对客户的财务状况、经营成果和现金流量施加重大影响，或者其他近亲属是审计客户的特定员工，或者与审计项目组成员存在密切私人关系的审计客户员工是特定员工，也将对独立性产生不利影响。会计师事务所此时采取的防范措施主要包括：①将该成员调离审计项目组；②合理安排审计项目组成员的职责，使该成员的工作不涉及其主要近亲属或其他近亲属的职责范围。

会计师事务所中审计项目组以外的合伙人或员工，如果与审计客户的特定员工之间存在家庭或私人关系，可能因自身利益、密切关系或外在压力产生不利影响。不利影响存在与否及其严重程度主要取决于下列因素：①该合伙人或员工与审计客户的特定员工之间的关系；②该合伙人或员工与审计项目组之间的相互影响；③该合伙人或员工在会计师事务所中的角色；④特定员工在审计客户中的职位。会计师事务所应当采取的防范措施主要包括：①合理安排该合伙人或员工的职责，以减少对审计项目组可能产生的影响；②由审计项目组以外的注册会计师复核已执行的相关审计工作。

5）与审计客户发生雇佣关系

（1）审计客户的特定员工曾经是审计项目组的成员或会计师事务所的合伙人

如果审计客户的特定员工曾经是审计项目组的成员或会计师事务所的合伙人，

则可能因密切关系或外在压力产生不利影响。如果这些特定人员仍与会计师事务所保持重要交往，将产生非常严重的不利影响，导致没有防范措施能够将其降低至可接受的水平。如果这些特定员工已经与会计师事务所没有重要交往，不利影响存在与否及其严重程度主要取决于下列因素：①前任成员或前任合伙人在审计客户中的职位；②前任成员或前任合伙人在其工作中与审计项目组交往的程度；③前任成员或前任合伙人离开会计师事务所的时间长短；④前任成员或前任合伙人以前在审计项目组或会计师事务所中的角色，例如，前任成员或前任合伙人是否负责与客户治理层或管理层保持定期联系。

会计师事务所应当评价不利影响的严重程度，并在必要时采取防范措施消除不利影响或将其降低至可接受的水平。防范措施主要包括：①修改审计计划；②向审计项目组分派经验更丰富的人员；③由审计项目组以外的注册会计师复核前任审计项目组成员已执行的工作。

如果会计师事务所前任高级合伙人（或管理合伙人，或同等职位的人员）加入属于公众利益实体的审计客户，担任特定员工，将因外在压力产生不利影响。除非该高级合伙人离职已超过十二个月，否则独立性将被视为受到损害。

（2）审计项目组某一成员在未来某一时间将要或有可能加入审计客户

如果审计项目组某一成员参与审计业务，当知道自己在未来某一时间将要或有可能加入审计客户时，将因自身利益产生不利影响。会计师事务所应当制定政策和程序，要求审计项目组成员在与审计客户协商受雇于该客户时，向会计师事务所报告。在接到报告后，会计师事务所应当评价不利影响的严重程度，并在必要时采取以下防范措施消除不利影响或将其降低至可接受的水平：①将该成员调离审计项目组；②由审计项目组以外的注册会计师复核该成员在审计项目组中作出的重大判断。

6）审计项目组成员最近曾担任审计客户的特定员工

如果在被审计财务报表涵盖的期间，审计项目组成员曾担任审计客户的特定员工，将产生非常严重的不利影响，导致没有防范措施能够将其降低至可接受的水平。会计师事务所不得将此类人员分派到审计项目组中。

如果在被审计财务报表涵盖的期间之前，审计项目组成员曾担任审计客户的特定员工，可能因自身利益、自我评价或密切关系产生不利影响。例如，如果在当期需要评价此类人员以前就职于审计客户时作出的决策或工作，将产生这些不利影响。不利影响存在与否及其严重程度主要取决于下列因素：①该成员在客户中曾担任的职务；②该成员离开客户的时间长短；③该成员在审计项目组中的角色。会计师事务所在必要时采取复核该成员已执行的工作等措施将其降低至可接受的水平。

7）兼任审计客户的董事或高级管理人员

如果会计师事务所的合伙人或员工兼任审计客户的董事、高级管理人员或公司秘书，将因自我评价和自身利益产生非常严重的不利影响。因此，会计师事务所的合伙人或员工不得兼任审计客户的董事、高级管理人员或公司秘书。另一方面，如果会计师事务所只提供日常和行政事务性的服务以支持公司秘书职能，或提供与公司秘书行政事项有关的建议，所有相关决策均由审计客户管理层作出，这通常不会损害独立性。

8）与审计客户长期存在业务关系

会计师事务所长期委派同一名合伙人或高级员工执行某一客户的审计业务，将因密切关系和自身利益产生不利影响。会计师事务所应当评价因密切关系和自身利益产生的不利影响的严重程度，并在必要时采取以下防范措施消除不利影响或将其降低至可接受的水平：①将该人员轮换出审计项目组；②由审计项目组以外的注册会计师复核该人员已执行的工作；③定期对该业务实施独立的质量复核。

如果审计客户属于公众利益实体，执行其审计业务的项目合伙人、实施项目质量控制复核的负责人，以及审计项目组中负责对财务报表审计所涉及的重大事项作出关键决策或判断的其他审计合伙人（以下统称为“关键审计合伙人”）的任职时间不得超过5年。在极其特殊的情况下，会计师事务所可能因无法预见和控制的情形而不能按时轮换关键审计合伙人。在采取了适当的防范措施并且在法律、法规允许的情况下，该关键审计合伙人在审计项目组的时限可以延长1年。在任期结束后的2年内，该关键审计合伙人不得再次成为该客户的审计项目组成员或关键审计合伙人，也不得就有关技术或行业特定问题、交易或事项向项目组或该客户提供咨询。

9）为审计客户提供非鉴证服务

会计师事务所向审计客户提供非鉴证服务，可能对独立性产生不利影响，包括因自我评价、自身利益和过度推介等产生的不利影响。

（1）承担管理层职责

会计师事务所承担审计客户的管理层职责，将对独立性产生非常严重的不利影响。因此，会计师事务所不得承担审计客户的管理层职责。下列活动通常被视为管理层职责：制定政策和战略方针；指导员工的行动并对其行动负责；对交易进行授权；确定采纳会计师事务所或其他第三方提出的建议；负责按照适用的会计准则编制财务报表；负责设计、实施和维护内部控制。

如果会计师事务所代客户从事日常和行政性的事务或不重要的活动，通常不被视为代行管理层职责。例如，执行一项已由管理层授权的非重要交易，向管理层提供意见和建议以协助管理层履行职责。

（2）编制会计记录和财务报表

会计师事务所向审计客户提供编制会计记录或财务报表等服务，随后又审计该财务报表，将因自我评价产生不利影响。

如果会计师事务所向不属于公众利益实体的审计客户提供编制会计记录和财务报表相关的服务，只要属于日常性和机械性的工作，并且已采取措施将因自我评价产生的不利影响降低至可接受的水平，则不会损害其独立性。此类服务包括：根据来源于客户的数据提供工资服务；在客户确定或批准账户分类的基础上记录交易；将已记录的交易过入总分类账；将客户批准的分录过入试算平衡表；根据试算平衡表中的信息编制财务报表。具体防范措施主要包括：由审计项目组以外的人员提供此类服务；如果审计项目组成员提供此类服务，则由审计项目组以外的合伙人或高级员工复核已执行的工作。

除非出现紧急或极其特殊的情况，并征得相关监管机构的同意，会计师事务所不得向属于公众利益实体的审计客户提供工资服务、编制所审计的财务报表、编制所审计财务报表依据的财务信息。

（3）评估服务

评估包括对未来发展趋势提出相关假设，运用适当的方法和技术，以确定资产、负债或企业整体的价值或价值区间。向审计客户提供评估服务可能因自我评价产生不利影响。会计师事务所的防范措施主要包括：由未参与提供评估服务的专业人员复核已执行的审计或评估工作；不允许提供评估服务的人员参与审计业务。

在审计客户不属于公众利益实体的情况下，如果评估服务对被审计财务报表具有重大影响，并且评估结果涉及高度的主观性，会计师事务所不得向审计客户提供这种评估服务。对于公众利益审计客户，如果评估结果单独或累积起来对被审计财务报表具有重大影响，会计师事务所也不得提供这种评估服务。

（4）税务服务

税务服务通常包括：编制纳税申报表；为编制会计分录计算税额；税务筹划和其他税务咨询服务；协助解决税务纠纷。会计师事务所向审计客户提供某些税务服务，可能因自我评价和过度推介产生不利影响。

由于纳税申报表须经税务机关审查或批准，如果管理层对纳税申报表承担责任，会计师事务所提供此类服务通常不对独立性产生不利影响。

在审计客户属于公众利益实体的情况下，除非出现紧急或极其特殊的情况，并征得相关监管机构的同意，会计师事务所不得计算当期所得税或递延所得税负债（或资产），以用于编制对被审计财务报表具有重大影响的会计分录。

税务筹划或其他税务咨询服务有多种类型，例如，向审计客户提供如何节税，或如何运用新的税收法律、法规的建议。如果税务建议影响财务报表所反映的事项，可能因自我评价产生不利影响。会计师事务所对税务建议产生不利影响的防范措施主要包括：由审计项目组以外的专业人员提供此类服务；由未参与提供此类服务的税务专业人员向审计项目组提供服务建议，并复核会计处理和财务报表列报；向外部税务专业人员咨询；得到税务机关的预先认可。

如果会计师事务所代表审计客户解决税务纠纷，一旦税务机关通知审计客户已经拒绝接受其对某项具体问题的主张，并且税务机关或审计客户已将该问题纳入正式的法律程序，则可能因过度推介或自我评价产生不利影响。会计师事务所对此的防范措施主要包括：由审计项目组以外的专业人员提供该税务服务；由其他未参与提供该税务服务的税务专业人员，向审计项目组提供服务建议，并复核会计处理；向外部税务专业人员咨询。需要注意的是，会计师事务所人员不得在为审计客户提供税务服务时担任辩护人。

（5）内部审计服务

如果会计师事务所向审计客户提供内部审计服务，并在执行财务报表审计时利用内部审计的工作，将因自我评价对独立性产生不利影响。由于为审计客户提供内部审计服务时承担管理层职责将产生非常严重的不利影响，因此，会计师事务所人员在向审计客户提供内部审计服务时不得承担管理层职责。

为避免承担管理层职责，只有在同时满足下列条件时，会计师事务所才能为审计客户提供内部审计服务：①审计客户承担设计、执行和维护内部控制的责任，并指定合适的、具有胜任能力的员工（最好是高级管理人员），始终负责内部审计活动；②客户治理层或管理层复核、评估并批准内部审计服务的工作范围、风险和频率；③客户管理层评价内部审计服务的适当性，以及执行内部审计发现的事项；④客户管理层评价并确定应当实施内部审计服务提出的建议，并对实施过程进行管理；⑤客户管理层向治理层报告注册会计师在内部审计服务中发现的重大问题和提出的建议。

在审计客户属于公众利益实体的情况下，会计师事务所不得提供与下列方面有关的内部审计服务：与财务报告相关的内部控制；财务会计系统；对被审计财务报表具有重大影响的金额或披露。

（6）信息技术系统服务

如果信息技术系统构成财务报告内部控制的重要组成部分，或者信息技术系统生成的信息对会计记录或被审计财务报表影响重大将因自我评价产生不利影响，会计师事务所不得向属于公众利益实体的审计客户提供与设计或操作信息技术系统相关的服务。

对于不属于公众利益实体的审计客户，会计师事务所只有采取适当的防范措施以确保同时满足下列条件时才能提供此类服务：①审计客户认可自己对建立和监督内部控制的责任；②审计客户指定具有胜任能力的员工（最好是高级管理人员）作出有关系统设计和操作的所有管理决策；③审计客户作出与系统设计和操作过程有关的所有管理决策；④审计客户评价系统设计和操作的适当性及结果；⑤审计客户对系统运行以及系统使用或生成的数据负责。

（7）诉讼支持服务

诉讼支持服务可能包括：担任专家证人；计算诉讼或其他法律纠纷涉及的估计损失或其他应收、应付的金额；协助管理和检索文件。会计师事务所向审计客户提供诉讼支持服务，可能因自我评价或过度推介产生不利影响。如果向审计客户提供诉讼支持服务涉及对损失或其他金额的估计，并且这些损失或其他金额影响被审计财务报表，会计师事务所应当遵守关于评估服务的规定。

（8）法律服务

在审计客户解决纠纷或法律诉讼时，如果会计师事务所人员担任辩护人，并且纠纷或法律诉讼所涉金额对被审计财务报表有重大影响，将因过度推介和自我评价产生非常严重的不利影响。因此，会计师事务所不得为审计客户提供此类服务。如果纠纷或法律诉讼所涉金额对被审计财务报表无重大影响，则应当评价不利影响的严重程度，并在必要时采取以下防范措施消除不利影响或将其降低至可接受的水平：①由审计项目组以外的专业人员提供该服务；②由未参与提供法律服务的专业人员向审计项目组提出建议，并复核会计处理。

由于首席法律顾问通常是一个高级管理职位，对公司法律事务承担广泛责任，可能因自我评价和过度推介产生非常严重的不利影响，因此，会计师事务所人员不得担任审计客户的首席法律顾问。

（9）公司财务服务

公司财务服务主要包括：协助审计客户制定公司战略；为审计客户并购识别可能的目标；对资产处置交易提供建议；协助实施融资交易；对合理安排资本结构提供建议。会计师事务所提供财务服务，可能因自我评价或过度推介产生不利影响。例如，对资本结构或融资的安排提出建议，将直接影响在财务报表中报告的金额。会计师事务所可以采取的防范措施主要包括：①由审计项目组以外的专业人员提供该服务；②由未参与提供财务服务的专业人员向审计项目组提出有关服务的建议，并复核会计处理。

如果财务建议的有效性取决于某一特定会计处理，根据适用的会计准则，审计项目组对有关会计处理适当性存有疑问，并且财务建议的结果将对被审计财务报表产生重大影响。在上述情况下，因自我评价产生的不利影响非常严重，会计师事务所不得提供此类财务服务。

10）收费

（1）一般规定

会计师事务所在确定收费时应当主要考虑：专业服务所需的知识和技能；所需专业人员的水平和经验；各级别专业人员提供服务所需的时间；提供专业服务所需承担的责任。在专业服务得到良好的计划、监督及管理的前提下，收费通常以每一专业人员适当的小时收费标准或日收费标准为基础计算。

收费是否对职业道德基本原则产生不利影响，取决于收费报价水平和所提供的相应服务。防范不利影响的措施主要包括：①让客户了解业务约定条款，特别是确定收费的基础以及在收费报价内所能提供的服务；②安排恰当的时间和具有胜任能力的员工执行任务。

在承接业务时，如果收费报价过低，可能对专业胜任能力和应有的关注原则产生不利影响。如果收费报价明显低于前任注册会计师或其他会计师事务所的相应报价，会计师事务所应当确保：①在提供专业服务时，遵守执业准则和职业道德规范的要求，使工作质量不受损害；②客户了解专业服务的范围和收费基础。

（2）收费结构

如果会计师事务所从某一审计客户收取的全部费用占其审计收费总额的比重很大，或从某一审计客户收取的全部费用占某一合伙人从所有客户收取的费用总额比重很大，或者占会计师事务所某一分部收取的费用总额比重很大，则对该客户的依赖及对可能失去该客户的担心将因自身利益或外在压力产生不利影响。会计师事务所采取的防范措施主要包括：①降低对该客户的依赖程度；②实施外部独立质量控制复核；③就关键的审计判断向第三方咨询。例如，向行业监管机构或其他会计师事务所咨询。

如果会计师事务所连续两年从某一属于公众利益实体的审计客户及其关联实体收取的全部费用，占其从所有客户收取的全部费用的比重超过15%，会计师事务所应当向审计客户治理层披露这一事实，并讨论选择下列何种防范措施，以将不利影响降低至可接受的水平：①在对第二年度财务报表发表审计意见之前，由其他会计师事务所对该业务再次实施项目质量控制复核（简称发表审计意见前复核）；②在对第二年度财务报表发表审计意见之后、对第三年度财务报表发表审计意见之前，由其他会计师事务所对第二年度的审计工作再次实施项目质量控制复核（简称发表审计意见后复核）。

在上述收费比例明显超过15%的情况下，如果采用发表审计意见后复核无法将不利影响降低至可接受的水平，会计师事务所应当采用发表审计意见前复核。

如果两年后每年收费比例继续超过15%，则会计师事务所应当每年向治理层披露这一事实，并讨论选择采取上述哪种防范措施。在收费比例明显超过15%的情况下，如果采用发表审计意见后复核无法将不利影响降低至可接受的水平，会计师事务所应当采用发表审计意见前复核。

（3）逾期收费

会计师事务所通常要求审计客户在审计报告出具前付清上一年度的审计费用。如果审计客户长期未支付应付的审计费用，尤其是相当一部分的审计费用在出具下一年度审计报告前仍未支付，可能因自身利益产生不利影响。会计师事务所采取的防范措施主要包括由未参与执行审计业务的注册会计师提供建议，或复核已执行的工作等。

（4）或有收费

或有收费是指收费与否或收费多少取决于交易的结果或所执行工作的结果。如果一项收费是由法院或政府有关部门规定的，则该项收费不被视为或有收费。会计师事务所在提供审计服务时，以直接或间接形式取得或有收费，将因自身利益产生非常严重的不利影响。因此，会计师事务所不得采用这种收费安排。

会计师事务所在向审计客户提供非鉴证服务时，如果非鉴证服务以直接或间接形式取得或有收费，也可能因自身利益产生不利影响。如果出现下列情况之一，会计师事务所不得采用或有收费安排：①非鉴证服务的或有收费由对财务报表发表审计意见的会计师事务所取得，并且对其影响重大或预期影响重大；②网络事务所参与大部分审计工作，非鉴证服务的或有收费由该网络事务所取得，并且对其影响重大或预期影响重大；③非鉴证服务的结果以及由此收取的费用金额，取决于未来或当期与财务报表重大金额审计相关的判断。

11）礼品和款待

会计师事务所或审计项目组成员接受审计客户的礼品或款待，可能因自身利益和密切关系产生不利影响。如果会计师事务所或审计项目组成员接受审计客户的礼品，将产生非常严重的不利影响。因此，会计师事务所或审计项目组成员不得接受礼品。会计师事务所或审计项目组成员应当评价接受款待产生不利影响的严重程度。如果款待超出业务活动中的正常往来，会计师事务所或审计项目组成员应当拒绝接受。

12）诉讼或诉讼威胁

会计师事务所和客户管理层由于诉讼或诉讼威胁而处于对立地位，将影响管理层提供信息的意愿，从而因自身利益和外在压力产生不利影响。会计师事务所可以采取的防范措施主要包括：①如果诉讼涉及某一审计项目组成员，将该成员调离审计项目组；②由审计项目组以外的专业人员复核已执行的工作。如果此类防范措施不能将不利影响降低至可接受的水平，会计师事务所应当拒绝接受审计业务委托，或解除审计业务约定。

2.3.4 提供专业服务时对职业道德概念框架的其他运用

1）客户变更委托

如果应客户要求或考虑以投标方式接替前任注册会计师，注册会计师应当从专业角度或其他方面确定应否承接该业务。由于客户变更委托的表面理由可能并未完全反映事实真相，注册会计师可能需要与前任注册会计师直接沟通，核实与变更委托相关的事实和情况，以确定是否承接该业务。如果注册会计师在了解所有相关情况之前就承接业务，可能对专业胜任能力和应有的关注原则产生不利影响。

注册会计师应当在必要时采取以下防范措施，消除因客户变更委托产生的不利影响或将其降低至可接受的水平：①当应邀投标时，在投标书中说明，在承接业务前需要与前任注册会计师沟通，以了解是否存在不应接受委托的理由；②要求前任注册会计师提供已知悉的相关事实或情况，即前任注册会计师认为，后任注册会计师在作出承接业务的决定前，需要了解的事实或情况；③从其他渠道获取必要的信息。如果采取的防范措施不能消除不利影响或将其降低至可接受的水平，注册会计师不得承接该业务。

注册会计师在与前任注册会计师沟通前，应当征得客户的同意，最好征得客户的书面同意。前任注册会计师是否可以或必须与后任注册会计师讨论客户的相关事务，取决于业务的性质、是否征得客户同意，以及法律、法规或职业道德规范的有关要求。如果不能与前任注册会计师沟通，注册会计师应当采取适当措施，通过询问第三方或调查客户的高级管理人员、治理层的背景等方式，获取有关对职业道德基本原则产生不利影响的信息。

2）应客户要求提供第二次意见

在某客户运用会计准则对特定交易和事项进行处理，且已由前任注册会计师发表意见的情况下，如果注册会计师应客户的要求提供第二次意见，并且第二次意见不是以前任注册会计师所获得的相同事实为基础，或依据的证据不充分，则可能对专业胜任能力和应有的关注原则产生不利影响。

注册会计师应当评价不利影响的严重程度，并在必要时采取以下防范措施消除不利影响或将其降低至可接受的水平：①征得客户同意与前任注册会计师沟通；②在与客户沟通中说明注册会计师发表专业意见的局限性；③向前任注册会计师提供第二次意见的副本。如果客户不允许与前任注册会计师沟通，注册会计师应当在考虑所有情况后决定是否适宜提供第二次意见。

3）利益冲突

注册会计师与客户存在直接竞争关系，或与客户的主要竞争者存在合资或类似关系，可能对客观和公正原则产生不利影响。注册会计师为两个以上客户提供服务，而这些客户之间存在利益冲突或者对某一事项或交易存在争议，可能对客观和公正原则或保密原则产生不利影响。

注册会计师应当根据可能产生利益冲突的具体情形，采取下列防范措施：①如果会计师事务所的商业利益或业务活动可能与客户存在利益冲突，注册会计师应当告知客户，并在征得其同意的情况下执行业务；②如果为存在利益冲突的两个以上客户服务，注册会计师应当告知所有已知相关方，并在征得他们同意的情况下执行业务；③如果为某一特定行业或领域中的两个以上客户提供服务，注册会计师应当告知客户，并在征得他们同意的情况下执行业务。如果客户不同意注册会计师为存在利益冲突的其他客户提供服务，注册会计师应当终止为其中一方或多方提供服务。

此外，对于上述两类利益冲突，注册会计师还应当采取下列一种或多种防范措施：①分派不同的项目组为相关客户提供服务。②实施必要的保密程序，防止未经授权接触信息。例如，对不同的项目组实施严格的隔离程序，做好数据文档的安全保密工作。③向项目组成员提供有关安全和保密问题的指引。④要求会计师事务所的合伙人和员工签订保密协议。⑤由未参与执行相关业务的高级员工定期复核防范措施的执行情况。

如果采取防范措施后仍无法消除利益冲突的不利影响或将其降低至可接受的水平，注册会计师应当拒绝承接某一特定业务，或者解除一个或多个存在冲突的业务约定。

4）专业服务的营销

注册会计师通过广告或其他营销方式招揽业务，可能对职业道德基本原则产生不利影响。在向公众传递信息时，注册会计师应当维护职业声誉，做到客观、真实、得体。注册会计师不得对其能力进行广告宣传以招揽业务，但可以利用媒体刊登设立、合并、分立、解散、迁址、名称变更和招聘员工等信息。

注册会计师在营销专业服务时，不得有下列行为：①夸大宣传提供的服务、拥有的资质或获得的经验；②贬低或无根据地比较其他注册会计师的工作，暗示有能力影响有关主管部门、监管机构或类似机构；③作出其他欺骗性的或可能导致误解的声明；④采用强迫、欺诈、利诱或骚扰等方式招揽业务。

注册会计师收取与客户相关的介绍费或佣金，或者注册会计师为获得客户而支付业务介绍费，都可能对客观和公正原则以及专业胜任能力和应有的关注原则产生非常严重的不利影响。因此，注册会计师不得有这两类行为。

复习思考题

1. 中国注册会计师执业准则建设有哪三个阶段？
2. 中国注册会计师执业准则的基本框架是什么？
3. 鉴证业务的定义、要素和目标是什么？
4. 鉴证结论的表述形式与提出方式有哪几种？
5. 会计师事务所质量控制有哪几个要素？
6. 审计职业道德规范的含义是什么？
7. 注册会计师的独立性主要有哪些内容？
8. 注册会计师对专业胜任能力有哪些要求？
9. 什么是或有收费？
10. 在客户变更委托时，接任前任注册会计师的审计业务时后任要采取哪些措施？
11. 注册会计师在广告、业务招揽和宣传中有哪些要求？

参考文献与推荐阅读

1. 李晓慧：《论注册会计师的“职业关注”》，载《中国注册会计师》，2004 (3)。

2. 漆江娜：《非审计服务与审计质量》，载《中国注册会计师》，2003 (6)。

3. 林启云：《审计与非审计服务：不可调和的利益冲突?》，载《中国注册会计师》，2002 (2)。

4. 曹伟、桂友泉：《上市公司审计轮换制研究》，载《中国注册会计师》，2003 (7)。

5. 杨志国：《关于注册会计师职业道德规范指导意见的几点认识》，载《中国注册会计师》，2002 (8)。

6. 王军：《牢记社会责任 推动国际趋同 加快完善审计准则体系》，载《中国注册会计师》，2005 (10)。

7. 刘仲藜：《创新审计准则体系维护社会公众利益》，载《会计研究》，2006 (2)。

8. 朱荣恩等：《美国财务报告内部控制评价的发展及对我国的启示》，载《会计研究》，2003 (8)。

9. 李爽、吴溪：《内部控制鉴证服务的若干争议与探讨》，载《中国注册会计师》，2003 (5)。

10. 陈毓圭：《关于中国审计准则建设的进展和做法》，http：//www. chinaacc. com/new/184_ 185/2009_ 1_ 5_ xu50192101915190022772. shtml。

11. 中国注册会计师协会：《审计准则国际趋同的整体构想》，http：//www. cicpa. org. cn/Professional _ standards/International _ norms/200804/t20080428 _ 3992. htm。

12.《经济半小时》省部长访谈：访国家审计署审计长，http：//snai. esnai. com/asp/web/html23/news35/readpage. asp？ id=5341。

13. 平煤股份（601666）新旧会计准则合并股东权益差异调节表的审阅报告，见平煤股份2006年年报第55页，http：//static. sse. com. cn/sseportal/cs/zhs/scfw/gg/ssgs/2007-04-10/601666_ 2006_ n. pdf。

14. 保利地产（600048）2008年度内部控制鉴证报告（直接报告业务），保利地产2008年年报第133~134页，http：//static. sse. com. cn/sseportal/cs/zhs/scfw/gg/ssgs/2009-02-18/600048_ 2008_ n. pdf。

15. 全聚德2007年度内部控制评价报告（基于认定的业务），http：//disclosure. szse. cn/m/finalpage/2008-04-01/38434647. PDF。

16. 全聚德2008年度盈利预测审核报告，http：//disclosure. szse. cn/m/finalpage/2008-04-01/38434646. PDF。

第3章

注册会计师的职业责任与法律责任

主要知识点

注册会计师对财务报表的责任;注册会计师对错误和舞弊的责任;注册会计师对违反法律、法规行为的责任;经营失败、审计失败和审计风险的区别;注册会计师自身承担法律责任的成因;注册会计师承担法律责任的种类;审计职业界和注册会计师避免法律责任的对策

关键概念

法律责任（Legal Liability） 民事责任（Civil Liability） 刑事责任（Criminal Liability） 过失（Negligence） 一般过失（Ordinary Negligence） 重大过失（Gross Negligence） 共同过失（Contributory Negligence） 欺诈、舞弊（Fraud） 经营失败（Business Failure） 审计失败（Audit Failure） 习惯法（Common Law） 成文法（Statutory Law） 连带责任（Joint and Several Liability）

"责任"有两层含义:一是分内应做的事,即应尽职责;二是没有做好分内的事应承担的过失责任,即追究责任。注册会计师职业责任,是指会计师事务所及注册会计师在受托执行鉴证业务时应尽的职责,如果没有尽到职责,就可能因此承担相应的法律责任。

近年来，注册会计师由于没有履行职业责任而承担法律责任的现象日益引起审计职业界的重视。在现代社会中，注册会计师的法律责任正在逐步加重，特别是在西方国家。注册会计师法律责任不断扩大，履行责任的对象随之拓宽，这些都使得注册会计师很容易被指控为民事侵权，"诉讼爆炸"（Litigation Explosion）也由此产生。20 世纪 90 年代美国专家估计，由于法律诉讼和赔偿金额的激增，美国会计师事务所诉讼的直接费用支出占其审计收入的 20%。伴随着诉讼迅速增长，职业过失保险赔付急剧增长，保险费用日益攀升，甚至一些保险公司放弃了这块业务。因此，我们有必要探讨注册会计师的职业责任，并关注在满足社会需要的同时，为使法律责任最小化，职业界和注册会计师可以采取的对策。

3.1 注册会计师的职业责任

3.1.1 对财务报表的责任

1）被审计单位管理层和治理层的责任

企业所有权和经营权分离后，企业管理层享有经营权并承担受托经济责任，他

们通过编制财务报表反映受托责任的履行情况。为了实现公司内部的权力制衡，保证财务信息的质量，现代公司治理结构往往要求治理层对管理层编制财务报表的过程实施有效的监督。

在治理层的监督下，管理层作为会计工作的行为人，对编制财务报表负有直接责任。《中华人民共和国会计法》第四条规定："单位负责人对本单位的会计工作和会计资料的真实性、完整性负责。"第二十一条规定："财务会计报告应当由单位负责人和主管会计工作的负责人、会计机构负责人（会计主管人员）签名并盖章；设置总会计师的单位，还须由总会计师签名并盖章。单位负责人应当保证财务会计报告真实、完整。"

总之，在被审计单位治理层的监督下，按照适用的会计准则和相关会计制度的规定编制财务报表是被审计单位管理层的责任。这种责任包括：①按照企业会计准则的规定编制财务报表，并使其实现公允反映；②设计、执行和维护必要的内部控制，以使财务报表不存在由于舞弊或错误导致的重大错报。

2）注册会计师的审计责任

按照审计准则的规定对财务报表发表审计意见是注册会计师的责任。财务报表审计不能减轻被审计单位管理层和治理层的责任。注册会计师通过执行审计工作，针对财务报表是否在所有重大方面按照适用的财务报告编制基础编制并实现公允反映形成审计意见。

在评价财务报表是否按照适用的会计准则和相关会计制度的规定编制时，注册会计师应当考虑下列内容：①选择和运用的会计政策是否符合适用的会计准则和相关会计制度，并适合于被审计单位的具体情况；②管理层作出的会计估计是否合理；③财务报表反映的信息是否具有相关性、可靠性、可比性和可理解性；④财务报表是否作出充分披露，使财务报表使用者能够理解重大交易和事项对被审计单位财务状况、经营成果和现金流量的影响。

在评价财务报表是否作出公允反映时，注册会计师应当考虑下列内容：①经管理层调整后的财务报表，是否与注册会计师对被审计单位及其环境的了解一致；②财务报表的列报、结构和内容是否合理；③财务报表是否真实地反映了交易和事项的经济实质。

3.1.2　发现错误和舞弊的责任

财务报表的错报可能由于舞弊或错误所致。舞弊和错误的区别在于，导致财务报表发生错报的行为是故意行为还是非故意行为。

错误是指导致财务报表错报的非故意行为，主要包括：①为编制财务报表而收集和处理数据时发生失误；②由于疏忽和误解有关事实而作出不恰当的会计估计；③在运用与确认、计量、分类或列报相关的会计政策时发生失误。

舞弊是指被审计单位的管理层、治理层、员工或第三方使用欺骗手段获取不当或非法利益的故意行为。在财务报表审计中，注册会计师通常只关注下列两类舞弊行为：①侵占资产。侵占资产是指被审计单位的管理层或员工非法占用被审计单位的资产。侵占资产的手段很多，主要包括：管理层或员工在购货时收取回扣，将个人费用在单位列支，贪污收入款项，盗取或挪用货币资金、实物资产或无形资产等等。②对财务信息作出虚假报告。对财务信息作出虚假报告，可能源于管理层通过操纵利润误导财务报表使用者对被审计单位业绩或盈利能力的判断。对财务信息作出虚假报告通常表现为：①对财务报表所依据的会计记录或相关文件记录的操纵、伪造或篡改；②对交易、事项或其他重要信息在财务报表中的不真实表达或故意遗漏；③对与确认、计量、分类或列报有关的会计政策和会计估计的故意误用。

1）被审计单位管理层和治理层的责任

防止或发现舞弊是被审计单位治理层和管理层的责任。治理层有责任监督管理层建立和维护内部控制。管理层有责任在治理层的监督下建立良好的控制环境，维护有关政策和程序，以保证有序和有效地开展业务活动，包括制定和维护与财务报告可靠性相关的控制，并对可能导致财务报表发生重大错报的风险实施管理。

2）注册会计师的责任

注册会计师有责任按照中国注册会计师审计准则的规定实施审计工作，获取财务报表在整体上不存在重大错报的合理保证，无论该错报是由于舞弊还是错误导致。

由于存在诸如选择性测试方法的运用、内部控制的固有局限性、大多数审计证据是说服性而非结论性的、为形成审计意见而实施的审计工作涉及大量判断、某些特殊性质的交易和事项可能影响审计证据的说服力等固有限制，即使按照审计准则的规定恰当地计划和实施审计工作，注册会计师也不能对财务报表整体不存在重大错报获取绝对保证。

应当指出，舞弊是一个宽泛的法律概念，有关准则并不要求注册会计师对舞弊是否已经发生作出法律意义上的判定，只要求注册会计师关注导致财务报表发生重大错报的舞弊。如对财务信息作出虚假报告导致的错报，侵占资产导致的错报。

3.1.3 揭露违反法律、法规行为的责任

违反法规行为，是指被审计单位有意或无意地违反会计准则和相关会计制度之外的法律、法规的行为。

1）被审计单位管理层的责任

保证经营活动符合法律、法规的规定，防止和发现违反法规行为是被审计单位管理层的责任。管理层承担的与违反法规行为有关的责任，具体包括：①承担防止和发现违反法规行为的责任。按照有关法律、法规的规定，管理层有责任通过建立健全和有效实施内部控制，确保其遵守适用于被审计单位的所有法律、法规。为实现这一目标，管理层通常建立政策和程序，以防止和发现违反法规行为。②被审计单位的违反法规行为可能导致包括处罚、诉讼、赔偿等后果。由于这些后果是被审计单位违反法律、法规造成的，所以管理层理应承担相应责任。

2）注册会计师的责任

（1）注册会计师考虑被审计单位违反法律、法规的责任

防止和发现违法行为是被审计单位管理层的责任，注册会计师不应当，也不能对防止被审计单位违法行为负责。但执行年报审计可能是遏制违法行为的一项措施，因为注册会计师执行年报审计可能会发现违法行为。

在设计和实施审计程序以及评价和报告审计结果时，注册会计师应当充分关注被审计单位违反法规行为可能对财务报表产生的重大影响。按照对财务报表的影响，违法行为可分为两类：第一类，对财务报表产生直接影响的违法行为（如违反税法）。对此，注册会计师应当科学地计划审计工作，充分考虑审计风险，收集充分、适当的审计证据，以合理保证发现此类违法行为。第二类，对财务报表产生间接影响的违法行为（如违反安全、健康、环保等方面的法规）。对此，注册会计师应当加以充分的关注。

在计划和实施审计工作时，注册会计师应当保持职业怀疑态度，充分关注审计可能揭露导致其对被审计单位遵守法律、法规产生怀疑的情况或事项；在计划审计工作时，注册会计师应当总体了解适用于被审计单位及其所处行业的法律、法规，以及被审计单位如何遵守这些法律、法规；在获得总体了解后，注册会计师应当实施进一步审计程序，以有助于识别被审计单位在编制财务报表时应当考虑的违反法规行为；对影响财务报表重大金额和披露的法律、法规（如税法），注册会计师应当获取被审计单位遵守这些法律、法规的充分、适当的审计证据。

除实施以上规定的审计程序以外，注册会计师不需对被审计单位遵守法律、法规情况实施其他审计程序，因为实施其他审计程序超出了财务报表的审计范围。为形成财务报表审计意见所实施的审计程序，可能使注册会计师注意到被审计单位存在影响财务报表的违反法规行为，注册会计师应当对此保持警觉。如果没有证据表明被审计单位存在违反法规行为，注册会计师可推定被审计单位遵守了相关法律、法规。

（2）注册会计师对被审计单位可能存在违反法律、法规行为应采取的行动

当发现可能存在违反法规行为时，注册会计师应当了解该行为的性质及发生的环境，并获取其他适当信息，以评价其对财务报表可能产生的影响。

当认为可能存在违反法规的行为时，注册会计师应当记录所发现的情况，并与管理层讨论。如果管理层不能提供令人满意的信息证明其确实遵守了法律、法规，注册会计师应当向被审计单位律师咨询有关法律、法规的遵守情况，及其对财务报表可能产生的影响。当认为向被审计单位律师咨询是不适当的，或不满意其提供的咨询意见时，注册会计师应当考虑向其所在会计师事务所的律师咨询，以确定：①被审计单位是否存在违反法规行为；②可能导致的法律后果；③应采取的进一步行动。

3）对被审计单位违反法律、法规行为报告的责任

注册会计师应当将注意到的违反法规行为尽快地与治理层沟通，或获取治理层已获知违反法规行为的审计证据。

如果认为违反法规行为对财务报表有重大影响，注册会计师应当要求被审计单位在财务报表中予以恰当反映。如果被审计单位在财务报表中作出恰当反映，注册会计师可出具无保留意见审计报告；如果未能在财务报表中恰当反映，注册会计师应当出具保留意见或否定意见的审计报告。

如果因被审计单位阻挠无法获取充分、适当的审计证据，以评价是否发生或可能发生对财务报表具有重大影响的违反法规行为，注册会计师应当根据审计范围受到限制的程度，出具保留意见或无法表示意见的审计报告。

如果发现被审计单位存在严重违反法规行为，注册会计师应当考虑法律法规是否要求其向监管机构报告；必要时，征询法律意见。如果被审计单位存在违反法规行为，且没有采取注册会计师认为必要的补救措施，注册会计师应当考虑解除业务约定。

3.2 注册会计师法律责任的成因

3.2.1 法律环境的变化

尽管西方国家努力强调注册会计师的法律责任，但无论是法律诉讼的数量，还是赔偿原告的金额，都居高不下。除了法律因素外，还有以下原因：

（1）财务报表使用者对注册会计师的责任日趋了解。

（2）政府监管部门保护投资者的意识日益加强，监管措施日益完善，处罚力度日益增大。

（3）由于审计环境发生了很大变化，企业规模扩大，业务全球化以及企业经营的错综复杂性，使会计业务更加复杂，审计风险变大。

（4）“深口袋”理论的盛行。社会日益赞同受害的一方向有能力提供赔偿的一方提起诉讼，而不论错在哪一方。

（5）注册会计师败诉的案例日益增多。民事法庭在审理起诉会计师事务所的案件中，会计师事务所败诉的案例日益增多。这便促使律师以或有收费为基础提供法律服务，无论是否有道理，都将会计师事务所作为起诉的对象。

（6）许多会计师事务所宁愿在庭外和解法律问题，以避免高昂的法律费用和公开的负面影响，而不愿通过司法程序来解决这些问题。

（7）法庭在理解专业性事项方面存在困难。

3.2.2 被审计单位的原因

1）错误、舞弊和违反法律、法规行为

如前所述，财务报表的错报可能由于错误或舞弊所致，被审计单位违反法律、法规的行为通常也会致使财务报表失真。虽然防止或发现错误、舞弊、违反法律、法规行为是被审计单位治理层和管理层的责任，但注册会计师如果未能发现或揭露这些问题可能给报表使用者造成损失，注册会计师可能因此受到控告。注册会计师对未能查出的会计报表中的重大错误与舞弊是否承担责任，关键要看未能查出的原因是否源自注册会计师本身的过错。

虽然注册会计师不应当，也不能对防止被审计单位违法行为负责，也不应被苛求发现被审计单位的所有违法行为，但在设计和实施审计程序以及评价和报告审计结果时，注册会计师应当充分关注被审计单位违反法规行为可能对财务报表产生的重大影响。注册会计师应当科学地计划审计工作，充分考虑审计风险，收集充分、适当的审计证据，以合理保证发现对财务报表产生直接、重大影响的违法行为。

当注册会计师发现可能存在违反法规的行为时，应采取必要的行动。注册会计师出具审计报告时，如果认为违反法规行为对财务报表有重大影响，注册会计师应当要求被审计单位在财务报表中予以恰当反映。如果发现被审计单位存在严重违反法规行为，注册会计师应当考虑法律法规是否要求其向监管机构报告；必要时，征询法律意见。如果被审计单位存在违反法规行为，且没有采取注册会计师认为必要的补救措施，注册会计师应当考虑解除业务约定。如果注册会计师存在过失，没有出具恰当的审计报告，那么注册会计师可能要承担法律责任。

2）经营失败

被审计单位在经营失败时往往会连累注册会计师。许多人认为，财务报表使用者控告会计师事务所的主要原因之一，是不理解经营失败和审计失败之间的差别。

经营失败，是指企业由于经济或经营条件的变化，如经济衰退、不当的管理决策或出现意料之外的行业竞争等，而无法满足投资者的预期。经营失败的极端情况是申请破产。经营风险是导致经营失败的主要原因之一。

审计失败，则是指注册会计师由于没有遵守审计准则的要求而发表了错误的审计意见。例如，注册会计师可能指派了不合格的助理人员去执行审计任务，未能发现应当发现的财务报表中存在的重大错报。审计风险是导致审计失败的主要原因之一。

出现经营失败时，审计失败可能存在，也可能不存在。如果注册会计师按照审计准则的要求实施了审计，没有发表不恰当的审计意见，或者注册会计师按照审计准则实施了审计，在审计中未能发现并揭露被审计单位持续经营能力存在的问题，这都不属于审计失败。只有注册会计师在审计过程中未能遵循审计准则的要求，未能保持应有的职业谨慎，发表了错误的审计意见，才属于审计失败。

在审计失败的情况下，因注册会计师的过失而遭受损失的人希望从会计师事务所或其保险公司取得赔偿。由于审计工作的复杂性，人们很难在实践中确定注册会计师是否尽到应有的职业谨慎，根据司法传统也很难判定谁应该胜诉。尤其是当发生经营失败而随后又发现财务报表的确存在错报时，即使根据审计准则执行审计的，使用者也会指控审计师有过失。另一方面，注册会计师也必须认识到，被指控审计失败的部分原因，是那些遭受经营损失的人们希望从某种渠道获得赔偿，而不管错在哪方。

3.2.3　注册会计师的原因

除了被审计单位的原因之外，也有些会计师事务所和注册会计师因违约、过失和欺诈等被追究法律责任。

1）违约

违约，是指合同的一方或几方未能达到合同条款的要求。当违约给他人造成损失时，注册会计师应负违约责任。比如，会计师事务所在商定的期间内，未能提交审计报告，或违反了与被审计单位订立的保密协议等。

2）过失

过失，是指在一定条件下，缺少应具有的合理的谨慎。评价注册会计师的过失，是以其他合格注册会计师在相同条件下可做到的谨慎为标准的。当过失给他人造成损失时，注册会计师应负过失责任。通常将过失按其程度不同分为普通过失和重大过失。

(1) 普通过失

普通过失（也有的称为“一般过失”）通常是指没有保持职业上应有的合理的谨慎。对注册会计师则是指没有完全遵循专业准则的要求。比如，未按特定审计项目取得必要和充分的审计证据就出具审计报告的情况，可视为一般过失。

(2) 重大过失

重大过失是指连起码的职业谨慎都不保持，对业务或事务不加考虑，满不在乎。对注册会计师而言，则是指根本没有遵循专业准则或没有按专业准则的基本要求执行审计。

另外，还有一种过失叫“共同过失”，即对他人过失，受害方自己未能保持合理的谨慎，因而蒙受损失。比如，被审计单位未能向注册会计师提供编制纳税申报表所必要的信息，后来又控告注册会计师未能妥当地编制纳税申报表，这种情况可能使法院判定被审计单位有共同过失。再如，在审计中未能发现现金等资产短少时，被审计单位可以过失为由控告注册会计师，而注册会计师又可以说现金等问题是由于缺乏适当的内部控制造成的，并以此为由来反击被审计单位的诉讼。

3）欺诈

欺诈又称舞弊，是以欺骗或坑害他人为目的的一种故意的错误行为。作案具有不良动机是欺诈的重要特征，也是欺诈与普通过失和重大过失的主要区别之一。对于注册会计师而言，欺诈就是为了达到欺骗他人的目的，明知委托单位的财务报表有重大错报，却加以虚伪的陈述，出具无保留意见的审计报告。

与欺诈相关的另一个概念是“推定欺诈”，又称“涉嫌欺诈”，是指虽无故意欺诈或坑害他人的动机，但却存在极端或异常的过失。推定欺诈和重大过失这两个概念的界限往往很难界定，在美国，许多法院曾经将注册会计师的重大过失解释为推定欺诈，特别是近年来有些法院放宽了“欺诈”一词的范围，使得推定欺诈与重大过失在法律上成为等效的概念。这样，具有重大过失的注册会计师的法律责任就进一步加大了。

3.3 注册会计师法律责任的种类

随着社会主义市场经济体制在我国的建立和发展，注册会计师在社会经济生活中的作用越来越大。注册会计师如果工作失误或有欺诈行为，将会给委托人或依赖审定财务报表的第三者造成重大损失，严重的甚至导致经济秩序的紊乱。因此，严格界定注册会计师的法律责任，以保证其职业道德和执业质量，意义更加重大。

3.3.1 民事责任、行政责任和刑事责任

注册会计师因违约、过失或欺诈给被审计单位或其他利害关系人造成损失的，按照有关法律和规定，可能被判负行政责任、民事责任或刑事责任。这三种责任可单处，也可并处。一般来说，因违约和过失可能使注册会计师负行政责任和民事责任，因欺诈可能会使注册会计师负民事责任和刑事责任。

1）民事责任

民事责任是指注册会计师由于民事违法而应承担的法律后果。民事责任的承担方式一般包括停止侵害、消除影响、赔偿损失等，对注册会计师来说，民事责任形式主要有赔偿受害人损失、支付违约金等。

2）行政责任

行政责任是指注册会计师由于行政违法而应承担的法律后果。行政责任的具体表现是依据法律规定，承受一定的制裁，分为行政处罚和纪律处分两种。行政处罚对注册会计师个人来说，包括警告、暂停执业、吊销注册会计师证书；对会计师事务所而言，包括警告、没收违法所得、罚款、暂停执业、撤销等。

3）刑事责任

刑事责任是指注册会计师由于违反国家的法律法规，情节严重，构成刑事犯罪行为而应承担的法律后果。刑事责任的表现，就是按有关法律程序判处一定的徒刑或附带罚金。

3.3.2 国外注册会计师的法律责任

这里主要以美国为例介绍国外注册会计师的法律责任。美国注册会计师的法律责任主要源自习惯法和成文法。所谓习惯法，指不是通过立法而是通过法院判例引申而成的各项法律；所谓成文法，则是由联邦或州立法机构以文字制定的法律。在运用习惯法的案件中，法院甚至可以不按以往的判例而另行创立新的法律先例；但在运用成文法的案件中，法院只能按照有关法律的字面进行精确解释。

1）对客户的责任

注册会计师只要接受委托执行业务，就负有恪尽专业职守、保持职业谨慎的义务。这一点不论是否已在与客户签订的业务约定书中写明，都是一定存在的。因此，如果由于注册会计师的过失（即使是普通过失）给客户造成了经济损失，注册会计师对于客户就负有法律责任。在审计环境中，没有遵守执业准则要求通常是

认定过失的决定性证据。

此类案件内容涉及的范围很广，包括指控注册会计师未能在商定日期完成一项业务，或是不恰当地退出审计业务，或是未能发现贪污盗窃行为，或是违反对注册会计师的保密性要求等。典型的诉讼案件是指控注册会计师在执行审计中因过失而未能发现雇员盗用公款之类的舞弊行为。这种诉讼可以违约为由，也可以过失导致的民事侵权行为为由，或者同时指控这两种行为。其中，又以民事侵权行为较为常见，因为其可获得的赔偿金额通常要高于以违约为由的赔偿金额。

2）对第三方的责任

这里所说的第三方是指会计师事务所鉴证业务约定书以外的其他相关人士或团体，包括客户现有的和潜在的股东、供应商、顾客、银行及其他债权人或政府机关等。虽然上述相关人士、团体与注册会计师之间不存在契约关系，但对他们因为依赖已审计财务报表及有关资料中的失实误导而造成的损失，注册会计师在特定条件下也应负有法律责任。注册会计师对第三方的法律责任是相当复杂的问题。

（1）习惯法下注册会计师对第三者的责任

①注册会计师对受益第三者的责任。所谓受益第三者，主要是指业务约定书中所指明的人，但此人既非要约人，又非承诺人。例如，注册会计师知道被审计单位委托审计的目的是为了获得某家银行的贷款，那么这家银行就是受益第三者。受益第三者同样享有委托单位和会计师事务所签订合同中的权利。也就是说，如果注册会计师的过失（包括普通过失）给依赖注册会计师审计过的会计报表的受益第三者造成了损失，受益第三者就可以注册会计师具有过失为由向法院提起诉讼，追回其遭受的损失。

②注册会计师对其他第三者的责任。其他第三者是指合同中没有指明的使用被审计单位会计报表和审计报告的人，如实际或潜在的股东、供货商、银行、其他信贷人、职工以及顾客等。注册会计师对其他第三者是否应承担责任，习惯法和成文法的判定有所不同。

在习惯法下，若是普通过失，注册会计师不对未曾指明的其他第三者负责，若是重大过失或欺诈行为，注册会计师则应当对未指明的第三者负责。但是自20世纪80年代以来，许多法院判定具有普通过失的注册会计师对可以合理预见的第三者负有责任。所谓可以合理预见的第三者，是指注册会计师在正常情况下能够预见将依赖会计报表的人。

（2）成文法下注册会计师对第三者的责任

在美国，涉及注册会计师责任的成文法主要有两个，即《1933年证券法》和《1934年证券交易法》。当受害的第三者指控注册会计师时，首先应当选择这种指控是根据习惯法还是根据成文法（如果有适用的法律的话）而提出的。由于《1933年证券法》和《1934年证券交易法》允许集团诉讼，并要求注册会计师按照严格的标准行事，因此，大多数指控注册会计师的公开发行证券的公司的股东或债券持有人都是根据联邦成文法提出诉讼的。

①《1933年证券法》下对第三者的责任。《1933年证券法》规定："凡是公开发行证券（包括股票和债券）的公司，必须向证券交易委员会呈送登记表，其中包括经注册会计师审计过的会计报表。如果登记表中有重大的误述或遗漏事项，那么呈送登记表的公司及其注册会计师都对于证券的原始购买人负有责任，不管是普通过失还是重大过失。任何购买了登记表所列证券的第三者（即证券的原始购买人），只要能证明他遭受了损失以及财务报表是令人误解的，都可以指控注册会计师并追回损失。"

②《1934年证券交易法》下对第三者的责任。《1934年证券交易法》规定："每个证券交易委员会管辖下的公开发行公司（具有100万美元以上的总资产和500位以上的股东），均须向证券交易委员会呈送经注册会计师审计过的年度会计报表。如果这些年度会计报表令人误解，呈送公司和它的注册会计师对于买卖公司证券的任何人均负有责任，除非确能证明他的行为出于善意，且并不知道会计报表是虚伪不实或令人误解的。"

3.3.3 我国关于注册会计师法律责任的规定

我国规定了会计师事务所、注册会计师法律责任的法律中比较重要的有：《中华人民共和国注册会计师法》（以下简称《注册会计师法》）、《中华人民共和国公司法》（以下简称《公司法》）、《中华人民共和国证券法》（以下简称《证券法》）、《中华人民共和国刑法》（以下简称《刑法》）等。

1）民事责任

(1)《注册会计师法》的规定

我国1994年1月1日实施的《注册会计师法》规定了注册会计师行政、刑事和民事责任。其中，关于民事责任的条款是第四十二条："会计师事务所违反本法规定，给委托人、其他利害关系人造成损失的，应当依法承担赔偿责任。"

(2)《证券法》的规定

2005年12月29日新修订的《证券法》第一百七十三条规定："证券服务机构为证券的发行、上市、交易等证券业务活动制作、出具审计报告、资产评估报告、财务顾问报告、资信评级报告或者法律意见书等文件，应当勤勉尽责，对所制作、出具的文件内容的真实性、准确性、完整性进行核查和验证。其制作、出具的文件有虚假记载、误导性陈述或者重大遗漏，给他人造成损失的，应当与发行人、上市公司承担连带赔偿责任，但是能够证明自己没有过错的除外。"

(3)《公司法》的规定

2005年10月27日新修订的《公司法》第二百零八条第三款规定："承担资产评估、验资或者验证的机构因出具的评估结果、验资或者验证证明不实，给公司债权人造成损失的，除能够证明自己没有过错外，在其评估或者证明不实的金额范围内承担赔偿责任。"

(4) 最高人民法院的三个复函

由四川省德阳东方贸易公司验资法律纠纷而引发的最高人民法院法函［1996］

56号，成为关于注册会计师因出具虚假验资报告而应承担民事责任的第一个专门司法解释，连同最高人民法院随后颁布的法释［1997］10号和法释［1998］3号，为验资报告使用人运用《注册会计师法》第四十二条向会计师事务所进行民事赔偿提供了依据。

2）行政责任

（1）《注册会计师法》的规定

《注册会计师法》第三十九条规定："会计师事务所违反本法第二十条、第二十一条规定的，由省级以上人民政府财政部门给予警告，没收违法所得，可以并处违法所得一倍以上五倍以下的罚款；情节严重的，可以由省级以上人民政府财政部门暂停其经营业务或者予以撤销。"

注册会计师违反该法第二十条、第二十一条规定的，由省级以上人民政府财政部门给予警告，情节严重的，可以由省级以上人民政府财政部门暂停其执行业务或者吊销注册会计师证书。

（2）《证券法》的规定

《证券法》第二百零一条规定："为股票的发行、上市、交易出具审计报告、资产评估报告或者法律意见书等文件的证券服务机构和人员，违反本法第四十五条的规定买卖股票的，责令依法处理非法持有的股票，没收违法所得，并处以买卖股票等值以下的罚款。"第二百零七条规定："违反本法第七十八条第二款的规定，在证券交易活动中作出虚假陈述或者信息误导的，责令改正，处以三万元以上二十万元以下的罚款，属于国家工作人员的，还应当依法给予行政处分。"

第二百二十三条规定："证券服务机构未勤勉尽责，所制作、出具的文件有虚假记载、误导性陈述或者重大遗漏的，责令改正，没收业务收入，暂停或者撤销证券服务业务许可，并处以业务收入一倍以上五倍以下的罚款。对直接负责的主管人员和其他直接责任人员给予警告，撤销证券从业资格，并处以三万元以上十万元以下的罚款。"

第二百二十五条规定："上市公司、证券公司、证券交易所、证券登记结算机构、证券服务机构，未按照有关规定保存有关文件和资料的，责令改正，给予警告，并处以三万元以上三十万元以下的罚款；隐匿、伪造、篡改或者毁损有关文件和资料的，给予警告，并处以三十万元以上六十万元以下的罚款。"

（3）《公司法》的规定

《公司法》第二百零八条规定："承担资产评估、验资或者验证的机构提供虚假材料的，由公司登记机关没收违法所得，处以违法所得一倍以上五倍以下的罚款，并可以由有关主管部门依法责令该机构停业、吊销直接责任人员的资格证书、吊销营业执照。"

承担资产评估、验资或者验证的机构因过失提供有重大遗漏的报告的，由公司登记机关责令改正，情节较严重的，处以所得收入一倍以上五倍以下的罚款，并可以由有关主管部门依法责令该机构停业、吊销直接责任人员的资格证书，吊销营业执照。

3）刑事责任

我国《刑法》第二百二十九条规定："承担资产评估、验资、验证、会计、审计、法律服务等职责的中介组织的人员故意提供虚假证明文件，情况严重的，处五年以下有期徒刑或者拘役，并处罚金。"

3.4 避免法律责任的对策

随着责任方、预期使用者自我保护的意识逐渐增强，注册会计师的法律责任问题越来越突出。面对日益增多的法律诉讼问题，注册会计师应该如何合理应对已成为注册会计师职业无法回避的问题。具体来说，对于注册会计师的法律责任的规避，可从审计职业界和注册会计师个人两方面进行探讨。

3.4.1 审计职业界避免法律责任的对策

作为审计职业组织的注册会计师协会及职业主管部门应采取各种措施，协助会计师事务所和注册会计师应对法律诉讼。审计职业界可采取的主要措施包括：

1）加强审计理论研究

坚持审计理论研究非常重要，它有助于探索更好的方法，用以揭露无意的重大错报或舞弊行为、向报表使用者传达审计结果、保证审计师的独立性等。美国注册会计师协会（AICPA）、各会计师事务所以及各大学已经进行了大量的研究工作。例如，有的会计师事务所为此提供了巨额的科研基金。我国财政部、中国注册会计师协会及高校等单位也组织了大量的人力、物力、财力对审计理论进行研究。

2）制定准则和规则

职业界必须持之以恒地评议、修订和制定准则及规则，以适应审计变化的需要。当社会需要发生变化或从经验与研究中产生了新技术时，职业界必须发布新的审计准则和职业行为守则。例如，"安然事件"后，世界各国的职业界都对自己原有的执业准则进行了补充与修缮。

3）制定保护注册会计师的要求

职业界可以通过要求所有的执业人员都遵守本行业的一些优秀执业者所采用的良好方法，以保护注册会计师。例如，AICPA规定，对于所有的审计业务，都要求从业人员取得书面的管理层声明书，就属于这种要求。当然，这些要求不应当与满足使用者的需要相冲突。

4）建立同业复核制度

对事务所的实务和程序进行定期检查，是教育执业人员和发现不遵守职业准则的事务所的一种有效方法。

5）反击恶意诉讼

会计师事务所必须持续地反击那些"莫须有"的诉讼。尽管从短期看，胜诉成本要高于庭外和解成本，但从长远来看，胜诉还是一种更经济的抉择。

6）教育使用者

职业界必须重视教育投资者和其他财务报表使用者，使他们理解审计意见的含义以及审计师的工作范围和性质。必须让使用者懂得，审计师并不对所有记录进行百分之百的测试，也不保证公司财务记录的准确性和被审计单位的未来前景。还要教育使用者懂得会计和审计都不可能像人们想象的那样达到十全十美的境地，因此，无法做到完全准确。

7）对行为不当的成员进行制裁

任何职业都有责任对其成员进行管教，审计职业也应对行为不当的成员予以惩罚。

8）加强与法律界的沟通

在美国，商界人士、医师及其他职业界，包括审计职业界在内，都在为减少其法律责任进行游说。这些游说者降低了法律责任成本，从而可以减少其职业保险成本，进而降低审计需求者的成本。在我国，中国注册会计师协会也与人大法工委、国务院法制局、最高人民法院等单位进行沟通，以加强审计职业界与法律界的相互理解。

3.4.2 注册会计师避免法律诉讼的具体措施

注册会计师避免法律诉讼的具体措施，可以概括为以下几点：

1）严格遵循职业道德和专业标准的要求

注册会计师是否承担法律责任，关键在于注册会计师是否有过失或欺诈行为。而判别注册会计师是否具有过失行为的关键在于注册会计师是否遵照专业标准的要求执业。因此，保持良好的职业道德，严格遵循专业标准的要求执业、出具报告，对于避免法律诉讼或在提起的诉讼中保护注册会计师非常重要。

2）建立、健全会计师事务所质量控制制度

会计师事务所不同于一般公司、企业，质量管理是会计师事务所各项管理工作的核心。如果一个会计师事务所质量管理不严，很有可能因为一个人或一个部门的原因导致整个会计师事务所遭受灭顶之灾。北京中诚会计师事务所就是其中一个例子，该所根本没有质量管理措施，各个分所都可以中诚会计师事务所的名义独立承揽业务、出具报告，致使二分所为长城公司出具虚假报告之事曝光之后，中诚会计师事务所尚不知本所曾为长城公司出过报告。因此，会计师事务所必须建立、健全一套严密、科学的内部质量控制制度，并把这套制度推行到每一个人、每一个部门和每一项业务，迫使注册会计师按照专业标准的要求执业，保证整个会计师事务所业务的质量。

3）与委托人签订业务约定书

《注册会计师法》第十六条规定，注册会计师承办业务，会计师事务所应与委托人签订委托合同（即业务约定书）。业务约定书有法律效力，它是确定注册会计师和委托人的责任的一个重要文件。会计师事务所无论承办何种业务，都要按照业务约定书准则的要求与委托人签订约定书，这样才能在发生法律诉讼时将各种口舌之争减少到最低限度。

4）审慎选择被审计单位

注册会计师如欲避免法律诉讼，必须审慎选择被审计单位。一是要选择正直的被审计单位。如果被审计单位对顾客、职工、政府部门或其他方面没有正直的品格，也必然会蒙骗注册会计师，使注册会计师落入它们的圈套。北京中诚会计师事务所就是在长城公司非法集资出现危机之时轻信长城公司谎言而被卷入案件的。会计师事务所接受委托之前，一定要采取必要的措施对被审计单位的历史情况有所了解，评价被审计单位的品格，弄清委托的真正目的。二是对陷入财务和法律困境的被审计单位要尤其注意。中外历史上大部分涉及注册会计师的诉讼案，都集中在宣告破产的被审计单位。周转不灵或面临破产的公司，其股东或债权人总想为其损失寻找替罪羊，因此，对那些陷入财务困境的被审计单位要特别注意。

5）深入了解被审计单位的业务

在很多案件中，注册会计师之所以未能发现错误，一个重要的原因就是他们不了解被审计单位所在行业的情况，即被审计单位的业务。会计是经济活动的综合反映，不熟悉被审计单位的经济业务和生产经营实务，仅局限于有关的会计资料，就可能发现不了某些错误。

6）提取风险基金或购买责任保险

在西方国家，投保责任保险是会计师事务所一项极为重要的保护措施，尽管保险不能免除可能受到的法律诉讼，但能防止或减少诉讼失败时会计师事务所发生的财务损失。我国《注册会计师法》也规定了会计师事务所应当建立职业风险基金，办理职业保险。

7）聘请熟悉注册会计师法律责任的律师

会计师事务所有条件的话，应尽可能聘请熟悉相关法规及注册会计师法律责任的律师。在执业过程中，如遇到重大法律问题，注册会计师应与本所的律师或外聘律师详细讨论所有潜在的危险情况并仔细考虑律师的建议。一旦发生法律诉讼，也应请有经验的律师参加诉讼。

【小资料3—1】舞弊风险因素

舞弊的发生一般都同时具备三个风险因素（舞弊三角）：(1) 动机或压力。舞弊者具有舞弊的动机是发生舞弊的首要条件。例如，高层管理人员的报酬与财务业绩或公司股票的市场表现挂钩、公司正在申请融资等情况都可能促使管理层产生舞弊的动机。(2) 机会。舞弊者需要具有舞弊的机会，舞弊才可能成功。舞弊的机会一般源于内部控制在设计和运行上的缺陷，如公司对资产管理松懈，公司管理层能够凌驾于内部控制之上，可以随意操纵会计记录等。(3) 借口。只有舞弊者能够对舞弊行为予以合理化解释，舞弊者才能心安理得，而不会惴惴不安。舞弊者可能对自身的舞弊行为进行各种合理化解释。例如，侵占资产的员工可能认为单位对自身的待遇不公，编制虚假财务报告者可能认为造假不是出于个人私利，而是出于公司集体利益。

对财务信息作出虚假报告和侵占资产两类舞弊的风险因素见表3—1和表3—2。

表3—1　　**与对财务信息作出虚假报告相关的舞弊风险因素**

发生舞弊的因素	舞弊风险因素大致分类	舞弊风险因素具体示例
动机或压力	财务稳定性或盈利能力受到不利经济环境、行业状况或被审计单位运营状况的威胁	市场需求大幅下降，所处行业的经营失败增多
		难以应对技术变革、产品过时、利率或汇率调整等市场环境变化
		竞争激烈或市场饱和，主营业务利润率不断下降
		新颁布的行业相关法律、法规，会计准则、监管规则对被审计单位的经营活动、投资活动或筹资活动可能产生重大影响
		与同行业的其他企业相比，增长过快或盈利能力异常
		经营活动难以产生足够的现金净流入，或经营活动现金流量连续为负
		严重或持续亏损使被审计单位可能破产、丧失抵押品赎回权或遭到恶意收购
	管理层为满足外部预期或要求而承受过度的压力	政府部门、股东、重要债权人、投资分析师或其他利益相关者对盈利能力或增长趋势存在预期（特别是不切实际或激进的预期）
		管理层在媒体等公开场合提供的信息过于乐观
		需要大量举债或吸收股权融资才能满足研究开发或其他资本性支出的需求以保持竞争力
		盈利能力或财务状况必须满足上市交易、偿债要求或债务协议规定的其他要求，否则可能导致退市、特别处理、清偿债务等后果
		如报告不良的盈利能力或财务状况可能会对正在进行的重大交易（如企业合并或重组）产生不利影响
	管理层或治理层的个人经济利益受到被审计单位财务业绩或状况的影响	管理层或治理层拥有相当数量的公司股票或债券
		管理层或治理层的报酬中有相当一部分（如奖金、股票期权）取决于被审计单位能否实现特定的（往往是激进的）指标要求（如股价、经营成果、财务状况或现金流量）
	管理层或业务人员受到更高职级管理层或治理层对财务或经营指标过高要求的压力	治理层为管理层设定了过高的销售业绩或利润指标

续表

发生舞弊的因素	舞弊风险因素大致分类	舞弊风险因素具体示例
机会	被审计单位所从事业务或所处行业的性质提供了对财务信息作出虚假报告的机会	从事大量超出正常经营过程的交易（可能体现为关联方交易或更隐蔽的关系和交易），或是从事大量交易的对方未经审计或由其他会计师事务所审计
		从事重大、异常或高度复杂的交易（特别是临近期末）
		从事大量跨国、跨境交易
		利用中介从事交易（往往难以判断此类交易是否具有正当的商业理由）
		在免税区或税收优惠地区设置重要的银行账户或组成部分（往往难以判断此类业务或交易是否具有正当的商业理由）
		资产、负债、收入或费用需要作出重大估计，涉及主观判断或不确定性，且难以印证
		从事科技含量高、研发周期长或市场风险大的经营业务
		在所处行业中具有重要地位，从而有能力胁迫供应商或客户与其从事不公允或不适当的交易
		大量采用分销渠道、销售折扣及退货等交易方式
	组织结构复杂或不稳定	难以确定被审计单位的最终控制人
		组织结构复杂，存在异常的法人组织形式或管理职级关系
		高层管理人员、法律顾问或治理层频繁变更
	对管理层的监督失效	管理层由一人或少数人（如控股股东代表，也可能是股东以外的经理人）掌控，缺乏共同决策或制衡措施
		治理层未对财务报告过程和内部控制实施有效监督
	内部控制存在缺陷	对控制的监督不充分
		会计人员、内部审计人员或信息技术人员变动频繁，或胜任能力不足
		会计信息系统存在重大缺陷

续表

发生舞弊的因素	舞弊风险因素大致分类	舞弊风险因素具体示例
借口（合理化解释）	管理层态度不端或缺乏诚信	管理层对企业价值或道德标准的沟通、贯彻执行不足，或传递了不适当的价值观或道德标准
		管理层过分强调保持或提高公司股票价格或盈利水平
		管理层倾向于利用重要性水平的概念对模棱两可的或不适当的会计处理作出合理化解释
		管理层存在通过不恰当方法降低盈利水平的逃税倾向
		非财务主管的管理层过度干涉会计政策的选择或重大会计估计的作出
		公司、管理层或治理层存在违反证券或其他方面法律、法规的不良记录，或是因涉嫌舞弊或违反法律、法规而遭起诉
		管理层惯于向外界承诺实现不合理的预期
		管理层没有及时纠正已发现的内部控制重大缺陷
		高级管理人员缺乏锐意进取的士气
		混淆个人业务与公司业务
	管理层与注册会计师的关系异常或紧张	在会计、审计或信息披露问题上经常与注册会计师发生意见分歧
		对注册会计师提出不合理的需求，如对外勤审计工作的完成或审计报告的出具提出不合理的时间限制
		对注册会计师施加限制，使其难以接触某些人员（包括治理层）或信息
		试图影响会计师事务所对参与审计业务的专业人员的选派

表3—2　与侵占资产相关的舞弊风险因素

舞弊发生的因素	舞弊风险因素大致分类	舞弊风险因素具体示例
动机或压力	个人的生活方式或财务状况问题	管理层个人或员工可能因为个人追求奢侈生活条件而侵吞资产
	对公司存在敌对情绪	已被裁员或预期被裁员的员工
		晋升结果或所获经济报酬严重偏离个人预期的员工
机会	某些资产容易被侵占的特性或特定情形	存在大额现金被经手或处理的情形
		单位价值高、体积小、易于变现，且不易识别所有权归属的存货、固定资产或其他资产项目（如钻石、无记名债券、计算机芯片）
	内部控制存在缺陷	不相容职务的分离不充分，或独立审核不力
		对高层管理人员财务支出（如差旅费、业务招待费）的审查薄弱
		对负责保管实物资产的员工的监督不力（如资产存放位置偏远）
		对资产保管岗位的员工选聘不严格
		对资产的会计记录不健全
		交易（如采购）的授权审批制度不健全
		对现金、有价证券、存货或固定资产等的实物安全措施不充分
		未对账实不符的资产项目（如盘盈资产）作出及时、完整的会计调整
		未对交易（如销货退回）作出及时、适当的会计记录
		缺少强制休假制度（特别是对处于重要资产管理或控制岗位的员工）
		管理层或处于控制监督岗位的人员缺乏对信息技术的了解（从而可能使信息技术人员有机会侵占资产）
		对接触自动记录（包括计算机系统日志）的控制不充分
借口（合理化解释）	管理层或员工不重视相关控制	忽视对潜在侵占资产行为进行监控或预防的必要性
		漠视已有的相关控制措施（如不执行控制或不及时纠正控制缺陷）
	对被审计单位存在不满甚至敌对情绪	员工认为自己没有得到应得的待遇或报酬
	个人追求不正常的生活方式或物质需求	为了满足个人对奢侈生活的追求

复习思考题

1. 如何理解注册会计师的职业责任？

2. 什么是审计失败？审计失败与经营失败、审计风险有何关联？

3. 注册会计师法律责任的成因中属于被审计单位的原因以及注册会计师的原因各有哪些？

4. 如何理解和区别普通过失和重大过失？

5. 美国注册会计师对第三方的法律责任在成文法和习惯法下有何区别？

6. 注册会计师如何避免法律诉讼？

参考文献与推荐阅读

1. 刘燕：《验资报告的“虚假”与“真实”：法律界与会计界的对立——兼评最高人民法院法函［1996］56号》，载《法学研究》，1998（4）。

2. 刘燕：《注册会计师民事责任研究：回顾与展望》，载《会计研究》，2003（11）。

3. 贾纬：《证券市场侵权民事责任之发轫——解析《关于审理证券市场因虚假陈述引发的民事赔偿案例的若干规定》，载《法律适用》，2003（3）。

4. 邓川：《中美注册会计师对证券投资者的民事责任制度比较》，载《审计研究》，2002（4）。

5. 卢相君：《证券市场独立审计期望差研究》，载《当代经济研究》，2003（1）。

6. 高峰：《谈谈独立审计准则的法律地位》，载《中国注册会计师》，2004（3）。

7. 李晓慧：《论注册会计师的“职业关注”》，载《中国注册会计师》，2004（3）。

8. 金彧昉、李若山：《渤海集团民事诉讼案引发的思考》，载《中国注册会计师》，2002（11）。

9. 谢盛纹：《审计学》，大连，东北财经大学出版社，2008。

10. CCTV 经济半小时：《“红光案”：今日和解》，新浪网财经纵横，http：//finance. sina. com. cn/jjbxs/news/315. shtml。

11. 中国注册会计师协会：《红光案“诉讼和解”对于我国注册会计师行业的影响》，《行业法制动态》2003 年第 3 期，中注协网站，http：//www. cicpa. org. cn/hyfzdt/200806/t20080616_ 13271. htm。

12. 最高人民法院：《最高人民法院关于审理涉及会计师事务所在审计业务活动中民事侵权赔偿案件的若干规定》，2007。

第4章

财务报表的审计目标及其实现

主要知识点

财务报表审计的总体目标；交易、账户余额、列报相关的审计目标；审计业务的实施过程；审计证据的含义、种类和特点；审计工作底稿的类型、编制、复核及保管要求

关键概念

管理层的认定（Management Assertions） 交易相关的审计目标（Transaction-related Audit Objectives） 余额相关的审计目标（Balance-related Audit Objectives） 发生（Occurrence） 完整性（Completeness） 准确性（Accuracy） 截止（Cutoff） 分类（Classification） 存在（Existence） 权利和义务（Rights and Obligations） 计价和分摊（Valuation and Allocation） 控制测试（Test of Control） 实质性测试（Substantive Test） 工作底稿（Working Paper） 审计证据（Audit Evidence） 相关（Relevance） 可靠（Reliability） 盘点（Count） 函证（Confirmation） 观察（Observation） 询问客户（Inquiries of Client） 重新执行（Reperformance） 分析程序（Analytical Procedures）

4.1 财务报表审计的总体目标

4.1.1 财务报表审计总体目标的演变

审计目标是在一定历史环境下，人们通过审计实践活动所期望达到的境地或最终结果。它包括财务报表审计的总目标以及各类交易、账户余额、列报相关的具体审计目标两个层次。

注册会计师审计的发展主要经历了详细审计、资产负债表审计和财务报表审计三个阶段。审计总目标也随之有所变化。

在详细审计阶段，注册会计师审计通过对被审计单位一定时期内会计记录的逐一审查，判定有无错误和舞弊行为。查错防弊是此阶段的审计目标。

在资产负债表审计阶段，注册会计师审计通过对被审计单位一定时期内资产负债表所有项目余额的真实性、可靠性进行审查，判断其财务状况和偿债能力。在此阶段，审计目标是对历史财务信息进行鉴证，查错防弊这一目标依然存在，但已退

居第二位，审计的功能从防护性发展为公证性。

在财务报表审计阶段，注册会计师判定被审计单位一定时期内的财务报表是否公允地反映其财务状况、经营成果和现金流量，并在出具审计报告的同时，提出改进经营管理的意见。在此阶段，审计目标不再限于查错防弊和历史财务信息公证，而是向管理领域有所深入和发展。

4.1.2　我国财务报表审计的总目标

《中国注册会计师审计准则第1101号——注册会计师的总体目标和审计工作的基本要求》规定，在执行财务报表审计工作时，注册会计师的总体目标如下：①对财务报表整体是否不存在由于舞弊或错误导致的重大错报获取合理保证，使得注册会计师能够对财务报表是否在所有重大方面按照适用的财务报告编制基础编制发表审计意见；②按照审计准则的规定，根据审计结果对财务报表出具审计报告，并与管理层和治理层沟通。

适用的财务报告编制基础是会计主体进行会计核算和编制财务报告的标准。它是指法律、法规要求采用的财务报告编制基础，或者管理层和治理层（如适用）在编制财务报表时，就被审计单位性质和财务报表目标而言，采用的可接受的财务报告编制基础。

适用的财务报告编制基础可以分为通用目的编制基础和特殊目的编制基础。

通用目的编制基础，是指用以满足广大财务报表使用者共同的财务信息需求的财务报告编制基础，主要是指会计准则和会计制度。

特殊目的编制基础，是指用以满足财务报表特定使用者对财务信息需求的财务报告编制基础，包括计税核算基础、监管机构的报告要求和合同的约定等。

两类编制基础都需要注册会计师对财务报表是否按照适用的财务报告编制基础编制发表审计意见。但是对于特殊目的审计，注册会计师还需要作出许多特殊考虑。例如，需要在审计报告中增加强调事项段，说明财务报表的编制目的和适用范围。

4.2　与各交易、账户余额、列报相关的审计目标

为实现总体目标，注册会计师采取了化整为零的方法，即注册会计师将财务报表涉及的交易与账户划分为若干审计分块（也就是若干交易循环），然后，找出被审计单位管理层对每一循环中的交易类别、账户余额和列报作出了哪些认定，最后，针对每类认定确定具体审计目标，收集充分、适当的审计证据。其逻辑是，如果能合理保证构成报表的每类交易、账户余额和列报实现了具体目标，那么财务报表整体目标也就得以实现。

4.2.1　财务报表审计的业务循环

在执行财务报表审计时，应将财务报表按一定的标准划分为更小的部分，以便于审计小组人员的进一步分工，提高工作效率。注册会计师可以把紧密联系的交易

种类和账户余额归入同一块中，此法称为循环法（Cycle Approach）。比如，销售、销售退回、收现及坏账冲销是导致应收账款增减的四种交易，把这四种交易及应收账款划入“销售与收款循环”进行审计。循环法不仅使审计工作更便于管理，便于注册会计师理解被审计单位的经济业务，而且有助于更好地对审计小组的不同成员分派任务。以生产企业为例，注册会计师可以将业务循环划分为：销售与收款循环、采购与付款循环、生产循环、筹资与投资循环、货币资金循环。各循环之间的关系如图4—1。

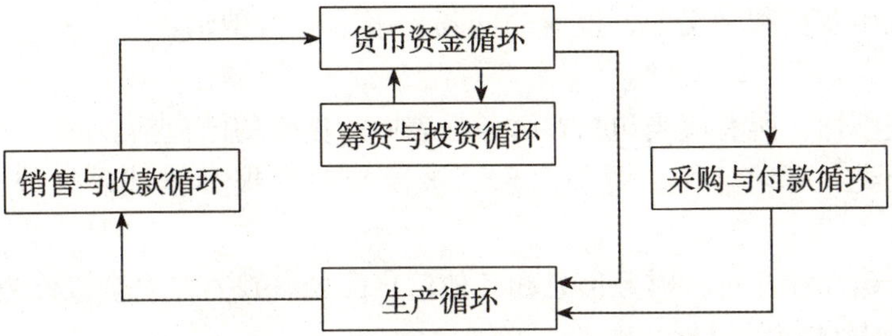

图4—1　生产企业的业务循环

企业的生产经营过程是由各业务循环共同组成的，各业务循环之间是密不可分的。因此，尽管注册会计师可以相对独立地对各业务循环进行审计，但在最终形成审计结论时，必须综合考虑各业务循环审计所发现的错误对财务报表的影响。而且，在单独执行某一业务循环的审计时，注册会计师也应该经常将该循环与其他循环的审计情况结合起来加以考虑。

4.2.2　管理层的认定

认定是指管理层对财务报表组成要素的确认、计量、列报作出的明确或隐含的表达。例如，管理层在资产负债表中列报存货及其金额，意味着作出了下列明确的认定：①记录的存货是存在的；②存货以恰当的金额包括在财务报表中，与之相关的计价或分摊调整已恰当记录。同时，管理层也作出下列隐含的认定：①所有应当记录的存货均已记录；②记录的存货都由被审计单位拥有。管理层的认定可以分为三类：

1）与各类交易和事项相关的认定

注册会计师对所审计期间的各类交易和事项运用的认定通常分为以下类别：

（1）发生，记录的交易和事项已发生且与被审计单位有关。

（2）完整性，所有应当记录的交易和事项均已记录。

（3）准确性，与交易和事项有关的金额及其他数据已恰当记录。

（4）截止，交易和事项已记录于正确的会计期间。

（5）分类，交易和事项已记录于恰当的账户。

2）与期末账户余额相关的认定

注册会计师对期末账户余额运用的认定通常分为以下类别：

（1）存在，记录的资产、负债和所有者权益是存在的。

（2）权利和义务，记录的资产由被审计单位拥有或控制，记录的负债是被审计单位应当履行的偿还义务。

（3）完整性，所有应当记录的资产、负债和所有者权益均已记录。

（4）计价和分摊，资产、负债和所有者权益以恰当的金额包括在财务报表中，与之相关的计价或分摊调整已恰当记录。

3）与列报相关的认定

注册会计师对列报运用的认定通常分为以下类别：

（1）发生及权利和义务，披露的交易、事项和其他情况已发生，且与被审计单位有关。

（2）完整性，所有应当包括在财务报表中的披露均已包括。

（3）分类和可理解性，财务信息已被恰当地列报和描述，且披露内容表述清楚。

（4）准确性和计价，财务信息和其他信息已公允披露，且金额恰当。

4.2.3 具体审计目标

认定与审计目标密切相关，注册会计师的基本职责就是确定被审计单位管理层对其财务报表的认定是否恰当（对管理层认定的再认定）。了解认定后，注册会计师就很容易确定每个项目的具体审计目标，并以此作为评估重大错报风险以及设计和实施审计程序的基础。

1）与各类交易和事项相关的审计目标

（1）发生。由发生认定推导的审计目标是已记录的交易是真实的。例如，如果没有发生销售交易，但在销售日记账中记录了一笔销售，则违反了该目标。

发生认定所要解决的问题是管理层是否把那些不曾发生的项目记入财务报表，它主要与财务报表组成要素的高估有关。

（2）完整性。由完整性认定推导的审计目标是已发生的交易确实已经记录。例如，如果发生了销售交易，但没有在销售日记账和总账中记录，则违反了该目标。

发生和完整性两者强调的是相反的关注点。发生目标针对潜在的高估，而完整性目标则针对漏记交易（低估）。

（3）准确性。由准确性认定推导出的审计目标是已记录的交易是按正确金额反映的。例如，如果在销售交易中，发出商品的数量与账单上的数量不符，或是开账单时使用了错误的销售价格，或是账单中的乘积或加总有误，或是在销售日记账中记录了错误的金额，则违反了该目标。

准确性与发生、完整性之间存在区别。例如，若已记录的销售交易是不应当记录的（如发出的商品是寄销商品），则即使发票金额是准确计算的，仍违反了发生目标。再如，若已入账的销售交易是对正确发出商品的记录，但金额计算错误，则违反了准确性目标，但没有违反发生目标。在完整性与准确性之间也存在同样的关系。

(4) 截止。由截止认定推导出的审计目标是接近于资产负债表日的交易记录于恰当的期间。例如，如果本期交易推到下期，或下期交易提到本期，均违反了截止目标。

(5) 分类。由分类认定推导出的审计目标是被审计单位记录的交易经过适当分类。例如，如果将现销记录为赊销，将出售经营性固定资产所得的收入记录为营业收入，则导致交易分类的错误，违反了分类的目标。

2) 与期末账户余额相关的审计目标

(1) 存在。由存在认定推导的审计目标是记录的金额确实存在。例如，如果不存在某顾客的应收账款，在应收账款试算平衡表中却列入了对该顾客的应收账款，则违反了存在性目标。

(2) 权利和义务。由权利和义务认定推导的审计目标是资产归属于被审计单位的权利，负债属于被审计单位的义务。例如：将他人寄售商品计入被审计单位的存货中，违反了权利的目标；将不属于被审计单位的债务记入账内，违反了义务目标。

(3) 完整性。由完整性认定推导的审计目标是已存在的金额均已记录。例如，如果存在某顾客的应收账款，在应收账款试算平衡表中却没有列入对该顾客的应收账款，则违反了完整性目标。

(4) 计价和分摊。资产、负债和所有者权益以恰当的金额包括在财务报表中，与之相关的计价或分摊调整已恰当记录。

3) 与列报相关的审计目标

各类交易和账户余额的认定正确只是为列报正确打下了必要的基础，财务报表还可能因被审计单位误解有关列报的规定或舞弊等而产生错报。另外，还可能因被审计单位没有遵守一些专门的披露要求而导致财务报表错报。因此，注册会计师还应当对各类交易、账户余额及相关事项在财务报表中列报的正确性实施审计。

(1) 发生及权利和义务。将没有发生的交易、事项，或与被审计单位无关的交易和事项包括在财务报表中，则违反该目标。例如，复核董事会会议记录中是否记载了固定资产抵押等事项，询问管理层固定资产是否被抵押，即是对列报的权利认定的运用。如果抵押固定资产则需要在财务报表中列报，说明其权利受到限制。

(2) 完整性。如果应当披露的事项没有包括在财务报表中，则违反该目标。例如，检查关联方和关联交易，以验证其在财务报表中是否得到充分披露，即是对列报的完整性认定的运用。

(3) 分类和可理解性。财务信息已被恰当地列报和描述，且披露内容表述清楚。例如，检查存货的主要类别是否已披露，是否将一年内到期的长期负债列为流动负债，即是对列报的分类和可理解性认定的运用。

(4) 准确性和计价。财务信息和其他信息已公允披露，且金额恰当。例如，检查财务报表附注是否分别对原材料、在产品和产成品等存货成本核算方法作了恰当说明，即是对列报的准确性和计价认定的运用。

有关交易的审计目标和有关余额的审计目标尽管有所不同，却是紧密联系的。比如，资产负债表中“应收账款”项目属于销售与收款循环，审计时应分别测试影响该账户的四类交易，即销售、销售退回、收现及坏账冲销等交易和该账户的期末余额，从而对报表整体公允反映获取保证。图 4—2 以应收账款为例说明了账户余额与影响余额的交易之间的关系。

应收账款

期初余额	$ 96		
赊销	$660	$590	收到货款
		$26	销售退回
		$35	坏账冲销
	—	—	
期末余额	$105		

图 4—2　应收账款余额与相关交易的关系

【例 4—1】针对与交易相关的现金支出审计具体目标，指出其相应的管理当局认定。

1. 已入账的现金支出是采购商品或接受劳务的金额并已正确入账。(交易的准确性认定)

2. 已入账的现金支出是用于已实际收到的商品和劳务。(交易的发生性认定)

3. 现金支出交易已适当地分类。(交易的分类认定)

4. 发生的现金支出交易已入账。(交易的完整性认定)

5. 现金支出交易已在正确日期入账。(交易的截止认定)

【例 4—2】下面是对任何资产负债表账户审计时，对不动产、厂场和设备审计的十一个具体审计目标。对于每一个具体审计目标，指出其具体类别的相应管理当局认定。

1. 不存在在用固定资产未入账的情况。(账户余额的完整性认定)

2. 公司对于拥有的资产都有有效所有权。(账户余额的权利与义务认定)

3. 不动产、厂场和设备的明细余额与总账一致。(账户余额的估价与分摊认定)

4. 固定资产实物存在，并正按预定用途使用。(账户余额的存在性认定)

5. 不动产、厂场和设备记录金额正确。(账户余额的估价与分摊认定)

6. 公司对于租入资产的使用拥有合同权利。(账户余额的权利与义务认定)

7. 不动产、厂场和设备项目上的留置权或其他抵押权均已知并已披露。(列报中的完整性认定)

8. 费用账户没有包含应当予以资本化的金额。(费用交易的分类认定，账户余额中的完整性认定)

9. 折旧根据一种可接受的方法确定，在重大方面，金额计算正确。(折旧交易

的准确性认定，固定账户的估值与分摊）

10. 固定资产账户对于历史成本的减值已进行了适当调整。（固定资产账户的估值与分摊）

4.3 审计过程

在现代风险导向审计中，审计过程可分为以下几个阶段：

1）接受业务委托

会计师事务所应当按照执业准则的规定，谨慎决策是否接受或保持某客户关系和具体审计业务。在接受委托前，注册会计师应当初步了解审计业务环境，包括业务约定事项、审计对象特征、使用的标准、预期使用者的需求、责任方及环境的相关特征，以及可能对审计业务产生重大影响的事项、交易、条件和惯例等其他事项。

只有在了解后认为符合专业胜任能力、独立性和应有的关注等职业道德要求，并且拟承接的业务具备审计业务特征时，注册会计师才能将其作为审计业务予以承接。如果审计业务的工作范围受到重大限制，或者委托人试图将注册会计师的名字和审计对象不适当地联系在一起，则该项业务可能不具有合理的目的。接受业务委托阶段的主要工作包括：了解和评价审计对象的可审计性；决策是否考虑接受委托；商定业务约定条款；签订审计业务约定书等。

2）计划审计工作

计划审计工作十分重要，计划不周不仅会导致盲目实施审计程序，无法获得充分、适当的审计证据以将审计风险降至可接受的低水平，影响审计目标的实现，而且还会浪费有限的审计资源，增加不必要的审计成本，影响审计工作的效率。因此，对于任何一项审计业务，注册会计师在执行具体审计程序之前，都必须根据具体情况制订科学、合理的计划，使审计业务以有效的方式得到执行。一般来说，计划审计工作主要包括：在本期审计业务开始时开展的初步业务活动；制订总体审计策略；制订具体审计计划等。计划审计工作不是审计业务的一个孤立阶段，而是一个持续的、不断修正的过程，贯穿于整个审计业务的始终。

3）实施风险评估程序

审计准则规定，注册会计师必须实施风险评估程序，以此作为评估财务报表层次和认定层次重大错报风险的基础。所谓风险评估程序，是指注册会计师实施的了解被审计单位及其环境并识别和评估财务报表重大错报风险的程序。风险评估程序是必要程序，了解被审计单位及其环境特别是为注册会计师在许多关键环节作出职业判断提供了重要基础。一般来说，实施风险评估程序的主要工作包括：了解被审计单位及其环境；识别和评估财务报表层次以及各类交易、账户余额、列报认定层次的重大错报风险，包括确定需要特别考虑的重大错报风险（即特别风险）以及仅通过实质性程序无法应对的重大错报风险等。

4）实施控制测试和实质性程序

控制测试是指注册会计师实施必要的审计程序以测试内部控制在防止，或发现并纠正认定层次重大错报方面的运行有效性。实质性程序是指注册会计师实施必要的审计程序包括对各类交易、账户余额、列报与披露的细节测试及实质性分析程序以发现认定层次的重大错报。

注册会计师实施风险评估程序本身并不足以为发表审计意见提供充分、适当的审计证据，注册会计师还应当实施进一步审计程序，包括实施控制测试（必要时或决定测试时）和实质性程序。因此，注册会计师评估财务报表重大错报风险后，应当运用职业判断，针对评估的财务报表层次重大错报风险确定总体应对措施，并针对评估的认定层次重大错报风险设计和实施进一步审计程序，以将审计风险降至可接受的低水平。

5）完成审计工作和编制审计报告

注册会计师在完成财务报表所有循环的进一步审计程序后，还应当按照有关审计准则的规定做好审计完成阶段的工作，并根据所获取的各种证据，合理运用专业判断，形成适当的审计意见。本阶段的主要工作有：审计期初余额、比较数据、期后事项和或有事项；考虑持续经营问题和获取管理层声明；汇总审计差异，并提请被审计单位调整或披露；复核审计工作底稿和财务报表；与管理层和治理层沟通；评价审计证据，形成审计意见；编制审计报告等。

4.4 审计证据

收集和评价审计证据是注册会计师得出审计结论、支撑审计意见的基础。注册会计师应当获取充分、适当的审计证据，以实现审计目标。

4.4.1 审计证据的含义

审计证据是指注册会计师为了得出审计结论、形成审计意见而使用的所有信息，包括财务报表依据的会计记录中含有的信息和其他信息。从某种意义上讲，审计过程就是注册会计师收集证据、鉴定证据、综合证据、评价证据，最后据以形成审计结论和审计意见的过程。

依据会计记录编制财务报表是被审计单位管理层的责任，注册会计师应当测试会计记录以获取审计证据。财务报表依据的会计记录一般包括对初始分录的记录和支持性记录，如支票、电子资金转账记录、发票、合同、总账、明细账、记账凭证和未在记账凭证中反映的对财务报表的其他调整，以及支持成本分配、计算、调节和披露的手工计算表和电子数据表。上述会计记录是编制财务报表的基础，构成注册会计师执行财务报表审计业务所需获取的审计证据的重要部分。

会计记录中含有的信息本身并不足以提供充分的审计证据作为对财务报表发表审计意见的基础，注册会计师还应当获取作为审计证据的其他信息，包括：注册会计师从被审计单位内部或外部获取的会计记录以外的信息，如被审计单位会议记录、内部控制手册、询证函的回函、分析师的报告、与竞争者的比较数据等；通过询问、观察和检查等审计程序获取的信息，如通过检查存货获取存货存在性的证据等；自身编制或获取的可以通过合理推断得出结论的信息，如注册会计师编制的各种计算表、分析表等。

4.4.2 审计证据的特性

注册会计师应当保持职业怀疑态度，运用职业判断，评价审计证据的充分性和适当性。这里所指的充分、适当正是审计证据的两大特性。

1）审计证据的充分性

审计证据的充分性是对审计证据数量的衡量，主要与注册会计师确定的样本量有关。例如，检查销售收入时，在每笔销售额相差不大的情况下，检查 100 张销售发票的样本中获得的证据要比 50 张发票的样本中获得的证据更充分。

注册会计师需要获取的审计证据的数量受错报风险的影响。错报风险越大，需要的审计证据可能越多。具体来说，在可接受的审计风险水平一定的情况下，重大错报风险越大，注册会计师就应实施越多的测试工作，将检查风险降至可接受水平，以将审计风险控制在可接受的低水平范围内。

例如，注册会计师对某电脑配件公司进行审计，经过分析认为，受被审计单位行业性质的影响，存货陈旧的可能性相当高，存货计价的错报可能性就比较大。为此，注册会计师在审计中就要选取更多的存货样本进行测试，以确定存货陈旧的程度，从而确认存货的价值是否被高估。

2）审计证据的适当性

（1）审计证据的适当性的含义

审计证据的适当性是对审计证据质量的衡量，即审计证据在支持各类交易、账户余额、列报的相关认定或发现其中存在错报方面具有相关性和可靠性。相关性和可靠性是审计证据适当性的核心内容，只有相关且可靠的审计证据才是高质量的。

（2）审计证据的相关性

审计证据要有证明力，必须与注册会计师的审计目标相关。例如，注册会计师在审计过程中怀疑被审计单位发出存货却没有给顾客开发票，需要确认销售是否完整。注册会计师应当从发货单中选取样本，追查与每张发货单相应的销售发票副本，以确定是否每张发货单均已开具发票。如果注册会计师从销售发票副本中选取样本，并追查至与每张发票相应的发货单，由此所获得的证据与完整性目标就不相关。

审计证据是否相关必须结合具体认定和审计目标来考虑。某一特定的审计程序可能只为某些认定提供相关的审计证据，而与其他认定无关。另一方面，针对同一项认定可以从不同来源获取审计证据或获取不同性质的审计证据。例如，注册会计师可以分析应收账款的账龄和应收账款的期后收款情况，以获取与坏账准备计价有关的审计证据。

（3）审计证据的可靠性

审计证据的可靠性是指审计证据的可信程度。审计证据的可靠性受其来源和性质的影响，并取决于获取审计证据的具体环境。注册会计师在判断审计证据的可靠性时，通常会考虑下列原则：

①从外部独立来源获取的审计证据比从其他来源获取的审计证据更可靠。从外部独立来源获取的审计证据未经被审计单位有关职员之手，从而减少了伪造、更改凭证或业务记录的可能性，因而其证明力最强。此类证据包括银行询证函回函、应收账款询证函回函等。

②内部控制有效时内部生成的审计证据比内部控制薄弱时内部生成的审计证据更可靠。如果被审计单位有着健全的内部控制，且在日常管理中得到一贯地执行，会计记录的可信赖程度将会增加。例如，如果与销售业务相关的内部控制有效，注册会计师就能从销售发票和发货单中取得比内部控制不健全时更加可靠的审计证据。

③直接获取的审计证据比间接获取或推论得出的审计证据更可靠。例如，注册会计师亲自检查存货所获得的证据，就比被审计单位管理层提供给注册会计师的存货数据更可靠。又如，注册会计师观察某项控制的运行得到的证据比询问被审计单位某项内部控制的运行得到的证据更可靠。

④以文件、记录形式（无论是纸质、电子或其他介质）存在的审计证据比口头形式的审计证据更可靠。例如，会议的同步书面记录比对讨论事项事后的口头表述更可靠。口头证据本身并不足以证明事实的真相，仅仅提供一些重要线索，为进一步调查确认所用。如注册会计师在对应收账款进行账龄分析后，可以向应收账款负责人询问逾期应收账款收回的可能性。如果该负责人的意见与注册会计师自行估计的坏账损失基本一致，则这一口头证据就可成为证实注册会计师对有关坏账损失的判断的重要证据。

⑤从原件获取的审计证据比从传真件或复印件获取的审计证据更可靠。注册会计师可审查原件是否有被涂改或伪造的迹象，排除伪证，提高证据的可信赖程度。而传真件或复印件容易是变造或伪造的，可靠性较低。

此外，注册会计师还应当注意可能出现的例外情况。例如，审计证据虽是从独立的外部来源获得的，但如果该证据是由不知情者或不具备资格者提供，审计证据也可能是不可靠的。

（4）充分性和适当性之间的关系

充分性和适当性是审计证据的两个重要特征，只有充分且适当的审计证据才是有证明力的。审计证据的数量受审计证据质量的影响。审计证据质量越高，需要的审计证据数量可能越少。但如果审计证据的质量存在缺陷，那么注册会计师仅靠获取更多的审计证据可能无法弥补其质量上的缺陷。例如，注册会计师应当获取与销售收入完整性相关的证据，实际获取到的却是有关销售收入真实性的证据，审计证据与完整性目标不相关，即使获取的证据再多，也证明不了收入的完整性。同样的，如果注册会计师获取的证据不可靠，那么证据数量再多也难以起到证明作用。

此外，在保证获取充分、适当的审计证据的前提下，注册会计师可以考虑控制审计证据的成本，但不应将获取审计证据成本的高低和难易程度作为减少不可替代的审计程序的理由。例如，在某些情况下，存货监盘是证实存货存在性认定的不可替代的审计程序，注册会计师在审计中不得以检查成本高和难以实施为由而不执行该程序。

4.4.3 获取审计证据的审计程序

在审计过程中，注册会计师可根据需要单独或综合运用以下程序，以获取充分、适当的审计证据。这些审计程序单独或组合起来，可用于风险评估程序、控制测试和实质性程序。

1）检查记录或文件

检查记录或文件是指注册会计师对被审计单位内部或外部生成的，以纸质、电子或其他介质形式存在的记录或文件进行审查。

检查记录或文件的目的是对财务报表所包含或应包含的信息进行验证。例如，被审计单位通常对每一笔销售交易都保留一份顾客订单、一张发货单和一份销售发票副本。这些凭证对于注册会计师验证被审计单位记录的销售交易的正确性是有用的证据。

检查记录或文件可提供可靠程度不同的审计证据，审计证据的可靠性取决于记录或文件的来源和性质。外部记录或文件通常被认为比内部记录或文件可靠，因为外部凭证经被审计单位的客户出具，又经被审计单位认可，表明交易双方对凭证上记录的信息和条款达成一致意见。另外，某些外部凭证编制过程非常谨慎，通常由律师或其他有资格的专家进行复核，因而具有较高的可靠性，如土地使用权证、保险单、契约和合同等文件。

2）检查有形资产

检查有形资产是指注册会计师对资产实物进行审查。检查有形资产的程序主要适用于存货和现金，也适用于有价证券、应收票据和固定资产等。

检查有形资产可为其存在性提供可靠的审计证据，但不一定能够为权利和义务或计价认定提供可靠的审计证据。检查存货项目前，可先对客户实施的存货盘点进行观察。

3）观察

观察是指注册会计师察看相关人员正在从事的活动或执行的程序。例如，对客户执行的存货盘点或控制活动进行观察。

观察提供的审计证据仅限于观察发生的时点，并且在相关人员已知被观察时，相关人员从事活动或执行程序可能与日常的做法不同，从而会影响注册会计师对真实情况的了解。因此，注册会计师有必要获取其他类型的佐证证据。

4）询问

询问是指注册会计师以书面或口头方式，向被审计单位内部或外部的知情人员获取财务信息和非财务信息，并对答复进行评价的过程。

知情人员对询问的答复可能为注册会计师提供尚未获悉的信息或佐证证据，也可能提供与已获悉信息存在重大差异的信息，注册会计师应当根据询问结果考虑修改审计程序或实施追加的审计程序。询问本身不足以发现认定层次存在的重大错报，也不足以测试内部控制运行的有效性，注册会计师还应当实施其他审计程序以获取充分、适当的审计证据。

5）函证

函证（即外部函证），是指注册会计师直接从第三方（被询证者）获取书面答复作为审计证据的过程，书面答复可以采用纸质、电子或其他介质等形式。例如，对应收账款余额或银行存款的函证。通过函证获取的证据可靠性较高，因此，函证是受到高度重视并经常被使用的一种重要程序。

6）重新计算

重新计算是指注册会计师以人工方式或使用计算机辅助审计技术，对记录或文件中的数据计算的准确性进行核对。重新计算通常包括计算销售发票和存货的总金额，加总日记账和明细账，检查折旧费用和预付费用的计算，检查应纳税额的计算等。

7）重新执行

重新执行是指注册会计师以人工方式或使用计算机辅助审计技术，重新独立执行作为被审计单位内部控制组成部分的程序或控制。例如，注册会计师利用被审计单位的银行存款日记账和银行对账单，重新编制银行存款余额调节表，并与被审计单位编制的银行存款余额调节表进行比较。

8）分析程序

分析程序是指注册会计师通过研究不同财务数据之间以及财务数据与非财务数据之间的内在关系，对财务信息作出评价。分析程序还包括调查识别出的，与其他相关信息不一致或与预期数据严重偏离的波动和关系。

【案例分析 4—1】不可能的产量、不可能的价格、不可能的产品：银广夏陷阱

根据银广夏 1999 年年报，银广夏的每股盈利当年达到前所未有的 0.51 元。其股价则“先知先觉”，从 1999 年 12 月 30 日的 13.97 元启动，一路狂升至 2000 年 12 月 29 日复权后的 75.98 元，较一年前启动时的价位上涨 440%。2000 年年报披露的业绩再创奇迹，在股本扩大一倍的基础上，每股收益攀升至 0.827 元。2001 年 3 月 1 日，银广夏发布公告，称与德国诚信公司签订连续三年总金额为 60 亿元的萃取产品订货总协议。仅仅依此合同推算，2001 年银广夏每股收益就将达到 2 至 3 元！然而，在专家和同行的眼里，银广夏凭此取得的惊人效益，处处皆是疑点。银广夏“神话”是一个相当少见的特大造假骗局。

第一，以天津广夏萃取设备的产能，即使通宵达旦运作，也生产不出其所宣称的数量。

即使只按照银广夏 2000 年 1 月 19 日所公告的合同金额，1.1 亿马克所包括的

产品至少应有卵磷脂100吨、姜精油等160吨。可资为证的是，天津广夏称于1999年出口的价值5 610万马克货物中，就已包括卵磷脂50吨，姜精油等80吨。但根据国内专家对这一技术的了解，一套500立升×3的二氧化碳超临界设备实际全年产量绝对超不过20吨至30吨——就算设备24小时连续运作。公司解释说，对于蛋黄卵磷脂的提取，天津广夏的500立升×3设备已经将萃取时间从10个小时缩短到3个小时并进一步缩短到30分钟。所有听到这一说法的专家均感到不可思议，认为3个小时已经是“神速”，30分钟“简直是奇迹”。简而言之，仅从技术上而言，天津广夏不可能在预定时间内生产出满足合同的产品。

第二，天津广夏萃取产品出口价格高到近乎荒谬。

在2001年3月银广夏股东大会前召开的二氧化碳超临界萃取研讨会上，李有强曾说：“以姜为例，50公斤含水率在10%以下的干姜可以出1公斤油、1公斤含油树脂。国内最好的山东产干姜每吨7 000元，但欧洲市场的价格是每公斤姜精油700马克至900马克（折合人民币约2 800元至3 600元），每公斤含油树脂是160马克至200马克（折合人民币约640元至800元），天津广夏的出口价还处于中上等。加上人工费、水电费、机器折旧费，你们可以算算利润率。”根据这些条件，可以大略算出每公斤姜精油和含油树脂的原料成本加起来只有350元，可是卖给德国人，就可以卖到3 440元至4 400元。天下竟有此等美事！一位被告知银广夏萃取产品售价的专家笑称：如此昂贵的姜精油，简直可以与黄金媲美，看来要用滴管小心使用！

第三，银广夏对德出口合同中的某些产品，根本不能用二氧化碳超临界萃取设备提取。

据专家介绍，二氧化碳超临界萃取技术有一个重大局限，就是只有脂溶性（也称为非极性、弱极性）的物质才能进行提取，而且往往需要与其他技术相结合才能生产出精度较高的产品。2001年3月1日，银广夏发布公告，称与德国诚信公司签订每年20亿元人民币、连续3年总共60亿元的供货总协议，然而，这一合同提到的某些产品如茶多酚，属于水融性物质，用二氧化碳超临界萃取技术根本提不出来。合同中提到的银杏酮酯、葛根素、丹皮酚也非常难提取。

根据政府有关部门披露的事实和新闻媒体的相关报道：涉案深圳中天勤会计师事务所的注册会计师存在重大过失，未能发现或对外披露银广夏会计报表中的重大虚假问题；注册会计师未能保持职业谨慎，对审计证据的真伪未能给予应有关注；注册会计师没有执行必要的审计程序。

1. 注册会计师未能有效执行应收账款函证程序，例如，在对天津广夏的审计过程中，将所有询证函交由公司发出，而并未要求公司债务人将回函直接寄达注册会计师处。对于无法执行函证程序的应收账款，审计人员在运用替代程序时，未取得海关报关单、运单、提单等外部证据，仅根据公司内部证据便确认公司应收账款。

2. 注册会计师未有效执行分析程序，例如，对于银广夏在2000年度主营业务收入大幅增长的同时生产用电的电费费用却反而降低的情况竟没有发现或报告。面对银广夏2000年度生产卵磷脂的投入产出比率较1999年度大幅下降的异常情况，注册会计师既未实地考察，又没有咨询专家意见，而轻信银广夏管理当局声称的"生产进入成熟期"。

3. 天津广夏审计项目负责人由非注册会计师担任，审计人员普遍缺乏外贸业务知识，不具备专业胜任能力。

4. 此外，对于不符合国家税法规定的异常增值税及所得税政策披露情况，审计人员没有予以应有关注。在收集了真假两种海关报关单后未予以必要关注。对于境外销售合同的行文不符合一般商业惯例的情况，未能予以关注。未收集或严格审查重要的法律文件。未关注重大不良资产。存在以预审代替年审、未贯彻三级复核制度等重大审计程序缺陷。

4.5 审计工作底稿

4.5.1 审计工作底稿的含义和目的

审计工作底稿，是指注册会计师对制订的审计计划、实施的审计程序、获取的相关审计证据，以及得出的审计结论作出的记录。审计工作底稿是审计证据的载体，是注册会计师在审计过程中形成的审计工作记录和获取的资料。它形成于审计过程，也反映整个审计过程。

及时编制审计工作底稿可以实现下列目的：

1）提供充分、适当的记录，作为审计报告的基础

审计工作底稿是注册会计师形成审计结论，发表审计意见的直接依据。及时编制审计工作底稿有助于提高审计工作的质量，便于在出具审计报告之前，对取得的审计证据和得出的审计结论进行有效复核和评价。

2）提供证据，证明其按照中国注册会计师审计准则的规定执行了审计工作

在会计师事务所因执业质量而涉及诉讼或有关监管机构进行执业质量检查时，审计工作底稿能够提供证据，证明会计师事务所是否按照审计准则的规定执行了审计工作。

4.5.2 审计工作底稿的形成与复核

1）审计工作底稿的种类

审计工作底稿通常包括总体审计策略、具体审计计划、分析表、问题备忘录、重大事项概要、询证函回函、管理层声明书、核对表、有关重大事项的往来信件（包括电子邮件），以及对被审计单位文件记录的摘要或复印件等。此外，审计工作底稿通常还包括业务约定书、管理建议书、项目组内部或项目组与被审计单位举行会议的记录、与其他人士（如其他注册会计师、律师、专家等）的沟通文件及错报汇总表等。

一般情况下，分析表主要是指对被审计单位财务信息执行分析程序的记录。例

如，记录对被审计单位本年各月收入与上一年度的同期数据进行比较的情况，记录对差异的分析等。表 4—1 是对资产负债表中资产的分析表。

表 4—1 资产负债表分析表

客户名称： 财务报表期间： 工作底稿索引号：

资产	上年已审数	本年未审数	比上年增减		变动说明
			增减额	百分比（%）	
流动资产：					
货币资金					
短期投资					
应收票据					
应收股息					
应收账款					
其他应收款					
存货					
一年内到期的长期债券投资					
其他流动资产					
流动资产合计					
长期投资：					
长期股权投资					
长期债权投资					
长期投资合计					
固定资产：					
固定资产原价					
减：累计折旧					
固定资产净值					
工程物资					
在建工程					
固定资产清理					
固定资产合计					
无形资产及其他资产：					
无形资产					
其他资产					
无形资产及其他资产合计					
资产合计					

问题备忘录一般是指对某一事项或问题的概要的汇总记录。在问题备忘录中，注册会计师通常记录该事项或问题的基本情况、执行的审计程序或具体审计步骤，以及得出的审计结论。例如，有关存货监盘审计程序或审计过程中发现问题的备忘录。

核对表一般是指会计师事务所内部使用的、为便于核对某些特定审计工作或程序的完成情况的表格。例如，特定项目（如财务报表列报）审计程序核对表、审计工作完成情况核对表等。它通常以列举的方式列出审计过程中注册会计师应当进行的审计工作或程序以及特别需要提醒使用者注意的问题，并在适当情况下索引至其他审计工作底稿，便于注册会计师核对是否已按照审计准则的规定进行审计。

2）审计工作底稿的要素

在审计工作实务中，不同的审计部门或者会计师事务所各自使用自己的审计工作底稿，因此，审计工作底稿的形式是各式各样的。但是，尽管审计工作底稿在形式上不一样，但是它们都应该包含下列全部或部分要素：

（1）被审计单位的名称。每一张审计工作底稿上都应该注明被审计单位的名称以及具体所在的部门，例如，××股份有限公司——××车间，或者××股份有限公司——××分公司，以避免以后发生错误。

（2）审计项目的名称。每一张审计工作底稿都应该将具体的审计项目名称写清楚，例如，风险评估阶段的“了解被审计单位及其环境”项目，实质性测试中的“应收账款”项目。

（3）审计项目时点或期间。审计工作底稿上应该记录审计项目的时间，对于资产负债表项目应该标明发生的时点，而对于利润表项目则应该注明发生的期间。

（4）审计过程记录。审计工作底稿是注册会计师进行审计工作的轨迹，在审计工作中要求对审计程序实施的全过程进行详细的记录。在审计工作底稿中需要记录审计证据的收集和评价情况，包括对被审计单位内部控制的评价，对具体审计事项的测试和确认。

（5）审计结论。注册会计师恰当地记录审计结论非常重要。注册会计师需要根据所执行审计程序及获取的审计证据得出结论，并以此作为对财务报表形成审计意见的基础。

（6）审计标识及其说明。一般的审计工作底稿都有统一规定好的审计标识，一个会计师事务所内部的审计标识应该是一致的，在整套审计工作底稿的前面最好有一张审计标识说明表，这样就不需要对每一张审计工作底稿都进行标识说明。如果遇到比较特殊的情况，没有统一的标识可以使用时，注册会计师可自己制作标识，但应该对其进行说明，以避免发生误解。在实务中，注册会计师也可以依据实际情况运用更多的审计标识。以下是常用的审计标识：

Λ——纵加核对一致；

<——横加核对一致；

B——与上年结转数核对一致；

T——与原始凭证核对一致；

G——与总分类账核对一致；

S——与明细账核对一致；

T/B——与试算平衡表核对一致；

C——已发询证函；

C\ ——已收回询证函。

（7）索引号及编号。审计工作底稿需要注明索引号及顺序编号，相关审计工作底稿之间需要保持清晰的勾稽关系。在实务中，注册会计师可以按照所记录的审计工作的内容层次进行编号。例如，固定资产汇总表的编号为C1，按类别列示的固定资产明细表的编号为C1-1，以及列示单个固定资产原值及累计折旧的明细表编号，包括房屋建筑物（编号为C1-1-1）、机器设备（编号为C1-1-2）、运输工具（编号为C1-1-3）及其他设备（编号为C1-1-4）。相互引用时，需要在审计工作底稿中交叉注明索引号。固定资产汇总表工作底稿（表4—2）及固定资产明细表工作底稿（表4—3）中节选的部分，以作相互索引的示范。

表4—2　**固定资产汇总表（工作底稿索引号：C1）（节选）**

工作底稿索引号	固定资产	20×2年12月31日	20×1年12月31日
C1-1	原值	×××	×××
C1-1	累计折旧	×××	×××
	净值	×××T/B∧	×××B∧

表4—3　**固定资产明细表（工作底稿索引号：C1-1）（节选）**

工作底稿索引号	固定资产	期初余额	本期增加	本期减少	期末余额
	原值				
C1-1-1	1. 房屋建筑物	×××		×××	×××S
C1-1-2	2. 机器设备	×××	×××		×××S
C1-1-3	3. 运输工具	×××			×××S
C1-1-4	4. 其他设备	×××			×××S
	小　计	×××B∧	×××∧	×××∧	×××<C1∧
	累计折旧				
C1-1-1	1. 房屋建筑物	×××			×××S
C1-1-2	2. 机器设备	×××	×××		×××S
C1-1-3	3. 运输工具	×××			×××S
C1-1-4	4. 其他设备	×××			×××S
	小　计	×××B∧	×××∧	×××∧	×××<C1∧
	净　值	×××B∧			×××C1∧

（8）编制者姓名以及编制日期。为了明确审计责任和便于查阅有关事项，审计工作底稿上应该写明编制者的姓名以及编制工作底稿的日期，如果为了在现场时减少编制工作量而采用了简写签名，应该在工作底稿中加以说明。

（9）复核者的姓名以及复核时间。审计工作底稿一般是由多层次复核后才出具审计报告书的。为了明确责任，复核者也应该签名并且写明复核日期，如果是多级复核应该分别签名。

（10）其他应说明的事项。

3）形成审计工作底稿时应考虑的因素

在确定审计工作底稿的格式、内容和范围时，注册会计师应考虑以下因素：

（1）实施审计程序的性质。通常，不同的审计程序会使得注册会计师获取不同性质的审计证据，由此注册会计师可能会编制不同格式、内容和范围的审计工作底稿。例如，注册会计师编制的有关函证程序的审计工作底稿（包括询证函及回函、有关不符事项的分析等）和存货监盘程序的审计工作底稿（包括盘点表、注册会计师对存货的测试记录等）在内容、格式及范围方面是不同的。

（2）已识别的重大错报风险。识别和评估的重大风险水平的不同可能导致注册会计师实施的审计程序和获取的审计证据不尽相同。例如，如果注册会计师识别出应收账款存在较高的重大错报风险，而其他应收款的重大错报风险较低，则注册会计师可能对应收账款实施较多的审计程序并获取较多的审计证据，因而对测试应收账款的记录会比针对测试其他应收款记录的内容多且范围广。

（3）在执行审计工作和评价审计结果时需要作出判断的范围。审计程序的选择和实施及审计结果的评价通常需要不同程度的职业判断。例如，运用非统计抽样的方法选取样本进行应收账款函证程序时，注册会计师可能基于应收账款账龄、以前的审计经验及是否为关联方欠款等因素，考虑哪些应收账款存在较高的重大错报风险，并运用职业判断在总体中选取样本，对作出职业判断时的考虑事项进行适当的记录。因此，在作出职业判断时所考虑的因素及范围可能使注册会计师作出不同的内容和范围的记录。

（4）已获取审计证据的重要程度。注册会计师通过执行多项审计程序可能会获取不同的审计证据，有些审计证据的相关性和可靠性较高，有些则质量较差，注册会计师可能区分不同的审计证据进行有选择性的记录，因此，审计证据的重要程度也会影响审计工作底稿的格式、内容和范围。

（5）已识别的例外事项的性质和范围。有时注册会计师在执行审计程序时会发现例外事项，由此可能导致审计工作底稿在格式、内容和范围方面的不同。例如，某个函证的回函表明存在不符事项，如果在实施恰当的追查后发现该例外事项并未构成错报，注册会计师可能只在审计工作底稿中解释发生该例外事项的原因及影响。反之，如果该例外事项构成错报，注册会计师可能需要执行额外的审计程序并获取更多的审计证据，由此编制的审计工作底稿在内容和范围方面可能有很大不同。

（6）当从已执行审计工作或获取审计证据的记录中不易确定结论或结论的基础时，记录结论或结论基础的必要性。在某些情况下，特别是在涉及复杂的事项时，注册会计师仅将已执行的审计工作或获取的审计证据记录下来，并不容易使其他有经验的注册会计师通过合理的分析，得出审计结论或结论的基础。此时，注册会计师应当考虑是否需要进一步说明并记录得出结论的基础（即得出结论的过程）及该事项的结论。

（7）使用的审计方法和工具。使用的审计方法和工具可能影响审计工作底稿的格式、内容和范围。例如，如果使用计算机辅助审计技术对应收账款的账龄进行重新计算，通常可以针对总体进行测试，而采用人工方式重新计算时，则可能会针对样本进行测试，由此形成的审计工作底稿会在格式、内容和范围方面有所不同。

4）审计工作底稿的复核

一张审计工作底稿往往由一名注册会计师独立完成，编制者对有关资料的引用、对有关情况的判断、对会计数据的加工复算等都可能出现误差。因此，为确保审计质量，会计师事务所应当建立审计工作底稿复核制度。审计工作底稿可以采用三级复核制度。所谓三级复核制，是指会计师事务所制定的以主任会计师、部门经理（或签字注册会计师）和项目经理为复核人，对审计工作底稿进行逐级复核的一种制度。

项目经理（或项目负责人）复核是三级复核制中的第一级复核，属于技术性的复核，也称详细复核，通常在审计工作底稿编成后进行。它要求项目经理对下属注册会计师形成的审计工作底稿逐张复核，包括核实每一重要程序、步骤、数字，运用的方法是否恰当，判断是否准确，结论是否正确等，发现问题及时指出，并督促注册会计师及时修改完善。

部门经理（或注册会计师）复核是第二级复核，属一般复核，一般在审计业务接近尾声时进行。它是指在项目经理完成了详细复核后，再对审计工作底稿中重要会计账项的审计、重要审计程序的执行以及审计调整事项等进行复核。因此，它既是对项目经理复核的一种再监督，也是对重要审计事项的重点把关。

主任会计师（所长或指定代理人）复核是最后一级复核，也称重点复核。它是对审计过程中的重大审计问题、重大审计调整事项及重要审计工作底稿进行的复核，以确定审计过程是否存在重大遗漏，审计结论是否正确。因此，主任会计师复核既是对前面两级复核的再监督，也是对整个审计工作计划、进度和质量的重点把关。

4.5.3　审计工作底稿的归档

1）审计工作底稿的归档

在审计报告日后，将审计工作底稿归整为最终审计档案是会计师事务所的一项事务性工作，不涉及实施新的审计程序或得出新的结论。注册会计师应该按照会计师事务所质量控制政策和程序的规定，及时将审计工作底稿归整为审计档案。审计工作底稿的归档期限为审计报告日后的六十天内，如果注册会计师未能完成审计业务，审计工作底稿的归档期限为审计业务终止后的六十天内。

如果针对客户的同一财务信息执行不同的委托业务，出具两个或多个不同的报告，会计师事务所应当将其视为不同的业务，根据制定的政策和程序，在规定的归档期限内分别将审计工作底稿归整为最终审计档案。

在归档期间对审计工作底稿进行的事务性变动主要包括：①删除或废弃被取代的审计工作底稿；②对审计工作底稿进行分类、整理和交叉索引；③对审计档案归整工作的完成核对表签字认可；④记录在审计报告日前获得的、与审计项目组相关成员进行讨论并取得一致意见的审计证据。

一般情况下，在审计报告归档之后不需要对审计工作底稿进行修改或增加。要是出现以下情况之一，注册会计师有必要修改现有的审计工作底稿或增加新的审计工作底稿：①注册会计师已实施了必要的审计程序，取得了充分适当的审计证据并取得了恰当的审计结论；②审计报告日后，发现例外情况要求注册会计师实施新的或追加审计程序，或使得注册会计师得出新的结论。

在完成最终审计档案的归整工作后，一旦发现有必要修改现有审计工作底稿或增加新的审计工作底稿，无论其性质如何，注册会计师都应当记录以下事项：①修改或增加审计工作底稿的时间和人员，以及复核的时间和人员；②修改或者增加审计工作底稿的具体理由；③修改或增加审计工作底稿对审计结论产生的影响。

2）审计工作底稿的管理

审计工作底稿是注册会计师对其执行的审计工作所作的完整记录。从一般意义上讲，审计工作底稿的所有权应属于执行该项业务的注册会计师。但是，我国的注册会计师不能独立于会计师事务所之外承揽审计业务，审计业务必须以会计师事务所的名义承接。因此，我国现行审计准则规定，审计工作底稿的所有权属于承接该项业务的会计师事务所。

会计师事务所应当制定审计档案保管制度，对审计档案妥善管理，以保证审计档案的安全、完整。会计师事务所应当自审计报告日起，对审计工作底稿至少保存十年。即使是注册会计师未能完成审计业务，会计师事务所也应该自审计业务终止日起，对审计工作底稿至少保存十年。在完成最终审计档案的归整工作后，注册会计师不得在规定的保存期届满前删除或废弃审计工作底稿。

复习思考题

1. 财务报表审计的总目标是什么？
2. 交易、账户余额、列报相关的审计目标有哪些？
3. 财务报表审计的过程一般包括哪几个阶段？各阶段又包含哪些内容？
4. 注册会计师判断审计证据是否充分，主要应当考虑哪些因素？
5. 注册会计师用以判断审计证据的可靠程度的标准有哪些？
6. 获取审计证据的方法有哪些？
7. 注册会计师编制审计工作底稿的基本要求有哪些？

8. 审计工作底稿复核的基本要求是什么?

参考文献与推荐阅读

1. 黄京菁:《独立审计目标及其实现机制研究》,广州,暨南大学出版社,2001。

2. 刘汝焯、徐薇、黄昌胤:《计算机审计中关于电子证据的几个法律问题》,载《审计研究》,2004(3)。

3. 吴孙国:《审计工作底稿的证据作用》,载《审计与经济研究》,2003(4)。

4. 白蔚秋:《审计证据与工作底稿》,载《中国注册会计师》,2003(5)。

5. 赵起高、林文雪:《六种实用审计证据的取得和运用》,载《中国注册会计师》,2004(11)。

6. 中国注册会计师协会:《财务报表审计工作底稿编制指南(上、下)》,北京,经济科学出版社,2007。

7. 刘爱萍:《审计方法运用中存在的问题及对策》,载《财会研究》,2003(7)。

8. 陈华:《不该忽视的审计方法——审计盘点》,载《审计与理财》,2003(4)。

9. 章柯:《分析性复核——从经验到技术的飞跃》,载《中国审计》,2002(1)。

10. 中国注册会计师协会:《审计》,北京,经济科学出版社,2007。

第5章

计划审计工作

主要知识点

初步业务活动的内容；审计计划的基本内容和编制要求；重要性的概念；报表层次重要性的评估方法；重要性与审计风险、审计证据的关系；错报影响的评价；审计风险的含义及其组成要素

关键概念

业务约定书（Engagement Letter）　审计计划（Audit Plan）　重要性（Materiality）重大错报风险（Material Misstatement Risk）　检查风险（Detection Risk）

5.1 初步业务活动

在开展业务之前，注册会计师必须考虑是否承接新的业务或续聘原有的业务。在做此决定时，注册会计师应当开展初步业务活动，调查与评估目标客户的基本情况，评价注册会计师自身的专业胜任能力和独立性，与目标客户就审计业务约定书的条款达成一致，并签订审计业务约定书。初步业务活动的目的在于：确保计划审计工作时注册会计师已具备执行业务所需的独立性和专业胜任能力，不存在因管理层诚信问题而影响注册会计师保持该项业务意愿的情况，避免与被审计单位就业务约定书的条款存在某些误解。

5.1.1 承接和保留客户

注册会计师在接受审计业务之前，需要对目标客户的情况进行必要的调查和相关的评估。其目的是为了避免因接受不当客户的委托而使会计师事务所遭受损失。这种因与客户发生审计关系而使会计师事务所发生损失的可能性通常又被称为业务风险（Engagement Risk）。为此，注册会计师需要做以下工作以决定是否接受该业务：获取目标客户的背景信息；评价为目标客户提供业务可能存在的风险因素；决定是否接受该业务；获取审计业务约定书。

在对目标客户的情况进行调查和评估时，注册会计师必须对以下因素进行评估：①目标客户管理层的诚信情况，是否足以让会计师事务所有理由相信他们不会有意进行重大舞弊行为或作出违法行为；②目标公司的声誉与形象是否会给会计师事务所带来某些损失或麻烦；③目标客户是否遵循适用的财务报告框架，其财务报

表是否能公允地反映公司的财务状况以及经营成果；④目标客户是否存在糟糕的业绩或其他负面因素导致其近期内面临财务困境，甚至破产的风险；⑤接受并完成这项审计业务是否能给会计师事务所带来合理的收益。

注册会计师需要特别关注目标客户管理层的诚信和目标客户的财务状况。因为在大多数情况下，如果管理层缺乏诚信，得不到被审计单位积极坦诚的配合，那么注册会计师对财务报表的公允反映得出错误结论的风险就非常高。同时，注册会计师也要尽力避免接受濒临破产的客户。一方面因为破产常常会导致注册会计师面临法律诉讼；另一方面也会影响到会计师事务所的经济效益。

如果目标客户存在前任注册会计师，那么后任注册会计师还应该与前任注册会计师进行沟通。当然，在联系前任注册会计师之前，后任注册会计师应该首先取得目标客户的同意。如果目标客户全部或部分予以拒绝，后任注册会计师就应当考虑目标客户的拒绝对未来可能的审计产生的影响，尤其是考虑管理层的诚信。有关沟通内容请参阅第2章职业道德部分。

5.1.2　评价注册会计师自身的独立性和专业胜任能力

在接受审计业务之前，注册会计师应当确定他们是否有能力按照审计准则的要求完成该项审计业务。这个评价包括三方面的内容：一是评价执行审计的能力；二是评价独立性；三是评价保持应有谨慎的能力。

会计师事务所是否具备相关的执行该项审计业务的能力取决于会计师事务所的规模以及全体职员的经验和培训。具体地，可以考虑：（1）会计师事务所人员是否熟悉相关行业或业务对象；（2）会计师事务所人员是否具有执行类似业务的经验，或者是否具备获取必要技能和知识的能力；（3）会计师事务所是否拥有足够的具有必要素质和专业胜任能力的人员；（4）需要时是否能够得到专家的帮助；（5）如果需要项目质量控制复核，是否具备符合标准和资格要求的项目质量控制复核人员；（6）会计师事务所是否能够在提交报告的最后期限内完成业务。

职业道德规范和质量控制准则都要求会计师事务所制定政策和程序，以保持注册会计师与被审计单位之间的独立性。在整个审计过程中，项目负责人应当对项目组成员是否违反独立性要求保持警觉。项目组负责人需要识别、评价对独立性造成威胁的情况和关系，并采取适当的措施以消除对独立性的威胁，或将其降低至可接受的水平。对未能解决的事项，项目负责人应当立即向会计师事务所报告。

5.1.3　商定审计业务条款

在作出接受或保留客户关系及具体审计业务的决策后，注册会计师应当在业务开始前，与被审计单位就审计目标、审计范围、相关责任划分、审计收费、被审计单位应提供的资料和协助等审计业务约定条款达成一致意见，以避免双方对审计业务的理解产生分歧。

会计师事务所在与被审计单位签订业务约定书之前，首先，应该就工作业务的性质和范围取得一致认识。然后，要考虑业务收费的问题。在确定收费时，会计师事务所应当考虑以下因素，以客观反映为客户所提供的专业服务的价值：（1）专业服务所需的知识和技能；（2）所需专业人员的数量、水平和经验；（3）每一专业人员提供服务所需的时间；（4）提供审计服务所需承担的责任；（5）各地有关审计收费标准的规定。我国目前会计师事务所收费标准一般由注册会计师协会统一规定，审计收费可以采用计件收费和计时收费两种方法。最后，明确被审计单位应协助的工作。在注册会计师实施现场审计之前，被审计单位应当将所有的会计资料准备齐全。在审计过程中，被审计单位的财会人员应当对注册会计师的询问给予解释和配合，并在适当的地方为注册会计师代编工作底稿。

表5—1是初步业务活动程序表的工作底稿。

表5—1　　　　**初步业务活动程序表**

被审计单位：________	**索引号：**　A
项目：初步业务活动	**财务报表截止日/期间：**________
编制：________	**复核：**________
日期：________	**日期：**________

初步业务活动目标：

确定是否接受业务委托；如接受业务委托，确保在计划审计工作时达到下列要求：（1）注册会计师已具备执行业务所需要的独立性和专业胜任能力；（2）不存在因管理层诚信问题而影响注册会计师承接或保持该项业务意愿的情况；（3）与被审计单位不存在对业务约定条款的误解

初步业务活动程序	索引号	执行人
1. 如果**首次接受审计委托**，实施下列程序：		
1）与被审计单位面谈，讨论下列事项：		
（1）审计的目标		
（2）审计报告的用途		
（3）管理层对财务报表的责任		
（4）审计范围		
（5）执行审计工作的安排，包括出具审计报告的时间要求		
（6）审计报告格式和对审计结果的其他沟通形式		
（7）管理层提供必要的工作条件和协助		
（8）注册会计师不受限制地接触任何与审计有关的记录、文件和所需要的其他信息		
（9）利用被审计单位专家或内部审计人员的程度（必要时）		
（10）审计收费		
2）初步了解被审计单位及其环境，并予以记录		
3）征得被审计单位书面同意后，与前任注册会计师沟通	DH	
2. 如果是**连续审计**，实施下列程序：	略	
1）了解审计的目标，审计报告的用途，审计范围和时间安排等		
2）查阅以前年度审计工作底稿，重点关注非标准审计报告涉及的说明事项，管理建议书的具体内容，重大事项概要等		
3）初步了解被审计单位及其环境发生的重大变化，并予以记录		

续表

初步业务活动程序	索引号	执行人
4）考虑是否需要修改业务约定条款，以及是否需要提醒被审计单位注意现有的业务约定条款		
3. 评价是否具备执行该项审计业务所需要的独立性和专业胜任能力		
4. 完成业务承接评价表或业务保持评价表	AA/AB	
5. 签订审计业务约定书（适用于首次接受业务委托，以及连续审计中修改长期审计业务约定书条款的情况）	AC	

5.2 审计业务约定书

5.2.1 审计业务约定书的含义与作用

审计业务约定书是指会计师事务所与被审计单位签订的，用以记录和确认审计业务的委托与受托关系、审计目标和范围、双方的责任以及报告的格式等事项的书面协议。

会计师事务所承接任何审计业务，都应与被审计单位签订审计业务约定书。审计业务约定书具有经济合同的性质，一经约定各方签字或盖章认可，即成为法律上生效的契约，对各方均具有法定约束力。签署审计业务约定书的目的是为了明确约定各方的权利和责任、义务，促使各方遵守约定事项并加强合作，保护签约各方的正当利益。

5.2.2 审计业务约定书的具体内容

审计业务约定书应当包括以下主要内容：

（1）财务报表审计的目标；

（2）管理层对财务报表的责任；

（3）管理层编制财务报表采用的会计准则和相关会计制度；

（4）审计范围，包括指明在执行财务报表审计业务时遵守的中国注册会计师审计准则；

（5）执行审计工作的安排，包括出具审计报告的时间要求；

（6）审计报告格式和对审计结果的其他沟通形式；

（7）由于测试的性质和审计的其他固有限制，以及内部控制的固有局限性，不可避免地存在着某些重大错报可能仍然未被发现的风险；

（8）管理层为注册会计师提供必要的工作条件和协助；

（9）注册会计师不受限制地接触任何与审计有关的记录、文件和所需要的其他信息；

（10）管理层对其作出的与审计有关的声明予以书面确认；

（11）注册会计师对执业过程中获知的信息保密；

（12）审计收费，包括收费的计算基础和收费安排；

（13）违约责任；

（14）解决争议的方法；

（15）签约双方法定代表人或其授权代表的签字盖章，以及签约双方加盖的公章。

审计业务约定书的范例如下：

审计业务约定书

甲方：东泰股份有限公司

乙方：东海会计师事务所

兹由甲方委托乙方对2010年度财务报表进行审计，经双方协商，达成以下约定：

一、业务范围与审计目标

1. 乙方接受甲方委托，对甲方按照企业会计准则和《××会计制度》编制的2010年12月31日的资产负债表，2010年度的利润表、股东权益变动表和现金流量表以及财务报表附注（以下统称财务报表）进行审计。

2. 乙方通过执行审计工作，对财务报表的下列方面发表审计意见：（1）财务报表是否按照企业会计准则和《××会计制度》的规定编制；（2）财务报表是否在所有重大方面公允反映被审计单位的财务状况、经营成果和现金流量。

二、甲方的责任与义务

（一）甲方的责任

1. 根据《中华人民共和国会计法》及《企业财务会计报告条例》，甲方及甲方负责人有责任保证会计资料的真实性和完整性。因此，甲方管理层有责任妥善保存和提供会计记录（包括但不限于会计凭证、会计账簿及其他会计资料），这些记录必须真实、完整地反映甲方的财务状况、经营成果和现金流量。

2. 按照企业会计准则和《××会计制度》的规定编制财务报表是甲方管理层的责任，这种责任包括：（1）按照企业会计准则的规定编制财务报表，并使其实现公允反映；（2）设计、执行和维护必要的内部控制，以使财务报表不存在由于舞弊或错误导致的重大错报。

（二）甲方的义务

1. 及时为乙方的审计工作提供其所要求的全部会计资料和其他有关资料（在2011年×月×日之前提供审计所需的全部资料），并保证所提供资料的真实性和完整性。

2. 确保乙方不受限制地接触任何与审计有关的记录、文件和所需的其他信息。

[下段适用于集团财务报表审计业务，使用时需按每位客户/约定项目的特定情况而修改，如果加入此段，应相应修改下面其他条款编号。

3. 为乙方对甲方合并财务报表发表审计意见的需要，甲方须确保：

乙方和为组成部分执行审计的其他会计师事务所的注册会计师（以下简称其他注册会计师）之间的沟通不受任何限制。组成部分是指甲方的子公司、分部、分公司、合营企业、联营企业等。

如果甲方管理层、负责编制组成部分财务信息的管理层（以下简称组成部分管理层）对其他注册会计师的审计范围施加了限制，或客观环境使其他注册会计师的审计范围受到限制，甲方管理层和组成部分管理层应当及时告知乙方。

乙方及时获悉其他注册会计师与组成部分治理层和管理层之间的重要沟通(包括就内部控制重大缺陷进行的沟通)。

乙方及时获悉组成部分治理层和管理层与监管机构就财务信息事项进行的重要沟通。

在乙方认为必要时，允许乙方接触组成部分的信息、组成部分管理层或其他注册会计师（包括其他注册会计师的审计工作底稿)，并允许乙方对组成部分的财务信息实施审计程序。]

3. 甲方管理层对其作出的与审计有关的声明予以书面确认。

4. 为乙方派出的有关工作人员提供必要的工作条件和协助，主要事项将由乙方于外勤工作开始前提供清单。

5. 按本约定书的约定及时足额支付审计费用以及乙方人员在审计期间的交通、食宿和其他相关费用。

三、乙方的责任和义务

（一）乙方的责任

1. 乙方的责任是在实施审计工作的基础上对甲方财务报表发表审计意见。乙方按照中国注册会计师审计准则（以下简称审计准则）的规定进行审计。审计准则要求注册会计师遵守职业道德规范，计划和实施审计工作，以对财务报表是否不存在重大错报获取合理保证。

[下段适用于集团财务报表审计业务，使用时需按每位客户/约定项目的特定情况而修改，如果加入此段，应相应修改其他条款编号。

2. 乙方并不对非由乙方审计的组成部分的财务信息单独出具审计报告；有关的责任由对该组成部分执行审计的其他注册会计师及其所在的会计师事务所负责。]

2. 审计工作涉及实施审计程序，以获取有关财务报表金额和披露的审计证据。选择的审计程序取决于乙方的判断，包括对由于舞弊或错误导致的财务报表重大错报风险的评估。在进行风险评估时，乙方考虑与财务报表编制相关的内部控制，以设计恰当的审计程序，但目的并非对内部控制的有效性发表意见。审计工作还包括评价管理层选用会计政策的恰当性和作出会计估计的合理性，以及评价财务报表的总体列报。

3. 乙方需要合理计划和实施审计工作，以使乙方能够获取充分、适当的审计证据，为甲方财务报表是否不存在重大错报获取合理保证。

4. 乙方有责任在审计报告中指明所发现的甲方在重大方面没有遵循企业会计准则和《××会计制度》编制财务报表且未按乙方的建议进行调整的事项。

5. 由于测试的性质和审计的其他固有限制，以及内部控制的固有局限性，不可避免地存在着某些重大错报在审计后可能仍然未被乙方发现的风险。

6. 在审计过程中，乙方若发现甲方内部控制存在乙方认为的重要缺陷，应向甲方提交管理建议书。但乙方在管理建议书中提出的各种事项，并不代表已全面说明所有可能存在的缺陷或已提出所有可行的改善建议。甲方在实施乙方提出的改善建议前应全面评估其影响。未经乙方书面许可，甲方不得向任何第三方提供乙方出具的管理建议书。

7. 乙方的审计不能减轻甲方及甲方管理层的责任。

（二）乙方的义务

1. 按照约定时间完成审计工作，出具审计报告。乙方应于2011年×月×日前出具审计报告。

2. 除下列情况外，乙方应当对执行业务过程中知悉的甲方信息予以保密：(1) 取得甲方的授权；(2) 根据法律、法规的规定，为法律诉讼准备文件或提供证据，以及向监管机构报告发现的违反法规行为；(3) 接受行业协会和监管机构依法进行的质量检查；(4) 监管机构对乙方进行行政处罚（包括监管机构处罚前的调查、听证）以及乙方对此提起行政复议。

四、审计收费

1. 本次审计服务的收费是以乙方各级别工作人员在本次工作中所耗费的时间为基础计算的。乙方预计本次审计服务的费用总额为人民币××万元。

2. 甲方应于本约定书签署之日起×日内支付×%的审计费用，剩余款项于［审计报告草稿完成日］结清。

3. 如果由于无法预见的原因，致使乙方从事本约定书所涉及的审计服务实际时间较本约定书签订时预计的时间有明显的增加或减少时，甲、乙双方应通过协商，相应调整本约定书第四条第1项下所述的审计费用。

4. 如果由于无法预见的原因，致使乙方人员抵达甲方的工作现场后，本约定书所涉及的审计服务不再进行，甲方不得要求退还预付的审计费用；如上述情况发生于乙方人员完成现场审计工作，并离开甲方的工作现场之后，甲方应另行向乙方支付人民币××元的补偿费，该补偿费应于甲方收到乙方的收款通知之日起×日内支付。

5. 与本次审计有关的其他费用（包括交通费、食宿费等）由甲方承担。

五、审计报告和审计报告的使用

1. 乙方按照《中国注册会计师审计准则第1501号——审计报告》和《中国注册会计师审计准则第1502号——非标准审计报告》规定的格式和类型出具审计报告。

2. 乙方向甲方出具审计报告一式××份。

3. 甲方在提交或对外公布审计报告时，不得修改或删节乙方出具的审计报告；不得修改或删除重要的会计数据、重要的报表附注和所作的重要说明。

六、本约定书的有效期间

本约定书自签署之日起生效，并在双方履行完毕本约定书约定的所有义务后终止。但其中第三（二）2、四、五、八、九、十项并不因本约定书终止而失效。

七、约定事项的变更

如果出现不可预见的情况，影响审计工作如期完成，或需要提前出具审计报告时，甲、乙双方均可要求变更约定事项，但应及时通知对方，并由双方协商解决。

八、终止条款

1. 如果根据乙方的职业道德及其他有关专业职责、适用的法律、法规或其他任何法定的要求，乙方认为已不适宜继续为甲方提供本约定书约定的审计服务时，乙方可以采取向甲方提出合理通知的方式终止履行本约定书。

2. 在终止业务约定的情况下，乙方有权就其于本约定书终止之日前对约定的审计服务项目所做的工作收取合理的审计费用。

九、违约责任

甲、乙双方按照《中华人民共和国合同法》的规定承担违约责任。

十、适用法律和争议解决

本约定书的所有方面均应适用中华人民共和国法律进行解释并受其约束。本约定书履行地为乙方出具审计报告所在地，因本约定书所引起的或与本约定书有关的任何纠纷或争议（包括关于本约定书条款的存在、效力或终止，或无效之后果），双方选择第　种解决方式：

（1）向有管辖权的人民法院提起诉讼；

（2）提交××仲裁委员会仲裁。

十一、双方对其他有关事项的约定

……

本约定书一式两份，甲、乙方各执一份，具有同等法律效力。

甲方：东泰股份有限公司（盖章）	乙方：东海会计师事务所（盖章）
授权代表：（签章）	授权代表：（签章）
2011年×月×日	2011年×月×日

5.3 总体审计策略和具体审计计划

审计计划分为总体审计策略和具体审计计划两个层次。

5.3.1 总体审计策略

总体审计策略用以确定审计范围、时间和方向，并指导制订具体审计计划。在制订总体审计策略时，注册会计师应当考虑以下主要事项，同时这些事项也会影响具体审计计划。

1）审计范围

注册会计师应当确定审计业务的特征，包括采用的会计准则和相关会计制度、特定行业的报告要求以及被审计单位组成部分的分布等，以确定审计范围。具体来说，在确定审计范围时，注册会计师需要考虑下列事项：

（1）编制财务报表适用的会计准则和相关会计制度；

（2）特定行业的报告要求，如某些行业的监管部门要求提交的报告；

（3）预期的审计工作涵盖范围，包括需审计的集团内组成部分的数量及所在地点；

（4）母公司和集团内其他组成部分之间存在的控制关系的性质，以确定如何编制合并财务报表；

（5）其他注册会计师参与组成部分审计的范围；

（6）需审计的业务分部性质，包括是否需要具备专门知识；

（7）外币业务的核算方法及外币财务报表折算和合并方法；

（8）除对合并财务报表审计之外，是否需要对组成部分的财务报表单独进行审计；

（9）内部审计工作的可利用性及对内部审计工作的拟依赖程度；

（10）被审计单位使用服务机构的情况，及注册会计师如何取得有关服务机构内部控制设计、执行和运行有效性的证据；

（11）拟利用在以前期间审计工作中获取的审计证据的程度，如获取的与风险评估程序和控制测试相关的审计证据；

（12）信息技术对审计程序的影响，包括数据的可获得性和预期使用计算机辅助审计技术的情况；

（13）根据中期财务信息审阅及在审阅中所获信息对审计的影响，相应调整审计涵盖范围和时间安排；

（14）与为被审计单位提供其他服务的会计师事务所人员讨论可能影响审计的事项；

（15）被审计单位的人员和相关数据的可利用性。

2）报告目标、时间安排及所需沟通

总体审计策略的制订应当包括明确审计业务的报告目标，以计划审计的时间安排和所需沟通的性质，包括提交审计报告的时间要求，预期与管理层和治理层沟通的重要日期等。为计划报告目标、时间安排和所需沟通，注册会计师需要考虑下列事项：

（1）被审计单位的财务报告时间表；

（2）与管理层和治理层就审计工作的性质、范围和时间所举行的会议的组织工作；

（3）与管理层和治理层讨论预期签发报告和其他沟通文件的类型及提交时间，如审计报告、管理建议书和与治理层沟通函等；

（4）就组成部分的报告和其他沟通文件的类型及提交时间与负责组成部分审计的注册会计师沟通；

（5）项目组成员之间预期沟通的性质和时间安排，包括项目组会议的性质和时间安排及复核工作的时间安排；

（6）是否需要跟第三方沟通，包括与审计相关的法律、法规规定和业务约定书约定的报告责任；

（7）与管理层讨论预期在整个审计过程中通报审计工作进展及审计结果的方式。

3）审计方向

总体审计策略的制订应当包括考虑影响审计业务的重要因素，以确定项目组的工作方向，包括确定适当的重要性水平，初步识别可能存在较高的重大错报风险的领域，初步识别重要的组成部分和账户余额，评价是否需要针对内部控制的有效性获取审计证据，识别被审计单位、所处行业、财务报告要求及其他相关方面最近发生的重大变化等。

在确定审计方向时，注册会计师需要考虑下列事项：

（1）重要性水平。具体包括：①在制订审计计划时确定的重要性水平；②为组成部分确定重要性且与组成部分的注册会计师沟通；③在审计过程中重新考虑重要性；④识别重要的组成部分和账户余额。

（2）重大错报风险较高的审计领域。

（3）评估的财务报表层次的重大错报风险对指导、监督及复核的影响。

（4）项目组成员的选择（在必要时包括项目质量控制复核人员）和工作分工，包括向重大错报风险较高的审计领域分派具备适当经验的人员。

（5）项目预算，包括考虑为重大错报风险可能较高的审计领域分配适当的工作时间。

（6）向项目组成员强调在收集和评价审计证据过程中保持职业怀疑必要性的方式。

（7）以往审计中对内部控制运行有效性评价的结果，包括所识别的控制缺陷的性质及应对措施。

（8）管理层重视设计和实施健全的内部控制的相关证据，包括这些内部控制得以适当记录的证据。

（9）业务交易量规模，以基于审计效率的考虑确定是否信赖内部控制。

（10）管理层对内部控制重要性的重视程度。

（11）影响被审计单位经营的重大发展变化，包括信息技术和业务流程的变化，关键管理人员变化，以及收购、兼并和分立。

（12）重大的行业发展情况，如行业法规变化和新的报告规定。

（13）会计准则及会计制度的变化。

（14）其他重大变化，如影响被审计单位的法律环境的变化。

总体审计策略应能恰当地反映注册会计师考虑审计范围、时间和方向的结果。注册会计师应当在总体审计策略中清楚地说明下列内容：

（1）向具体审计领域调配的资源，包括向高风险领域分派有适当经验的项目组成员，就复杂的问题利用专家工作等；

（2）向具体审计领域分配资源的数量，包括安排到重要存货存放地观察存货盘点的项目组成员的数量，对其他注册会计师工作的复核范围，对高风险领域安排的审计时间预算等；

（3）何时调配这些资源，包括是在期中审计阶段还是在关键的截止日期调配资源等；

（4）如何管理、指导、监督这些资源的利用，包括预期何时召开项目组预备会和总结会，预期项目负责人和经理如何进行复核，是否需要实施项目质量控制复核等。

5.3.2 具体审计计划

注册会计师应当为审计工作制订具体审计计划。具体审计计划比总体审计策略更加详细，其内容包括为获取充分、适当的审计证据以将审计风险降至可接受的低水平，项目组成员拟实施的审计程序的性质、时间和范围。可以说，为获取充分、适当的审计证据，确定审计程序的性质、时间和范围的决策是具体审计计划的核心。具体审计计划应当包括风险评估程序、计划实施的进一步审计程序和其他审计程序。

（1）为了充分识别和评估财务报表重大错报风险，注册会计师计划实施的风险评估程序的性质、时间和范围。

（2）针对评估的认定层次的重大错报风险，注册会计师计划实施的进一步审计程序的性质、时间和范围。

通常，注册会计师计划的进一步审计程序可以分为进一步审计程序的总体方案和拟实施的具体审计程序（包括进一步审计程序的具体性质、时间和范围）两个层次。进一步审计程序的总体方案主要是指注册会计师针对各类交易、账户余额和列报决定采用的总体方案（包括实质性方案或综合性方案）。具体审计程序则是对进一步审计程序的总体方案的延伸和细化，它通常包括控制测试和实质性程序的性质、时间和范围。在实务中，注册会计师通常单独编制一套包括这些具体程序的“进一步审计程序表”，待具体实施审计程序时，注册会计师将基于所计划的具体审计程序，进一步记录所实施的审计程序及结果，并最终形成有关进一步审计程序的审计工作底稿。

需要注意的是，计划审计工作是一个持续的、不断修正的过程，贯穿于整个审计业务的始终。由于未预期事项、条件的变化或在实施审计程序中获取的审计证据等原因，注册会计师应当在审计过程中对总体审计策略和具体审计计划作出必要的更新和修改。例如，甲注册会计师接受 B 公司委托审计其 2010 年度的财务报表。通过对 B 公司存货相关控制的设计和实施的了解和评估，甲初步认为存货相关的控制设计合理并得以执行，并将其评价为低风险领域，计划执行控制测试，但在对存货执行控制测试时，发现存货盘点结果与账面数量差别较大，存货盘点人员并没有认真盘点，因此，甲注册会计师决定将存货的风险从低风险调整为高风险，并据以修改具体审计计划，采用控制测试和实质性程序相结合的方法。

此外，注册会计师应当就计划审计工作的情况与被审计单位治理层和管理层进行沟通。注册会计师应当保持职业谨慎，以防止由于具体审计程序易于被管理层或治理层所预见而损害审计工作的有效性。需要强调的是，制订总体审计策略和具体审计计划仍然是注册会计师的责任。

5.4 重要性

审计重要性是审计学的一个基本概念。审计重要性概念的运用贯穿于整个审计过程。它是决定审计风险、审计范围和审计程序的直接依据。正确理解和运用审计重要性概念，对于注册会计师制订审计计划、选择审计方法、降低审计风险、出具恰当的审计意见都具有重要的意义。

5.4.1 重要性的概念

重要性取决于在具体环境下对错报金额和性质的判断。如果合理预期错报（包括漏报）单独或汇总起来可能影响财务报表使用者依据财务报表作出的经济决策，则通常认为错报是重大的。

如果仅从数量角度考虑，重要性水平只是一个门槛或临界点。在该门槛或临界点之上的错报就是重要的；反之，该错报则不重要。重要性并不是财务信息的主要质量特征。为了更清楚地理解重要性的概念，需要注意以下几点：

1）重要性概念中的错报包含漏报

财务报表错报包括财务报表金额的错报和财务报表披露的错报。

2）重要性包括对数量和性质两个方面的考虑

所谓数量方面，是指错报的金额大小，性质方面则是指错报的性质。一般而言，金额大的错报比金额小的错报更重要。在有些情况下，某些金额的错报从数量上看并不重要，但从性质上考虑，则可能是重要的，对于某些财务报表披露的错报，难以从数量上判断是否重要，应从性质上考虑其是否重要。

3）重要性概念是针对财务报表使用者决策的信息需求而言的

判断一项错报重要与否，应视其对财务报表使用者依据财务报表作出经济决策的影响程度而定。如果财务报表中的某项错报足以改变或影响财务报表使用者的相关决策，则该项错报就是重要的，否则就不重要。

值得说明的是，在通用目的财务报表的审计中，注册会计师对重要性的判断是基于将财务报表使用者作为具有一定的理解能力并能理性地作出相关决策的一个集体来考虑的。注册会计师难以考虑错报对具体的单个使用者可能产生的影响，因为他们的需求千差万别。

4）重要性的确定离不开具体环境

由于不同的被审计单位面临不同的环境，不同的报表使用者有着不同的信息需求，因此，注册会计师确定的重要性也不相同。某一金额的错报对某被审计单位的财务报表来说是重要的，而对另一个被审计单位的财务报表来说可能不重要。例如，错报10万元对一个小公司来说可能是重要的，而对另一个大公司来说则可能不重要。

5）对重要性的评估需要运用职业判断

影响重要性的因素很多，注册会计师应当根据被审计单位面临的环境，并综合考虑其他因素，合理确定重要性水平。不同的注册会计师在确定同一被审计单位财务报表层次和认定层次的重要性水平时，得出的结果可能不同。主要是因为对影响重要性的各因素的判断存在差异。因此，注册会计师需要运用职业判断来合理评估重要性。

5.4.2 重要性与审计风险的关系

重要性与审计风险之间存在反向关系。重要性水平越高，审计风险越低；重要性水平越低，审计风险越高。这里所说的重要性水平高低指的是金额的大小。通常，4 000元的重要性水平比2 000元的重要性水平高。在理解两者之间的关系时，必须注意，重要性水平是注册会计师从财务报表使用者的角度进行判断的结果。如果重要性水平是4 000元，则意味着低于4 000元的错报不会影响到财务报表使用者的决策，此时，注册会计师需要通过执行有关审计程序合理保证能发现高于4 000元的错报。如果重要性水平是2 000元，则金额在2 000元以上的错报就会影响财务报表使用者的决策，此时，注册会计师需要通过执行有关审计程序合理保证能发现金额在2 000元以上的错报。显然，重要性水平为2 000元时审计不出这样的重大错报的可能性（即审计风险），要比重要性水平为4 000元时的审计风险高。

审计风险越高，越要求注册会计师收集更多更有效的审计证据，以将审计风险降至可接受的低水平。因此，重要性和审计证据之间也是反向变动的关系。值得注意的是，注册会计师不能通过不合理地人为调高重要性水平，降低审计风险。因为重要性水平是依据重要性概念中所述的判断标准确定的，而不是由主观期望的审计风险水平决定的。

5.4.3 重要性的确定

重要性水平是针对错报的金额大小而言的。重要性水平是一个经验值，注册会计师只能通过职业判断确定重要性水平。

1）财务报表整体的重要性水平

财务报表审计的目标是注册会计师通过执行审计工作对财务报表发表审计意见，因此，注册会计师应当考虑财务报表层次的重要性。只有这样，才能得出财务报表是否公允反映的结论。在制订总体审计策略时，注册会计师应当确定财务报表整体的重要性水平。

确定多大错报会影响到财务报表使用者作出决策，是注册会计师运用职业判断的结果。很多注册会计师根据所在会计师事务所的惯例及自己的经验，考虑重要性水平。注册会计师通常先选择一个恰当的基准，再选用适当的百分比乘以该基准，从而得出财务报表层次的重要性水平。

在实务中，有许多汇总性财务数据可以用作确定财务报表层次重要性水平的基准，如总资产、净资产、销售收入、费用总额、毛利、净利润等。注册会计师对基准的选择有赖于被审计单位的性质和环境。例如，对以营利为目的的被审计单位，来自经常性业务的税前利润或税后净利润可能是一个适当的基准，而对收益不稳定的被审计单位或非营利组织，选择税前利润或税后净利润作为判断重要性水平的基准就不合适。对于资产管理公司，净资产可能是一个适当的基准。注册会计师通常选择一个相对稳定、可预测且能够反映被审计单位正常规模的基准。由于销售收入和总资产具有相对稳定性，注册会计师经常将其作为确定重要性水平的基准。

在确定恰当的基准后，注册会计师通常运用职业判断合理选择百分比，据以确定重要性水平。以下是一些参考数值的举例：

①对于以营利为目的的企业，可以采用来自经常性业务的税前利润或税后净利润的5%，或总收入的0.5%。在适当情况下，也可采用总资产或净资产的一定比例等；

②对于非营利组织，可以采用费用总额或总收入的0.5%；

③对于共同基金公司，可以采用净资产的0.5%。

注册会计师执行具体审计业务时，可能认为采用比上述百分比更高或更低的比例是适当的。运用较低百分比的情况有：广泛分布的财务报表使用者，或被审计单位是上市企业；有较多外部债务；特殊因素，如融资约定事项；大型实体；报表使用者对基准的敏感度高。另一方面，运用较高百分比的情况有：有限的财务报表使用者；小型实体；财务报表中不存在含较高估计不确定性的重大会计估计；通过集团融资（外债少）。

此外，注册会计师在确定重要性时，通常考虑以前期间的经营成果和财务状况、本期的经营成果和财务状况、本期的预算和预测结果、被审计单位情况的重大变化（如重大的企业并购）以及宏观经济环境和所处行业环境发生的相关变化。例如，注册会计师在将净利润作为确定某被审计单位重要性水平的基准时，因情况变化使该被审计单位本年度净利润出现意外的增加或减少，注册会计师可能认为选择近几年的平均净利润作为确定重要性水平的基准更加合适。

2）特定类别的交易、账户余额或披露的一个或多个重要性水平

根据被审计单位的特定情况，如果存在一个或多个特定类别的交易、一个或多个账户余额或披露，其发生的错报金额虽然低于财务报表整体的重要性，但合理预期可能影响财务报表使用者依据财务报表作出的经济决策，注册会计师还应当确定适用于这些交易、账户余额或披露的一个或多个重要性水平。

下列因素可能表明存在一个或多个特定类别的交易、账户余额或披露，其发生的错报金额虽然低于财务报表整体的重要性，但合理预期将影响财务报表使用者依

据财务报表作出的经济决策：

①法律法规或适用的财务报告编制基础是否影响财务报表使用者对特定项目计量或披露的预期（如关联方交易、管理层和治理层的报酬）；

②与被审计单位所处行业相关的关键性披露（如制药公司的研究与开发成本）；

③财务报表使用者是否特别关注财务报表中单独披露的业务的特定方面（如新收购的业务）。

了解治理层和管理层的看法和预期可能有助于注册会计师发现是否存在这种交易、账户余额或披露。

3）实际执行的重要性

仅为发现单项重大的错报而计划审计工作将忽视这样一个事实，即单项非重大错报的汇总数可能导致财务报表出现重大错报。如果再考虑那些未被发现的可能错报时，这种可能性会更高。

实际执行的重要性，是指注册会计师确定的低于财务报表整体的重要性的一个或多个金额，其目的就是将未更正和未发现错报的汇总数超过财务报表整体的重要性的可能性降至适当的低水平。如果适用，实际执行的重要性还指注册会计师确定的低于特定类别的交易、账户余额或披露的重要性水平的一个或多个金额。

注册会计师应当确定实际执行的重要性，以评估重大错报风险并确定进一步审计程序的性质、时间安排和范围。然而，确定实际执行的重要性并非简单机械的计算，而是需要注册会计师运用职业判断，并考虑以下因素的影响：对被审计单位的了解；前期审计工作中识别出的错报的性质和范围；根据前期识别出的错报对本期错报作出的预期。例如，在实务中，一些事务所将实际执行的重要性确定为财务报表整体重要性的50% ~75%。接近财务报表整体重要性50%的情况包括：以前年度审计调整较多；项目总体风险较高（如处于高风险行业，经常面临较大市场压力，首次承接的审计项目或者需要出具特殊目的报告等）。接近财务报表整体重要性75%的情况包括：以前年度审计调整较少；项目总体风险较低（如处于低风险行业，市场压力较小）。

【例5—1】A和B注册会计师对XYZ股份有限公司201×年度会计报表进行审计，其未经审计的有关会计报表项目金额见表5—2。

表5—2 **有关会计报表项目金额** 单位：万元

会计报表项目名称	金额
资产总计	180 000
股东权益合计	88 000
主营业务收入	240 000
利润总额	36 000
净利润	24 120

要求：如果以资产总额、净资产（股东权益）、主营业务收入和净利润作为判断基础，采用固定比率法，并假定资产总额、净资产、主营业务收入和净利润的固定百分比数值分别为 0.5%、1%、0.5%和 5%，请代 A 和 B 注册会计师计算确定 XYZ 股份有限公司 201×年度财务报表层次的重要性水平（请列示计算过程）。

计算确定 XYZ 股份有限公司 201×年度财务报表层次的审计重要性水平（见表 5—3）。

表 5—3 **财务报表层次的审计重要性水平** 金额单位：万元

判断基础	金额	固定百分比数值	乘积	财务报表层次的重要性水平
资产总额	180 000	0.5%	900	
净资产	88 000	1%	880	880
主营业务收入	240 000	0.5%	1 200	
净利润	24 120	5%	1 206	

最终选取的财务报表层次的重要性水平为 880 万元。原因分析如下：注册会计师可以首先分别针对不同的基数确定一个重要性水平，然而，由于会计报表相互关联，并且许多审计程序经常涉及两个以上的报表（例如，用以确定年底赊销是否正确记录在适当期间的审计程序，不仅为资产负债表上的销售收入提供证据），因此，在编制审计计划时，应使用被认为对任何一张会计报表都重要的最小的错报或漏报总体水平。也就是说，注册会计师应当选择重要性水平最低者作为报表层次的重要性水平。因此，本例中选择的重要性水平为 880 万元。

【例 5—2】XYZ 游乐园有限公司是位于某市的一家私营企业。以前年度均由 A 会计师事务所进行年度审计，审计调整较少，且近年来利润处于较稳定水平。现取得 ABC 游乐园 201×年利润表相关信息如下：201×年 8 月游乐园发生一起游乐设施失修造成的事故，导致 6 人受伤，游乐园计划将该设施永久关闭，相应的诉讼费用及减值准备已计提。请根据已知信息确定相关重要性水平。XYZ 游乐园 201×年利润表见表 5—4。

表 5—4 **XYZ 游乐园 201×年利润表** 单位：元

项　目	金　额
收入	
日门票收入	14 776 460
年票收入	13 781 889
团体票收入	16 830 802
食品销售收入	11 433 084

续表

小商品销售收入	4 750 906
广告收入	950 000
停车费收入	3 419 887
其他	93 133
	66 036 161
成本	
食品	3 122 426
小商品	1 916 879
	5 039 305
营业利润	60 996 856
全职人员工资及福利费	9 275 140
临时工工资及福利费	10 783 449
市场活动费	3 316 060
维修保养费	939 853
供给成本	3 741 313
外部服务费	652 616
水电费	1 810 841
保险费	580 908
房产税	5 213 503
诉讼费	300 000
差旅费	121 906
办公室费用	1 576 776
折旧费	6 982 075
固定资产报废收益（损失）	
固定资产减值损失	5 490 000
其他	475 471
利息费用（收入）	(53 933)
	51 205 978
税前利润	9 790 878
所得税费用	(2 467 301)
经常性业务净收益（损失）	7 323 577

在本例中，直接采用税前利润或总收入作为确定财务报表层次的重要性水平的基数是否恰当呢？回答是否定的。本例中，与以前年度相比，税前利润的下降主要

由于计提固定资产减值准备引起，因此，本年度未经调整的税前利润无法恰当地反映经常性业务的利润或损失。另一方面，由于XYZ公司为营利性实体，企业主要目标是增加税前利润，且企业财务状况也主要由其税前利润进行评价。因此，注册会计师运用专业判断，选择用扣除非经常性减值损失后的经常性业务税前利润的5%来确定重要性水平（见表5—5）。

表5—5 **重要性水平确定**

财务报表整体重要性水平	使用的基准	依据	经验百分比	依据
9 790 878（税前利润）+5 490 000（固定资产减值损失）=15 280 878 5%×15 280 878 =764 044 取整约为750 000	将税前利润调整为不含非经常性减值损失的金额	使用税前利润为基础 • 营利性企业。 • 公司主要目标为增加税前利润以及增加全年入园流量。以上目标均与利润直接相关。 • 利润稳定。 调整固定资产减值损失 • 由于该减值损失的计提是由于本年度发生事故直接导致的而并非由于技术落后等原因，因此，该项目对公司来说为非经常性特殊项目。如公司通常每年度评估并计提减值损失，在此情况下将减值损失加回的做法可能不恰当。	扣除非经常性减值损失后的经常性业务税前利润的5%	首先，XYZ游乐园有限公司是一家营利性实体。 其次，当使用税前利润作为基准时，经验百分比不超过5%。

实际执行的重要性	依据
750 000 × 75% = 550 000	• 当确定实际执行的重要性水平时可使用25%至75%的百分比 • 对于XYZ公司而言使用75%较为恰当，主要由于下列因素： • XYZ公司为私营企业； • 在XYZ公司以前年度财务审计中发现的审计调整较少； • 该审计项目总体风险较低，被审计单位不处于高风险行业，未面临高度市场压力

5.4.4 运用重要性去评价错报的影响

1）累积识别出的错报

注册会计师应当累积审计过程中识别出的错报，除非错报明显微小。

错报通常包括三种类型：事实错报，判断错报，推断错报。

事实错报是一些毋庸置疑的错报。这类错报产生于被审计单位收集和处理数据的错误，对事实的忽略、误解，或故意舞弊行为。例如，注册会计师在实施细节测试时发现最近购入存货的实际价值为15 000元，但账面记录的金额却为10 000元。因此，存货和应付账款分别被低估了5 000元，这里被低估的5 000元就是已识别的对事实的具体错报。

判断错报主要是指管理层对会计估计作出不合理的判断或对会计政策作出不恰当的选择和运用。这类错报产生于两种情况：一是管理层和注册会计师对会计估计值的判断差异，例如，由于包含在财务报表中的管理层作出的估计值超出了注册会计师确定的一个合理范围，导致出现判断差异；二是管理层和注册会计师对选择和运用会计政策的判断差异，由于注册会计师认为管理层选用会计政策造成错报，管理层却认为选用会计政策适当，导致出现判断差异。

推断错报是注册会计师根据在样本中识别出的错报，对总体存在的错报作出的最佳估计数。推断误差也称“可能误差”，通常包括：

①通过测试样本估计出的总体的错报减去在测试中发现的已经识别的具体错报。例如，应收账款年末余额为 2 000 万元，注册会计师抽查样本发现金额有 100 万元的高估，高估部分为账面金额的 20%，据此注册会计师推断总体的错报金额为 400 万元（即 2 000×20%），那么上述 100 万元就是已识别的具体错报，其余 300 万元即推断误差。

②通过实质性分析程序推断出的估计错报。例如，注册会计师根据客户的预算资料及行业趋势等要素，对客户年度销售费用独立地作出估计，并与客户账面金额比较，发现两者间有 50% 的差异；考虑到估计的精确性有限，注册会计师根据经验认为 10% 的差异通常是可接受的，而剩余 40% 的差异需要有合理解释并取得佐证性证据；假定注册会计师对其中 20% 的差异无法得到合理解释或不能取得佐证，则该部分差异金额即为推断误差。

2）评价尚未更正错报的累积数的影响

注册会计师需要在出具审计报告之前，评估尚未更正错报单独或累积的影响是否重大。尚未更正错报与财务报表整体重要性水平相比，可能出现以下三种情况：

①尚未更正错报的汇总数低于重要性水平（并且特定项目的尚未更正错报也低于考虑其性质所设定的更低的重要性水平，下同）。此时，错报对财务报表的影响不重大，注册会计师可以发表无保留意见的审计报告。

②未更正错报累积数超过了重要性水平，此时，错报对财务报表的影响可能是重大的，注册会计师应当考虑通过扩大审计程序的范围或要求管理层调整财务报表降低审计风险。在任何情况下，注册会计师都应当要求管理层就已识别的错报调整财务报表。

如果管理层拒绝调整财务报表，并且扩大审计程序范围的结果不能使注册会计师认为尚未更正错报的汇总数不重大，注册会计师应当考虑出具非无保留意见的审计报告。

③如果已识别但尚未更正错报的累积数接近重要性水平，注册会计师应当考虑该累积数连同尚未发现的错报是否可能超过重要性水平，并考虑通过实施追加的审计程序，或要求管理层调整财务报表降低审计风险。

如果某项错报是（或可能是）由舞弊造成的，无论其金额大小，注册会计师均应当考虑其对整个财务报表审计的影响。

在评价多个错报的影响时，注册会计师可能会涉及错报之间能否相互抵消的问题。通常，如果注册会计师认为某一单项错报是重大的，则该错报不太可能被其他错报抵消。例如，如果收入存在重大高估，即使这项错报对收益的影响完全可被相同金额的费用高估所抵消，注册会计师可能仍认为财务报表整体存在重大错报。因此，将资产类科目与债务类科目或收入类科目与费用类科目的未更正错报相互抵消通常是不恰当的。然而，同一账户余额或同一类交易内部的抵消可能是恰当的。

此外，注册会计师在评估未更正错报是否重大时，不仅需要考虑每项错报对财务报表的单独影响，而且需要考虑所有错报对财务报表的累积影响及形成原因，尤其是一些金额较小的错报，虽然单个看起来并不重大，但是其累计数却可能对财务报表产生重大的影响。例如，某个月末发生的错报可能并不重要，但是如果每个月末都发生相同的错报，其累计数就有可能对财务报表产生重大影响。

3）从性质方面考虑评价错报

金额不重要的错报从性质上看有可能是重要的。注册会计师在判断错报的性质是否重要时应该考虑的具体情况包括：

（1）错报对遵守法律、法规要求的影响程度。

（2）错报对遵守债务契约或其他合同要求的影响程度。

（3）错报掩盖收益或其他趋势变化的程度（尤其在联系宏观经济背景和行业状况进行考虑时）。

（4）错报对用于评价被审计单位财务状况、经营成果或现金流量的有关比率的影响程度。

（5）错报对财务报表中列报的分部信息的影响程度。例如，错报事项对分部或被审计单位其他经营部分的重要程度，而这些分部或经营部分对被审计单位的经营或盈利有重大影响。

（6）错报对增加管理层报酬的影响程度。例如，管理层通过错报来达到有关奖金或其他激励政策规定的要求，从而增加其报酬。

（7）错报对某些账户余额之间错误分类的影响程度，这些错误分类影响到财务报表中应单独披露的项目。例如，经营收益和非经营收益之间的错误分类，非营利单位的限制资源和非限制资源的错误分类。

（8）相对于注册会计师所了解的以前向报表使用者传达的信息（例如，盈利预测）而言，错报的重大程度。

（9）错报是否与涉及特定方的项目相关。例如，与被审计单位发生交易的外部单位是否与被审计单位管理层的成员有关联。

（10）错报对信息漏报的影响程度。在有些情况下，适用的会计准则和相关会计制度并未对该信息作出具体要求，但是注册会计师运用职业判断，认为该信息对财务报表使用者了解被审计单位的财务状况、经营成果或现金流量很重要。

（11）错报对与已审计财务报表一同披露的其他信息的影响程度，该影响程度能被合理预期将对财务报表使用者作出经济决策产生影响。

需要指出的是，这些因素只是举例，不可能包括所有情况，也并非所有审计都会出现上述全部因素。注册会计师不能以存在这些因素为由而必然认为错报是重大的。这些因素仅供注册会计师参考。

5.4.5 沟通和更正错报

除非法律、法规禁止，注册会计师应当及时将审计过程中累积的所有错报与适当层级的管理层进行沟通。注册会计师还应当要求管理层更正这些错报。如果管理层拒绝更正沟通的部分或全部错报，注册会计师应当了解管理层不更正错报的理由，并在评价财务报表整体是否不存在重大错报时考虑该理由。

除非法律、法规禁止，注册会计师应当与治理层沟通未更正错报，以及这些错报单独或汇总起来可能对审计意见产生的影响。注册会计师在沟通时应当逐项指明未更正的重大错报。注册会计师应当要求被审计单位更正未更正错报。同时，注册会计师还应当与治理层沟通与以前期间相关的未更正错报对某类交易、账户余额或披露以及财务报表整体的影响。

5.5 审计风险

5.5.1 审计风险的含义

审计风险是指财务报表存在重大错报而注册会计师发表不恰当审计意见的可能性。审计风险并不包含财务报表不含有重大错报，而注册会计师错误地发表了财务报表含有重大错报的审计意见的风险。

可接受的审计风险的确定，需要考虑会计师事务所对审计风险的态度、审计失败对会计师事务所可能造成的损失的大小因素。其中，审计失败对会计师事务所可能造成的损失的大小又受所审计财务报表的用途、使用者的范围等因素的影响。但必须注意，审计业务是一种保证程度高的鉴证业务，可接受的审计风险应当足够低，以使注册会计师能够合理保证所审计财务报表不含有重大错报。审计风险取决于重大错报风险和检查风险。

5.5.2 重大错报风险

重大错报风险是指财务报表在审计前存在重大错报的可能性。在设计审计程序以确定财务报表整体是否存在重大错报时，注册会计师应当从财务报表层次和各类交易、账户余额、列报（包括披露，下同）认定层次考虑重大错报风险。

1）两个层次的重大错报风险

财务报表层次重大错报风险与财务报表整体存在广泛联系，它可能影响多项认定。此类风险通常与控制环境有关，如管理层缺乏诚信、治理层形同虚设而不能对管理层进行有效监督等，但也可能与其他因素有关，如经济萧条、企业所处行业处于衰退期。此类风险难以被界定于某类交易、账户余额、列报的具体认定，相反，此类风险增大了一个或多个不同认定发生重大错报的可能性。此类风险与注册会计师考虑由舞弊引起的风险特别相关。

注册会计师应同时考虑各类交易、账户余额、列报认定层次的重大错报风险，考虑的结果直接有利于注册会计师确定认定层次上实施的进一步审计程序的性质、时间和范围。注册会计师在各类交易、账户余额、列报认定层次获取审计证据，以便在审计工作完成时，以可接受的低审计风险水平对财务报表整体发表意见。

2）固有风险和控制风险

认定层次的重大错报风险又可进一步细分为固有风险和控制风险。

固有风险是指假设不存在相关的内部控制，某一认定发生重大错报风险的可能性，无论该错报单独考虑，还是连同其他错报构成重大错报。

某些类别的交易、账户余额、列报及其认定，固有风险很高。例如，复杂的计算比简单的计算更可能出错，受重大计量不确定性影响的会计估计发生错报的可能性较大。产生经营风险的外部因素也可能影响固有风险，比如，技术进步可能导致某项产品陈旧，进而导致存货易于发生高估错报（计价认定）。被审计单位及其环境中的某些因素还可能与多个甚至所有类别的交易、账户余额、列报有关，进而影响多个认定的固有风险。这些因素包括维持经营的流动资金匮乏、被审计单位处于夕阳行业等。

控制风险是指某项认定发生了重大错报，无论该错报单独考虑，还是连同其他错报构成重大错报，而该错报没有被单位的内部控制及时防止、发现和纠正的可能性。控制风险取决于与财务报表编制有关的设计和运行的有效性。由于控制的固有局限性，某种程序的控制风险始终存在。

需要特别说明的是，由于固有风险和控制风险不可分割地交织在一起，有时无法单独进行评估，审计准则通常不再单独提到固有风险和控制风险，而只是将这两者合并称为“重大错报风险”。

5.5.3　检查风险

检查风险是指某一认定存在错报，该错报单独或连同其他错报是重大的，但注册会计师未能发现这种错报的可能性。

检查风险取决于审计程序设计的合理性和执行的有效性。由于注册会计师通常并不对所有的交易、账户余额和列报进行检查，以及其他原因，检查风险不可能降低为零。其他原因包括注册会计师可能选择了不恰当的审计程序、审计程序执行不当，或者错误理解了审计结论。这些其他因素可以通过适当计划、在项目组成员之间进行恰当的职责分配、保持职业怀疑态度以及监督、指导和复核助理人员所执行的审计工作得以解决。

5.5.4　检查风险与重大错报风险的反向关系

在既定的审计风险水平下，可接受的检查风险水平与认定层次重大错报风险的评估结果成反向关系。评估的重大错报风险越高，可接受的检查风险越低；评估的重大错报风险越低，可接受的检查风险越高。检查风险与重大错报风险的反向关系用数学模型表示如下：

审计风险 = 重大错报风险×检查风险

这个模型也就是审计风险模型。假设针对某一认定，注册会计师将可接受的审计风险水平设定为5%，注册会计师实施风险评估程序后将重大错报风险评估为25%，则根据这一模型，可接受的检查风险为20%。当然，在实务中，注册会计师不一定用绝对数量表达这些风险水平，而选用“高”、“中”、“低”等文字描述。

注册会计师应当合理设计审计程序的性质、时间和范围，并有效执行审计程序，以控制检查风险。上例中，注册会计师根据确定的可接受的检查风险（20%），设计审计程序的性质、时间和范围。

【例5—3】X公司系公开发行A股的上市公司，主要经营计算机硬件的开发、集成与销售，其主要业务流程通常为：向客户提供技术建议书——签署销售合同——结合库存情况备货——委托货运公司送货——安装验收——根据安装验收报告开具发票并确认收入。注册会计师于2011年初对X公司2010年度财务报表进行审计。经初步了解，X公司2010年度的经营形势、管理及经营机构与2009年度比较未发生重大变化，且未发生重大重组行为。其他相关资料见表5—6、表5—7。

表5—6　**X公司2010年度未审利润表及2009年度已审利润表**　单位：万元

项　目	2010年度（未审数）	2009年度（审定数）
一、主营业务收入	104 300	58 900
减：主营业务成本	91 845	53 599
主营业务税金及附加	560	350
二、主营业务利润	11 895	4 951
加：其他业务利润	40	56
减：营业费用	2 800	1 610
管理费用	2 380	3 260
财务费用	180	150
三、营业利润	6 575	(13)
加：投资收益		
补贴收入	980	
营业外收入	100	150
减：营业外支出	260	300
四、利润总额	7 395	(163)
减：所得税（税率25%）	800	
五、净利润	6 595	(163)

表5—7 **X公司2010年度1—12月份未审主营业务收入、主营业务成本表** 单位：万元

月份	主营业务收入	主营业务成本
1	7 800	7 566
2	7 600	6 764
3	7 400	6 512
4	7 700	6 768
5	7 800	6 981
6	7 850	6 947
7	7 950	7 115
8	7 700	6 830
9	7 600	6 832
10	7 900	7 111
11	8 100	7 280
12	18 900	15 139
合计	104 300	91 845

要求：

(1) 为确定重点审计领域，注册会计师拟实施分析程序。请对表5—6进行分析后，指出利润表中的重点审计领域，并简要说明理由。

(2) 对表5—7进行分析后，指出主营业务收入和主营业务成本的重点审计领域，并简要说明理由。

(1) 在实施分析程序后，应将以下财务报表项目作为重点审计领域：

主营业务收入。主营业务收入在2009年度的基础上增长了77%（或是发生了较大变化），而2010年度经营形势与2009年度相比并未发生重大变化。

主营业务成本。主营业务成本在2009年度的基础上增长了71.36%（或是发生了较大变化，或是毛利率有较大幅度的提高），而2010年度经营形势与2009年度相比并未发生重大变化。

营业费用。营业费用增长了73.9%。

管理费用。在机构、人员未发生重大变化，且在销售收入大幅增长的情况下，管理费用由3 260万元下降到2 380万元，下降了26.99%（或是大幅下降）。

补贴收入。2009年度公司并未取得补贴收入，2010年度取得大额补贴收入。

所得税。所得税占利润总额比例（为10.82%），与25%的所得税税率存在较大差异。

(2) 在实施分析程序后，应将以下月份主营业务收入和主营业务成本作为重点审计领域：

1月份。该月份毛利率（为3%）远远低于全年平均毛利率和其他各月毛

利率。

12月份。该月份主营业务收入占全年主营业务收入比例较高（达18.12%），毛利率相对较高（达24.84%）。

复习思考题

1. 为了制订审计计划，注册会计师需要了解被审计单位哪些情况？

2. 审计计划通常包括哪些内容？

3. 审计重要性水平一般分为哪两个层次？如何确定？

4. 什么是审计重要性水平？它与审计风险的关系如何？

5. 注册会计师在终结对被审计单位的财务报表审计时，应如何汇总尚未调整的错报或漏报？汇总数接近重要性水平时如何处理？

6. 如何理解审计风险？它包含哪些组成要素？这些组成要素之间是什么关系？

参考文献与推荐阅读

1. 段兴民、张连起、陈晓明：《审计重要性》，上海，上海财经大学出版社，2004。

2. 潘博：《审计重要性实际应用的若干策略研究》，载《审计研究》，1999（2）。

3. 胡春元：《风险基础审计》，大连，东北财经大学出版社，2001。

4. 刘力云：《审计风险与控制》，北京，中国审计出版社，1999。

5. 业务承接评价表、业务保持评价表、总体审计策略的审计工作底稿，参见中国注册会计师协会：《财务报表审计工作底稿编制指南（上、下）》，北京，经济科学出版社，2007。

第6章

风险评估

主要知识点

风险评估程序；了解被审计单位及其环境的内容；内部控制的要素；识别和评估财务报表层次和认定层次的重大错报风险；特别风险

关键概念

风险导向审计（Risk-oriented Audit） 重大错报风险（Risk of Material Misstatement） 检查风险（Detection Risk） 内部控制（Internal Control） 控制环境（Control Environment） 风险评估（Risk Assessment） 信息与沟通（Information and Communication） 控制活动（Control Activities） 监控（Monitoring）

在现代风险导向审计模式之前，注册会计师往往不注重从宏观层面上了解企业及其环境，而仅从较低层面上评估风险，容易犯“只见树木不见森林”的错误。在出现一系列的财务舞弊丑闻之后，国际审计与鉴证准则理事会和英、美等国的审计准则制定机构共同研究制定了审计风险准则。审计风险准则要求注册会计师在执行审计业务时切实贯彻风险导向审计理念，强调了解被审计单位及其环境的重要性，审计的重心前移到风险评估，以重大错报风险的识别、评估和应对为审计工作主线，做到有的放矢，避免审计工作的盲目性，提高审计的效率和效果。2006年我国财政部发布的中国注册会计师执业准则全面贯彻了风险导向审计思想和方法。在本章和第7章，我们将结合审计风险准则，介绍如何对重大错报风险进行识别、评估和应对，并最终将审计风险降至可接受的低水平。

6.1 风险评估程序

注册会计师了解被审计单位及其环境，目的是为了识别和评估财务报表重大错报风险。为了解被审计单位及其环境而实施的程序称为“风险评估程序”。注册会计师应当依据实施这些程序所获取的信息，评估重大错报风险。了解被审计单位及其环境的风险评估程序包括：询问被审计单位管理层和内部其他相关人员，分析程序，观察和检查。

6.1.1 询问被审计单位管理层和内部其他相关人员

询问被审计单位管理层和内部其他相关人员是注册会计师了解被审计单位及其

环境的一个重要信息来源。注册会计师可以考虑向管理层和财务负责人询问下列事项：

（1）管理层所关注的主要问题。如新的竞争对手、主要客户和供应商的流失、新的税收法规的实施以及经营目标或战略的变化等。

（2）被审计单位最近的财务状况、经营成果和现金流量。

（3）可能影响财务报告的交易和事项，或者目前发生的重大会计处理问题。如重大的并购事项等。

（4）被审计单位发生的其他重要变化。如所有权结构、组织结构的变化，以及内部控制的变化等。

尽管注册会计师通过询问管理层和财务负责人可获取大部分信息，但是询问被审计单位内部的其他人员可能为注册会计师提供不同的信息，有助于识别重大错报风险。因此，注册会计师除了询问管理层和对财务报告负有责任的人员外，还应当考虑询问内部审计人员、采购人员、生产人员、销售人员等其他人员，并考虑询问不同级别的员工，以获取对识别重大错报风险有用的信息。例如：

（1）询问治理层，有助于注册会计师理解财务报表编制的环境；

（2）询问内部审计人员，有助于注册会计师了解其针对被审计单位内部控制设计和运行有效性而实施的工作，以及管理层对内部审计发现的问题是否采取了适当的措施；

（3）询问参与生成、处理或记录复杂、异常交易的员工，有助于注册会计师评估被审计单位选择和运用某项会计政策的适当性；

（4）询问内部法律顾问，有助于注册会计师了解有关法律、法规的遵循情况，产品保证和售后责任，与业务合作伙伴的安排（如合营企业），合同条款的含义以及诉讼情况等；

（5）询问营销或销售人员，有助于注册会计师了解被审计单位的营销策略及其变化、销售趋势以及与客户的合同安排；

（6）询问采购人员和生产人员，有助于注册会计师了解被审计单位的原材料采购和产品生产等情况；

（7）询问仓库人员，有助于注册会计师了解原材料、产成品等存货的进出、保管和盘点等情况。

6.1.2 分析程序

分析程序是指注册会计师通过研究不同财务数据之间以及财务数据与非财务数据之间的内在关系，对财务信息作出评价。分析程序还包括调查识别出的、与其他相关信息不一致或与预期数据严重偏离的波动和关系。

分析程序既可用作风险评估程序和实质性程序，也可用于对财务报表的总体复核。本准则主要说明在了解被审计单位及其环境并评估重大错报风险时使用的分析程序，即将分析程序用作风险评估程序。注册会计师实施分析程序有助于识别异常的交易或事项，以及对财务报表和审计产生影响的金额、比率和趋势。

在实施分析程序时，注册会计师应当预期可能存在的合理关系，并与被审计单位记录的金额、依据记录金额计算的比率或趋势相比较；如果发现异常或未预期到的关系，注册会计师应当在识别重大错报风险时考虑这些比较结果。

如果使用了高度汇总的数据，实施分析程序的结果仅可能初步显示财务报表存在重大错报风险，注册会计师应当将分析结果连同识别重大错报风险时获取的其他信息一并考虑。例如，被审计单位存在很多产品系列，各个产品系列的毛利率存在一定差异。对总体毛利率实施分析程序的结果仅可能初步显示销售成本存在重大错报风险，注册会计师需要实施更为详细的分析程序。例如，对每一产品系列进行毛利率分析，或者将总体毛利率分析的结果连同其他信息一并考虑。

6.1.3 观察和检查

观察和检查程序可以印证对管理层和其他相关人员的询问结果，并可提供有关被审计单位及其环境的信息，注册会计师应当实施下列观察和检查程序：

（1）观察被审计单位的生产经营活动。例如，观察被审计单位人员正在从事的生产活动和内部控制活动，可以增加注册会计师对被审计单位人员如何进行生产经营活动及实施内部控制的了解。

（2）检查文件、记录和内部控制手册。例如，检查被审计单位的章程，与其他单位签订的合同、协议，各业务流程操作指引和内部控制手册等，了解被审计单位组织结构和内部控制制度的建立健全情况。

（3）阅读由管理层和治理层编制的报告。例如，阅读被审计单位年度和中期财务报告，股东大会、董事会会议、高级管理层会议的会议记录或纪要，管理层的讨论和分析资料，经营计划和战略，对重要经营环节和外部因素的评价，被审计单位内部管理报告以及其他特殊目的报告（如新投资项目的可行性分析报告）等，了解自上一期审计结束至本期审计期间被审计单位发生的重大事项。

（4）实地察看被审计单位的生产经营场所和设备。通过现场访问和实地察看被审计单位的生产经营场所和设备，可以帮助注册会计师了解被审计单位的性质及其经营活动。在实地察看被审计单位的厂房和办公场所的过程中，注册会计师有机会与被审计单位的管理层和担任不同职责的员工进行交流，可以增强注册会计师对被审计单位的经营活动及其重大影响因素的了解。

（5）追踪交易在财务报告信息系统中的处理过程（穿行测试）。这是注册会计师了解被审计单位业务流程及其相关控制时经常使用的审计程序。通过追踪某笔或某几笔交易在业务流程中如何生成、记录、处理和报告，以及相关内部控制的执行情况，注册会计师可以确定被审计单位的交易流程和相关控制是否与之前通过其他程序所获得的了解一致，并确定相关控制是否得到执行。

6.1.4 其他审计程序和信息来源

1）其他审计程序

除了采用上述程序从被审计单位内部获取信息以外，如果根据职业判断认为从被审计单位外部获取的信息有助于识别重大错报风险，注册会计师应当实施其他审计程序以获取这些信息。例如，询问被审计单位聘请的外部法律顾问、专业评估师、投资顾问和财务顾问等。

阅读外部信息也可能有助于注册会计师了解被审计单位及其环境。外部信息包括证券分析师、银行、评级机构出具的有关被审计单位及其所处行业的经济或市场环境等状况的报告，贸易与经济方面的期刊，法规或金融出版物，以及政府部门或民间组织发布的行业报告和统计数据等。

2）其他信息来源

注册会计师应当考虑在承接客户或续约过程中获取的信息，以及向被审计单位提供其他服务所获得的经验是否有助于识别重大错报风险。通常，对新的审计业务，注册会计师应在业务承接阶段对被审计单位及其环境有一个初步的了解，以确定是否承接该业务。而对连续审计业务，也应在每年的续约过程中对上年审计作总体评价，并更新对被审计单位的了解和风险评估结果，以确定是否续约。注册会计师向被审计单位提供其他服务（如执行中期财务报表审阅业务）所获得的经验也可能有助于识别重大错报风险。

对于连续审计业务，如果拟利用在以前期间获取的信息，注册会计师应当确定被审计单位及其环境是否已发生变化，以及该变化是否可能影响以前期间获取的信息在本期审计中的相关性。例如，通过前期审计获取的有关被审计单位组织结构、生产经营活动和内部控制的审计证据，以及有关以往的错报和错报是否得到及时更正的信息，可以帮助注册会计师评估本期财务报表的重大错报风险。然而，如果被审计单位及其环境在本期发生变化，导致内部控制也相应发生了变化，此时，注册会计师需要实施询问和其他适当的审计程序，以确定该变化是否可能影响此类信息在本期审计中的相关性。

6.2 了解被审计单位及其环境

6.2.1 了解被审计单位及其环境的必要性

注册会计师应当了解被审计单位及其环境，以足够识别和评估财务报表重大错报风险，设计和实施进一步审计程序。了解被审计单位及其环境是必要程序，有助于注册会计师在下列关键环节作出职业判断：（1）确定重要性水平，并随着审计工作的进行去评估对重要性水平的判断是否仍然适当；（2）考虑会计政策的选择和运用是否恰当，以及财务报表的列报（包括披露，下同）是否适当；（3）识别需要特别考虑的领域，包括关联方交易、管理层运用持续经营假设的合理性，或交易是否具有合理的商业目的等；（4）确定在实施分析程序时所使用的预期值；（5）设计和实施进一步审计程序，以将审计风险降至可接受的低水平；（6）评价所获取审计证据的充分性和适当性。

了解被审计单位及其环境是一个连续和动态地收集、更新与分析信息的过程，贯穿于整个审计过程。注册会计师应当运用职业判断确定需要了解被审计单位及其环境的程度。

6.2.2 了解被审计单位及其环境的总体要求

注册会计师应当从下列方面了解被审计单位及其环境：（1）行业状况、法律环境与监管环境以及其他外部因素；（2）被审计单位的性质；（3）被审计单位对会计政策的选择和运用；（4）被审计单位的目标、战略以及相关经营风险；（5）被审计单位财务业绩的衡量和评价；（6）被审计单位的内部控制。

上述第（1）项是被审计单位的外部环境，第（2）项至第（4）项以及第（6）项是被审计单位的内部因素，第（5）项则既有外部因素也有内部因素。值得注意的是，被审计单位及其环境的各个方面可能会互相影响。例如，被审计单位的行业状况、法律环境与监管环境以及其他外部因素可能影响到被审计单位的目标、战略以及相关经营风险，而被审计单位的性质、目标、战略以及相关经营风险可能影响到被审计单位对会计政策的选择和运用，以及内部控制的设计和执行。因此，注册会计师在对被审计单位及其环境的各个方面进行了解和评估时，应当考虑各因素之间的相互关系。

6.2.3 行业状况、法律环境与监管环境以及其他外部因素

1）行业状况

被审计单位是社会的经济细胞和行业的一分子，其所在行业的景气程度将会折射出被审计单位的经营状况。因此，了解行业状况有助于注册会计师识别与被审计单位所处行业有关的重大错报风险。注册会计师应当了解被审计单位的行业状况，主要包括：（1）所在行业的市场供求与竞争；（2）生产经营的季节性和周期性；（3）产品生产技术的变化；（4）能源供应与成本；（5）行业的关键指标和统计数据。

具体说来，注册会计师需要了解下列情况：（1）被审计单位所处行业的总体发展趋势是什么？（2）处于哪一发展阶段，如起步、快速成长、成熟或衰退阶段？（3）所处市场的需求、市场容量和价格竞争如何？（4）该行业是否受经济周期波动的影响，以及采取了什么行动使波动产生的影响最小化？（5）该行业受技术发展影响的程度如何？（6）是否开发了新的技术？（7）能源消耗在成本中所占比重，能源价格的变化对成本的影响如何？（8）谁是被审计单位最重要的竞争者，他们各自所占的市场份额是多少？（9）被审计单位与其竞争者相比主要的竞争优势是什么？（10）被审计单位业务的增长率和财务业绩与行业的平均水平及主要竞争者相比如何？存在重大差异的原因是什么？（11）竞争者是否采取了某些行动，如并购活动、降低销售价格、开发新技术等，从而对被审计单位的经营活动产生影响。

2）法律环境与监管环境

注册会计师应当了解被审计单位所处的法律环境及监管环境，主要包括：（1）适用的会计准则、会计制度和行业特定惯例；（2）对经营活动产生重大影响的法律、法规及监管活动，是否有特殊的监管要求（如对银行、保险等行业的特殊监管要求）；（3）对开展业务产生重大影响的政府政策，包括货币、财政、税收和贸

易等政策；(4) 与被审计单位所处行业和所从事经营活动相关的环保要求。

了解法律环境与监管环境的主要原因在于：(1) 某些法律、法规或监管要求可能对被审计单位经营活动有重大影响，如不遵守将导致停业等严重后果；(2) 某些法律、法规或监管要求（如环保法规等）规定了被审计单位某些方面的责任和义务；(3) 某些法律、法规或监管要求决定了被审计单位需要遵循的行业惯例和核算要求。

3) 其他外部因素

注册会计师应当了解影响被审计单位经营的其他外部因素，主要包括：(1) 宏观经济的景气度；(2) 利率和资金供求状况；(3) 通货膨胀水平及币值变动；(4) 国际经济环境和汇率变动。

注册会计师对行业状况、法律环境与监管环境以及其他外部因素了解的范围和程度会因被审计单位所处行业、规模以及其他因素（如在市场中的地位）的不同而不同。例如：对从事计算机硬件制造的被审计单位，注册会计师可能更关心市场和竞争以及技术进步的情况；对金融机构，注册会计师可能更关心宏观经济走势以及货币、财政等方面的宏观经济政策；对化工等产生污染的行业，注册会计师可能更关心相关环保法规。注册会计师应当考虑被审计单位所在行业的业务性质或监管程度是否可能导致特定的重大错报风险，考虑项目组是否配备了具有相关知识和经验的成员。例如，建筑行业长期合同涉及收入和成本的重大估计，可能导致重大错报风险；银行监管机构对商业银行的资本充足率有专门规定，不能满足这一监管要求的商业银行可能有操纵财务报表的动机和压力。

【案例分析6—1】从东方电子行业状况看报表重大错报风险

经披露，东方电子在1999—2001年间将其炒股所得计入公司主营业务收入超过12亿元，造成实现了年增长50%以上发展计划和利润目标的假象。从公司有关资料可知，真正给东方电子带来丰厚收益的是电力自动化。然而，我国电力自动化行业中，有南北两大龙头企业，一家是南京南瑞公司，一家是北京四方公司。这两家公司虽然都没上市，但在产品市场销售和技术开发中，都拥有绝对的市场份额和核心技术竞争能力。因此，东方电子在行业中只是充当配角。

根据《2001年中国电力年鉴》，1998年以来我国农网电力系统自动化改造的投资有50亿元左右。然而，按照东方电子公告的数字，仅其一家3年（1998—2000）的主营业务收入（达27亿元）就占市场总额的近60%。这样的市场占有率可能吗？

每年，全国电力自动化的市场总额大约在100套左右。东方电子自己统计出企业居然生产出几百套的设备。

至于本行业的毛利润，每年能有20%～30%就很不错了。东方电子1997—2000年毛利率都在47%以上。然而，在产品报价中，东方电子低价接单在行业中是有名的。此外，东方电子的另一个特征是人力成本畸高。东方电子在人力资源上舍得下工夫，不仅高薪聘请，而且最早采用了期权期股制度。高成本、低价位接单，还能保持在股本扩张基础上的高速发展，这不是天方夜谭吗？

6.2.4 被审计单位的性质

了解被审计单位的性质有助于注册会计师理解预期在财务报表中反映的各类交易、账户余额和列报。注册会计师应当主要从所有权结构、治理结构、组织结构、经营活动、投资活动及筹资活动等六个方面了解被审计单位的性质。

1）所有权结构

对被审计单位所有权结构的了解有助于注册会计师识别关联方关系并了解被审计单位的决策过程。注册会计师应当了解所有权结构以及所有者与其他人员或单位之间的关系，考虑关联方关系是否已经得到识别，以及关联方交易是否得到恰当核算。如注册会计师应当了解被审计单位是属于国有企业、外商投资企业、民营企业，还是属于其他类型的企业，还应当了解其直接控股母公司、间接控股母公司、最终控股母公司和其他股东的构成，以及所有者与其他人员或单位（如控股母公司控制的其他企业）之间的关系。注册会计师应当按照《中国注册会计师审计准则第1323号——关联方》的规定，了解被审计单位识别关联方的程序，获取被审计单位提供的所有关联方信息，并考虑关联方关系是否已经得到识别，关联方交易是否得到恰当记录和充分披露。

2）治理结构

良好的治理结构可以对被审计单位的经营和财务运作实施有效的监督，从而降低财务报表发生重大错报的风险。注册会计师应当了解被审计单位的治理结构，考虑治理层是否能够在独立于管理层的情况下对被审计单位事务（包括财务报告）作出客观判断。如董事会的构成情况、董事会内部是否有独立董事，治理结构中是否设有审计委员会或监事会及其运作情况。

3）组织结构

注册会计师应当了解被审计单位的组织结构，考虑复杂组织结构可能导致的重大错报风险，包括财务报表合并、商誉摊销和减值、长期股权投资核算以及特殊目的实体核算等问题。如对于在多个地区拥有子公司、合营企业、联营企业或其他成员机构，或者存在多个业务分部和地区分部的被审计单位，不仅编制合并财务报表的难度增加，而且还存在其他可能导致重大错报风险的复杂事项，包括：对于子公司、合营企业、联营企业和其他股权投资类别的判断及其会计处理；商誉在不同业务分部间的减值等。

4）经营活动、投资活动及筹资活动

了解被审计单位经营活动有助于注册会计师识别预期将在财务报表中反映的主要交易类别、重要账户余额和列报。注册会计师应当了解被审计单位的经营活动，主要包括：（1）主营业务的性质；（2）与生产产品或提供劳务相关的市场信息；（3）业务的开展情况；（4）联盟、合营与外包情况；（5）从事电子商务的情况；（6）地区与行业分布；（7）生产设施、仓库的地理位置及办公地点；（8）关键客户；（9）重要供应商；（10）劳动用工情况；（11）研究与开发活动及其支出；

(12) 关联方交易。

了解被审计单位投资活动有助于注册会计师关注被审计单位在经营策略和方向上的重大变化。注册会计师应当了解被审计单位的投资活动，主要包括：(1) 近期拟实施或已实施的并购活动与资产处置情况；(2) 证券投资、委托贷款的发生与处置；(3) 资本性投资活动，包括固定资产和无形资产投资，以及近期或计划发生的变动；(4) 不纳入合并范围的投资。

了解被审计单位筹资活动有助于注册会计师评估被审计单位在融资方面的压力，并进一步考虑被审计单位在可预见未来的持续经营能力。注册会计师应当了解被审计单位的筹资活动，主要包括：(1) 债务结构和相关条款，包括担保情况及表外融资；(2) 固定资产的租赁；(3) 关联方融资；(4) 实际受益股东；(5) 衍生金融工具的运用。

6.2.5 被审计单位对会计政策的选择和运用

注册会计师应当了解被审计单位对会计政策的选择和运用，是否符合适用的会计准则和相关会计制度，是否符合被审计单位的具体情况。重要项目的会计政策包括收入确认方法，存货的计价方法，投资的核算，固定资产的折旧方法，坏账准备、存货跌价准备和其他资产减值准备的确定，借款费用资本化方法，合并财务报表的编制方法等。

除会计政策以外，某些行业可能还存在一些行业惯例，注册会计师应当熟悉这些行业惯例。当被审计单位采用与行业惯例不同的会计处理方法时，注册会计师应当了解其原因，并考虑该会计处理方法是否适当。在新领域和缺乏权威性标准或共识的领域，注册会计师应当关注被审计单位选用了哪些会计政策，为什么选用这些会计政策以及选用这些会计政策产生的影响。

如果被审计单位变更了重要的会计政策，注册会计师应当考虑变更的原因及其适当性，即考虑：(1) 会计政策的变更是否是法律、行政法规或者适用的会计准则和相关会计制度要求的变更；(2) 会计政策变更是否能够提供更可靠、更相关的会计信息。除此之外，注册会计师还应当关注会计政策的变更是否得到充分披露。

除上述与会计政策的选择和运用相关的事项外，注册会计师还应对被审计单位下列与会计政策运用相关的情况予以关注：(1) 是否采用激进的会计政策、方法、估计和判断；(2) 财会人员是否拥有足够的运用会计准则的知识、经验和能力；(3) 是否拥有足够的资源支持会计政策的运用，如人力资源及培训、信息技术的采用、数据和信息的采集等。

同时，注册会计师应当考虑，被审计单位是否按照适用的会计准则和相关会计制度的规定恰当地进行了列报，并披露了重要事项。列报和披露的主要内容包括：财务报表及其附注的格式、结构安排、内容、财务报表项目使用的术语、披露信息的明细程度、项目在财务报表中的分类以及列报信息的来源等。

6.2.6 被审计单位的目标、战略以及相关经营风险

1）目标、战略与经营风险

目标是企业经营活动的指针。企业管理层或治理层一般会根据企业经营面临的外部环境和内部各种因素，制订合理可行的经营目标。战略是企业管理层为实现经营目标采用的总体层面的策略和方法。为了实现某一既定的经营目标，企业可能有多个可行战略。例如，如果目标是在某一特定期间内进入一个新的市场，那么可行的战略可能包括收购该市场内的现有企业，与该市场内的其他企业合资经营，或自行开发进入该市场。随着外部环境的变化，企业应对目标和战略作出相应的调整。

经营风险源于对被审计单位实现目标和战略产生不利影响的重大情况、事项、环境和行动，或源于不恰当的目标和战略。不同的企业可能面临不同的经营风险，这取决于企业经营的性质、所处行业、外部监管环境、企业的规模和复杂程度。管理层有责任识别和应对这些风险。

注册会计师应当了解被审计单位是否存在与下列方面有关的目标和战略，并考虑相应的经营风险：（1）行业发展，及其可能导致的被审计单位不具备足以应对行业变化的人力资源和业务专长等风险；（2）开发新产品或提供新服务，及其可能导致的被审计单位产品责任增加等风险；（3）业务扩张，及其可能导致的被审计单位对市场需求的估计不准确等风险；（4）新颁布的会计法规，及其可能导致的被审计单位执行法规不当或不完整，或会计处理成本增加等风险；（5）监管要求，及其可能导致的被审计单位法律责任增加等风险；（6）本期及未来的融资条件，及其可能导致的被审计单位由于无法满足融资条件而失去融资机会等风险；（7）信息技术的运用，及其可能导致的被审计单位信息系统与业务流程难以融合等风险。

2）经营风险对重大错报风险的影响

多数经营风险最终都会产生财务后果，从而影响财务报表，但并非所有经营风险都会导致重大错报风险，注册会计师没有责任识别或评估对财务报表没有影响的经营风险。经营风险可能对各类交易、账户余额以及列报认定层次或财务报表层次产生直接影响。例如，企业合并导致银行客户群减少，使银行信贷风险集中，由此产生的经营风险可能增加与贷款计价认定有关的重大错报风险。同样的风险，尤其是在经济紧缩时，可能具有更为长期的后果，注册会计师在评估持续经营假设的适当性时需要考虑这一问题。为此，注册会计师应当根据被审计单位的具体情况考虑经营风险是否可能导致财务报表发生重大错报。

目标、战略、经营风险和重大错报风险之间的相互联系可举例予以说明。例如，企业当前的目标是在某一特定期间内进入某一新的海外市场，企业选择的战略是在当地成立合资公司。从该战略本身来看，是可以实现这一目标的。但是，成立合资公司可能会带来很多的经营风险，例如，企业如何与当地合资方在经营活动、企业文化等各方面协调，如何在合资公司中获得控制权或共同控制权，当地市场情况是否会发生变化，当地对合资公司的税收和外汇管理方面的政策是否稳定，合资

公司的利润是否可以汇回，是否存在汇率风险等。这些经营风险反映到财务报表中，可能会因对合资公司是属于子公司、合营企业或联营企业的判断问题，投资核算问题，包括是否存在减值问题、对当地税收规定的理解，以及外币折算等问题而导致财务报表出现重大错报风险。

6.2.7 被审计单位财务业绩的衡量和评价

1）了解被审计单位财务业绩的衡量和评价的必要性

注册会计师了解被审计单位财务业绩的衡量与评价，是为了考虑管理层是否面临实现某些关键财务业绩指标的压力。这些压力既可能源于需要达到市场分析师或股东的预期，也可能源于需要达到获得股票期权或管理层和员工奖金的目标。受压力影响的人员可能是高级管理人员（包括董事会）也可能是可以操纵财务报表的其他经理人员，如子公司或分支机构管理层可能为达到奖金目标而操纵财务报表。

在评价管理层是否存在歪曲财务报表的动机和压力时，注册会计师还应当考虑可能存在的其他情形。例如：企业或企业的一个主要组成部分是否有可能被出售；管理层是否希望维持或增加企业的股价或盈利走势而热衷于采用过度激进的会计方法；基于纳税的考虑，股东或管理层是否有意采取不适当的方法使盈利最小化；企业是否持续增长和接近财务资源的最大限度；企业的业绩是否急剧下降，可能存在终止上市的风险；企业是否具备足够的可分配利润或现金流量以维持目前的利润分配水平；如果公布欠佳的财务业绩，对重大未决交易（如企业合并或新业务合同的签订）是否可能产生不利影响；企业是否过度依赖银行借款，而财务业绩又可能达不到借款合同对财务指标的要求。这些情况都显示管理层在面临重大压力时可能粉饰财务业绩，发生舞弊风险。

2）注册会计师应当了解的具体内容

被审计单位管理层经常会衡量和评价关键业绩指标（包括财务和非财务的）、预算及差异分析、分部信息和分支机构、部门或其他层次的业绩报告以及与竞争对手的业绩比较情况。此外，外部机构也会衡量和评价被审计单位的财务业绩，如分析师的报告和信用评级机构的报告。

在了解被审计单位财务业绩衡量和评价情况时，注册会计师应当关注：（1）关键业绩指标；（2）业绩趋势；（3）预测、预算和差异分析；（4）管理层和员工业绩考核与激励性报酬政策；（5）分部信息与不同层次部门的业绩报告；（6）与竞争对手的业绩比较；（7）外部机构提出的报告。

3）关注内部财务业绩衡量的结果或趋势

内部财务业绩衡量可能显示未预期到的结果或趋势。在这种情况下，管理层通常会进行调查并采取纠正措施。与内部财务业绩衡量相关的信息可能显示财务报表存在错报风险，例如，内部财务业绩衡量可能显示被审计单位与同行业其他单位相比具有异常快的增长率或盈利水平，此类信息如果与业绩奖金或激励性报酬等其他因素结合起来考虑，可能显示管理层在编制财务报表时存在某种倾向的错报风险。因此，注册会计师应当关注被审计单位内部财务业绩衡量所显示的未预期到的结果或趋势、管理层的调查结果和纠正措施，以及相关信息是否显示财务报表可能存在重大错报。

【案例分析6—2】XY公司财务报表舞弊的案例

XY公司为国内一家拟首次发行股票并上市的股份公司，主要从事天然彩棉的研究和开发。公司的主要产品为以天然彩棉为核心的初级产品及终端产品，初级产品为彩棉种子、彩色皮棉等，终端产品为彩色棉纱、彩棉服装等。公司重要财务数据（未审数）见表6—1。

表6—1 XY公司重要财务数据一览表 金额单位：元

	2004年2月末	2003年末	2002年末	2001年末
资产总额	48 979	48 805	27 300	17 905
其中：存货	25 098	25 169	13 441	11 965
应收账款	5 237	4 392	3 453	699
主营业务收入	1 848	17 216	10 069	5 617
主营业务利润	867	6 911	2 802	825
其中：种子利润		3 971	2 359	
毛利润（%）	47%	40%	28%	15%
净利润	234	3 702	1 409	202

存货、主营业务成本、收入在传统模式下的审计情况

1. 存货及主营业务成本

盘点结果：存货数量账实基本相符。

产品成本计算和结转方法：对联产品成本的计量，按联产品销售市价比例法确定各产品入账成本，符合有关规定；存货的发出计价和成本结转用加权移动平均法按月进行计算。

存货期末价值：期末市价均高于成本，无需计提减值准备。

2. 收入

合同显示，2002年以前公司提供种子给种植单位，按照合同的约定价格收购籽棉，并保证种植单位每亩收益不低于1 000元，不足部分由公司补足，此时向种植单位转移种子未按销售进行会计处理。

2001年12月公司取得种子经营许可证后，合同明确了种子销售给种植单位以后，不再保证种植单位最低收益，公司仅按合同约定价格收购籽棉。公司具体确认种子收入的时点为销售合同已签订、棉种已出库转移给对方、发票已开出或价款已收到。

注册会计师未发现重大问题，据此出具了标准无保留意见的审计报告。

根据新审计风险准则有关要求的分析

初审材料上报后，证监会要求重新核查。我们根据准则中了解被审计单位及其环境的有关要求来简要分析舞弊风险。

1. 行业环境的分析

天然彩棉为高科技项目，处于开发初期，国内外同类产品的开发应用也处在尚未成熟、未大规模推广的阶段。该阶段特点为：研发费用高昂、规模经济效益尚未形成；虽然产品符合人们对天然环保概念潮流的追求，但能否成为传统白色棉花的替代品或以后棉纺织品的主流无法定论，经营前景存在较大不确定性；公司是国内较早推出该产品的企业之一，且经营规模是国内最大的。

2. 企业经营活动的性质分析

公司的主要产品为彩色棉花的研究开发和相关产品的生产销售。该产品的特点为天然彩色，符合人们对天然环保潮流的追求，但与传统的白色棉花相比，使用价值与经济价值上的比较优势不明显。不过，财务报表显示，其主要产品的毛利率接近50%，远远超过传统白色棉花产业。由于开发初期的科研开发费用高昂、规模经济效益尚未形成，高额的利润率有质疑的理由。

3. 经营模式的分析

公司初级产品是彩棉种子、彩色皮棉等，采取销售彩棉种子给各种植单位，然后收购籽棉，加工成彩色皮棉、棉种等系列产品再进行销售的方式；终端产品为彩色棉纱、彩棉内衣等，也是向加工单位提供彩色皮棉等原材料，加工成各种终端产品后，由公司统一对外销售的方式。显然，公司的主要经营模式为委托加工。

4. 重要会计政策的分析

（1）收入确认分析

公司属委托加工模式，公司所生产的原材料或初级产品的对外转移，在实质上不构成销售，在此阶段不能确认相关收入。

然而，同为委托加工，公司对交易确认方法横向、纵向的不一致，已经显示出操纵的成分，加之种子的销售利润分别占2002、2003年度主营业务利润的84.19%、57.46%，占公司净利润的167%、107%，因而基本可以确认公司在操纵收入。

（2）公司成本确认与计量的分析

公司按联产品销售市价比例法计算联产品成本，用加权移动平均法计算成本结转，表面上产品成本的确认符合有关规定。但从行业环境角度看，由于公司在国内处于垄断地位，销售价格实际上完全由公司自行确定，相关产品的售价并非真正意义上的市场价格，缺乏公允性，在此价格基础上确定的联产品成本失去了可靠的基础。

同样，虽然存货期末价值根据报告日前后公司的销售发票验证，表明存货的期末市价均高于成本价，但由于此市价实际也并非真正意义上的市场公允价格，存货减值准备的确定也存在问题。

事实证明：公司高层通过系统手段，精心构置并不存在的交易，并在形式上合规，以粉饰报表取得上市资格。

资料来源　张连起、丁勇：《现代审计风险模型分析探讨》，载《中国注册会计师》，2004（10）。

6.3 了解被审计单位内部控制

6.3.1 内部控制的含义和发展历程

内部控制是被审计单位为了合理保证财务报告的可靠性、经营的效率和效果以及对法律法规的遵守，由治理层、管理层和其他人员设计与执行的政策及程序。

目前，世界范围内对内部控制最有影响力的研究成果是COSO委员会分别于1992年和2004年发布的两个研究报告：《内部控制——整体框架》和《企业风险管理——整体框架》。COSO委员会是一个专门研究内部控制问题的委员会，它是美国五个职业团体在1985年联合发起设立的一个民间组织。这五个职业团体是美国会计学会、美国注册会计师协会、财务总监协会、内部审计师协会和管理会计师协会。

根据《内部控制——整体框架》，内部控制包括下列要素：（1）控制环境；（2）风险评估过程；（3）控制活动；（4）信息系统与沟通；（5）监控。《企业风险管理——整体框架》则对上述要素进行了拓展，企业风险管理包含八个相互关联的要素：（1）内部环境；（2）目标设定；（3）事项识别；（4）风险评估；（5）风险应对；（6）控制活动；（7）信息与沟通；（8）监控。

无论对内部控制要素如何进行分类，注册会计师都应当重点考虑：被审计单位某项控制是否能够以及如何防止或发现并纠正各类交易、账户余额、列报存在的重大错报。也就是说，在了解和评价内部控制时，采用的具体分析框架及控制要素的分类可能并不唯一，重要的是能否实现控制目标。由于《内部控制——整体框架》的重要地位，本书主要介绍五要素的内部控制整体框架。

6.3.2 与审计相关的控制

注册会计师审计的目标是对财务报表是否不存在重大错报发表审计意见，尽管要求注册会计师在财务报表审计中考虑与财务报表编制相关的内部控制，但注册会计师需要了解和评价的内部控制只是与财务报表审计相关的内部控制，并非被审计单位所有的内部控制。

与审计相关的控制，包括被审计单位为实现财务报告可靠性目标设计和实施的控制。注册会计师应当运用职业判断，考虑一项控制单独或连同其他控制是否与评估重大错报风险以及针对评估的风险设计和实施进一步审计程序有关。

如果在设计和实施进一步审计程序时拟利用被审计单位内部生成的信息，注册会计师应当考虑用以保证该信息完整性和准确性的控制是否与审计相关。如果用以保证经营效率、效果的控制以及对法律法规遵守的控制与实施审计程序时评价或使用的数据相关，注册会计师应当考虑这些控制可能与审计相关。例如，对于某些非财务数据（如生产统计数据）的控制，如果注册会计师在实施分析程序时使用这些数据，这些控制就可能与审计相关。又如，某些法规（如税法）对财务报表具有直接和重大的影响（影响应交税金和所得税费用）。为了遵守这些法规，被审计单位可能设计和执行相应的控制，这些控制也与注册会计师的审计相关。

用以保护资产的内部控制可能包括与实现财务报告可靠性和经营效率、效果目标相关的控制。注册会计师在了解保护资产的内部控制各项要素时，可仅考虑其中与财务报告可靠性目标相关的控制。例如，保护存货安全的控制可能与审计相关，但在生产中防止材料浪费的控制通常就与审计不相关，只有所用材料的成本没有在财务报表中如实反映，才会影响财务报表的可靠性。

6.3.3 内部控制的人工和自动化成分

1）考虑内部控制的人工和自动化特征及其影响

大多数被审计单位出于编制财务报告和实现经营目标的需要使用信息技术。然而，即使信息技术得到广泛使用，人工因素仍然会存于这些系统之中。不同的被审计单位采用的控制系统中人工控制和自动化控制的比例是不同的。在一些生产经营不太复杂的小型被审计单位，可能以人工控制为主，而在另外一些被审计单位，可能以自动化控制为主。在风险评估以及设计和实施进一步审计程序时，注册会计师应当考虑内部控制的人工和自动化特征及其影响。

内部控制采用人工系统还是自动化系统，将影响交易生成、记录、处理和报告的方式。在以人工为主的系统中，内部控制一般包括批准和复核业务活动，编制调节表并对调节项目进行跟踪。当采用信息技术系统生成、记录、处理和报告交易时，交易的记录形式（如订购单、发票、装运单及相关的会计记录）可能是电子文档而不是纸质文件。信息技术系统中的控制可能既有自动控制（如嵌入计算机程序的控制），又有人工控制。人工控制可能独立于信息技术系统，利用信息技术系统生成的信息，也可能限于监督信息技术系统和自动控制的有效运行或者处理例外事项。如果采用信息技术系统处理交易和其他数据，系统和程序可能包括与财务报表重大账户认定相关的控制或者包括人工控制作用的有效发挥。被审计单位的性质和经营的复杂程度会对采用人工控制和自动控制的成分产生影响。

2）信息技术的适用范围及相关内部控制风险

信息技术通常在下列方面提高被审计单位内部控制的效率和效果：（1）在处理大量的交易或数据时，一贯运用事先确定的业务规则，并进行复杂运算；（2）提高信息的及时性、可获得性及准确性；（3）有助于对信息的深入分析；（4）加强对被审计单位政策和程序执行情况的监督；（5）降低控制被规避的风险；（6）通过对操作系统、应用程序系统和数据库系统实施安全控制，提高不相容职务分离的有效性。

但是，信息技术也可能对内部控制产生特定风险。注册会计师应当从下列方面了解信息技术对内部控制产生的特定风险：（1）系统或程序未能正确处理数据，或处理了不正确的数据，或两种情况同时并存；（2）在未得到授权的情况下访问数据，可能导致数据的毁损或对数据不恰当的修改，包括记录未经授权或不存在的交易，或不正确地记录了交易；（3）信息技术人员可能获得超越其履行职责的数据访问权限，破坏了系统应有的职责分工；（4）未经授权改变主文档的数据；（5）

未经授权改变系统或程序；（6）未能对系统或程序作出必要的修改；（7）不恰当的人为干预；（8）数据丢失的风险或不能访问所需要的数据。

3）人工控制的适用范围及相关内部控制风险

内部控制的人工成分在处理下列需要主观判断或酌情处理的情形时可能更为适当：（1）存在大额、异常或偶发的交易；（2）存在难以定义、防范或预见的错误；（3）为应对情况的变化，需要对现有的自动化控制进行调整；（4）监督自动化控制的有效性。

但是，由于人工控制由人执行，受人为因素的影响，也产生了特定风险，注册会计师应当从下列方面了解人工控制产生的特定风险：（1）人工控制可能更容易被规避、忽视或凌驾；（2）人工控制可能不具有一贯性；（3）人工控制可能更容易产生简单错误或失误。相对于自动控制，人工控制的可靠性较差。为此，注册会计师应当考虑人工控制在下列情形中可能是不适当的：（1）存在大量或重复发生的交易；（2）事先可预见的错误能够通过自动化控制得以防范或发现；（3）控制活动可得到适当设计和自动化处理。

6.3.4 内部控制的局限性

内部控制存在固有局限性，无论如何设计和执行，只能对财务报告的可靠性提供合理的保证。内部控制存在的固有局限性包括：

（1）在决策时人为判断可能出现错误和由于人为失误而导致内部控制失效。例如，被审计单位信息技术工作人员没有完全理解系统如何处理销售交易，为使系统能够处理新型产品的销售，可能错误地对系统进行更改，或者对系统的更改是正确的，但是程序员没能把此次更改转化为正确的程序代码。

（2）可能由于两个或更多的人员进行串通或管理层凌驾于内部控制之上而被规避。例如，管理层可能与客户签订背后协议，对标准的销售合同作出变动，从而导致收入确认发生错误。再如，软件中的编辑控制旨在发现和报告超过赊销信用额度的交易，但这一控制可能被逾越或规避。

此外，如果被审计单位内部行使控制职能的人员素质不适应岗位要求，也会影响内部控制功能的正常发挥。被审计单位实施内部控制的成本效益问题也会影响其职能，当实施某项控制成本大于控制效果时，就没有必要设置控制环节或控制措施。内部控制一般都是针对经常或重复发生的业务而设置的，如果出现不经常发生或未预计到的业务，原有控制就可能不适用。

小型被审计单位在执行内控时会面临一些挑战，包括：小型被审计单位拥有的员工通常较少，难以拥有足够的资源来获得充分的职责分离，无法聘请内部审计人员；业主主导局面的能力过强，凌驾于内部控制之上粉饰财务报告的可能性较大；难以吸取外部独立的财务及运营管理专业机构来为董事会及审计委员会服务；很少拥有合格的编制财务信息的会计人员。由于这些限制，小型被审计单位需要考虑符合成本效益原则的补偿控制以获得足够的内部控制。注册会计师应当考虑一些关键领域是否存在有效的内部控制。通常，业主或经理的积极参与是最好的补偿控制。

6.3.5 控制环境

控制环境包括治理职能和管理职能，以及治理层和管理层对内部控制及其重要性的态度、认识和措施。控制环境设定了被审计单位的内部控制基调，影响员工对内部控制的认识和态度。良好的控制环境是实施有效内部控制的基础。防止或发现并纠正舞弊和错误是被审计单位治理层和管理层的责任。实际上，在审计业务承接阶段，注册会计师就需要对控制环境作出初步了解和评价。

控制环境对重大错报风险的评估具有广泛影响，注册会计师应当考虑控制环境的总体优势是否为内部控制的其他要素提供了适当的基础，并且未被控制环境中存在的缺陷所削弱。

注册会计师在评估重大错报风险时，存在令人满意的控制环境是一个积极的因素。虽然令人满意的控制环境并不能绝对防止舞弊，但却有助于降低发生舞弊的风险。有效的控制环境还为注册会计师相信在以前年度和期中所测试的控制将继续有效运行提供一定基础。相反，控制环境中存在的弱点可能削弱控制的有效性。例如，注册会计师在进行风险评估时，如果认为被审计单位控制环境薄弱，则很难认定某一流程的控制是有效的。

控制环境本身并不能防止或发现并纠正各类交易、账户余额、列报认定层次的重大错报，注册会计师在评估重大错报风险时，应当将控制环境连同其他内部控制要素产生的影响一并考虑。例如，将控制环境与对控制的监督和具体控制活动一并考虑。

在评价控制环境的设计时，注册会计师应当考虑构成控制环境的以下要素：

1）对诚信和道德价值观念的沟通与落实

诚信和道德价值观念是控制环境的重要组成部分，影响到重要业务流程的设计和运行。内部控制的有效性直接依赖于负责创建、管理和监控内部控制的人员的诚信和道德价值观念。被审计单位是否存在道德行为规范，以及这些规范如何在被审计单位内部得到沟通和落实，决定了是否能产生诚信和道德的行为。对诚信和道德价值观念的沟通与落实既包括管理层如何处理不诚实、非法或不道德行为，也包括在被审计单位内部，通过行为规范以及高层管理人员的身体力行，对诚信和道德价值观念的营造和保持。

例如，管理层在行为规范中指出，员工不允许从供货商那里获得超过一定金额的礼品，超过部分都须报告和退回。尽管该行为规范本身并不能绝对保证员工都照此执行，但至少意味着管理层已对此进行明示，它连同其他程序，可能构成一个有效的预防机制。

注册会计师在了解和评估被审计单位诚信和道德价值观念的沟通与落实时，考虑的主要因素可能包括：（1）被审计单位是否有书面的行为规范并向所有员工传达；（2）被审计单位的企业文化是否强调诚信和道德价值观念的重要性；（3）管理层是否身体力行，高级管理人员是否起表率作用；（4）对违反有关政策和行为规范的情况，管理层是否采取适当的惩罚措施。

2）对胜任能力的重视

胜任能力是指具备完成某一职位工作所应具有的知识和能力。管理层对胜任能力的重视包括对于特定工作所需的胜任能力水平的设定，以及对达到该水平所必需的知识和能力的要求。注册会计师应当考虑主要管理人员和其他相关人员是否能够胜任承担的工作和职责，例如，财会人员是否对编报财务报表所适用的会计准则和相关会计制度有足够的了解并能正确运用。

注册会计师在就被审计单位对胜任能力的重视情况进行了解和评估时，考虑的主要因素可能包括：（1）财会人员以及信息管理人员是否具备与被审计单位业务性质和复杂程度相称的足够的胜任能力和培训，在发生错误时，是否通过调整人员或系统来加以处理；（2）管理层是否配备足够的财会人员以适应业务发展和有关方面的需要；（3）财会人员是否具备理解和运用会计准则所需的技能。

3）治理层的参与程度

被审计单位的控制环境在很大程度上受治理层的影响。治理层的职责应在被审计单位的章程和政策中予以规定。治理层（董事会）通常通过其自身的活动，并在审计委员会或类似机构的支持下，监督被审计单位的财务报告政策和程序。因此，董事会、审计委员会或类似机构应关注被审计单位的财务报告，并监督被审计单位的会计政策以及内部、外部的审计工作和结果。治理层的职责还包括监督用于复核内部控制有效性的政策和程序设计是否合理，执行是否有效。

注册会计师在对被审计单位治理层的参与程度进行了解和评估时，考虑的主要因素可能包括：（1）董事会是否建立了审计委员会或类似机构；（2）董事会、审计委员会或类似机构是否与内部审计人员以及注册会计师有联系和沟通，联系和沟通的性质以及频率是否与被审计单位的规模和业务复杂程度相匹配；（3）董事会、审计委员会或类似机构的成员是否具备适当的经验和资历；（4）董事会、审计委员会或类似机构是否独立于管理层；（5）审计委员会或类似机构会议的数量和时间是否与被审计单位的规模和业务复杂程度相匹配；（6）董事会、审计委员会或类似机构是否充分地参与了财务报告的过程；（7）董事会、审计委员会或类似机构是否对经营风险的监控有足够的关注，进而影响被审计单位和管理层的风险评估进程（包括舞弊风险）；（8）董事会成员是否保持相对的稳定性。

4）管理层的理念和经营风格

管理层负责企业的运作以及经营策略和程序的制订、执行与监督。控制环境的每个方面在很大程度上都受管理层采取的措施和作出决策的影响，或在某些情况下受管理层不采取某些措施或不作出某种决策的影响。在有效的控制环境中，管理层的理念和经营风格可以创造一个积极的氛围，促进业务流程和内部控制的有效运行，同时创造一个减少错报发生可能性的环境。在管理层以一个或少数几个人为主时，管理层的理念和经营风格对内部控制的影响尤为突出。

管理层的理念包括管理层对内部控制的理念，即管理层对内部控制以及对具体控制实施环境的重视程度。管理层对内部控制的重视，将有助于控制的有效执行，并减少特定控制被忽视或规避的可能性。控制理念反映在管理层制定的政策、程序及所采取的措施中，而不是反映在形式上。因此，要使控制理念成为控制环境的一个重要特质，管理层必须告知员工内部控制的重要性。同时，只有建立适当的管理层控制机制，控制理念才能产生预期的效果。

衡量管理层对内部控制重视程度的重要标准，是管理层收到有关内部控制弱点及违规事件的报告时是否作出适当反应。管理层及时地下达纠弊措施，表明他们对内部控制的重视，也有利于加强企业内部的控制意识。

此外，了解管理层的经营风格也很有必要，管理层的经营风格可以表明管理层所能接受的业务风险的性质。例如，管理层是否经常投资于风险特别高的领域或者在接受风险方面极为保守，不敢越雷池一步。注册会计师应考虑的问题包括：管理层是否谨慎从事，是否只有在对方案的风险和潜在利益进行仔细研究分析后才进一步采取措施。了解管理层的经营风格有助于注册会计师判断哪些因素影响管理层对待内部控制的态度，哪些因素影响在编制财务报表时所作的判断，特别是在作出会计估计以及选用会计政策时。这种了解也有助于注册会计师进一步认识管理层的能力和经营动机。注册会计师对管理层的能力和诚信越有信心，就越有理由依赖管理层提供的信息和作出的解释及声明。相反，如果对管理层经营风格的了解加重了注册会计师的怀疑，注册会计师就会加大职业怀疑的程度，从而对管理层各种声明产生怀疑。因此，了解管理层的经营风格对注册会计师评估重大错报风险有着重要的意义。

注册会计师在了解和评估被审计单位管理层的理念和经营风格时，考虑的主要因素可能包括：（1）管理层是否对内部控制，包括信息技术的控制，给予了适当的关注；（2）管理层是否由一个或几个人所控制，而董事会、审计委员会或类似机构对其是否实施有效监督；（3）管理层在承担和监控经营风险方面是风险偏好者还是风险规避者；（4）管理层在选择会计政策和作出会计估计时是倾向于激进还是保守；（5）管理层对于信息管理人员以及财会人员是否给予了适当关注；（6）对于重大的内部控制和会计事项，管理层是否征询注册会计师的意见，或者经常在这些方面与注册会计师存在不同意见。

5）组织结构及职权与责任的分配

被审计单位的组织结构为计划、运作、控制及监督经营活动提供了一个整体框架。通过集权或分权决策，可在不同部门间进行适当的职责划分、建立适当层次的报告体系。组织结构将影响权利、责任和工作任务在组织成员中的分配。被审计单位的组织结构在一定程度上取决于被审计单位的规模和经营活动的性质。

注册会计师应当考虑被审计单位组织结构中是否采用向个人或小组分配控制职责的方法，是否建立了执行特定职能（包括交易授权）的授权机制，是否确保每个人都清楚地了解报告关系和责任。注册会计师还需审查对分散经营活动的监督是否充分。有效的权责分配制度有助于形成整体的控制意识。

注册会计师在对被审计单位组织结构和职权与责任的分配进行了解和评估时，考虑的主要因素可能包括：（1）在被审计单位内部是否有明确的职责划分，是否将业务授权、业务记录、资产保管和维护，以及业务执行的责任尽可能地分离；（2）数据的所有权划分是否合理；（3）是否已针对授权交易建立适当的政策和程序。

6）人力资源政策与实务

政策与程序（包括内部控制）的有效性，通常取决于执行人。因此，被审计单位员工的能力与诚信是控制环境中不可缺少的因素。人力资源政策与实务涉及招聘、培训、考核、晋升和薪酬等方面。被审计单位是否有能力招聘并保留一定数量既有能力又有责任心的员工在很大程度上取决于其人事政策与实务。例如，如果招聘录用标准要求录用最合适的员工，包括强调员工的学历、经验、诚信和道德，这表明被审计单位希望录用有能力并值得信赖的人员。被审计单位有关培训方面的政策应显示员工应达到的工作表现和业绩水准。通过定期考核的晋升政策表明被审计单位希望具备相应资格的人员承担更多的职责。

注册会计师在对被审计单位人力资源政策与实务进行了解和评估时，考虑的主要因素可能包括：（1）被审计单位在招聘、培训、考核、晋升、薪酬、调动和辞退员工方面是否有适当的政策和程序（特别是在会计、财务和信息系统方面）；（2）是否有书面的员工岗位职责手册，或者在没有书面文件的情况下，对于工作职责和期望是否作了适当的沟通和交流；（3）人力资源政策与程序是否清晰，并且定期发布和更新；（4）是否对分散在各地区和海外的经营人员建立和沟通人力资源政策与程序。

6.3.6 被审计单位的风险评估过程

1）被审计单位的风险评估过程

任何经济组织在经营活动中都会面临各种各样的风险，风险将对其生存和竞争能力产生影响。很多风险并不为经济组织所控制，但管理层应当确定可以承受的风险水平，识别这些风险并采取一定的应对措施。

风险评估过程的作用是，识别、评估和管理影响被审计单位实现经营目标能力的各种风险。而针对财务报告目标的风险评估过程则包括识别与财务报告相关的经营风险，评估风险的重大性和发生的可能性，以及采取措施管理这些风险。例如，风险评估可能会涉及被审计单位如何考虑应对某些交易未予记录的可能性，或者识别和分析财务报告中的重大会计估计发生错报的可能性。与财务报告相关的风险也可能与特定事项和交易有关。注册会计师应当了解被审计单位的风险评估过程和结果。

2）对风险评估过程的了解

在评价被审计单位风险评估过程的设计和执行时，注册会计师应当确定管理层如何识别与财务报告相关的经营风险，如何估计该风险的重要性，如何评估风险发生的可能性，以及如何采取措施管理这些风险。如果被审计单位的风险评估过程符合其具体情况，了解被审计单位的风险评估过程和结果有助于注册会计师识别财务报表重大错报的风险。

注册会计师可以通过了解被审计单位及其环境的其他方面信息，评价被审计单位风险评估过程的有效性。例如，在了解被审计单位的业务情况时，发现了某些经营风险，注册会计师应当了解管理层是否也意识到这些风险以及如何应对。在对业务流程的了解中，注册会计师还可能进一步地获得被审计单位有关业务流程的风险评估过程的信息。例如，在销售循环中，如果发现了销售的截止性错报风险，注册会计师应当考虑管理层是否也识别了该错报风险以及如何应对该风险。

注册会计师应当询问管理层识别出的经营风险，并考虑这些风险是否可能导致重大错报。在审计过程中，如果发现与财务报表有关的风险因素，注册会计师可通过向管理层询问和检查有关文件确定被审计单位的风险评估过程是否也发现了该风险。在审计过程中，如果识别出管理层未能识别的重大错报风险，注册会计师应当考虑被审计单位的风险评估过程为何没有识别出这些风险，以及评估过程是否适合于具体环境。

6.3.7 控制活动

控制活动是指有助于确保管理层的指令得以执行的政策和程序，包括与授权、业绩评价、信息处理、实物控制和职责分离等相关的活动。

1）授权

授权的目的在于保证交易在管理层授权范围内进行。注册会计师应当了解与授权有关的控制活动，包括一般授权和特别授权。一般授权是指管理层制订的要求组织内部遵守的普遍适用于某类交易或活动的政策。特别授权是指管理层针对特定类别的交易或活动逐一设置的授权，如重大资本支出和股票发行等。特别授权也可能用于超过一般授权限制的常规交易。例如，同意因某些特别原因，对某个不符合一般信用条件的客户赊购商品。

2）业绩评价

注册会计师应当了解与业绩评价有关的控制活动，主要包括被审计单位分析评价实际业绩与预算（或预测、前期业绩）的差异，综合分析财务数据与经营数据的内在关系，将内部数据与外部信息来源相比较，评价职能部门、分支机构或项目活动的业绩（如银行客户信贷经理复核各分行、地区和各种贷款类型的审批和收回），以及对发现的异常差异或关系采取必要的调查与纠正措施。

通过调查非预期的结果和非正常的趋势，管理层可以识别可能影响经营目标实现的情形。管理层对业绩信息的使用（如将这些信息用于经营决策，还是同时用于对财务报告系统报告的非预期结果的追踪），决定了业绩指标的分析是只用于经营目的，还是同时用于财务报告目的。

3）信息处理

信息处理控制可以是人工的、自动化的，或是基于自动流程的人工控制。信息处理控制分为两类，即信息技术的一般控制和应用控制。

信息技术一般控制是指与多个应用系统有关的政策和程序，有助于保证信息系统持续恰当地运行（包括信息的完整性和数据的安全性），支持应用控制作用的有效发挥，通常包括数据中心和网络运行控制，系统软件的购置、修改及维护控制，接触或访问权限控制，应用系统的购置、开发及维护控制。例如，程序改变的控制、限制接触程序和数据的控制、与新版应用软件包实施有关的控制等都属于信息系统一般控制。

信息技术应用控制是指主要在业务流程层次运行的人工或自动化程序，与用于生成、记录、处理、报告交易或其他财务数据的程序相关，通常包括检查数据计算的准确性，审核账户和试算平衡表，设置对输入数据和数字序号的自动检查，以及对例外报告进行人工干预。

4）实物控制

注册会计师应当了解实物控制，主要包括了解对资产和记录采取适当的安全保护措施，对访问计算机程序和数据文件设置授权，以及定期盘点并将盘点记录与会计记录相核对。例如，库存现金、有价证券和存货的定期盘点控制。实物控制的效果影响资产的安全，从而对财务报表的可靠性及审计产生影响。

5）职责分离

注册会计师应当了解职责分离，主要包括了解被审计单位如何将交易授权、交易记录以及资产保管等职责分配给不同员工，以防范同一员工在履行多项职责时可能发生的舞弊或错误。当信息技术运用于信息系统时，职责分离可以通过设置安全控制来实现。

在了解控制活动时，注册会计师应当重点考虑一项控制活动单独或连同其他控制活动，是否能够以及如何防止或发现并纠正各类交易、账户余额、列报存在的重大错报。注册会计师的工作重点是识别和了解针对可能发生重大错报的领域的控制活动。

6.3.8　信息系统与沟通

1）与财务报告相关的信息系统

与财务报告相关的信息系统，包括用以生成、记录、处理和报告交易、事项和情况，对相关资产、负债和所有者权益履行经营管理责任的程序和记录。交易可能通过人工或自动化程序生成。记录包括识别和收集与交易、事项有关的信息。处理包括编辑、核对、计量、估价、汇总和调节活动，可能由人工或自动化程序来执行。报告是指用电子或书面形式编制财务报告和其他信息，供被审计单位衡量和考核财务及其他方面的业绩。

与财务报告相关的信息系统通常包括下列职能：（1）识别与记录所有的有效交易；（2）及时、详细地描述交易，以便在财务报告中对交易作出恰当分类；（3）恰当计量交易，以便在财务报告中对交易的金额作出准确记录；（4）恰当确定交易生成的会计期间；（5）在财务报表中恰当列报交易。

2）对与财务报告相关的信息系统的了解

注册会计师应当从下列方面了解与财务报告相关的信息系统：

（1）在被审计单位经营过程中，对财务报表具有重大影响的各类交易。

（2）在信息技术和人工系统中，交易生成、记录、处理和报告的程序。

（3）与交易生成、记录、处理和报告有关的会计记录、支持性信息和财务报表中的特定项目。企业信息系统通常包括使用标准的会计分录，以记录销售、购货和现金付款等重复发生的交易，或记录管理层定期作出的会计估计，如应收账款可回收金额的变化。信息系统还包括使用非标准的分录，以记录不重复发生的、异常的交易或调整事项，如企业合并、资产减值等。

（4）信息系统如何获取除各类交易之外的对财务报表具有重大影响的事项和情况，如对固定资产和长期资产计提折旧或摊销、对应收账款计提坏账准备等。

（5）被审计单位编制财务报告的过程，包括作出的重大会计估计和披露。编制财务报告的程序应当同时确保适用的会计准则和相关会计制度要求披露的信息得以收集、记录、处理和汇总，并在财务报告中得到充分披露。

（6）管理层凌驾于账户记录控制之上的风险。在了解与财务报告相关的信息系统时，注册会计师应当特别关注由于管理层凌驾于账户记录控制之上，或规避控制行为而产生的重大错报风险，并考虑被审计单位如何纠正不正确的交易处理。

3）与财务报告相关的沟通

与财务报告相关的沟通包括使员工了解各自在与财务报告有关的内部控制方面的角色和职责、员工之间的工作联系，以及向适当级别的管理层报告例外事项的方式。公开的沟通渠道有助于确保例外情况得到报告和处理。沟通可以采用政策手册、会计和财务报告手册和备忘录等形式进行，也可以通过发送电子邮件、口头沟通和管理层的行动来进行。

4）对与财务报告相关的沟通的了解

注册会计师应当了解被审计单位内部如何对财务报告的岗位职责，以及与财务报告相关的重大事项进行沟通。注册会计师还应当了解管理层与治理层（特别是审计委员会）之间的沟通，以及被审计单位与外部（包括与监管部门）的沟通。具体包括：（1）管理层就员工的职责和控制责任是否进行了有效沟通；（2）针对可疑的不恰当事项和行为是否建立了沟通渠道；（3）组织内部沟通的充分性是否能够使人员有效地履行职责；（4）对于与客户、供应商、监管者和其他外部人士的沟通，管理层是否及时采取适当的进一步行动；（5）被审计单位是否受到某些监管机构发布的监管要求的约束；（6）外部人士如客户和供应商在多大程度上获知被审计单位的行为守则。

6.3.9 对控制的监督

1）对控制的监督的含义

对控制的监督是指被审计单位评价内部控制在一段时间内运行有效性的过程，该过程包括及时评价控制的设计和运行，以及根据情况的变化采取必要的纠正措施。例如，管理层对是否定期编制银行存款余额调节表进行复核，内部审计人员评价销售人员是否遵守公司关于销售合同条款的政策，法律部门定期监控公司的道德规范和商务行为准则是否得以遵循等。监督对控制的持续有效运行十分重要。例如，没有对银行存款余额调节表是否得到及时和准确的编制进行监督，该项控制可能无法得到持续的执行。

通常，被审计单位通过持续的监督活动、专门的评价活动或两者相结合，来实现对控制的监督。持续的监督活动通常贯穿于被审计单位的日常经营活动与常规管理工作中。例如，管理层在履行其日常管理活动时，取得内部控制持续发挥功能的信息。当业务报告、财务报告与他们获取的信息有较大差异时，会对有重大差异的报告提出疑问，并作必要的追踪调查和处理。另一方面，被审计单位可能使用内部审计人员或具有类似职能的人员对内部控制的设计和执行进行专门的评价，以找出内部控制的优点和不足，并提出改进建议。

2）了解对内部控制的监督

注册会计师在对被审计单位整体层面的监督进行了解和评估时，考虑的主要因素可能包括：（1）被审计单位是否定期评价内部控制；（2）被审计单位人员在履行正常职责时，能够在多大程度上获得内部控制是否有效运行的证据；（3）与外部的沟通能够在多大程度上证实内部产生的信息或者指出存在的问题；（4）管理层是否采纳内部审计人员和注册会计师有关内部控制的建议；（5）管理层是否及时纠正控制运行中的偏差；（6）管理层根据监管机构的报告及建议是否及时采取纠正措施；（7）是否存在协助管理层监督内部控制的职能部门（如内部审计部门）。

如存在内部审计部门，对内部审计职能需进一步考虑的因素包括：（1）独立性和权威性；（2）向谁报告，例如，直接向董事会、审计委员会或类似机构报告；（3）是否有足够的人员、培训和特殊技能；（4）是否坚持适用的专业准则；（5）活动的范围，例如，财务审计和经营审计工作的平衡，在分散经营情况下内部审计的覆盖程度和轮换程度；（6）计划、风险评估和执行工作的记录和形成结论的适当性；（7）是否不承担经营管理责任。

6.4 评估重大错报的风险

在了解被审计单位及其环境的基础上，注册会计师在设计和实施审计测试前必须适当地评估重大错报风险，而不能不评估重大错报风险就直接进行审计测试，也不能简单地直接将重大错报风险设定为最高水平，进而实施更广泛的实质性测试。评估财务报表的重大错报风险是审计工作的起点，风险评价的结果将影响实质性测试审计程序的性质、时间和范围。

6.4.1 识别和评估财务报表层次和认定层次的重大错报风险

1）识别和评估重大错报风险的审计程序

在识别和评估重大错报风险时，注册会计师应当实施下列审计程序。

（1）在了解被审计单位及其环境的整个过程中识别风险，并考虑各类交易、账户余额、列报。注册会计师应当运用各项风险评估程序，在了解被审计单位及其环境的整个过程中识别风险，并将识别的风险与各类交易、账户余额和列报相联系。例如：被审计单位因相关环境法规的实施需要更新设备，可能面临原有设备闲置或贬值的风险；宏观经济的低迷可能预示应收账款的回收存在问题；竞争者开发的新产品上市，可能导致被审计单位的主要产品在短期内过时，预示将出现存货跌价和长期资产（如固定资产等）的减值。

（2）将识别的风险与认定层次可能发生错报的领域相联系。注册会计师应当将识别的风险与认定层次可能发生错报的领域相联系。例如，销售困难使产品的市场价格下降，可能导致年末存货成本高于其可变现净值而需要计提存货跌价准备，这显示存货的计价认定可能发生错报。

（3）考虑识别的风险是否重大。风险是否重大是指风险造成后果的严重程度。上例中，除考虑产品市场价格下降因素外，注册会计师还应当考虑产品市场价格下降的幅度、该产品在被审计单位产品中的比重等，以确定识别的风险对财务报表的影响是否重大。假如产品市场价格大幅下降，导致产品销售收入不能补偿成本，毛利率为负，那么年末存货跌价问题严重，存货计价认定发生错报的风险重大；假如价格下降的产品在被审计单位销售收入中所占比例很小，被审计单位其他产品销售毛利率很高，尽管该产品的毛利率为负，但可能不会使年末存货发生重大跌价问题。

（4）考虑识别的风险导致财务报表发生重大错报的可能性。注册会计师还需要考虑上述识别的风险是否会导致财务报表发生重大错报。例如，考虑存货的账面余额是否重大，是否已适当计提存货跌价准备等。在某些情况下，尽管识别的风险重大，但仍不至于导致财务报表发生重大错报。例如，期末财务报表中存货的余额较低，尽管识别的风险重大，但不至于导致存货的计价认定发生重大错报风险。又如，被审计单位对于存货跌价准备的计提实施了比较有效的内部控制，管理层已根据存货的可变现净值计提了相应的跌价准备。在这种情况下，财务报表发生重大错报的可能性将相应降低。

注册会计师应当利用实施风险评估程序获取的信息，包括在评价控制设计和确定其是否得到执行时获取的审计证据，作为支持风险评估结果的审计证据。注册会计师应当根据风险评估结果，确定实施进一步审计程序的性质、时间和范围。

2）可能表明被审计单位存在重大错报风险的事项和情况

注册会计师应当关注下列事项和情况可能表明被审计单位存在重大错报风险：在经济不稳定的国家或地区开展业务；在高度波动的市场开展业务；在严格、复杂的监管环境中开展业务；持续经营和资产流动性出现问题，包括重要客户流失；融资能力受到限制；行业环境发生变化；供应链发生变化；开发新产品或提供新服务，或进入新的业务领域；开辟新的经营场所；发生重大收购、重组或其他非经常性事项；拟出售分支机构或业务分部；复杂的联营或合资；运用表外融资、特殊目的实体以及其他复杂的融资协议；重大的关联方交易；缺乏具备胜任能力的会计人员；关键人员变动；内部控制薄弱；信息技术战略与经营战略不协调；信息技术环境发生变化；安装新的与财务报告有关的重大信息技术系统；经营活动或财务报告受到监管机构的调查；以往存在重大错报或本期期末出现重大会计调整；发生重大的非常规交易；按照管理层特定意图记录的交易；应用新颁布的会计准则或相关会计制度；会计计量过程复杂；事项或交易在计量时存在重大不确定性；存在未决诉讼和或有负债。

3）关注两个层次的重大错报风险

在对重大错报风险进行识别和评估后，注册会计师应当确定，识别的重大错报风险是与特定的某类交易、账户余额、列报的认定相关，还是与财务报表整体广泛相关，进而影响多项认定。某些重大错报风险可能与特定的各类交易、账户余额、列报的认定相关。例如，被审计单位存在复杂的联营或合资，这一事项表明长期股权投资账户的认定可能存在重大错报风险。又如，被审计单位存在重大的关联方交易，该事项表明关联方及关联方交易的披露认定可能存在重大错报风险。

某些重大错报风险可能与财务报表整体广泛相关，进而影响多项认定。例如，在经济不稳定的国家和地区开展业务、资产的流动性出现问题、重要客户流失、融资能力受到限制等，可能导致注册会计师对被审计单位的持续经营能力产生重大疑虑。又如，管理层缺乏诚信或承受异常的压力可能引发舞弊风险，这些风险与财务报表整体相关。

4）内部控制对评估重大错报风险的影响

财务报表层次的重大错报风险很可能源于薄弱的控制环境。薄弱的控制环境带来的风险可能对财务报表产生广泛影响，难以限于某类交易、账户余额、列报，注册会计师应当采取总体应对措施。例如，被审计单位治理层、管理层对内部控制的重要性缺乏认识，没有建立必要的制度和程序，或管理层经营理念偏于激进，又缺乏实现激进目标的人力资源等，这些缺陷源于薄弱的控制环境，可能对财务报表产生广泛影响，需要注册会计师采取总体应对措施。

在评估重大错报风险时，注册会计师应当将所了解的控制与特定认定相联系。这是由于控制有助于防止或发现并纠正认定层次的重大错报。在评估重大错报发生的可能性时，除了考虑可能的风险外，还要考虑控制对风险的抵消和遏制作用。有效的控制会减少错报发生的可能性，而控制不当或缺乏控制，错报就会由可能变成现实。

控制可能与某一认定直接相关，也可能与某一认定间接相关。关系越间接，控制在防止或发现并纠正认定中错报的作用越小。例如，销售经理对分地区的销售网点的销售情况进行复核，与销售收入完整性的认定只是间接相关。相应地，该项控制在降低销售收入完整性认定中的错报风险方面的效果，要比与该认定直接相关的控制（例如，将发货单与开具的销售发票相核对）的效果差。

在确定某一控制是否能够防止或发现并纠正特定认定发生重大错报时，注册会计师应当将该控制活动和其他要素综合考虑。如将销售和收款的控制置于其所在的流程和系统中考虑，以确定其能否实现控制目标。因为单个的控制活动（如将发货单与销售发票相核对）本身并不足以控制重大错报风险。只有多种控制活动和内部控制的其他要素综合作用才足以控制重大错报风险。

5）对风险评估的修正

注册会计师对认定层次重大错报风险的评估应以获取的审计证据为基础，并可能随着不断获取审计证据而作出相应的变化。因此，评估重大错报风险也是一个连续和动态地收集、更新与分析信息的过程，贯穿于整个审计过程的始终。

例如，注册会计师对重大错报风险的评估可能基于预期控制运行有效这一判断，即相关控制可以防止或发现并纠正认定层次的重大错报，但在测试控制运行的有效性时，注册会计师获取的证据可能表明相关控制在被审计期间并未有效运行。同样，在实施实质性程序后，注册会计师可能发现错报的金额和频率比在风险评估时预计的金额和频率要高。因此，如果通过实施进一步审计程序获取的审计证据与初始评估获取的审计证据相矛盾，注册会计师应当修正风险评估结果，并相应修改原计划实施的进一步审计程序。

6.4.2 需要特别考虑的重大错报风险

1）特别风险的含义

作为风险评估的一部分，注册会计师应当运用职业判断，确定识别的风险哪些是需要特别考虑的重大错报风险（以下简称特别风险）。

在确定哪些风险是特别风险时，注册会计师应当在考虑识别出的控制对相关风险的抵消效果前，根据风险的性质、潜在错报的重要程度（包括该风险是否可能导致多项错报）和发生的可能性，判断风险是否属于特别风险。在确定风险的性质时，注册会计师应当考虑下列事项：（1）风险是否属于舞弊风险；（2）风险是否与近期经济环境、会计处理方法和其他方面的重大变化有关；（3）交易的复杂程度；（4）风险是否涉及重大的关联方交易；（5）财务信息计量的主观程度，特别是对不确定事项的计量存在较大区间；（6）风险是否涉及异常或超出正常经营过程的重大交易。

2）非常规交易和判断事项导致的特别风险

日常的、不复杂的、经正规处理的交易不太可能产生特别风险，特别风险通常与重大的非常规交易和判断事项有关。

非常规交易是指由于金额或性质异常而不经常发生的交易。例如，企业并购、债务重组、重大或有事项等。在非常规交易中，管理层更多地介入会计处理，数据收集和处理涉及更多的人工成分，可能包含复杂的计算或会计处理方法，以及非常规交易的性质，都可能导致被审计单位难以对由此产生的特别风险实施有效控制。因此，与重大非常规交易相关的特别风险可能导致更高的重大错报风险。

判断事项通常包括作出的会计估计。如资产减值准备金额的估计、需要运用复杂估值技术确定的公允价值计量等。由于下列原因，与重大判断事项相关的特别风险可能导致更高的重大错报风险：（1）对涉及会计估计、收入确认等方面的会计原则存在不同的理解；（2）所要求的判断可能是主观和复杂的，或需要对未来事项作出假设。

3）考虑与特别风险相关的控制

对特别风险，注册会计师应当评价相关控制的设计情况，并确定其是否已经得到执行。由于与重大非常规交易或判断事项相关的风险很少受到日常控制的约束，注册会计师应当了解被审计单位是否针对该特别风险设计和实施了控制。例如，作出会计估计所依据的假设是否由管理层或专家进行复核，是否建立作出会计估计的正规程序，重大会计估计结果是否由治理层批准等。再如，管理层在收到重大诉讼事项的通知时采取的措施，包括这类事项是否提交适当的专家（如内部或外部的法律顾问）处理、是否对该事项的潜在影响作出评估、是否确定该事项在财务报表中的披露问题以及如何确定等。

如果管理层未能实施控制以恰当应对特别风险，注册会计师应当认为内部控制存在重大缺陷，并考虑其对风险评估的影响。在此情况下，注册会计师应当就此类事项与治理层沟通。

6.4.3 与治理层和管理层的沟通

被审计单位管理层有责任在治理层的监督下，建立、执行和维护有效的内部控制，以合理保证企业经营目标的实现。审计师在了解和测试内部控制的过程中可能会注意到内部控制存在的重大缺陷，此时审计师将此情况告知适当层次的管理层或治理层，将有助于管理层和治理层履行其在内部控制方面的职责。

此外，如果识别出被审计单位未加控制或控制不当的重大错报风险，或认为被审计单位的风险评估过程存在重大缺陷，审计师还应当就此类内部控制缺陷与治理层沟通。

复习思考题

1. 简述风险评估的总体要求及风险评估程序。
2. 简述被审计单位及其环境的内容。
3. 简述内部控制的含义和要素以及被审计单位的内部控制的内容。
4. 如何识别和评估财务报表层次和认定层次的重大错报风险？
5. 需要特别考虑的重大错报风险的种类有哪些？

参考文献与推荐阅读

1. 陈毓圭：《对风险导向审计方法的由来及其发展的认识》，载《会计研究》，2004（2）。

2. 张龙平、李长爱、邓福贤：《国际审计风险准则的最新发展及其启示》，载《会计研究》，2004（12）。

3. 张龙平、朱锦余：《关于注册会计师对内部控制评价的理论思考》，载《审计研究》，2002（2）。

4. 朱荣恩：《关于建立和完善内部控制的若干思考》，载《会计研究》，2001（1）。

5. 朱荣恩、贺欣：《内部控制框架的新发展——企业风险管理框架》，载《审计研究》，2004（6）。

6. 程新生：《公司治理、内部控制、组织结构互动关系研究》，载《会计研究》，2004（4）。

7. 杨有红、胡燕：《试论公司治理与内部控制的对接》，载《会计研究》，2004（10）。

8. 陈汉文、张志毅：《审计委员会与内部审计》，载《中国注册会计师》，2002（1）。

9. 沈艺峰：《独立外部董事：若干学术观点》，载《中国注册会计师》，2001（10）。

10. 美国COSO：《企业风险管理——应用技术》，张宜霞译，大连，东北财经大学出版社，2006。

11. 财政部、证监会、审计署、银监会、保监会：《企业内部控制基本规范》，2008。

12. 财政部、证监会、审计署、银监会、保监会：《企业内部控制应用指引》，2010。

13. 银监会：《商业银行内部控制指引》，2007。

14. 证监会：《证券公司内部控制指引》，2003。

15. 证监会：《关于在上市公司建立独立董事制度的指导意见》，2001。

16. 证监会：《上市公司治理准则》，2002。

第7章

风险应对

主要知识点

针对报表层次重大错报风险的总体应对措施；针对认定层次重大错报风险的进一步审计程序；控制测试的性质、时间和范围；实质性测试的性质、时间和范围

关键概念

总体应对措施（Overall Responses） 进一步审计程序（Further Audit Procedures） 控制测试（Test of Control） 实质性测试（Substantive Test） 控制的运行有效性（Operating Effectiveness of Controls）

注册会计师在审计过程中贯彻风险导向审计的理念，围绕重大错报风险的识别、评估和应对，计划和实施审计工作。针对已评估的重大错报风险，注册会计师应确定总体应对措施，设计和实施进一步审计程序，以将审计风险降低至可接受的水平。

7.1 针对财务报表层次重大错报风险的总体应对措施

7.1.1 财务报表层次重大错报风险与总体应对措施

在财务报表重大错报风险的评估过程中，注册会计师应当确定，所识别的重大错报风险是与特定的某类交易、账户余额、列报的认定相关，还是与财务报表整体广泛相关，进而影响多项认定。如果是后者，则其属于财务报表层次的重大错报风险。

注册会计师应当针对评估的财务报表层次重大错报风险确定下列总体应对措施：

（1）向项目组强调在收集和评价审计证据过程中保持职业怀疑态度的必要性。

（2）分派更有经验或具有特殊技能的审计人员，或利用专家的工作。由于各行业在经营业务、经营风险、财务报告、法规要求等方面具有特殊性，审计人员的专业分工细化成为一种趋势。审计项目组成员中应有一定比例的人员曾经参与过被审计单位以前年度的审计，或具有被审单位所处行业的相关审计经验。必要时，要考虑利用信息技术、税务、评估、精算师等方面专家的工作。

（3）提供更多的督导。对于财务报表层次重大错报风险较高的审计项目，项目组的高级别成员（如项目负责人、项目经理等经验较丰富的人员）要对其他成

员提供更详细、更经常、更及时的指导和监督，并加强项目质量复核。

（4）在选择进一步审计程序时，应当注意使某些程序不被管理层预见或事先了解。被审计单位人员，尤其是管理层，如果熟悉注册会计师的审计套路，就可能采取种种规避手段，掩盖财务报告中的舞弊行为。因此，在设计审计程序的性质、时间和范围时，为了避免既定思维对审计方案的限制，注册会计师要考虑使某些程序不被被审计单位管理层预见或事先了解。

（5）对拟实施审计程序的性质、时间和范围作出总体修改。如果控制环境存在缺陷，其带来的风险可能对财务报表产生广泛影响，难以限于某类交易、账户余额、列报。注册会计师应当对拟实施审计程序的性质、时间和范围作出总体修改。具体应当考虑：

①在期末而非期中实施更多的审计程序。控制环境的缺陷通常会削弱期中获得的审计证据的可信赖程度。

②主要依赖实质性程序获取审计证据。良好的控制环境是其他控制要素发挥作用的基础。控制环境存在缺陷通常会削弱其他控制要素的作用，导致注册会计师可能无法信赖内部控制，而主要依赖实施实质性程序来获取审计证据。

③修改审计程序的性质，获取更具说服力的审计证据。修改审计程序的性质主要是指调整拟实施审计程序的类别及组合，比如原先可能主要限于检查某项资产的账面记录或相关文件，而调整审计程序的性质后可能意味着更加重视实地检查该项资产。

④扩大审计程序的范围。例如，扩大样本规模，或采用更详细的数据实施分析程序。

7.1.2 增强审计程序不可预见性的方法

注册会计师可以通过增加审计程序来提高审计程序的不可预见性，例如：

（1）对以前未测试的低于设定重要性水平或风险较小的账户余额和认定，实施实质性程序。注册会计师可以关注以前未曾关注过的审计领域，尽管这些领域的重要程度可能比较低。如果这些领域有可能被用于掩盖舞弊行为，注册会计师就要针对这些领域实施一些具有不可预见性的测试。

（2）调整实施审计程序的时间，使其超出被审计单位的预期。例如，如果注册会计师在以前年度的大多数审计工作都围绕着12月或在年底前后进行，那么被审计单位就会了解注册会计师这一审计习惯，由此可能会把一些不适当的会计调整放在年度的9月、10月、11月等，以避免引起注册会计师的注意。因此，注册会计师可以考虑调整实施审计程序时测试项目的时间，从测试12月的项目调整到测试9月、10月或11月的项目。

（3）采取不同的审计抽样方法，使当年抽取的测试样本与以前有所不同。

（4）选取不同的地点实施审计程序，或预先不告知被审计单位所选定的测试地点。例如，在存货监盘程序中，注册会计师可以到未事先通知被审计单位的盘点现场进行监盘，使被审计单位没有机会事先清理现场，隐藏一些不想让注册会计师知道的情况。

表 7—1 举例说明了一些具有不可预见性的审计程序。

表 7—1 **审计程序的不可预见性示例表**

审计领域	一些可能适用的具有不可预见性的审计程序
存货	(1) 向以前审计过程中接触不多的被审计单位员工询问，例如采购、销售、生产人员等
	(2) 在不事先通知被审计单位的情况下，选择一些以前未曾访问过的盘点地点进行存货监盘
销售/应收账款	(1) 向在以前审计过程中接触不多或未曾接触过的被审计单位员工询问，例如负责处理大客户账户的销售部人员
	(2) 改变实施实质性分析程序的对象，例如对收入按细类进行分析
	(3) 针对销售和销售退回延长截止测试期间
	(4) 实施以前未曾考虑过的审计程序，例如： ①函证确认销售条款或者选定销售额较不重要、以前未曾关注的销售交易，例如对出口销售实施实质性程序 ②实施更细致的分析程序，例如使用计算机辅助审计技术审阅销售及客户账户 ③测试以前未曾函证过的账户余额，例如，金额为负或是零的账户，或者余额低于以前设定的重要性水平的账户 ④改变函证日期，即把所函证账户的截止日期提前或者推迟 ⑤对关联公司销售和相关账户余额，除了进行详细函证外，再实施其他审计程序进行验证
采购/应付账款	(1) 如果以前未曾对应付账款余额普遍进行函证，可考虑直接向供应商函证确认余额；如果经常采用函证方式，可考虑改变函证的范围或者时间
	(2) 对以前由于低于设定的重要性水平而未曾测试过的采购项目，进行详细测试
	(3) 使用计算机辅助审计技术审阅采购和付款账户，以发现一些特殊项目，例如是否有不同的供应商使用相同的银行账户
现金/银行存款	(1) 多选几个月的银行存款余额调节表进行测试
	(2) 对有大量银行账户的，考虑改变抽样方法
固定资产	对以前由于低于设定的重要性水平而未曾测试过的固定资产进行测试，例如考虑实地盘查一些价值较低的固定资产，如汽车和其他设备等
跨区域审计项目	修改分支机构审计工作的范围或者区域（如增加某些较次要分支机构的审计工作量，或实地去分支机构开展审计工作）

7.1.3 总体应对措施对拟实施进一步审计程序的总体方案的影响

财务报表层次重大错报风险难以限于某类交易、账户余额、列报的特点，意味着此类风险可能对财务报表的多项认定产生广泛影响，并相应增加注册会计师对认定层次重大错报风险的评估难度。因此，注册会计师评估的财务报表层次重大错报风险以及采取的总体应对措施对拟实施进一步审计程序的总体方案具有重大影响。

拟实施进一步审计程序的总体方案包括实质性方案和综合性方案。其中，实质性方案是指注册会计师实施的进一步审计程序以实质性程序为主；综合性方案是指注册会计师在实施进一步审计程序时，将控制测试与实质性程序结合使用。当评估的财务报表层次重大错报风险属于高风险水平（并相应采取更强调审计程序不可预见性，重视调整审计程序的性质、时间和范围等总体应对措施）时，拟实施进一步审计程序的总体方案往往更倾向于实质性方案。

7.2 针对认定层次重大错报风险的进一步审计程序

7.2.1 进一步审计程序的含义

相对于风险评估程序而言，注册会计师针对评估的各类交易、账户余额、列报（包括披露，下同）认定层次重大错报风险实施的审计程序，称为进一步审计程序，包括控制测试和实质性程序。

注册会计师应当针对所评估的认定层次重大错报风险来设计和实施进一步审计程序的性质、时间和范围。注册会计师实施的审计程序具有目的性和针对性，从而可以有的放矢地配置审计资源，提高审计效率和效果。在拟实施的进一步审计程序的性质、时间和范围中，性质是最重要的。只有首先确保进一步审计程序的性质与特定风险相关时，扩大审计程序的范围才是有效的。

7.2.2 设计进一步审计程序时的考虑因素

在设计进一步审计程序时，注册会计师应当考虑下列因素：

（1）风险的重要性。风险的重要性是指风险造成的后果的严重程度。风险的后果越严重，就越需要注册会计师关注和重视，越需要精心设计有针对性的进一步审计程序。

（2）重大错报发生的可能性。重大错报发生的可能性越大，越需要注册会计师精心设计进一步审计程序。

（3）涉及的各类交易、账户余额和列报的特征。不同的交易、账户余额和列报，产生的认定层次的重大错报风险也会存在差异，适用的审计程序也有差别，需要注册会计师区别对待，并设计有针对性的进一步审计程序予以应对。

（4）被审计单位采用的特定控制的性质。不同性质的控制（无论是人工控制还是自动化控制）对注册会计师设计进一步的审计程序具有重要影响。

（5）注册会计师是否拟获取审计证据，以确定内部控制在防止或发现并纠正重大错报方面的有效性。如果注册会计师在风险评估时预期内部控制运行有效，随后拟实施的进一步审计程序必须包括控制测试，且实质性程序自然会受到之前控制测试结果的影响。

注册会计师应当根据对认定层次重大错报风险的评估结果，恰当选用实质性方案或综合性方案。在通常情况下，注册会计师出于成本效益的考虑可以采用综合性方案来设计进一步审计程序，即将测试控制运行的有效性与实质性程序结合使用。但在某些情况（如仅通过实质性程序无法应对的重大错报风险）下，注册会计师必须通过实施控制测试，才可能有效应对评估出的某一认定的重大错报风险；而在另一些情况下，如注册会计师的风险评估程序未能识别出与认定相关的任何控制，或注册会计师认为控制测试很可能不符合成本效益原则，则注册会计师可能认为仅实施实质性程序就是适当的。

7.2.3 进一步审计程序的性质

1）进一步审计程序的性质的含义

进一步审计程序的性质是指进一步审计程序的目的和类型。进一步审计程序的目的包括通过实施控制测试以确定内部控制运行的有效性，通过实施实质性程序以发现认定层次的重大错报。进一步审计程序的类型包括检查、观察、询问、函证、重新计算、重新执行和分析程序。

在应对评估的风险时，合理确定审计程序的性质是最重要的。这是因为，不同的审计程序应对特定认定错报风险的效力不同。例如，对于与收入完整性认定相关的重大错报风险，控制测试通常更能有效应对；对于与收入发生认定相关的重大错报风险，实质性程序通常更能有效应对。再如，实施应收账款的函证程序可以为应收账款在某一时点存在的认定提供审计证据，但通常不能为应收账款的计价认定提供审计证据。对应收账款的计价认定，注册会计师通常需要实施其他更为有效的审计程序，如审查应收账款账龄和期后收款情况、了解欠款客户的信用情况等。

2）确定进一步审计程序的性质时考虑的因素

在确定进一步审计程序的性质时，注册会计师首先需要考虑的是认定层次重大错报风险的评估结果。评估的认定层次重大错报风险越高，对通过实质性程序获取的审计证据的相关性和可靠性的要求越高，从而可能影响进一步审计程序的类型及其综合运用。例如，当注册会计师判断某类交易协议的完整性存在更高的重大错报风险时，除了检查文件以外，注册会计师还可能决定向第三方询问或函证协议条款的完整性。

在确定拟实施的审计程序时，注册会计师还应考虑评估的认定层次重大错报风险产生的原因，包括考虑各类交易、账户余额、列报的具体特征以及内部控制。例如，注册会计师可能判断某特定类别的交易即使在不存在相关控制的情况下发生重大错报的风险仍较低，此时注册会计师可能认为仅实施实质性程序就可以获取充分、适当的审计证据。

7.2.4 进一步审计程序的时间

1）进一步审计程序的时间的含义

进一步审计程序的时间是指注册会计师何时实施进一步审计程序，或审计证据适用的期间或时点。因此，当提及进一步审计程序的时间时，在某些情况下指的是审计程序的实施时间，在另一些情况下是指需要获取的审计证据适用的期间或时点。

有关进一步审计程序的时间的选择问题，第一个层面是注册会计师选择在何时实施进一步审计程序的问题，第二个层面是选择获取什么期间或时点的审计证据的问题。第一个层面的选择问题主要集中在如何权衡期中与期末实施审计程序的关系；第二个层面的选择问题分别集中在如何权衡期中审计证据与期末审计证据的关系、如何权衡以前审计获取的审计证据和本期审计获取的审计证据的关系。这两个层面的最终落脚点都是如何确保获取审计证据的效率和效果。

在很多情况下，虽然在期末实施审计程序非常必要，但仍然不排除注册会计师在期中实施审计程序可能发挥的积极作用。在期中实施进一步审计程序，可能有助于注册会计师在审计工作初期识别重大事项，并在管理层的协助下及时解决这些事项；或针对这些事项制定有效的实质性方案或综合性方案。

当然，在期中实施进一步审计程序也存在很大的局限。首先，注册会计师往往难以仅凭在期中实施的进一步审计程序获取有关期中以前的充分、适当的审计证据（例如某些期中以前发生的交易或事项在期中审计结束时尚未完结）；其次，即使注册会计师在期中实施的进一步审计程序能够获取有关期中以前的充分、适当的审计证据，但从期中到期末这段剩余期间还往往会发生重大的交易或事项，从而对所审计期间的财务报表认定产生重大影响；再次，被审计单位管理层也完全有可能在注册会计师于期中实施了进一步审计程序之后对期中以前的相关会计记录作出调整甚至篡改。为此，如果在期中实施了进一步审计程序，注册会计师还应当针对剩余期间获取审计证据。

2）确定进一步审计程序的时间时考虑的因素

注册会计师是否在期中或期末实施控制测试或实质性程序，一项基本的考虑因素应当是评估的重大错报风险。当重大错报风险较高时，注册会计师应当考虑在期末或接近期末实施实质性程序，或采用不通知的方式，或在管理层不能预见的时间实施审计程序。

此外，注册会计师在确定何时实施审计程序时应当考虑以下几项重要因素：

（1）控制环境。良好的控制环境可以抵消在期中实施进一步审计程序的局限性，使注册会计师在确定实施进一步审计程序的时间时有更大的灵活度。

（2）何时能得到相关信息。例如，某些控制活动可能仅在期中（或期中以前）发生，而之后则可能难以再被观察到；再如，某些电子化的交易和账户文档如未能及时取得，可能被覆盖。在这些情况下，注册会计师如果希望获取相关信息，则需要考虑能够获取相关信息的时间。另一方面，某些审计程序只能在期末或期末以后实施，包括将财务报表与会计记录进行核对，检查财务报表编制过程中所作的会计调整等。

（3）错报风险的性质。例如，被审计单位可能为了保证盈利目标的实现，而在会计期末以后伪造销售合同以虚增收入，此时，注册会计师需要考虑在期末（即资产负债表日）这个特定时点获取被审计单位截至期末所能提供的所有销售合同及相关资料，以防范被审计单位在资产负债表日后伪造销售合同、虚增收入的做法。

（4）审计证据适用的期间或时点。注册会计师应当根据需要获取的特定审计证据确定何时实施进一步审计程序。例如，为了获取资产负债表日的存货余额证据，显然不宜在与资产负债表日间隔过长的期中时点或期末以后时点实施存货监盘等相关审计程序。又如，如果被审计单位在期末或接近期末发生了重大交易，或重大交易在期末尚未完成，注册会计师应当考虑交易的发生或截止等认定可能存在的重大错报风险，并在期末或期末以后检查此类交易。

7.2.5 进一步审计程序的范围

1）进一步审计程序的范围的含义

进一步审计程序的范围是指实施进一步审计程序的数量（包括抽取的样本量）对某项控制活动的观察次数等。

2）确定进一步审计程序的范围时考虑的因素

在确定审计程序的范围时，注册会计师应当考虑下列因素：

（1）确定的重要性水平。确定的重要性水平越低，注册会计师实施进一步审计程序的范围越广。

（2）评估的重大错报风险。评估的重大错报风险越高，对拟获取审计证据的相关性、可靠性的要求越高，因此注册会计师实施的进一步审计程序的范围也越广。

（3）计划获取的保证程度。计划获取的保证程度，是指注册会计师计划通过所实施的审计程序对测试结果可靠性所获取的信心。计划获取的保证程度越高，对测试结果可靠性的要求越高，因而注册会计师实施的进一步审计程序的范围越广。例如，注册会计师对财务报表是否不存在重大错报的信心可能来自控制测试和实质性程序。如果注册会计师计划从控制测试中获取更高的保证程度，则控制测试的范围就更广。

7.3 控制测试

7.3.1 控制测试的内涵和要求

1）控制测试的内涵

控制测试指的是测试控制运行的有效性。这一概念需要与“了解内部控制”加以区分。“了解内部控制”包含两层含义：一是评价控制的设计；二是确定控制是否得到执行。测试控制运行的有效性与确定控制是否得到执行所需获取的审计证据是不同的。

在实施风险评估程序以获取控制是否得到执行的审计证据时，注册会计师应当确定某项控制是否存在，以及被审计单位是否正在使用。

在测试控制运行的有效性时，注册会计师应当从以下几方面获取关于控制是否有效运行的审计证据：①控制在所审计期间的不同时点是如何运行的；②控制是否得到一贯执行；③控制由谁执行；④控制以何种方式运行（如人工控制或自动化控制）。从这四个方面来看，控制运行有效性强调的是控制能够在各个不同时点按照既定设计得以一贯执行。因此，在了解控制是否得到执行时，注册会计师只需抽取少量的交易进行检查或观察某几个时点。但在测试控制运行的有效性时，注册会计师需要抽取足够数量的交易进行检查或对多个不同时点进行观察。

下面举例说明两者之间的区别。某被审计单位针对销售收入和销售费用的业绩评价控制如下：财务经理每月审核实际销售收入（按产品细分）和销售费用（按费用项目细分），并与预算数和上年同期数比较，对于差异金额超过5%的项目进行分析并编制分析报告；销售经理审阅该报告并采取适当跟进措施（相关认定：发生、准确性和完整性）。注册会计师抽查了最近3个月的分析报告，并看到上述管理人员在报告上签字确认，证明该控制已经得到执行。然而，在与销售经理的讨论中，注册会计师发现他并不了解分析报告中明显异常的数据产生的原因，也无法作出合理解释，从而显示该控制并未得到有效的运行。

虽然测试控制运行的有效性与确定控制是否得到执行所需获取的审计证据存在差异，但两者也有联系。为评价控制设计和确定控制是否得到执行而实施的某些风险评估程序并非专为控制测试而设计，但可能提供有关控制运行有效性的审计证据。注册会计师可以考虑在评价控制设计和获取其得到执行的审计证据的同时测试控制运行有效性，以提高审计效率；同时，注册会计师应当考虑这些审计证据是否足以实现控制测试的目的。

在控制测试中，如果某项控制未能适当和一贯地应用，或由未被授权的人员来应用，则说明控制执行失效。人们把这种控制运行的失效或不当习惯地称为“偏差”或“例外”，而不称为“错报”，因为某些控制运行失效或不当只意味着会计记录中有可能出错，但并不是一定会出错。比如，被审计单位的一些销售发票没有由第二个人独立验证其正确性，属于一项控制偏差，但如果第一个经办人员已经正确地填写了发票，那么，会计记录仍然可能是正确的。

2）控制测试的要求

控制测试并非在任何情况下都需要实施。当存在下列情形之一时，注册会计师应当实施控制测试：①在评估认定层次重大错报风险时，预期控制的运行是有效的；②仅实施实质性程序不足以提供认定层次充分、适当的审计证据。

通过实施风险评估程序，注册会计师可能发现某项控制的设计是存在的，也是合理的，同时得到了有效执行。在这种情况下，出于成本效益的考虑，注册会计师可能预期，如果相关控制在不同时点都得到了一贯执行，与该项控制有关的财务报表认定发生重大错报的可能性就不会很大，也就不需要实施很多的实质性程序。为此，注册会计师可能会认为值得对相关控制在不同时点是否得到了一贯执行进行测试，即实施控制测试。

有时，对有些重大错报风险，注册会计师仅通过实质性程序无法予以应对，无法将认定层次重大错报风险降至可接受的低水平。例如，在被审计单位对日常交易或与财务报表相关的其他数据（包括信息的生成、记录、处理、报告）采用高度自动化处理的情况下，审计证据可能仅以电子形式存在。此时，审计证据是否充分和适当通常取决于自动化信息系统相关控制的有效性。如果信息的生成、记录、处理和报告均通过电子格式进行而没有适当有效的控制，则生成不正确信息或信息被不恰当修改的可能性就会大大增加。例如，某企业通过高度自动化的系统确定采购品种和数量，生成采购订单，并通过系统中设定的收货确认和付款条件进行付款。除了系统中的相关信息以外，该企业没有其他有关订单和收货的记录。在这种情况下，如果认为仅通过实施实质性程序不能获取充分、适当的审计证据，注册会计师则必须实施控制测试，且这种测试已经不再是单纯出于成本效益的考虑，而是必须获取的一类审计证据。

7.3.2 控制测试的性质

1）控制测试的性质的含义

控制测试的性质是指控制测试所使用的审计程序的类型及其组合，通常包括询问、观察、检查、重新执行和穿行测试。了解内部控制则不含重新执行。

（1）询问。注册会计师可以向被审计单位的适当员工询问，获取与内部控制运行情况相关的信息。例如，询问信息系统管理人员有无未经授权接触计算机硬件和软件的情况；向负责复核银行存款余额调节表的人员询问如何进行复核，包括复核的要点是什么、发现不符事项如何处理等。然而，仅仅通过询问不能为控制运行的有效性提供充分的证据。注册会计师通常需要印证被询问者的答复。在询问过程中，注册会计师应当保持职业怀疑态度，必须将询问和其他测试手段相结合。

（2）观察。观察是测试不留下书面记录的控制（如职责分离）的运行情况的有效方法，例如，观察存货盘点控制的执行情况。观察也可运用于实物控制，如查看仓库门是否锁好，或空白支票是否妥善保管。通常情况下，注册会计师通过观察直接获取的证据比间接获取的证据更可靠。但是，观察提供的证据仅限于观察发生的时点，该控制在注册会计师不在场时可能未被执行。因此，单独观察也不足以测试控制运行的有效性。

（3）检查。对运行情况留有书面证据的控制，检查非常适用。书面说明、复核时留下的记号，或其他记录在偏差报告中的标志都可以被当做控制运行情况的证据。例如，检查销售发票是否有复核人员签字，检查销售发票是否附有客户订购单和出库单等。

（4）重新执行。通常只有当询问、观察和检查程序结合在一起仍无法获得充分的证据时，注册会计师才考虑通过重新执行来证实控制是否有效运行。例如，为了合理保证计价认定的准确性，被审计单位的一项控制是，由复核人员核对销售发票上的价格与统一价格单上的价格是否一致。但是，要检查复核人员有没有认真执行核对，仅仅检查复核人员是否在相关文件上签字是不够的，注册会计师还需要自己选取一部分销售发票进行核对，这就是重新执行程序。但是，如果需要进行大量的重新执行，注册会计师就要考虑通过实施控制测试以缩小实质性程序的范围是否有效率。

（5）穿行测试。穿行测试不是单独的一种程序，而是将多种程序按特定审计需要进行结合运用的方法。穿行测试是通过追踪交易在财务报告信息系统中的处理过程，来证实注册会计师对控制的了解、评价控制设计的有效性以及确定控制是否得到执行。可见，穿行测试更多地在了解内部控制时运用。但在执行穿行测试时，注册会计师可能获取部分控制运行有效性的审计证据。

2）确定控制测试的性质时的要求

（1）考虑特定控制的性质。注册会计师应当根据特定控制的性质选择所需要实施审计程序的类型。例如，某些控制可能存在反映控制运行有效性的文件记录。在这种情况下，注册会计师可以检查这些文件记录，以获取控制运行有效性的审计证据。某些控制可能不存在文件记录（如一项自动化的控制活动），或文件记录与能否证实控制运行有效性不相关，则注册会计师应当考虑实施询问和观察等其他审计程序或借助计算机辅助审计技术，以获取相关控制运行有效性的审计证据。

（2）考虑测试与认定直接相关和间接相关的控制，以获取支持控制运行有效性的审计证据。例如，被审计单位可能针对超出信用额度的例外赊销交易设置报告和审核制度（与认定直接相关的控制）；在测试该项制度的运行有效性时，注册会计师不仅应当考虑审核的有效性，而且还应考虑与例外赊销报告中信息准确性有关的控制（与认定间接相关的控制）是否有效运行。

（3）如何对一项自动化的应用控制实施控制测试。对一项自动化的应用控制，由于信息技术处理过程的内在一贯性，注册会计师可以利用该项控制得以执行的审计证据和信息技术一般控制（特别是对系统变动的控制）运行有效性的审计证据，作为支持该项控制在相关期间运行有效性的重要审计证据。

3）实施控制测试时对双重目的的实现

控制测试的目的是评价控制是否有效运行，细节测试的目的是发现认定层次的重大错报。尽管两者目的不同，但注册会计师可以考虑针对同一交易同时实施控制测试和细节测试，以实现双重目的。例如，注册会计师通过检查某笔交易的发票可以确定其是否经过适当的授权，也可以获取关于该交易的金额、发生时间等细节证据。当然，如果拟实施双重目的测试，注册会计师应当仔细设计和评价测试程序。

4）实质性程序的结果对控制测试结果的影响

如果通过实质性程序未发现某项认定存在错报，这本身并不能说明与该认定有关的控制是有效运行的，但如果通过实施实质性程序发现某项认定存在错报，注册会计师则应当评价该错报对评价相关控制运行有效性的影响，如降低对相关控制的信赖程度、调整实质性程序的性质、扩大实质性程序的范围等。如果实施实质性程序发现被审计单位没有识别出的重大错报，通常表明内部控制存在重大缺陷，注册会计师则应当就这些缺陷与管理层和治理层进行沟通。

7.3.3 控制测试的时间

1）控制测试的时间的含义

控制测试的时间包含两层含义：一是何时实施控制测试；二是测试所针对的控制适用的时点或期间。一个基本的原理是：如果测试特定时点的控制，如对被审计单位期末存货盘点进行控制测试，注册会计师仅得到该时点控制运行有效性的审计证据；如果测试某一期间的控制，注册会计师可获取控制在该期间有效运行的审计证据。因此，注册会计师应当根据控制测试的目的确定控制测试的时间，并确定拟信赖的相关控制的时点或期间。

如果需要获取控制在某一期间有效运行的审计证据，则仅获取与时点相关的审计证据是不充分的，注册会计师还应当辅以其他控制测试，包括测试被审计单位对控制的监督。换言之，关于控制在多个不同时点的运行有效性的审计证据的简单累加并不能构成控制在某期间的运行有效性的充分、适当的审计证据；而“其他控制测试”应当具备的功能是，能提供相关控制在所有相关时点都运行有效的审计证据。被审计单位对控制的监督起的就是一种检验相关控制在所有相关时点是否都有效运行的作用，因此注册会计师测试这类活动能够强化控制在某期间运行有效性的审计证据效力。

2）如何考虑期中审计证据

注册会计师在期中实施控制测试具有更积极的作用。如果已获取有关控制在期中运行有效性的审计证据，注册会计师仍然应当实施下列审计程序，针对期中至期末这段剩余期间获取充分、适当的审计证据：①获取这些控制在剩余期间变化情况的审计证据；②确定针对剩余期间还需获取的补充审计证据。

上述两项审计程序中，第一项是针对期中已获取审计证据的控制，考察这些控制在剩余期间的变化情况。如果这些控制在剩余期间没有发生变化，注册会计师可能决定信赖期中获取的审计证据；如果这些控制在剩余期间发生了变化，如信息系统、业务流程或人事管理等方面发生变动，注册会计师需要了解并测试控制的变化对期中审计证据的影响。

第二项是针对期中证据以外的、剩余期间的补充证据。在执行该项审计程序时，注册会计师所需证据的多少应当考虑下列因素：①评估的认定层次重大错报风险的重大程度。②在期中测试的特定控制。例如，对自动化运行的控制，注册会计师更可能测试信息系统一般控制的运行有效性，以获取控制在剩余期间运行有效性的审计证据。③在期中对有关控制运行有效性获取的审计证据的多少。如果在期中对有关控制运行有效性获取的审计证据比较充分，可以考虑适当减少需要获取的剩余期间的补充证据。④剩余期间的长度。⑤在信赖控制的基础上拟减少进一步实质性程序的范围。注册会计师对相关控制的信赖程度越高，通常拟减少进一步实质性程序的范围就越大，注册会计师需要获取的剩余期间的补充证据就越多。⑥控制环境。在注册会计师总体上拟信赖控制的前提下，控制环境越薄弱，需要获取的剩余期间的补充证据越多。

除了上述的测试剩余期间控制的运行有效性，测试被审计单位对控制的监督也能够作为一项有益的补充证据，以便更有把握地将控制在期中运行有效性的审计证据延伸至期末。

3）如何考虑以前审计获取的审计证据

由于被审计单位内部控制中的诸多要素往往是相对稳定的，因此注册会计师在本期审计时可以适当考虑利用以前审计获取的有关控制运行有效性的审计证据。这将取决于拟信赖的以前审计中测试的控制在本期是否发生变化。如果在本期审计中拟信赖以前审计获取的控制运行有效性的审计证据，注册会计师应当通过实施询问并结合观察或检查程序获取这些控制是否已经发生变化的审计证据。例如，在以前审计中，注册会计师可能确定被审计单位某项自动控制能够发挥预期作用，那么在本期审计中，注册会计师可以通过询问管理层或检查日志，确定哪些控制已经发生变化。注册会计师可能面临两种结果：控制在本期发生变化；控制在本期未发生变化。

（1）控制在本期发生变化。

如果控制在本期发生变化，注册会计师应当考虑以前审计获取的有关控制运行有效性的审计证据是否与本期审计相关。例如，如果系统的变化仅仅使被审计单位从中获取新的报告，那么，这种变化通常不影响以前审计所获取证据的相关性；如果系统的变化引起数据累积或计算发生改变，那么，这种变化可能影响以前审计所获取证据的相关性。如果拟信赖的控制自上次测试后已发生变化，注册会计师则应当在本期审计中测试这些控制的运行有效性。

（2）控制在本期未发生变化。

如果拟信赖的控制自上次测试后未发生变化，注册会计师应当运用职业判断确定是否在本期审计中测试其运行有效性以及本次测试与上次测试的时间间隔，但两次测试的时间间隔不得超过两年。注册会计师应当考虑的因素或情况包括：

①内部控制其他要素的有效性，包括控制环境、对控制的监督以及被审计单位的风险评估过程。例如，当被审计单位控制环境薄弱或对控制的监督薄弱时，注册会计师应当缩短再次测试控制的时间间隔或完全不信赖以前审计获取的审计证据。

②控制特征（人工控制或者自动化控制）产生的风险。当相关控制中人工控制的成分较大时，考虑到人工控制一般稳定性较差，注册会计师可能决定在本期审计中继续测试该控制的运行有效性。

③信息技术一般控制的有效性。当信息技术一般控制薄弱时，注册会计师可能更少依赖以前审计获取的审计证据。

④控制设计及其运行的有效性，包括在以前审计中测试控制运行有效性时发现

的控制运行偏差的性质和程度。例如，当所审计期间发生了对控制运行产生重大影响的人事变动时，注册会计师可能决定在本期审计中不依赖以前审计获取的审计证据。

⑤由于环境发生变化而特定控制缺乏相应变化导致的风险。当环境的变化表明需要对控制作出相应的变动，但控制却没有作出相应变动时，注册会计师应当充分意识到控制不再有效从而导致本期财务报表发生重大错报的可能性，此时不应再依赖以前审计获取的有关控制运行有效性的审计证据。

⑥重大错报的风险和对控制的拟信赖程度。如果重大错报风险较大或对控制的拟信赖程度较高，注册会计师应当缩短再次测试控制的时间间隔或完全不信赖以前审计获取的审计证据。

需要注意的是，鉴于特别风险的特殊性，对于旨在减轻特别风险的控制，不论该控制在本期是否发生变化，注册会计师都不应依赖以前审计获取的证据，而应在本期审计中测试这些控制的运行有效性。

7.3.4 控制测试的范围

控制测试的范围，主要是指某项控制活动的测试次数。注册会计师应当设计控制测试，以获取控制在整个拟信赖的期间有效运行的充分、适当的审计证据。

1）确定控制测试范围的一般考虑因素

注册会计师在确定某项控制的测试范围时通常考虑的一系列因素：

（1）在整个拟信赖的期间，被审计单位执行控制的频率。控制执行的频率越高、控制测试的范围越大。

（2）在所审计期间，注册会计师拟信赖控制运行有效性的时间长度。拟信赖期间越长，控制测试的范围越大。

（3）为证实控制能够防止或发现并纠正认定层次重大错报，所需获取审计证据的相关性和可靠性。对审计证据的相关性和可靠性要求越高，控制测试的范围越大。

（4）通过测试与认定相关的其他控制获取的审计证据的范围。针对同一认定，可能存在不同的控制。当针对其他控制获取审计证据的充分性和适当性较高时，测试该控制的范围可适当缩小。

（5）在风险评估时拟信赖控制运行有效性的程度。注册会计师在风险评估时对控制运行有效性的拟信赖程度越高，需要实施控制测试的范围越大。

（6）控制的预期偏差。预期偏差可以用控制未得到执行的预期次数占控制应当得到执行次数的比率加以衡量（也可称做预期偏差率）。考虑该因素，是因为在考虑测试结果是否可以得出控制运行有效性的结论时，不可能只要出现任何控制执行偏差就认定控制运行无效，所以需要确定一个合理水平的预期偏差率。控制的预期偏差率越高，需要实施控制测试的范围越大。如果控制的预期偏差率过高，注册会计师应当考虑控制可能不足以将认定层次的重大错报风险降至可接受的低水平，从而针对某一认定实施的控制测试可能是无效的。

2）对自动化控制的测试范围的特别考虑

信息技术处理具有内在一贯性，除非系统（包括系统使用的表格、文档或其他永久性数据）发生变动，一项自动化应用控制应当一贯运行。对于一项自动化应用控制，一旦确定被审计单位正在执行该控制，注册会计师通常无须扩大控制测试的范围，但需要考虑执行下列测试，以确定该控制持续有效运行：

（1）测试与该应用控制有关的一般控制的运行有效性。

（2）确定系统是否发生变动；如果发生变动，是否存在适当的系统变动控制。

（3）确定对交易的处理是否使用授权批准的软件版本。

7.4 实质性程序

7.4.1 实质性程序的内涵

实质性程序是指注册会计师针对评估的重大错报风险实施的直接用以发现认定层次重大错报的审计程序。实质性程序包括对各类交易、账户余额、列报的细节测试以及实质性分析程序。由于注册会计师对重大错报风险的评估是一种判断，可能无法充分识别所有的重大错报风险，并且由于内部控制存在固有局限性，无论评估的重大错报风险结果如何，注册会计师都应当针对所有重大的各类交易、账户余额、列报实施实质性程序。

如果认为评估的认定层次重大错报风险是特别风险，注册会计师则应当专门针对该风险实施实质性程序。例如，如果认为管理层面临实现盈利指标的压力而可能提前确认收入，则注册会计师在设计询证函时不仅应当考虑函证应收账款的账户余额，还应考虑询证销售协议的细节条款（如交货、结算及退货条款），还可考虑在实施函证的基础上针对销售协议及其变动情况询问被审计单位的非财务人员。

如果针对特别风险仅实施实质性程序，注册会计师则应当使用细节测试，或将细节测试和实质性分析程序结合使用，以获取充分、适当的审计证据。由于应对特别风险需要获取具有高度相关性和可靠性的审计证据，因而仅实施实质性分析程序不足以获取有关特别风险的充分、适当的审计证据。

7.4.2 实质性程序的性质

实质性程序的性质，是指实质性程序的类型及其组合。实质性程序的两种基本类型包括细节测试和实质性分析程序。细节测试是对各类交易、账户余额、列报的具体细节进行测试，目的在于直接识别财务报表认定是否存在错报。实质性分析程序从技术特征上看仍然是分析程序，主要是通过研究数据间关系评价信息，只是将该技术方法用作实质性程序，即用以识别各类交易、账户余额、列报及相关认定是否存在错报。由于细节测试和实质性分析程序的目的、技术手段存在一定差异，因此各自有不同的适用领域。

细节测试适用于对各类交易、账户余额、列报认定的测试，尤其是对存在或发生、计价认定的测试。注册会计师需要根据不同的认定层次的重大错报风险设计有针对性的细节测试。例如，在针对存在或发生认定设计细节测试时，注册会计师应当选择包含在财务报表金额中的项目，并获取相关审计证据；又如，在针对完整性认定设计细节测试时，注册会计师应当选择有证据表明应包含在财务报表金额中的项目，并调查这些项目是否确实包括在内。如为应对被审计单位漏记本期应付账款的风险，注册会计师可以检查期后付款记录。

实质性分析程序适用于在一段时期内存在可预期关系的大量交易。注册会计师在设计实质性分析程序时应当考虑的因素包括：①对特定认定使用实质性分析程序的适当性；②对已记录的金额或比率作出预期时，所依据的内部或外部数据的可靠性；③作出预期的准确程度是否足以在计划的保证水平上识别重大错报；④已记录金额与预期值之间可接受的差异额。考虑到数据及分析的可靠性，当实施实质性分析程序时，如果使用被审计单位编制的信息，注册会计师应当考虑测试与信息编制相关的控制以及这些信息是否在本期或前期经过审计。

7.4.3 实质性程序的时间

实质性程序的时间选择同样面临着对期中审计证据和对以前审计获取的审计证据的考虑。对于以前审计中通过实质性程序获取的审计证据，准则采取了更加慎重的态度和更严格的限制。

1）如何考虑是否在期中实施实质性程序

在期中实施实质性程序，一方面消耗了审计资源，另一方面期中实施实质性程序获取的审计证据又不能直接作为期末财务报表认定的审计证据，注册会计师仍然需要消耗进一步的审计资源使期中审计证据能够合理延伸至期末。于是，这两部分审计资源的总和是否能够显著小于完全在期末实施实质性程序所需消耗的审计资源，是注册会计师需要权衡的。注册会计师在考虑是否在期中实施实质性程序时应当考虑的一系列因素：

（1）控制环境和其他相关的控制。控制环境和其他相关的控制越薄弱，注册会计师越不宜在期中实施实质性程序。

（2）实施审计程序所需信息在期中之后的可获得性。如果实施实质性程序所需信息在期中之后可能难以获取（如系统变动导致某类交易记录难以获取），注册会计师应考虑在期中实施实质性程序。然而，如果实施实质性程序所需信息在期中之后的可获得性并不存在明显困难，则该因素不应成为注册会计师在期中实施实质性程序的重要影响因素。

（3）实质性程序的目标。如果针对某项认定实施实质性程序的目标就包括获取该认定的期中审计证据（从而与期末比较），注册会计师应在期中实施实质性程序。

（4）评估的重大错报风险。注册会计师评估的某项认定的重大错报风险越高，针对该认定所需获取的审计证据的相关性和可靠性要求也就越高，注册会计师越应当考虑将实质性程序集中于期末（或接近期末）实施。

（5）各类交易或账户余额以及相关认定的性质。例如，某些交易或账户余额以及相关认定的特殊性质（如收入截止认定、未决诉讼）决定了注册会计师必须在期末（或接近期末）实施实质性程序。

（6）针对剩余期间，能否通过实施实质性程序或将实质性程序与控制测试相结合，降低期末存在错报而未被发现的风险。如果针对剩余期间注册会计师可以通过实施实质性程序或将实质性程序与控制测试相结合，较有把握地降低期末存在错报而未被发现的风险（如注册会计师在10月份实施预审时考虑是否使用一定的审计资源实施实质性程序，从而形成的剩余期间不是很长），注册会计师可以考虑在期中实施实质性程序；但如果针对剩余期间注册会计师认为还需要消耗大量审计资源才有可能降低期末存在错报而未被发现的风险，甚至没有把握通过适当的进一步审计程序降低期末存在错报而未被发现的风险（如被审计单位于8月份发生管理层变更，注册会计师接受后任管理层邀请实施预审时，考虑是否使用一定的审计资源实施实质性程序），注册会计师就不宜在期中实施实质性程序。

2）对期中审计证据的考虑

如果在期中实施了实质性程序，注册会计师应当针对剩余期间实施进一步的实质性程序，或在认为实施实质性程序本身不充分时将实质性程序和控制测试结合使用，以将期中测试得出的结论合理延伸至期末。

对于舞弊导致的重大错报风险，被审计单位存在故意错报或操纵的可能性，那么注册会计师更应慎重考虑能否将期中测试得出的结论延伸至期末。因此，如果已识别出由于舞弊导致的重大错报风险，为将期中得出的结论延伸至期末而实施的审计程序通常是无效的，注册会计师应当考虑在期末或者接近期末实施实质性程序。

在确定针对剩余期间拟实施的实质性程序时，注册会计师应当考虑是否已在期中实施控制测试，并考虑与财务报告相关的信息系统能否充分提供与期末账户余额及剩余期间交易有关的信息。在针对剩余期间实施实质性程序时，注册会计师应当重点关注并调查重大的异常交易或分录、重大波动以及各类交易或账户余额在构成上的重大或异常变动。如果拟针对剩余期间实施实质性分析程序，注册会计师应当考虑某类交易的期末累计发生额或账户期末余额在金额、相对重要性及构成方面能否被合理预期。

如果在期中检查出某类交易或账户余额存在错报，注册会计师应当考虑修改与该类交易或账户余额相关的风险评估以及针对剩余期间拟实施实质性程序的性质、时间和范围，或考虑在期末扩大实质性程序的范围或重新实施实质性程序。

3）对以前审计获取的审计证据的考虑

在以前审计中实施实质性程序获取的审计证据，通常对本期只有很弱的证据效力或没有证据效力，不足以应对本期的重大错报风险。只有当以前获取的审计证据及其相关事项未发生重大变动时（例如以前审计通过实质性程序测试过的某项诉讼在本期没有任何实质性进展），并且通过审计程序确认具有持续相关性时，以前获取的审计证据才可能用作本期的有效审计证据。

7.4.4 实质性程序的范围

在确定实质性程序的范围时，注册会计师应当重点考虑评估的认定层次重大错报风险和实施控制测试的结果。注册会计师评估的认定层次的重大错报风险越高，需要实施实质性程序的范围越广。如果对控制测试结果不满意，注册会计师应当考虑扩大实质性程序的范围。

在设计细节测试时，注册会计师除了从样本量的角度考虑测试范围外，还要考虑选样方法的有效性等因素。例如，从总体中选取大额或异常项目，而不是进行代表性抽样或分层抽样。

实质性分析程序的范围有两层含义。第一层含义是对什么层次上的数据进行分析，注册会计师可以选择在高度汇总的财务数据层次进行分析，也可以根据重大错报风险的性质和水平调整分析层次。例如，按照不同产品线、不同季节或月份、不同经营地点或存货存放地点等实施实质性分析程序。第二层含义是需要对什么幅度或性质的偏差展开进一步调查。实施分析程序可能发现偏差，但并非所有的偏差都值得展开进一步调查。可容忍或可接受的偏差（即预期偏差）越大，作为实质性分析程序一部分的进一步调查的范围就越小。于是确定适当的预期偏差幅度同样属于实质性分析程序的范畴。因此，在设计实质性分析程序时，注册会计师应当确定已记录金额与预期值之间可接受的差异额。在确定该差异额时，注册会计师应当主要考虑各类交易、账户余额、列报及相关认定的重要性和计划的保证水平。

复习思考题

1. 针对报表层次重大错报风险的总体应对措施有哪些？
2. 简述针对认定层次重大错报风险的进一步审计程序。
3. 简述控制测试程序的性质、时间、范围的含义和要求。
4. 简述实质性程序的性质、时间、范围的含义和要求。

参考文献与推荐阅读

1. 陈毓圭：《对风险导向审计方法的由来及其发展的认识》，载《会计研究》，2004（2）。

2. 张龙平、李长爱、邓福贤：《国际审计风险准则的最新发展及其启示》，载《会计研究》，2004（12）。

3. 中国注册会计师协会：《中国注册会计师执业准则指南2006》，北京，中国财政经济出版社，2006。

第8章

审计抽样和其他选取测试项目

主要知识点

审计测试中确定选取测试项目的方法；抽样风险和非抽样风险的概念及其控制；审计抽样中的样本设计；审计抽样规模的影响因素；抽样技术在控制测试中的运用；抽样技术在细节测试中的运用

关键概念

审计抽样（Audit Sampling） 抽样风险（Sampling Risk） 总体（Population） 样本（Sample） 属性抽样（Attributes Sampling） 变量抽样（Variables Sampling） 概率比例规模抽样法（Probability Proportion to Size Sample Selection，PPS）

8.1 选取测试项目的方法

在设计审计程序时，注册会计师应当确定选取测试项目的适当方法。选取测试项目旨在帮助注册会计师确定实施审计程序的范围。审计程序的范围包括抽取的样本量、对某项控制活动的观察次数等。注册会计师可以使用三种方法选取测试项目：选取全部项目、选取特定项目和审计抽样。注册会计师可以根据所测试认定有关的重大错报风险和审计效率，单独或综合使用上述方法。

8.1.1 选取全部项目

选取全部项目意味着对总体中的全部项目进行检查。这里的总体可以包括构成某类交易或账户余额的所有项目，也可以是其中的一层，同一层中的项目具有某一共同特征。通常，当存在下列情形之一时，注册会计师应当考虑选取全部项目进行测试：①总体由少量的大额项目构成；②存在特别风险且其他方法未提供充分、适当的审计证据；③由于信息系统自动执行的计算或其他程序具有重复性，对全部项目进行检查符合成本效益原则。注册会计师可运用计算机辅助审计技术选取全部项目进行测试。

对全部项目进行检查，通常更适用于细节测试，而不适合控制测试。实施细节测试时，在某些情况下，基于重要性水平或风险的考虑，注册会计师可能认为需要测试总体中的全部项目。例如，在截止性测试中，注册会计师通常会对截止日前后一段时期的所有交易进行检查。

8.1.2 选取特定项目

根据对被审计单位的了解、评估的重大错报风险以及所测试总体的特征等，注册会计师可以确定从总体中选取特定项目进行针对性测试。选取的特定项目可能包括：①大额或关键项目；②超过某一金额的全部项目；③被用于获取某些信息的项目；④被用于测试控制活动的项目。

选取特定项目时，注册会计师只对审计对象总体中的部分项目进行测试。注册会计师通常按照覆盖率或风险因素选取测试项目，或将这两种方法结合使用。按照覆盖率选取测试项目是指选取数量较少、金额较大的项目进行测试，从而使测试项目的金额占审计对象总体金额很大的百分比。例如，如果 8 个金额较大的项目占审计对象总体金额的 85%，则通过测试这 8 个项目就可对审计对象总体的存在性和准确性获得较高程度保证。注册会计师也可以决定抽取超过某一设定金额的所有项目，从而验证某类交易或账户余额的大部分金额。按照风险因素选取测试项目是指选取那些具有某种较高风险特征的项目进行测试。例如，可疑的项目、异常的项目、特别具有风险倾向的项目或者以前发生过错误的项目等。

需要注意的是，虽然选取特定项目实施检查是获取审计证据的有效手段，但它并不构成审计抽样。这是因为，虽然选取特定项目也是对某类交易或账户余额中低于百分之百的项目实施审计程序，但它与审计抽样不同之处在于，并非所有抽样单元都有被选取的机会。不符合注册会计师选择标准的项目将没有机会被选取。因此，与审计抽样不同，选取特定项目进行测试不能根据所测试项目中发现的误差推断审计对象总体的误差。

8.1.3 审计抽样

审计抽样是指注册会计师对某类交易或账户余额中低于百分之百的项目实施审计程序，使所有抽样单元都有被选取的机会。审计抽样使注册会计师能够获取和评价与被选取项目的某些特征有关的审计证据，以帮助对从中抽取样本的总体形成结论。审计抽样应当具备三个基本特征：①对某类交易或账户余额中低于百分之百的项目实施审计程序；②所有抽样单元都有被选取的机会；③审计测试的目的是为了评价该账户余额或交易类型的某一特征。

注册会计师获取审计证据时可能使用三种目的的审计程序：风险评估、控制测试和实质性程序。风险评估程序通常不涉及审计抽样。如果注册会计师在了解控制的设计和确定控制是否得到执行的同时计划和实施控制测试，则会涉及审计抽样，但此时审计抽样是针对控制测试进行的。

当控制的运行留下轨迹时，注册会计师可以考虑使用审计抽样实施控制测试。对于未留下运行轨迹的控制，注册会计师通常实施询问、观察等审计程序，以获取有关控制运行有效性的审计证据，此时不涉及审计抽样。

实质性程序包括对各类交易、账户余额、列报的细节测试，以及实质性分析程序。在实施细节测试时，注册会计师可以使用审计抽样获取审计证据，以验证有关财务报表金额的一项或多项认定（如应收账款的存在性），或对某些金额作出独立估计（如陈旧存货的价值）。在实施实质性分析程序时，注册会计师不宜使用审计抽样。

如果注册会计师知道某些账户余额和交易类型更可能发生错报，那么注册会计师可以使用选择全部项目或选取特定项目的方法。然而，如果注册会计师对于需要测试的账户余额或交易事项缺乏特别的了解，那么，审计抽样在此时比较有用。另外，当总体中项目数量太大而导致无法逐项审查，或者虽能逐项审查但需耗费大量成本时，注册会计师也可能使用审计抽样方法。随着被审计单位的规模和经营复杂程度不断增加，为了控制审计成本、提高审计效率和保证审计效果，注册会计师在审计业务中使用审计抽样愈加普遍。三种选取测试项目的方法之间的逻辑关系如图8—1所示。

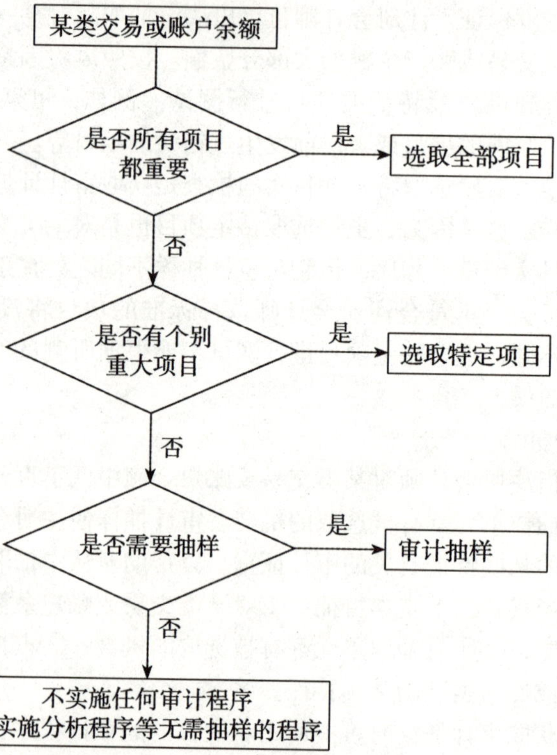

图8—1　选取测试项目的方法之关系图

8.2 审计抽样概述

8.2.1　抽样风险和非抽样风险

在获取审计证据时，注册会计师需要运用职业判断去评估重大错报风险，并设计进一步审计程序，以确保将审计风险降至可接受的低水平。抽样风险和非抽样风险可能影响重大错报风险的评估和检查风险的确定。

1）抽样风险

抽样风险是指注册会计师根据样本得出的结论，与对总体全部项目实施与样本同样的审计程序得出的结论存在差异的可能性。只要注册会计师没有对总体中的全部项目实施审计程序，抽样风险就可能产生。抽样风险分为下列两种类型：

（1）在实施控制测试时，注册会计师推断的控制有效性高于其实际有效性的风险（信赖过度风险）；或在实施细节测试时，注册会计师推断某一重大错报不存在而实际上存在的风险（误受风险）。此类风险影响审计的效果，并可能导致注册会计师发表不恰当的审计意见。

（2）在实施控制测试时，注册会计师推断的控制有效性低于其实际有效性的风险（信赖不足风险）；或在实施细节测试时，注册会计师推断某一重大错报存在而实际上不存在的风险（误拒风险）。此类风险影响审计的效率。

也就是说，无论在控制测试还是在细节测试中，抽样风险都可以分为两种类型：一类是影响审计效果的抽样风险，另一类是影响审计效率的抽样风险。但在控制测试和细节测试中，这两类抽样风险的表现形式有所不同。

2）非抽样风险

非抽样风险是指由于某些与样本规模无关的因素而导致注册会计师得出错误结论的可能性。注册会计师即使对某类交易或账户余额的所有项目实施某种审计程序，也可能仍未能发现重大错报或控制失效。在审计过程中，可能导致非抽样风险的原因包括下列情况：

（1）注册会计师选择的总体不适合于测试目标。

（2）注册会计师未能适当地定义控制偏差或错报，导致注册会计师未能发现样本中存在的偏差或错报。

（3）注册会计师选择了不适于实现特定目标的审计程序。例如，注册会计师依赖应收账款函证来揭露未入账的应收账款。注册会计师错误解读审计证据也可能导致没有发现误差。

（4）注册会计师未能适当地评价审计发现的情况。例如，注册会计师对所发现误差的重要性的判断有误，从而忽略了性质十分重要的误差，导致得出不恰当的结论。

（5）其他原因。

3）抽样风险与非抽样风险的控制

注册会计师应当控制抽样风险和非抽样风险，从而将审计风险降至可接受的低水平。

只要使用了审计抽样，抽样风险就总会存在。对特定样本而言，抽样风险与样本规模反方向变动。无论是控制测试还是细节测试，注册会计师都可以通过扩大样本规模来降低抽样风险。如果对总体中的所有项目都实施检查，就不存在抽样风险，此时审计风险完全由非抽样风险组成。

非抽样风险是由人为错误造成的，因而可以降低、消除或防范。虽然在任何一种抽样方法中注册会计师都不能量化非抽样风险，但通过采取适当的质量控制政策和程序，对审计工作进行适当的指导、监督和复核，以及对审计实务的适当改进，可以将非抽样风险降至可以接受的水平。如果可以从两种审计程序中加以选择，且两种程序均以大致相同的成本提供相同程度的保证，注册会计师应选择非抽样风险水平较低的程序。

8.2.2 统计抽样和非统计抽样

在对某类交易或账户余额使用审计抽样时，注册会计师可以使用统计抽样方法，也可以使用非统计抽样方法。同时具备下列特征的抽样方法才是统计抽样：①随机选取样本；②运用概率论评价样本结果，包括计量抽样风险。

注册会计师应当根据具体情况并运用职业判断，确定使用统计抽样或非统计抽样方法，以最有效率地获取审计证据。例如，在控制测试中，与仅仅对偏差的发生进行定量分析相比，对偏差的性质和原因进行定性分析通常更为重要。在这种情况下，使用非统计抽样可能更为适当。另外，使用的抽样方法通常也不影响对选取的样本项目实施的审计程序。

注册会计师在统计抽样与非统计抽样方法之间进行选择时主要考虑成本效益。统计抽样的优点在于能够客观地计量抽样风险，并通过调整样本规模精确地控制风险。这是与非统计抽样最重要的区别。另外，统计抽样还有助于注册会计师高效地设计样本、计量所获取证据的充分性以及定量评价样本结果。然而，统计抽样可能发生额外的成本。首先，统计抽样需要特殊的专业技能，因此，使用统计抽样需要增加额外的支出来培训注册会计师。其次，统计抽样要求单个样本项目符合统计要求，这些也可能需要支出额外的费用。

非统计抽样如果设计适当，也能提供与设计适当的统计抽样方法同样有效的结果。注册会计师使用非统计抽样时，必须考虑抽样风险并将其降至可接受水平，但注册会计师无法量化抽样风险，只能根据职业判断对其进行定性的评价和控制。

8.2.3 样本设计

1）定义总体

在实施抽样之前，注册会计师必须仔细定义总体，确定抽样总体的范围。总体可以包括构成某类交易或账户余额的所有项目，也可以只包括某类交易或账户余额中的部分项目。例如，如果应收账款中没有个别重大项目，注册会计师直接对应收账款账面余额进行抽样，则总体包括构成应收账款期末余额的所有项目。如果注册会计师已使用选取特定项目的方法将应收账款中的个别重大项目挑选出来单独测试，只对剩余的应收账款余额进行抽样，则总体只包括构成应收账款期末余额的部分项目。

总体应具备下列适当性和完整性两个特征：①适当性。注册会计师应确定总体适合于特定的审计目标，包括适合于测试的方向。例如，在控制测试中，如果要测试用以保证所有发运商品都已开单的控制是否有效运行，注册会计师从已开单的项目中抽取样本不能发现误差，因为该总体不包含那些已发运但未开单的项目。为发现这种误差，将所有已发运的项目作为总体通常比较适当。②完整性。注册会计师应当从总体项目内容和涉及时间等方面确定总体的完整性。例如，如果注册会计师从档案中选取付款证明，除非确信所有的付款证明都已归档，否则注册会计师不能对该期间的所有付款证明作出结论。

2）分层

如果总体项目存在重大的变异性，则注册会计师应当考虑分层。分层是指将一个总体划分为多个子总体的过程，每个子总体由一组具有相同特征（通常为货币金额）的抽样单元组成。将总体分为若干个离散的具有识别特征的子总体（层），可以降低每一层中项目的变异性，从而在抽样风险没有成比例增加的前提下减小样本规模，提高审计效率。

当实施细节测试时，注册会计师通常按照货币金额对某类交易或账户余额进行分层，以将更多的审计资源投入到大额项目中。例如，在对被审计单位的财务报表进行审计时，为了函证应收账款，注册会计师可以将应收账款账户按其金额大小分为三层，即账户金额在10 000元以上的、账户金额为5 000~10 000元的和账户金额在5 000元以下的。然后，根据各层的重要性分别采取不同的选样方法。对于金额在10 000元以上的应收账款账户，应进行全部函证；对于金额在5 000~10 000元以及5 000元以下的应收账款账户，则可采用适当的选样方法选取进行函证的样本。注册会计师也可以按照显示较高误差风险的某一特定特征对总体进行分层。例如，在测试应收账款估价时，余额可以根据账龄分层。

3）确定样本规模

样本规模是指从总体中选取样本项目的数量。在确定样本规模时，注册会计师应当考虑能否将抽样风险降至可接受的低水平。在审计抽样中，如果样本规模过小，就不能反映出总体的特征，注册会计师就无法获取充分的审计证据，从而可能得出错误的审计结论；相反，如果样本规模过大，则会增加审计工作量，造成不必要的时间和人力的浪费，降低审计效率，从而失去了审计抽样的意义。

影响样本规模的因素包括：①可接受的抽样风险。样本规模与可接受的抽样风险成反比。②可容忍误差。可容忍误差越大，所需的样本规模越小。③预计总体误差。预计总体误差，即注册会计师预期在审计过程中发现的误差。预计总体误差越大，越接近可容忍误差，注册会计师越需要扩大样本规模以得到更精确的信息，从而控制总体实际误差超出可容忍误差的风险。④总体变异性。总体变异性是指总体的某一特征（如金额）在各项目之间的差异程度。在控制测试中，注册会计师在确定样本规模时一般不考虑总体变异性。在细节测试中，总体项目的变异性越低，通常样本规模越小。注册会计师可以通过分层，将总体分为相对同质的组，以尽可能降低每一组中变异性的影响，从而缩小样本规模。⑤总体规模。除非总体非常小，一般而言，总体规模对样本规模的影响几乎为零。注册会计师通常将抽样单元超过5 000个的总体视为大规模总体。

表8—1列示了审计抽样中影响样本规模的因素，并分别说明了这些影响因素

在控制测试和细节测试中的表现形式。

表 8—1　　影响样本规模的因素

影响因素	控制测试	细节测试	与样本规模的关系
可接受的抽样风险	可接受的信赖过度风险	可接受的误受风险	反向变动
可容忍误差	可容忍偏差率	可容忍错报	反向变动
预计总体误差	预计总体偏差率	预计总体错报	同向变动
总体变异性	—	总体变异性	同向变动
总体规模	总体规模	总体规模	影响很小

4）样本选取

在选取样本项目时，注册会计师应当使总体中的所有抽样单元均有被选取的机会。不管使用统计抽样方法还是非统计抽样方法，所有的审计抽样均要求注册会计师选取的样本对总体来讲具有代表性。否则，就无法根据样本结果推断总体。选取样本的基本方法包括使用随机数表或计算机辅助审计技术选样、系统选样和随意选样。

（1）使用随机数表或计算机辅助审计技术选样。

使用随机数表或计算机辅助审计技术选样又称随机数选样。使用随机数选样需以总体中的每一项目都有不同的编号为前提。注册会计师可以使用计算机生成的随机数，如电子表格程序、随机数码生成程序、通用审计软件程序等计算机程序产生的随机数，也可以使用随机数表获得所需的随机数。

随机数是一组从长期来看出现概率相同的数码，且不会产生可识别的模式。随机数表也称乱数表，它是由随机生成的从 0 ~ 9 十个数字所组成的数表，每个数字在表中出现的次数是大致相同的，它们出现在表上的顺序是随机的。表 8—2 就是 5 位随机数表的一部分。应用随机数表选样的步骤如下。

①对总体项目进行编号，建立总体中的项目与表中数字的一一对应关系。一般情况下，编号可利用总体项目中原有的某些编号，如凭证号、支票号、发票号等。在没有事先编号的情况下，注册会计师需按一定的方法进行编号。如由 40 页、每页 50 行组成的应收账款明细表，可采用四位数字编号，前两位由 01 ~ 40 的整数组成，表示该记录在明细表中的页数；后两位数字由 01 ~ 50 的整数组成，表示该记录的行次。这样，编号 0534 表示第 5 页第 34 行的记录。所需使用的随机数的位数一般由总体项目数或编号位数决定。如前例中可采用 4 位随机数表，也可以使用 5 位随机数表的前 4 位数字或后 4 位数字。

②确定连续选取随机数的方法。从随机数表中选择一个随机起点和一个选号路线，随机起点和选号路线可以任意选择，但一经选定就不得改变。从随机数表中任选一行或任何一栏开始，按照一定的方向（上下左右均可）依次查找，符合总体项目编号要求的数字即为选中的号码，与此号码相对应的总体项目即为选取的样本项目，一直到选足所需的样本量为止。例如，从前述应收账款明细表的 2 000 个记

录中选择10个样本，总体编号规则如前所述，即前两位数字不能超过40，后两位数字不能超过50。如从表8—2第一行第一列开始，使用前4位随机数，逐行向右查找，则选中的样本为编号3204、0741、0903、0941、3815、2216、0141、3723、0550、3748的10个记录。

表8—2 **随机数表**

	1	2	3	4	5	6	7	8	9	10
1	32044	69037	29655	92114	81034	40582	01584	77184	85762	46505
2	23821	96070	82592	81642	08971	07411	09037	81530	56195	98425
3	82383	94987	66441	28677	95961	78346	37916	09416	42438	48432
4	68310	21792	71635	86089	38157	95620	96718	79554	50209	17705
5	94856	76940	22165	01414	01413	37231	05509	37489	56459	52983
6	95000	61958	83430	98250	70030	05436	74814	45978	09277	13827
7	20764	64638	11359	32556	89822	02713	81293	52970	25080	33555
8	71401	17964	50940	95753	34905	93566	36318	79530	51105	26952
9	38464	75707	16750	61371	01523	69205	32122	03436	14489	02086
10	59442	59247	74955	82835	98378	83513	47870	20795	01352	89906

随机数选样不仅使总体中每个抽样单元被选取的概率相等，而且使相同数量的抽样单元组成的每种组合被选取的概率相等。这种方法在统计抽样和非统计抽样中均适用。由于统计抽样要求注册会计师能够计量实际样本被选取的概率，所以这种方法尤其适合于统计抽样。

（2）系统选样。

系统选样也称等距选样，是指按照相同的间隔从审计对象总体中等距离地选取样本的一种选择方法。采用系统选样法，首先要计算选样间距，确定选样起点，然后再根据间距顺序地选取样本。选样间距的计算公式如下：

选样间距＝总体规模÷样本规模

例如，如果销售发票的总体范围是652～3 151，设定的样本量是125，那么选样间距为20（(3 152-652）÷125)。注册会计师必须从0～19中选取一个随机数作为抽样起点。如果随机选择的数码是9，那么第一个样本项目是发票号码为661（652+9）的那一张，其余的124个项目是681（661+20）、701（681+20）……依此类推，直至第3141号。

系统选样方法的主要优点是使用方便，比其他选样方法节省时间，并可用于无限总体。此外，使用这种方法时，对总体中的项目不需要编号，注册会计师只要简单数出每一个间距即可。但是，使用系统选样方法要求总体必须是随机排列的，否则容易发生较大的偏差，造成非随机的、不具代表性的样本。如果测试项目的特征在总体内的分布具有某种规律性，则选择的样本的代表性就可能较差。系统选样可以在非统计抽样中使用，在总体随机分布时也可适用于统计抽样。

（3）随意选样。

随意选样也叫任意选样，是指注册会计师不带任何偏见地选取样本，即注册会计师不考虑样本项目的性质、大小、外观、位置或其他特征而选取总体项目。随意选样的主要缺点在于很难完全无偏见地选取样本项目，即这种方法难以彻底排除注册会计师的个人偏好对选取样本的影响，因而很可能使样本失去代表性。

8.2.4 对样本实施审计程序

注册会计师应当针对选取的每个项目，实施适合于具体审计目标的审计程序，从而发现并记录样本中存在的误差。

如果选取的项目不适合实施审计程序，注册会计师通常使用替代项目。例如，注册会计师在测试付款是否得到授权时选取的付款单据中可能包括一个空白的付款单。如果注册会计师确信该空白付款单是合理的且不构成误差，可以适当选择一个替代项目进行检查。如果因凭证缺失等原因导致注册会计师无法对所选取的项目实施已设计的审计程序，且不能针对该项目实施适当的替代审计程序，注册会计师通常考虑将该项目视作误差。

8.2.5 评价样本结果

注册会计师应当考虑样本的结果、已识别的所有误差的性质和原因及其对具体审计目标和审计的其他方面可能产生的影响。对样本结果的评价包括定性评估和定量评估。即使样本的统计评价结果在可以接受的范围内，注册会计师也应对样本中的所有误差（包括控制测试中的控制偏差和细节测试中的金额错报）进行定性分析。

1）推断总体误差

在控制测试中，注册会计师将样本中发现的偏差数量除以样本规模，就计算出样本偏差率。由于样本的误差率就是整个总体的推断误差率，注册会计师无须推断总体误差率，但须考虑抽样风险。当实施细节测试时，注册会计师应当根据样本中发现的误差金额推断总体误差金额，并考虑推断误差对特定审计目标及审计其他方面的影响。

2）形成审计结论

注册会计师应当评价样本结果，以确定对总体相关特征的评估是否得到证实或需要修正。

（1）控制测试中的样本结果评价。

①统计抽样。在统计抽样中，注册会计师通常使用表格或计算机程序计算抽样风险。经量化的抽样风险被称为抽样风险允许限度。它代表抽样风险对样本评价结果的影响，用来对推断的总体误差进行调整。在控制测试中，抽样风险允许限度用百分数表示。用以评价抽样结果的大多数计算机程序都能根据样本规模、样本结果，计算在注册会计师确定的信赖过度风险条件下可能发生的偏差率上限的估计值。该偏差率上限的估计值即总体偏差率与抽样风险允许限度之和。

如果估计的总体偏差率上限低于可容忍偏差率，则总体可以接受。这时，注册会计师对总体作出结论，样本结果支持计划评估的控制有效性，从而支持计划的重大错报风险评估水平。

如果估计的总体偏差率上限大于或等于可容忍偏差率，则总体不能接受。这时，注册会计师对总体作出结论，样本结果不支持计划评估的控制有效性，从而不支持计划的重大错报风险评估水平。注册会计师应当修正重大错报风险评估水平，并增加实质性程序的数量。

在控制测试中，如果估计的总体偏差率上限低于但接近可容忍偏差率，注册会计师应当结合其他审计程序的结果，考虑是否接受总体，并考虑是否需要扩大测试范围，以进一步证实计划评估的控制有效性和重大错报风险水平。

②非统计抽样。在非统计抽样中，抽样风险无法直接计量。注册会计师通常直接将样本偏差率（即估计的总体偏差率）与可容忍偏差率相比较，以判断总体是否可以接受。

如果样本偏差率大于可容忍偏差率，则总体不能接受。这时，注册会计师对总体作出结论，样本结果不支持计划评估的控制有效性，从而不支持计划的重大错报风险评估水平。因此，注册会计师应当修正重大错报风险评估水平，并增加实质性程序的数量。注册会计师也可以对影响重大错报风险评估水平的其他控制进行测试，以支持计划的重大错报风险评估水平。

如果样本偏差率低于总体的可容忍偏差率，注册会计师要考虑即使总体实际偏差率高于可容忍偏差率时仍出现这种结果的风险。如果样本偏差率大大低于可容忍偏差率，注册会计师通常认为总体可以接受。如果样本偏差率虽然低于可容忍偏差率，但两者很接近，注册会计师通常认为总体实际偏差率高于可容忍偏差率的抽样风险很高，因而总体不可接受。如果样本偏差率与可容忍偏差率之间的差额不是很大也不是很小，以至于不能认定总体是否可以接受时，注册会计师则要考虑扩大样本规模，以进一步搜集证据。

（2）细节测试中的样本结果评价。

在细节测试中，注册会计师首先必须根据样本中发现的实际错报要求被审计单位调整账面记录金额。将被审计单位已更正的错报从推断的总体错报金额中减掉后，注册会计师应当将调整后的推断总体错报与该类交易或账户余额的可容忍错报相比较，但必须考虑抽样风险。

①统计抽样。在统计抽样中，注册会计师利用计算机程序或数学公式计算出总体错报上限，并将计算的总体错报上限与可容忍错报进行比较。计算的总体错报上限等于推断的总体错报（调整后）与抽样风险允许限度之和。

如果计算的总体错报上限低于可容忍错报，则总体可以接受。这时，注册会计师对总体作出结论，所测试的交易或账户余额不存在重大错报。

如果计算的总体错报上限大于或等于可容忍错报，则总体不能接受。这时，注册会计师对总体作出结论，所测试的交易或账户余额存在重大错报。在评价财务报表整体是否存在重大错报时，注册会计师应将该类交易或账户余额的错报与其他审计证据一起考虑。通常，注册会计师会建议被审计单位对错报进行调查，且在必要时调整账面记录。

②非统计抽样。在非统计抽样中，注册会计师运用其经验和职业判断评价抽样结果。如果调整后的总体错报大于可容忍错报，或虽小于可容忍错报但两者很接近，注册会计师通常作出总体实际错报大于可容忍错报的结论。也就是说，该类交易或账户余额存在重大错报，因而总体不能接受。注册会计师通常会建议被审计单位对错报进行调查，且在必要时调整账面记录。在评价财务报表整体是否存在重大错报时，注册会计师应将该类交易或账户余额的错报与其他审计证据一起考虑。

如果调整后的总体错报远远小于可容忍错报，注册会计师可以作出总体实际错报小于可容忍错报的结论，即该类交易或账户余额不存在重大错报，因而总体可以接受。

如果调整后的总体错报小于可容忍错报，且两者之间的差距既不很小又不很大，注册会计师必须特别仔细地考虑总体实际错报超过可容忍错报的风险是否能够接受，并考虑是否需要扩大细节测试的范围，以获取进一步的证据。

8.3 抽样技术在控制测试中的运用

8.3.1 抽样基本概念在控制测试中的运用

在控制测试中，注册会计师主要关注抽样风险中的信赖过度风险。可接受的信赖过度风险与样本规模成反比。注册会计师愿意接受的信赖过度风险越低，样本规模通常越大；反之，则样本规模越小。控制测试中选取的样本旨在提供关于控制运行有效性的证据。由于控制测试是控制是否有效运行的主要证据来源，因此，可接受的信赖过度风险应确定在相对较低的水平上。通常，相对较低的水平在数量上是指5% ~10% 的信赖过度风险。在实务中，一般的测试是将信赖过度风险确定为10%。

在控制测试中，可容忍误差是指可容忍偏差率。可容忍偏差率是指注册会计师在不改变其计划评估的控制有效性，从而不改变其计划评估的重大错报风险水平的前提下，愿意接受的对于设定控制的最大偏差率。在确定可容忍偏差率时，注册会计师应考虑计划评估的控制有效性。计划评估的控制有效性越低，注册会计师确定的可容忍偏差率通常越高，所需的样本规模就越小。一个很高的可容忍偏差率通常意味着，控制的运行不会大大降低相关实质性程序的程度。在这种情况下，由于注册会计师预期控制运行的有效性很低，特定的控制测试可能不需进行。反之，如果注册会计师在评估认定层次重大错报风险时预期控制的运行是有效的，则注册会计师必须实施控制测试。换言之，注册会计师在风险评估时越依赖控制运行的有效性，确定的可容忍偏差率越低，进行控制测试的范围就越大，因而样本规模增加。

在实务中，注册会计师通常认为：当偏差率为3% ~7%时，控制有效性的估计水平较高；可容忍偏差率最高为 20%，当偏差率超过 20% 时，由于估计控制运行无效，注册会计师不需要进行控制测试。当估计控制运行有效时，如果注册会计师确定的可容忍偏差率较高，那么这就被认为不恰当。表 8—3 列示了可容忍偏差率与计划评估的控制有效性之间的关系。

表 8—3　**可容忍偏差率与计划评估的控制有效性之间的关系**

计划评估的控制有效性	可容忍偏差率（近似值）
高	3% ~7%
中	6% ~12%
低	11% ~20%
最低	不进行控制测试

在控制测试中，预计总体误差是指预计总体偏差率。

8.3.2　控制测试中的常见抽样方法

注册会计师在控制测试中通常使用属性抽样法，具体有三种：固定样本量抽样、停走抽样和发现抽样。本书主要介绍固定样本量抽样。在固定样本量抽样中，注册会计师对一个确定规模的样本实施检查，且等到某一确定规模的样本全部选取、审查完以后，才作出审计结论。其主要步骤如下：

1）确定测试目标

注册会计师实施控制测试的目标是提供关于控制运行有效性的审计证据，以支持计划的重大错报风险评估水平。假设注册会计师将要测试的内部控制是：企业是否只有在将验收报告与进货发票相核对之后，才核准支付采购货款。控制测试的目标是确认现金支付授权控制的运行有效性，以支持对现金账户确定的重大错报风险评估水平。

2）定义"误差"

对于每张发票及有关的验收单据，若发现下列情形之一，即可将其定义为"误差"：①未附验收单据的任何发票；②发票虽附有验收单据，但该单据却属于其他发票；③发票与验收单据所记载的数量不符。

3）定义审计对象总体

假如企业对每笔采购业务均采用连续编号的凭单，每张凭单上要附有验收报告及发票，因此，抽样单位是单个的凭单。若此项测试是期中执行的，则假设审计对象总体包括审计年度前 10 个月内购买原材料的××张凭单。

4）确定样本规模

（1）影响样本规模的因素。

在控制测试中影响样本规模的因素如下：

①可接受的信赖过度风险。在实施控制测试时，注册会计师主要关注抽样风险中的信赖过度风险。可接受的信赖过度风险与样本规模反向变动。在实务中，一般将信赖过度风险确定为 10%；对于特别重要的测试，可将信赖过度风险确定为

5%。在这里，我们假设注册会计师确定的可接受信赖过度风险为10%。

②可容忍偏差率。可容忍偏差率与样本规模反向变动。在确定可容忍偏差率时，注册会计师应考虑计划评估的控制有效性。计划评估的控制有效性越高，意味着注册会计师在评估重大错报风险时越依赖控制运行的有效性，确定的可容忍偏差率相应越低，实施控制测试的范围也越大。在实务中，注册会计师通常认为，当计划评估的控制有效性很高时，可容忍偏差率为3%~7%；但可容忍偏差率不得高于20%，因为若可容忍偏差率超过20%，估计控制运行无效，注册会计师不需进行控制测试。在这里，我们假设注册会计师确定的可容忍偏差率为7%。

③预计总体偏差率。在这里，我们假定注册会计师根据上年测试结果和对控制的初步了解，预计总体的偏差率为1.75%。

④总体规模。在这里，我们假设采购支付业务数量很大，因而注册会计师认为总体规模对样本规模的影响可以忽略。

（2）样本规模的确定。

①使用统计公式计算样本规模。

在基于泊松分布的统计模型中，样本量的计算公式如下：

$$样本量（n）=\frac{可接受的信赖过度风险系数（R）}{可容忍偏差率（TR）}$$

其中的分子“可接受的信赖过度风险系数”取决于特定的信赖过度风险和预期将出现的偏差的个数，它可在泊松分布表中查得。表8—4列示了在控制测试中常用的风险系数。

表8—4 **控制测试中常用的风险系数表**

预期发生偏差的数量	信赖过度风险	
	5%	10%
0	3.0	2.3
1	4.8	3.9
2	6.3	5.3
3	7.8	6.7
4	9.2	8.0
5	10.5	9.3
6	11.9	10.6
7	13.2	11.8
8	14.5	13.0
9	15.7	14.2
10	17.0	15.4

根据前面的假设，注册会计师确定的可接受信赖过度风险为10%，可容忍偏

差率7%，并预期至多发现一例偏差。应用公式可计算出所需的样本量为56，计算如下：

$$样本量（n）=\frac{可接受的信赖过度风险系数（R）}{可容忍偏差率（TR）}=\frac{3.9}{0.07}=56$$

其中的风险系数3.9是根据预期的偏差1和信赖过度风险10%，从表8—4中查得的。

②使用样本量表确定样本规模。

表8—5提供了在控制测试中确定的可接受信赖过度风险为10%时所使用的样本量表。如果注册会计师需要其他信赖过度风险水平的抽样规模，必须使用其他统计抽样参考资料中的表格或计算机程序。

表8—5　**控制测试中统计抽样样本规模——信赖过度风险10%（括号内是可接受的偏差数）**

预计总体偏差率	可容忍偏差率										
	2%	3%	4%	5%	6%	7%	8%	9%	10%	15%	20%
0	114(0)	76(0)	57(0)	45(0)	38(0)	32(0)	28(0)	25(0)	22(0)	15(0)	11(0)
0.25%	194(1)	129(1)	96(1)	77(1)	64(1)	55(1)	48(1)	42(1)	38(1)	25(1)	18(1)
0.50%	194(1)	129(1)	96(1)	77(1)	64(1)	55(1)	48(1)	42(1)	38(1)	25(1)	18(1)
0.75%	265(2)	129(1)	96(1)	77(1)	64(1)	55(1)	48(1)	42(1)	38(1)	25(1)	18(1)
1.00%	*	176(2)	96(1)	77(1)	64(1)	55(1)	48(1)	42(1)	38(1)	25(1)	18(1)
1.25%	*	221(3)	132(2)	77(1)	64(1)	55(1)	48(1)	42(1)	38(1)	25(1)	18(1)
1.50%	*	*	132(2)	105(2)	64(1)	55(1)	48(1)	42(1)	38(1)	25(1)	18(1)
1.75%	*	*	166(3)	105(2)	88(2)	55(1)	48(1)	42(1)	38(1)	25(1)	18(1)
2.00%	*	*	198(4)	132(3)	88(2)	75(2)	48(1)	42(1)	38(1)	25(1)	18(1)
2.25%	*	*	*	132(3)	88(2)	75(2)	65(2)	42(2)	38(2)	25(1)	18(1)
2.50%	*	*	*	158(4)	110(3)	75(2)	65(2)	58(2)	38(2)	25(1)	18(1)
2.75%	*	*	*	209(6)	132(4)	94(3)	65(2)	58(2)	52(2)	25(1)	18(1)
3.00%	*	*	*	*	132(4)	94(3)	65(2)	58(2)	52(2)	25(1)	18(1)
3.25%	*	*	*	*	153(5)	113(4)	82(3)	58(2)	52(2)	25(1)	18(1)
3.50%	*	*	*	*	194(7)	113(4)	82(3)	73(3)	52(2)	25(1)	18(1)
3.75%	*	*	*	*	*	131(5)	98(4)	73(3)	52(2)	25(1)	18(1)
4.00%	*	*	*	*	*	149(6)	98(4)	73(3)	65(3)	25(1)	18(1)
5.00%	*	*	*	*	*	*	160(8)	115(6)	78(4)	34(2)	18(1)
6.00%	*	*	*	*	*	*	*	182(11)	116(7)	43(3)	25(2)
7.00%	*	*	*	*	*	*	*	*	199(14)	52(4)	25(2)

注：本表假设总体为大总体。

*表示样本规模太大，因而在多数情况下不符合成本效益原则。

注册会计师根据可接受的信赖过度风险选择相应的抽样规模表，然后读取预计总体偏差率栏找到适当的比率。接下来，注册会计师确定与可容忍偏差率对应的列。可容忍偏差率所在列与预计总体偏差率所在行的交点就是所需的样本规模。在前面的假设中，注册会计师确定的可接受信赖过度风险为10%、可容忍偏差率为7%、预计总体偏差率为1.75%。在信赖过度风险为10%时使用的表8—5中，7%的可容忍偏差率与1.75%的预计总体偏差率的交叉处为55，即所需的样本规模为55，近似于前面利用公式所计算的56。

5）选取样本并实施审计程序

在控制测试中使用统计抽样方法时，注册会计师必须使用随机数表或计算机辅助审计技术选样或系统选样，因为这两种方法能够产生随机样本，而其他选样方法虽然也可能提供代表性的样本，但却不是随机基础的。在前面的假设中，因为凭单是连续编号的，所以注册会计师决定采用随意选样法来选取56张凭单，并按定义的“误差”对每笔业务实施审计程序。

6）评价样本结果

（1）计算总体偏差率。

将样本中发现的偏差数量除以样本规模，就计算出样本偏差率。样本偏差率就是注册会计师对总体偏差率的最佳估计，因而在控制测试中无须另外推断总体偏差率，但注册会计师还必须考虑抽样风险。

（2）考虑抽样风险。

在实务中，注册会计师使用统计抽样方法时通常使用公式、表格或计算机程序直接计算在确定的信赖过度风险水平下可能发生的偏差率上限，即估计的总体偏差率与抽样风险允许限度之和。

①使用统计公式评价样本结果。

假定在前面的假设中，注册会计师对56个项目实施了既定的审计程序，且未发现偏差，则在既定的可接受信赖过度风险下，根据样本结果计算总体最大偏差率如下：

$$\text{总体偏差率上限（MDR）}=\frac{R}{n}=\frac{\text{风险系数}}{\text{样本量}}=\frac{2.3}{56}=4.1\%$$

其中的风险系数2.3是根据可接受的信赖过度风险为10%、偏差数量为0，在表8—4中查得的。

这意味着，如果样本量为56且无一例偏差，总体实际偏差率超过4.1%的风险为10%，即有90%的把握保证总体实际偏差率不超过4.1%。由于注册会计师确定的可容忍偏差率为7%，因此可以得出结论，总体的实际偏差率超过可容忍偏差率的风险很小。也就是说，样本结果支持注册会计师对控制运行有效性较高的估计是适当的。

如果在56个样本中有两个偏差，则在既定的可接受信赖过度风险下，按照公式计算的总体偏差率上限如下：

$$总体偏差率上限（MDR）=\frac{R}{n}=\frac{风险系数}{样本量}=\frac{5.3}{56}=9.5\%$$

这意味着，如果样本量为 56 且有两个偏差，总体实际偏差率超过 9.5% 的风险为 10%。在可容忍偏差率为 7% 的情况下，注册会计师可以作出结论，总体的实际偏差率超过可容忍偏差率的风险很大，因而不能接受总体。也就是说，样本结果不支持注册会计师对控制运行有效性的估计和评估的重大错报风险水平。注册会计师应当扩大控制测试范围，以证实初步评估结果；或提高重大错报风险评估水平，并增加实质性程序的数量；或对影响重大错报风险评估水平的其他控制进行测试，以支持计划的重大错报风险评估水平。

②使用样本结果评价表。

注册会计师也可以使用样本结果评价表评价统计抽样的结果。表 8—6 列示了可接受的信赖过度风险为 10% 时的总体偏差率上限。

表 8—6　　**控制测试中统计抽样结果评价——信赖过度风险 10% 时的偏差率上限**

样本规模	实际发现的偏差数										
	0	1	2	3	4	5	6	7	8	9	10
20	10.9%	18.1%	*	*	*	*	*	*	*	*	*
25	8.8%	14.7%	19.9%	*	*	*	*	*	*	*	*
30	7.4%	12.4%	16.8%	*	*	*	*	*	*	*	*
35	6.4%	10.7%	14.5%	18.1%	*	*	*	*	*	*	*
40	5.6%	9.4%	12.8%	16.0%	19.0%	*	*	*	*	*	*
45	5.0%	8.4%	11.4%	14.3%	17.0%	19.7%	*	*	*	*	*
50	4.6%	7.6%	10.3%	12.9%	15.4%	17.8%	*	*	*	*	*
55	4.1%	6.9%	9.4%	11.8%	14.1%	16.3%	18.4%	*	*	*	*
60	3.8%	6.4%	8.7%	10.8%	12.9%	15.0%	16.9%	18.9%	*	*	*
70	3.3%	5.5%	7.5%	9.3%	11.1%	12.9%	14.6%	16.3%	17.9%	19.6%	*
80	2.9%	4.8%	6.6%	8.2%	9.8%	11.3%	12.8%	14.3%	15.8%	17.2%	18.6%
90	2.6%	4.3%	5.9%	7.3%	8.7%	10.1%	11.5%	12.8%	14.1%	15.4%	16.6%
100	2.3%	3.9%	5.3%	6.6%	7.9%	9.1%	10.3%	11.5%	12.7%	13.9%	15.0%
120	2.0%	3.3%	4.4%	5.5%	6.6%	7.6%	8.7%	9.7%	10.7%	11.6%	12.6%
160	1.5%	2.5%	3.3%	4.2%	5.0%	5.8%	6.5%	7.3%	8.0%	8.8%	9.5%
200	1.2%	2.0%	2.7%	3.4%	4.0%	4.6%	5.3%	5.9%	6.5%	7.1%	7.6%

注：本表假设总体足够大。

* 表示可容忍偏差率超过 20%。

在前面的假设中，样本规模为 56，注册会计师可以选择表 8—6 中样本规模为 55 的那一行。当样本中未发现偏差时，应选择偏差数为 0 的那一列，两者交叉处的4.1%即为总体的偏差率上限，与利用公式计算的结果4.1%相等。此时，由于总体偏差率上限小于本例中的可容忍偏差率7%，表明样本结果证实注册会计师对控制运行有效性的估计是适当的。

当样本中发现两个偏差时，应选择偏差数为2的那一列，两者交叉处的9.4%即为总体的偏差率上限，与利用公式计算的结果9.5%相近。此时，总体偏差率上限大于可容忍偏差率，因此不能接受总体。

此外，除了评价偏差发生的频率之外，注册会计师还要对偏差进行定性分析，包括考虑偏差的性质和原因。

8.4 抽样技术在实质性程序中的运用

8.4.1 抽样基本概念在实质性程序中的运用

在实质性程序中，审计抽样只能在实施细节测试时使用。在细节测试中，注册会计师主要关注抽样风险中的误受风险。在细节测试中，误受风险就是测试中的检查风险。根据审计风险模型，注册会计师应恰当地评估重大错报风险，并确定检查风险，以将某类交易或账户余额的审计风险控制在适当的水平。因而，在确定可接受的误受风险水平时，注册会计师需要考虑下列因素：①注册会计师愿意接受的审计风险水平；②评估的重大错报风险水平；③针对同一审计目标（财务报表认定）的其他实质性程序的检查风险，包括分析程序。

在细节测试中，可容忍误差是指可容忍错报。可容忍错报是指在不导致财务报表存在重大错报的情况下，注册会计师对各类交易、账户余额、列报确定的可接受的最大错报金额。可容忍错报的确定是以注册会计师对财务报表层次重要性水平的初步评估为基础。某账户的可容忍错报实际上就是该账户的重要性水平。它是该账户的错报与其他账户的错报汇总起来不会引起财务报表整体重大错报的最大金额。对特定的账户而言，当抽样风险一定时，如果注册会计师确定的可容忍错报降低，所需的样本规模就增加。

预计总体误差即注册会计师预期在审计过程中发现的误差。在细节测试中，预计总体误差是指预计总体错报额。预计总体误差越大，可容忍误差也应当越大。

8.4.2 传统变量抽样

注册会计师在细节测试中使用的统计抽样方法主要包括传统变量抽样和概率比例规模抽样法（以下简称PPS抽样）。变量抽样是对审计对象总体的货币金额进行测试所采用的方法，它可以用来确定账户金额是多是少、是否存在重大误差等。传统变量抽样主要包括三种具体的方法：均值估计抽样、差额估计抽样和比率估计抽样。

1）均值估计抽样

均值估计抽样是利用样本平均值估计总体平均值，然后对总体的金额进行估计的一种变量抽样方法。均值估计抽样的步骤如下：

（1）确定审计总体范围。

（2）确定计划的抽样误差和可信赖程度。计划的抽样误差可根据可容忍误差与预期总体误差之间的差额进行确定。

（3）估计总体标准离差。总体标准离差是指各个数值与总体平均数的平均偏离程度。抽样时，我们可以通过预先选取一个较小的初始样本（约30个），以初始样本的标准离差作为总体标准离差的近似估计。

初始样本标准离差的公式为：

$$\text{初始样本标准离差} = \sqrt{\frac{\sum (X_i - \bar{X})^2}{n_0}}$$

式中：X_i 表示各初始样本项目数值；$\bar{X}$ 为初始样本平均值；n_0 为初始样本量。

（4）根据要求的可信赖程度确定可信赖程度系数。可信赖程度系数与可信赖程度的关系为：

可信赖程度	可信赖程度系数
70%	1.04
75%	1.15
80%	1.28
85%	1.48
90%	1.64
95%	1.96
99%	2.58

（5）计算所需样本容量。在不放回抽样方式下，样本容量计算公式为：

$$n = \frac{n'}{1 + \frac{n'}{N}}$$

$$n' = \left(\frac{Ur \cdot S \cdot N}{Pa}\right)^2$$

式中：n'为放回抽样方式下的样本容量；n 为不放回抽样方式下的样本容量（审计抽样一般为不放回抽样）；Ur 为可信赖程度系数；S 为估计的总体标准离差；N 为总体项目个数；Pa 为计划的抽样误差。

（6）选取样本。

（7）审查样本的各个项目，计算审定样本的实际平均数。

（8）计算实际的抽样误差。在应用这种方法进行估计时，应该计算实际的抽样误差，其计算公式为：

$$P_1 = Ur \cdot \frac{S_1}{\sqrt{n_1}} \cdot N \cdot \sqrt{1 - \frac{n_1}{N}}$$

式中：P_1 为实际抽样误差；S_1 为实际样本的标准离差；n_1 为实际样本容量。

如果实际抽样误差大于计划抽样误差，应考虑增加样本量来降低实际抽样误差。

（9）以样本的平均数作为总体平均数的估计，对总体的总金额进行区间估计。

总体的总金额＝样本的平均数×N±实际抽样误差

注册会计师因此可以作出这样的结论：有×%（即可信赖程度）的把握保证真实总体金额落在“样本的平均数×N±实际抽样误差”之间。

（10）评价抽样结果。

如果未审前总体账面金额处于“样本的平均数×N±实际抽样误差”之间，则总体并无重大误差。这时，注册会计师应将估计的总体金额——“样本的平均数×N”与未审前总体账面金额之间的差异视为审计差异，并在对报表发表意见时予以考虑。

如果未审前总体账面金额没有落入“样本的平均数×N±实际抽样误差”之间，则注册会计师应要求被审计单位详细检查其应收账款，并加以调整。

【例 8—1】A 材料 40 000 件，其账面价值总额为 2 950 800 元。注册会计师决定对甲材料进行抽查，并以 95% 的可靠程度来估计总体的价值，所设定的计划抽样误差 50 000 元。

审查前，选取 30 件 A 材料作为估计总体标准离差的初始样本。假设初始样本的标准离差为 8，则样本量可计算如下：

$$n'=\left(\frac{Ur\cdot S\cdot N}{Pa}\right)^2=\left(\frac{1.96\times8\times40\ 000}{50\ 000}\right)^2\approx157$$

$$n=\frac{n'}{1+\frac{n'}{N}}=\frac{157}{1+\frac{157}{40\ 000}}\approx 156$$

随意抽取 156 件 A 材料进行详细审查，审定价值为 11 700 元，审定样本的平均值为 75 元，标准离差为 7，实际抽样误差为 43 853，低于估计误差。根据每单位平均值估计抽样的特点，可推断总体 40 000 件 A 材料的估计金额为 3 000 000 元（40 000×75）。于是，注册会计师可以作出这样的结论：有 95% 的把握保证 40 000 件 A 材料的真实金额在 3 000 000±43 853 元之间，即在 2 956 147～3 043 853 之间。由于被审计单位 A 材料账面价值总额为 2 950 800 元，没有落入“样本的平均数×N±实际抽样误差”之间，则注册会计师应要求被审计单位详细检查 A 材料，并加以调整。

2）差额估计抽样

差额估计抽样是利用审查样本所获得的样本平均差错额去推断总体差错额的一种统计抽样方法。注册会计师在使用这种方法时，其计算样本量的方法与平均值估计法基本相同。在对选出的样本进行审查以后，就可以算出样本平均差额并推断总体差额，其计算公式如下：

$$\text{平均差额}=\frac{\text{样本实际价值与账面价值的差额}}{\text{样本量}}$$

估计的总体差额＝平均差额×总体项目个数

估计的总体价值=总体账面记录额+估计的总体差额

【例 8—2】注册会计师在审查安达股份公司的原材料账时，原材料账余额为 1 850 000元，由 500 个明细账户组成。注册会计师准备对原材料使用差额估计抽样法审计。从 500 种原材料明细账中抽出 30 种原材料明细账户，账面价值为 19 689. 20元，审定后价值为 17 047. 20 元。

使用差额估计抽样，平均差额为-88. 06 元（-2 642÷30），估计的总体差额为-44 033. 33元（-88. 06×500），因此估计的总体价值为 1 805 966. 67 元（1 850 000-44 033. 33）。

3）比率估计抽样

比率估计抽样是指以样本的实际金额与账面金额之间的比率关系来估计总体实际金额与账面金额之间的比率关系，然后再以这个比率乘以总体的账面金额，从而求出估计的总体实际金额的一种抽样方法。比率估计抽样法的计算公式如下：

$$比率=\frac{样本审定金额}{样本账面金额}$$

估计的总体实际金额=总体账面金额×比率

推断的总体错报=估计的总体实际金额-总体账面金额

【例 8—3】注册会计师从总体规模为 1 000、账面金额总额为 1 040 000 元的存货项目中选取了 200 个项目进行检查。样本的账面金额为 208 000 元，经过审计测试后样本的审定金额为 196 000 元。因此，样本审定金额合计与样本账面金额的比例则为 0. 94（196 000÷208 000）。注册会计师用总体的账面金额乘以该比例 0. 94，得到估计的存货余额为 977 600 元（1 040 000×0. 94）。推断的总体错报则为 62 400 元（1 040 000-977 600）。

8. 4. 3　概率比例规模抽样法（PPS 抽样）

注册会计师在进行账户的实质性测试时也会采用审计抽样。传统变量抽样法将一组账户或交易定义为总体，而 PPS 抽样将构成总体账面价值的金额定义为总体。因此，包含 5 000 个应收账款账户、总金额为 2 876 000 元的总体被看做含有 2 876 000个项目（元）的总体，而不是含有 5 000 个项目（账户）的总体。

PPS 抽样是利用大小决定可能性的抽样方法。总体中某一项目被选中的概率等于该项目的金额与总体金额的比率。项目金额越大，被选中的概率就越大，因为大额交易总是比小额交易更容易引起注册会计师的注意。但实际上，注册会计师并不是对总体中的货币单位实施检查，而是对包含被选取货币单位的余额或交易实施检查。注册会计师检查的余额或交易被称为逻辑单元。PPS 抽样有助于注册会计师将审计重点放在较大的余额或交易上。它之所以被称为概率比率规模抽样，是因为总体中每一余额或交易被选取的概率与其账面金额（规模）成比例。

PPS 抽样一般包含下列 10 个步骤：①确定测试目标；②定义待抽样的总体；③定义偏差；④确定可容忍误差和可接受的误受险；⑤估计预期总体误差；⑥确定样本规模；⑦选取样本；⑧测试样本项目并记录审计结果；⑨评价样本结果；⑩记

录抽样程序。

1）确定测试目标

PPS 抽样对测试银行存款、存货价格、应收账款、固定资产等科目余额是否有重大错报特别有用。

2）定义待抽样的总体

账簿中某会计科目总体金额（元）。

3）定义偏差

账簿中某会计科目的多列和少列（元）均是偏差。

4）确定可容忍误差和可接受的误受险

可容忍误差反映注册会计师认为该账户存在重大错报之前所能存在的错报的最大金额。可容忍误差的值通常为账面余额的 5%、2%、1%。

可接受的误受险反映注册会计师对重大错报账户得出错报结论的最大可能性。可接受的误受险的值通常为 10% 和 50%。

5）估计预期总体误差

估计预期总体误差反映了样本中存在误差并能通过样本被查出来的可能性。注册会计师可选用上一年度测试的实际误差率作为本年误差率的估计值，也可先选取小部分样本，执行审计测试，然后用测试结果去估计。

6）确定样本规模

当误差发现后，有个问题——该误差是归因于被选中的那一元，是未被选中的抽样单位，还是账户的全部余额？为简化起见，注册会计师假定账户中发现的误差平等地适用于构成该账户的全部抽样单位（元）。

$$误差因子=\frac{账面值-正确值}{账面值}$$

为了计算 PPS 抽样中适当的样本量，注册会计师必须确定整个账户的预期误差因子。

$$可容忍偏差率=\frac{可容忍误差水平}{预期误差因子\times 账面价值}\times 100\%$$

确定可容忍偏差率后，可参照属性抽样中样本规模表确定样本规模。

7）选取样本

PPS 样本可以通过运用计算机软件、随机数表或带有随机起点的系统抽样技术来获取。表 8—7 列示了一个应收账款总体，其中包括累计合计数。现以表 8—7 来说明如何使用计算机软件来选取样本。假设在查阅了样本规模表后确定的样本量为 4 个。

假设注册会计师想要从表 8—7 的总体中，选取一个含有 4 个账户的 PPS 抽样样本。由于规定以单位金额为抽样单位，则总体容量就是 7 376，因此需要计算机程序随机生成 4 个数字。假定计算机程序随机生成的 4 个数字是：6 586、1 756、850、6 499，则包含这些随机金额的总体实物单位项目需由累计合计数栏来确定。它们分别是项目 11（包含 6 577 ~6 980 元的货币金额）、项目 4（1 699 ~2 271 元的货币金额)、项目 2（358～1 638 元的货币金额）和项目 10（5 751～6 576 元的货币金额)。注册会计师将对这些实物单位项目进行审计，并将各实物单位项目的审计结果应用到它们各自包含的随机货币金额上。

表 8—7　　应收账款总体表　　金额单位：元

总体项目（实物单位）	账面金额	累计合计数（金额单位）
1	357	357
2	1 281	1 638
3	60	1 698
4	573	2 271
5	691	2 962
6	143	3 105
7	1 425	4 530
8	278	4 808
9	942	5 750
10	826	6 576
11	404	6 980
12	396	7 376

PPS 抽样允许某一实物单位在样本中出现多次。也就是说，在前例中，如果随机数是 6 586、1 756、856 和 6 599，则样本项目就是 11、4、2 和 11。项目 11 尽管只审计一次，但在统计上仍视为两个样本项目，样本中的项目总数也仍然是 4 个，因为样本涉及 4 个货币金额数。

8）测试样本项目并记录审计结果

针对选定的样本相对应的客户，进行函证并记录结果。

9）评价样本结果

在函证过程（包括对未回函情况实施替代程序、调查出现的所有差异）结束后，注册会计师可以推测出整个总体的最大误差（误差上限)。

误差上限 = 账面价值 × 偏差率上限 × 误差因子

沿用上例，应收账款账户的账面价值为 876 559.23 元，在审计中假定发现了 5 处错报，见表 8—8。

表 8—8　　发现的错报　　金额单位：元

顾客编号	应收账款账面金额	已审计的应收账款账面金额	错报	错报/账面金额
2073	6 200	6 100	100	0.016
5111	12 910	12 000	910	0.07
5206	4 322	4 450	(128)	(0.03)
7642	23 000	22 995	5	0.0002
9816	8 947	2 947	6 000	0.671

通过查表 8—9 可知其偏差率上限。

表 8—9 **百分比错报界限**

错报数	表中的偏差率上限	由各项错报引起的偏差率上限的增加额（层）
0	0.030	0.030
1	0.047	0.017
2	0.062	0.015
3	0.076	0.014
4	0.090	0.014

计算误差上限见表 8—10。

表 8—10 **计算误差上限** 金额单位：元

顾客编号	偏差率上限（%）	偏差率上限增量变化（%）	账户的账面价值	实际观察到的误差因子	误差上线的增量变化
2073	3	3	876 559.23	0.016	420.75
5111	4.7	1.7	876 559.23	0.07	1 043.11
5206	6.2	1.5	876 559.23	(0.03)	(394.45)
7642	7.6	1.4	876 559.23	0.0002	2.45
9816	9	1.4	876 559.23	0.671	8 234.40
合计					9 306.26

表 8—10 合计误差上限的增量变化为 9 306.26 元，换句话说，账户存在实际误差低于 9 306.26 元上限的可能性为 90%，实际误差比 9 306.26 元更大的风险不超过 10%。

复习思考题

1. 抽样风险和非抽样风险是如何影响审计工作的？
2. 审计抽样方法适用于哪些审计程序？不适用于哪些审计程序？
3. 如何将审计抽样与专业判断很好地结合起来？
4. 如何理解可信赖程度与抽样风险？二者的关系如何？
5. 讨论随机选样、系统选样、随意选样的优缺点及各自的适用范围。
6. 讨论抽样技术在控制测试中的运用程序。
7. 讨论抽样技术在细节测试中的运用程序。

参考文献与推荐阅读

1. 韩晓梅：《审计抽样指南解析》，载《中国注册会计师》，2007（2）。
2. 裘宗舜、吴清华：《审计抽样技术之创新——货币单位抽样》，载《审计研究》，2003（2）。

3. 栾志玉：《审计统计抽样的重要技术方法——货币单位抽样法》，载《统计与决策》，2004（5）。

4. 陆迎霞：《审计中统计抽样与非统计抽样的比较》，载《生产力研究》，2008（21）。

第9章

销售与收款循环审计

主要知识点

销售与收款循环的内部控制及其控制测试；销售与收款交易的实质性测试；主营业务收入的实质性测试；销售与收款循环的实质性分析程序；应收账款的细节测试；应收账款的函证

关键概念

销售与收款循环（Sales and Collection Cycle） 细节测试（Tests of Details） 实质性分析程序（Substantive Analytical Procedures） 收入（Revenue） 应收账款（Account Receivable） 坏账准备（Allowance for Uncollectible Accounts）

9.1 销售与收款循环的特性

销售与收款循环涉及的资产负债表项目主要包括应收票据、应收账款、长期应收款、预收账款、应交税费；所涉及的利润表项目主要包括营业收入、营业税金及附加、销售费用等。图9—1反映了有关账户及交易的情况。

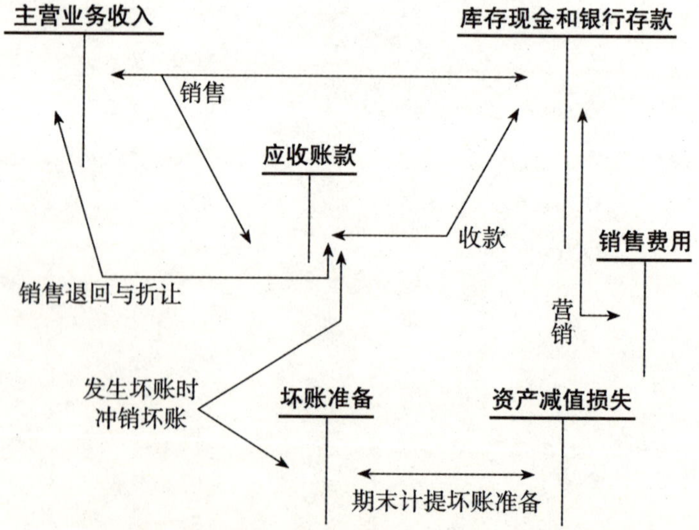

图9—1 销售与收款循环中的相关账户与交易

9.1.1　销售与收款循环中的主要业务活动

销售与收款循环中的主要业务包括处理顾客订货，批准赊销，发运商品，向顾客开出账单，登记销货业务，处理和记录现金及银行存款收入，处理和记录销货退回及折让，注销坏账，提取坏账准备等。其中，向顾客开出账单是向顾客通报货款数额的工具，最重要的是要保证不漏开、不重开和不错开。开出恰当数额账单的关键是根据实际发货的数量和批准的价格确定向顾客应收的货款。

9.1.2　销售与收款循环的主要凭证、记录和测试类型

销售与收款循环中主要的凭证和记录有顾客订货单、销货单、发运单、销货发票、商品价目表、主营业务收入明细账、贷项通知单、销货退回及折让明细账、汇款通知书、库存现金和银行存款日记账、坏账审批表、应收账款明细账、顾客月末对账单等。订货单是顾客提出的要求。销货单是记录顾客所订商品的规格、数量和其他情况的凭证，并常用来表示赊销的批准或者发货的审批。贷项通知书是一种用来表示由于销货退回或经批准的折让而引起的应收销货款减少的凭证，它与销货发票的格式常常相同，不过它不是用来说明应收账款的增加，而是用来说明应收账款的减少。汇款通知书是一种与销售发票一起寄给顾客，由顾客在付款时再寄回销售单位的凭证。这种凭证注明顾客的姓名、销售发票号码、销售单位开户银行账号以及金额等内容。如果顾客没有将汇款通知书随同货款一并寄回，一般应由收受邮件的人员在开拆邮件时代编一份汇款通知书。采用汇款通知书能使现金立即存入银行，可以改善资产保管的控制。

图 9—2 是销售与收款循环中的主要业务活动和一些凭证记录。

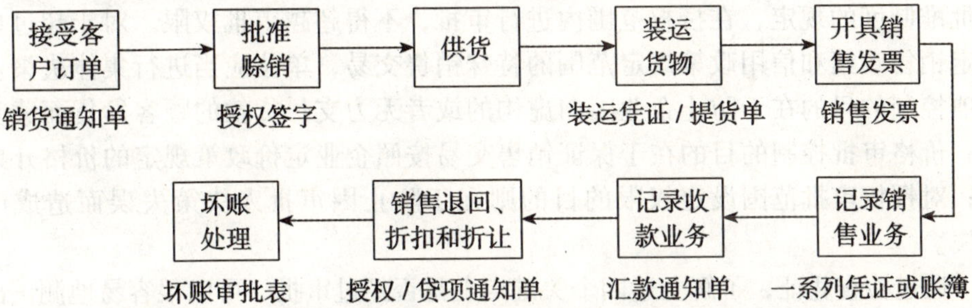

图 9—2　销售与收款循环中的主要业务活动和一些凭证记录

对销售与收款循环的审计涉及控制测试、交易的实质性测试、实质性分析程序和余额的细节测试。

9.2　销售与收款循环的内部控制及控制测试

9.2.1　销售业务的内部控制及控制测试

1）适当的职责分离

根据财政部于 2002 年 12 月发布的《内部会计控制规范——销售与收款（试

行)》，单位应当将办理销售、发货、收款三项业务的部门（或岗位）分别设立；单位在销售合同订立前，应当指定专门人员就销售价格、信用政策、发货及收款方式等具体事项与客户进行谈判。谈判人员至少应有两人以上，并与订立合同的人员相分离；编制销售发票通知单的人员与开具销售发票的人员应相互分离；销售人员应当避免接触销货现款；应收票据的取得和贴现必须经由保管票据以外的主管人员的书面批准。

适当的职责分离有助于防止各种有意或无意的错误。例如，主营业务收入账如果系由记录应收账款账之外的职员独立登记，并由另一位不负责账簿记录的职员定期调节总账和明细账，就构成了一项自动交互牵制；规定负责主营业务收入和应收账款记账的职员不得经手货币资金，也是防止舞弊的一项重要控制。另外，销售人员通常有一种乐观地对待销售数量的自然倾向，而不管它是否将以巨额坏账损失为代价，赊销的审批则可以在一定程度上抑制这种倾向。因此，有条件的单位应当建立专门的信用管理部门或岗位，负责制定单位信用政策、监督各部门信用政策执行情况。信用管理岗位与销售业务岗位应分设。

注册会计师通常通过观察有关人员的活动以及与这些人员进行讨论，来实施职责分离的控制测试。

2）正确的授权审批

对于授权审批问题，注册会计师应当关注以下四个关键点上的审批程序：①在销售发生之前，赊销已经正确审批；②非经正当审批，不得发出货物；③销售价格、销售条件、运费、折扣等必须经过审批；④审批人应当根据销售与收款授权批准制度的规定，在授权范围内进行审批，不得超越审批权限。对于超过单位既定销售政策和信用政策规定范围的特殊销售交易，单位应当进行集体决策。前两项控制的目的在于防止企业因向虚构的或者无力支付货款的顾客发货而蒙受损失；价格审批控制的目的在于保证销售交易按照企业定价政策规定的价格开票收款；对授权审批范围设定权限的目的则在于防止因审批人决策失误而造成严重损失。

通过检查凭证，了解上述四个关键点上是否经过审批，可以很容易地测试出授权审批方面的内部控制的效果。

3）凭证和记录控制

只有具备充分的记录手续，才有可能实现其他各项控制目标。例如，有的企业在收到顾客订货单后，就立即编制一份预先编号的一式多联的销售单，分别用于批准赊销、审批发货、记录发货数量以及向顾客开具账单等。在这种制度下，只要定期清点销售发票，漏开账单的情形几乎就不太会发生。相反的情况是，有的企业只在发货以后才开具账单。如果没有其他控制措施，则在这种制度下，漏开账单的情况就很可能会发生。

凭证和记录控制的一个重要方面是凭证的预先连续编号制度。对凭证预先进行编号，旨在防止销售以后忘记向顾客开具账单或登记入账，也可防止重复开具账单或重复记账。当然，如果对凭证的编号不作清点，预先编号就会失去其控制意义。由收款员对每笔销售开具账单后，将发运凭证按顺序归档，而由另一位职员定期检查全部凭证的编号并调查凭证缺号的原因，就是实施这项控制的一种方法。

对这种控制常用的一种控制测试程序是清点各种凭证。比如，从主营业务收入明细账中选取样本，追查至相应的销售发票存根，进而检查其编号是否连续，有无不正常的缺号发票和重号发票。这种测试程序可同时提供有关真实性和完整性目标的证据。

4）按月寄出对账单

由不负责现金出纳和销售及应收账款记账的人员按月向顾客寄发对账单，能促使顾客在发现应付账款余额不正确后及时反馈有关信息。为了使这项控制更加有效，最好对账户余额中出现的所有核对不符的账项，指定一位不掌管货币资金也不记载主营业务收入和应收账款账目的主管人员处理。

注册会计师观察指定人员寄送对账单和检查顾客复函档案，对于测试被审计单位是否按月向顾客寄出对账单是十分有效的控制测试。

5）内部核查程序

由内部审计人员或其他独立人员核查销售交易的处理和记录是实现内部控制目标所不可缺少的一项控制措施。销售与收款内部控制监督检查的主要内容包括：①销售与收款业务相关岗位及人员的设置情况，如不相容职务是否分开。②销售与收款业务授权批准制度的执行情况，如授权批准手续是否健全、是否存在越权审批行为。③销售的管理情况，如信用政策、销售政策的执行是否符合规定。④收款的管理情况，如单位销售收入是否及时入账、应收账款的催收是否有效、坏账核销和应收票据的管理是否符合规定。⑤销售退回的管理情况，如销售退回手续是否齐全、退回货物是否及时入库。

注册会计师可以通过检查内部审计人员的报告或其他独立人员在他们核查的凭证上的签字等方法来实施控制测试。

9.2.2 收款业务的内部控制

《内部会计控制规范——销售与收款（试行）》规定，单位应当按照《现金管理暂行条例》、《支付结算办法》和《内部会计控制规范——货币资金（试行）》等规定，及时办理销售收款业务。

单位应将销售收入及时入账，不得账外设账，不得擅自坐支现金。销售人员应当避免接触销售现款。

单位应当建立应收账款账龄分析制度和逾期应收账款催收制度。销售部门应当负责应收账款的催收，财会部门应当督促销售部门加紧催收。对催收无效的逾期应收账款可通过法律程序予以解决。

单位应当按客户设置应收账款台账，及时登记每一客户应收账款余额增减变动情况和信用额度使用情况。单位对长期往来客户应当建立起完善的客户资料，并对客户资料实行动态管理，及时更新。

单位对于可能成为坏账的应收账款应当报告有关决策机构，由其进行审查，确定是否确认为坏账。单位发生的各项坏账，应查明原因，明确责任，并在履行规定的审批程序后作出会计处理。

单位注销的坏账应当进行备查登记，做到账销案存。已注销的坏账又收回时应当及时入账，防止形成账外款。

单位应收票据的取得和贴现必须经由保管票据以外的主管人员的书面批准。单位应当有专人保管应收票据，对于即将到期的应收票据，应及时向付款人提示付款；已贴现票据应在备查簿中登记，以便日后跟踪管理。单位应制定逾期票据的冲销管理程序和逾期票据追踪监控制度。

单位应当定期与往来客户通过函证等方式核对应收账款、应收票据、预收账款等往来款项。如有不符，应查明原因，及时处理。

9.3 销售交易的实质性测试

交易实质性程序的目的在于确定交易业务中与某审计目标有关的金额是否有错误。实质性程序虽然与关键控制及控制测试没有必然的关系，但实施实质性程序的性质、时间和范围，在一定程度上取决于关键控制是否存在和控制测试的结果。在确定交易实质性程序时，有些程序是每一项审计所共同采用的，而有些则应视内部控制的健全程度和控制测试的结果而定。表 9—1 是销售交易的控制目标、内部控制和交易实质性程序一览表。

9.3.1 销售交易实质性测试的具体分析

1）登记入账的销售交易是真实的

注册会计师一般关心三类错误的可能性：①未曾发货却已将销售交易登记入账；②销售交易重复入账；③向虚构的顾客发货，并作为销售交易登记入账。对“发生”这一目标而言，注册会计师通常只在认为内部控制有弱点时，才实施实质性程序。因此，测试的性质取决于潜在的控制弱点的性质：

（1）针对未曾发货却已将销售交易登记入账这类错误发生的可能性，注册会计师可以从主营业务收入明细账中抽取若干笔分录，追查有无发运凭证及其他佐证，借以查明有无事实上没有发货却已登记入账的销售交易。如果注册会计师对发运凭证等的真实性也有怀疑，就有必要再进一步追查存货的永续盘存记录，测试存货余额有无减少。

（2）针对销售交易重复入账这类错误发生的可能性，注册会计师可以通过检查企业的销售交易记录清单来确定是否存在重号、缺号。

（3）针对向虚构的顾客发货并作为销售交易登记入账这类错误发生的可能性，注册会计师应当检查主营业务收入明细账中与销售分录相应的销货单，以确定销售是否履行了赊销批准手续和发货审批手续。

表9—1 **销售交易的控制目标、内部控制和测试一览表**

内部控制目标	关键的内部控制	常用的控制测试	交易实质性程序
登记入账的销售交易确系已经发货给真实的顾客（发生）	销售交易是以经过审核的发运凭证及经过批准的顾客订货单为依据登记入账的 在发货前，顾客的赊购已经被授权批准 销售发票均经事先编号并已恰当地登记入账 每月向顾客寄送对账单，对顾客提出的意见做专门追查	检查销售发票副联是否附有发运凭证（或提货单）及顾客订货单 检查顾客的赊购是否经授权批准 检查销售发票连续编号的完整性 观察是否寄发对账单并检查顾客回函档案	复核主营业务收入总账、明细账以及应收账款明细账中的大额或异常项目 追查主营业务收入明细账中的分录至销售单、销售发票副联及发运凭证 将发运凭证与存货永续记录中的发运记录进行核对 将主营业务收入明细账中的分录与销售单中的赊销审批和发运审批进行核对
所有销售交易均已登记入账（完整性）	发运凭证（或提货单）均经事先编号并已经登记入账 销售发票均经事先编号并已登记入账	检查发运凭证连续编号的完整性 检查销售发票连续编号的完整性	将发运凭证与相关的销售发票和主营业务收入明细账及应收账款明细账中的分录进行核对
登记入账的销售数量确系已发货的数量，已正确开具账单并登记入账（计价和分摊）	销售价格、付款条件、运费和销售折扣的确定已经适当的授权批准 由独立人员对销售发票的编制作内部核查	检查销售发票是否经适当的授权批准 检查有关凭证上的内部核查标记	复算销售发票上的数据 追查主营业务收入明细账中的分录至销售发票 追查销售发票上的详细信息至发运凭证、经批准的商品价目表和顾客订货单
销售交易的分类恰当（分类）	采用适当的会计科目表 内部复核和核查	检查会计科目表是否适当 检查有关凭证上内部复核和核查的标记	检查证明销售交易分类正确的原始证据
销售交易的记录及时（截止）	采用尽量能在销售发生时开具收款账单和登记入账的控制方法 内部核查	检查尚未开具收款账单的发货和尚未登记入账的销售交易 检查有关凭证上内部核查的标记	将销售交易登记入账的日期与发运凭证的日期比较核对
销售交易已经正确地记入明细账并经正确汇总（准确性、计价和分摊）	每月定期给顾客寄送对账单 由独立人员对应收账款明细账作内部核查 将应收账款明细账余额合计数与其总账余额进行比较	观察对账单是否已经寄出 检查内部核查标记 检查将应收账款明细账余额合计数与其总账余额进行比较的标记	将主营业务收入明细账加总，追查其至总账的过账

另一个有效的办法是追查应收账款明细账中贷方发生额的记录。如果应收账款最终得以收回货款或者由于合理的原因收到退货，则记录入账的销售交易一开始通常是真实的；如果贷方发生额是注销坏账，或者直到审计时所欠货款仍未收回，就必须详细追查相应的发运凭证和顾客订货单等，因为这些迹象都说明可能存在虚构的销售交易。

2）已发生的销售交易均已登记入账

销售交易的审计一般偏重于检查高估资产与收入的问题，因此，通常无须对完整性目标实施交易实质性程序。但是，如果内部控制不健全，比如被审计单位没有由发运凭证追查至主营业务收入明细账这一独立内部核查程序，就有必要实施交易实质性程序。

从发货部门的档案中选取部分发运凭证，并追查至有关的销售发票副本和主营业务收入明细账，是测试未开票的发货的一种有效程序。为使这一程序成为一项有意义的测试，注册会计师必须能够确信全部发运凭证均已归档。这一点可以通过检查凭证的编号顺序来查明。

由原始凭证追查至明细账与从明细账追查至原始凭证是有区别的：前者用来测试遗漏的交易（“完整性”目标），后者用来测试不真实的交易（“发生”目标）。

测试发生目标时，起点是明细账，即从主营业务收入明细账中抽取一个发票号码样本，追查至销售发票存根、发运凭证以及顾客订货单；测试完整性目标时，起点应是发运凭证，即从发运凭证中选取样本，追查至销售发票存根和主营业务收入明细账，以测试是否存在遗漏事项。在测试其他目标时，方向一般无关紧要。例如，测试交易业务计价的准确性时，可以由销售发票追查至发运凭证，也可以反向追查。

3）登记入账的销售交易均经正确计价

销售交易计价的准确性包括：按订货数量发货，按发货数量准确地开具账单以及将账单上的数额准确地记入会计账簿。对于这三个方面，每次审计中一般都要实施实质性程序，以确保其准确无误。

典型的实质性程序包括复算会计记录中的数据。通常的做法是，以主营业务收入明细账中的会计分录为起点，将所选择的交易业务的合计数与应收账款明细账和销售发票存根进行比较核对。销售发票存根上所列的单价，通常还要与经过批准的商品价目表进行比较核对，其金额小计和合计数也要进行复算。发票中列出的商品的规格、数量和顾客代号等，则应与发运凭证进行比较核对。另外，往往还要审核顾客订货单和销售单中的同类数据。

将计价准确性目标中的控制测试和实质性程序作一比较，便可作为例证来说明有效的内部控制如何节约了审计时间。很明显，计价准确性目标的控制测试几乎不花多少时间，因为只需审核一下签字或者其他内部核查的证据即可。内部控制如果有效，实质性程序的样本量便可以减少，审计成本也将因控制测试的成本较低而大为降低。

4）登记入账的销售交易分类恰当

如果销售分为现销和赊销两种，应注意不要在现销时借记“应收账款”，也不要在收回应收账款时贷记“主营业务收入”，同样不要将营业资产的销售（如固定资产销售）混作正常销售。对那些采用不止一种销售分类的企业，例如需要编制分部报表的企业来说，正确的分类极其重要。

销售分类恰当的测试一般可与计价准确性测试一并进行。注册会计师可以通过审核原始凭证确定具体交易业务的类别是否恰当，并以此与账簿的实际记录做比较。

5）销售交易的记录及时

在执行计价准确性实质性程序的同时，一般要将所选取的提货单或其他发运凭证的日期与相应的销售发票存根日期、主营业务收入明细账和应收账款明细账上的日期作比较，看是否归属于同一适当会计期间，有无销售截止期限上的错误。

围绕发货日期、发票开具日期、记账日期三个重要日期，实务中可以选择不同的起点：一是以账簿记录为起点进行逆查。从资产负债表日前后若干天的账簿记录查至记账凭证，检查发票存根与发运凭证，目的是证实已入账收入是否在同一期间已开具发票并发货，有无多记收入。二是以销售发票为起点进行顺查。从资产负债表日前后若干天的发票存根查至发运凭证与账簿记录，确定已开具发票的货物是否已发货并于同一会计期间确认收入，查明有无漏记收入现象。三是以发运凭证为起点进行顺查。从资产负债表日前后若干天的发运凭证查至发票开具情况与账簿记录，确定主营业务收入是否已记入恰当的会计期间。使用这种方法主要也是为了防止少计收入。

由于被审计单位的具体情况各异，管理层意图各不相同，有的为了想办法完成利润目标、承包指标，更多地享受税收优惠等政策，便于筹资等目的，可能会多计收入；有的则为了以丰补歉、留有余地、推迟缴税时间等目的而少计收入。因此，为提高审计效率，注册会计师应当凭借专业经验和所掌握的信息、资料作出正确判断，选择其中的一条或两条审计路线实施更有效的收入截止测试。

6）销售交易已经正确地记入明细账并经正确汇总

应收账款明细账的记录若不正确，将影响被审计单位收回应收账款的能力，因此，将全部赊销业务正确地记入应收账款明细账极为重要。同理，为保证财务报表准确，主营业务收入明细账必须正确地加总并过入总账。在多数审计中，通常都要加总主营业务收入明细账数，并将加总数和一些具体内容分别追查至主营业务收入总账和应收账款明细账或库存现金、银行存款日记账等测试方法，以检查在销货过程中是否存在有意或无意的错报问题。

9.3.2　对主营业务收入确认的额外考虑

按照《企业会计准则第 14 号——收入》的要求，企业销售商品收入，应在下列条件均满足时予以确认：①企业已将商品所有权上的主要风险和报酬转移给购货方；②企业既没有保留通常与所有权相联系的继续管理权，也没有对已售出的商品实施有效控制；③收入的金额能够可靠地计量；④相关的经济利益很可能流入企业；⑤相关的已发生或将发生的成本能够可靠地计量。因此，对主营业务收入的实质性程序，主要测试企业是否依据上述条件确认产品销售收入。

(1) 采用交款提货销售方式。应于货款已收到或取得收取货款的权利同时已将发票账单和提货单交给购货单位时确认收入的实现。对此，注册会计师应重点检查被审计单位是否收到货款或取得收取货款的权利，发票账单和提货单是否已交付购货单位。应注意有无扣压结算凭证，将当期收入转入下期入账，或者虚记收入、开假发票、虚列购货单位，将当期未实现的收入虚转为收入记账，在下期予以冲销的现象。

(2) 采用预收账款销售方式。应于商品已经发出时确认收入的实现。对此，注册会计师应重点检查被审计单位是否收到了货款，商品是否已经发出。应注意是否存在对已收货款并已将商品发出的交易不入账、转为下期收入，或开具虚假出库凭证、虚增收入等现象。

(3) 采用托收承付结算方式。应于商品已经发出，劳务已经提供，并已将发票账单提交银行、办妥收款手续时确认收入的实现。对此，注册会计师应重点检查被审计单位是否发货，托收手续是否办妥，货物发运凭证是否真实，托收承付结算回单是否正确。

(4) 委托其他单位代销商品。如果代销单位采用视同买断方式，即委托方和受托方之间的协议明确表明，受托方在取得代销商品后，无论是否能够卖出、是否获利，均与委托方无关。在视同买断方式下，这种委托代销方式交易与委托方直接销售商品给受托方没有实质区别。因此，在委托方发出商品时、收到货款或取得销售额凭据等情况下就可以确认收入。如果代销单位采用收取手续费方式，应在代销单位将商品销售、企业已收到代销单位代销清单时确认收入的实现。对此，应注意查明有无商品未销售、编制虚假代销清单、虚增本期收入的现象。

(5) 销售合同或协议明确销售价款的收取采用递延方式，实质上具有融资性质的，应当按照应收的合同或协议价款的公允价值确定销售商品收入金额。应收的合同或协议价款与其公允价值之间的差额，应当在合同或协议期间内采用实际利率法进行摊销，计入当期损益。

(6) 长期工程合同收入。如果合同的结果能够可靠估计，应当根据完工百分比法确认合同收入。注册会计师应重点检查收入的计算、确认方法是否合乎规定，并核对应计收入与实际收入是否一致，注意查明有无随意确认收入、虚增或虚减本期收入的情况。

(7) 委托外贸企业代理出口、实行代理制方式的，应在收到外贸企业代办的发运凭证和银行交款凭证时确认收入。对此，注册会计师应重点检查代办发运凭证和银行交款单是否真实，注意有无内外勾结、出具虚假发运凭证或虚假银行交款凭证的情况。

(8) 对外转让土地使用权和销售商品房的，通常应在土地使用权和商品房已经移交并将发票结算账单提交对方时确认收入。对此，注册会计师应重点检查已办理的移交手续是否符合规定要求，发票账单是否已交对方。注意查明被审计单位有无编造虚假移交手续，采用“分层套写”、开具虚假发票的行为，防止其高价出售、低价入账，从中贪污货款。如果企业事先与买方签订了不可撤销合同，按合同要求开发房地产，则应按建造合同的处理原则处理。

(9) 附有销售退回条件的商品销售。如果对退货部分能作合理估计的，确定其是否按估计不会退货部分确认收入；如果对退货部分不能作合理估计的，确定其是否在退货期满时确认收入。

(10) 售后回购。分析特定销售回购的实质，判断其是属于真正的销售交易，还是属于融资行为。

(11) 以旧换新销售。确定销售的商品是否按照商品销售的方法确认收入，回收的商品是否作为购进商品处理。

(12) 出口销售。确定其是否按离岸价格、到岸价格或成本加运费价格等不同的成交方式，确认收入的时点和金额。

(13) 售后租回。若售后租回形成一项融资租赁，检查是否对售价与资产账面价值之间的差额予以递延，并按该项租赁资产的折旧进度进行分摊，作为折旧费用的调整；若售后租回形成一项经营租赁，检查是否也对售价与资产账面价值之间的差额予以递延，并在租赁期内按照与确认租金费用相一致的方法进行分摊，作为租金费用的调整。对有确凿证据表明售后租回交易是按照公允价值达成的，检查对售价与资产账面价值之间的差额是否已经计入当期损益。

(14) 调查集团内部销售的情况，记录其交易价格、数量和金额，并追查在编制合并财务报表时是否已予以抵消。

(15) 调查向关联方销售的情况，记录其交易品种、数量、价格、金额以及占主营业务收入总额的比例。

9.4 实质性分析程序

实质性分析程序的目的是了解客户的经营情况，找出财务报表中可能的重大错报，以减少细节测试的工作量。若实质性分析程序指出可能有重大错报，则应扩大核查的范围。我们提供了一些实质性分析程序中可能应用到的分析指标，但不限于这些指标。

(1) 销售增长率。

将本期的主营业务收入与上期的主营业务收入进行比较，结合宏观经济的调整、行业状况以及产品的生命周期，综合判断销售增长是否有足够的证据支持，收入变动是否异常，并分析异常变动的原因。

(2) 当年及以前年度各月主营业务收入的波动情况。

比较本期各月各类主营业务收入的波动情况，分析其变动趋势是否正常，是否符合行业的周期波动，是否符合被审计单位季节性、周期性的经营规律，查明异常现象和重大波动的原因。

(3) 与有关发票进行对比。

根据增值税发票申报表或普通发票，估算全年收入，与实际收入金额进行比较。判断是否存在虚开发票或者已销售但未开发票的情况。

(4) 市场份额。

可以将报告数据与现实行业数据对比，判断企业的销售状况是否如实反映。例如，东方电子公告其1998—2000年主营业务收入占市场总额的近60%，但东方电子并非行业龙头，而在此领域的企业达200多家，竞争十分激烈，因此，东方电子有这样的市场份额是绝对不可能的。

(5) 毛利率。

计算本期重要产品的毛利率，与上期比较，检查是否存在异常，各期之间是否存在重大波动，查明原因；将本期重要产品的毛利率与同行业企业进行对比分析，检查是否存在异常。在对毛利率进行分析时，如果发现企业的毛利率发生了变化，注册会计师就要了解企业的生产工艺是否发生了变化、是否发生了技术改造，从而导致了其变化。或者说，毛利率的变化是否与材料价格的变化相符。当然，我们还要考虑企业固定资产的生产能力。如果是固定资产生产能力以内的销售增加，可能会产生规模效应；但如果是由于新增了固定资产生产能力，那么可能是没有规模效应，毛利率会下降。

(6) 重要产品在总销售额中占的比例。

它反映了企业的业务经营状况，结合企业的战略目标，可以判断企业执行战略的市场表现。分析重要产品的生命周期，判断其销售趋势的合理性。

(7) 应收账款周转率。

虚构销售一般会虚增应收账款，而虚增的应收账款通常难以收回，难以产生现金流入，应收账款的周转率自然不断下降。注册会计师还要关注长期挂账的应收账款、大额的坏账注销是否是虚构销售导致的应收账款无法销账的结果。这一指标还要考虑应收账款账龄分析，结合当前经济环境、信用政策及行业平均水平判断其合理性。坏账准备也一并考虑。

(8) 比较当年及以前年度应收账款与主营业务收入的比率。

过于宽松的信用条件是导致应收账款增加的主要原因。注册会计师应该深入分析宽松的信用条件是否是企业急于出货，从而制造骄人业绩。特别应关注年末几个月是否有大宗销售交易。在分析过程中，应复核应收账款借方累计发生额与主营业务收入是否配比，并将当期应收账款借方发生额占销售收入净额的百分比与管理层考核指标比较，如存在差异应查明原因。

(9) 比较当年及以前年度销售退回总额及其与主营业务收入的比率。

管理层在报告年度由于财务业绩的压力，或者上市公司由于亏损而面临退市压力、融资压力，虚构报告年度销售，以达到其目的，并在后续年度将虚构销售以退货方式转销。

（10）分析坏账冲销后又收回的款项。

重点分析其合理性，是否因为利润平滑的需要，人为调节利润归属的会计期间。

（11）每股经营现金流量。

虚构销售容易，但是对经营现金流量进行舞弊却很困难。在正常情况下，收入的增长会带来经营现金流量的增长。如果在分析每股经营现金流量的趋势变化时发现，销售收入增长与每股经营活动现金流入呈背离趋势，那么注册会计师要分配更多的审计资源在收入的发生认定上。

9.5 账户余额的细节测试

9.5.1 应收账款的余额测试

1）应收账款细节测试的总体程序

我们以审计工作底稿来表示应收账款的实质性程序，见表 9—2。

表 9—2 中，工作底稿索引 A4—1 是应收账款审定表，内容包括上年未审定数、未审数、调整分录金额、重分类分录金额、审定数等表格栏目，以及重分类分录、调整分类、审计标志、审计结论等内容。

A4—2 是应收账款余额明细表，内容涉及债务人名称、业务内容摘要、年初余额、年末余额、账龄、备注等项目。

A4—3 是应收账款函询情况表，见表 9—3。

A4—3—1 是应收账款的询证函。

A4—4 是应收账款函询未回替代程序检查表，主要内容有债务人名称，借方入账的日期、凭证号、金额，至审计日是否收到，应收账款事由、发票号、货名、数量、金额等有关内容，拖欠原因，审计确认意见等。

A4—5 是针对未发函的应收账款检查情况表，内容涉及日期、凭证编号、业务内容、对应科目、金额、核对内容、备注等，核对内容如原始凭证的内容是否完整、有无授权批准、账务处理是否正确，是否属于结算业务的债权等。

2）应收账款函证

函证，是指注册会计师为了获取影响财务报表或相关披露认定的项目的信息，通过直接来自第三方对有关信息和现存状况的声明，获取和评价审计证据的过程。函证应收账款的目的在于证实应收账款账户余额的真实性、正确性，防止或发现被审计单位及其有关人员在销售交易中发生的错误或舞弊行为。注册会计师在实施函证时，应当保持应有的谨慎。

（1）函证的范围与对象。

注册会计师应当对应收账款实施函证，除非有充分证据表明应收账款对财务报表不重要，或函证很可能无效。如果不对应收账款进行函证，注册会计师应当在工作底稿中说明理由。如果认为函证很可能无效，注册会计师应当实施替代审计程序，获取充分、适当的审计证据。

表 9—2　　ABC 会计师事务所应收账款审计程序表

客户名称：W 公司　　索引号：A4　　页次：50

截止日：2005. 12. 31　　编制人：王森　　日期：2006. 3. 10

复核人：李四　　日期：2006. 3. 13

一、审计目标

1. 确定应收账款是否存在；2. 确定应收账款是否归被审计单位所有；3. 确定应收账款及其坏账准备的记录是否完整；4. 确定应收账款是否可收回，坏账准备的计提方法和比例是否恰当，计提是否充分；5. 确定应收账款及其坏账准备期末余额是否正确；6. 确定应收账款及其坏账准备的列报是否恰当。

二、审计程序

审计程序	执行情况			
	是否适用	索引	执行人	说明
1. 核对应收账款明细账与总账的余额是否相符	是	A4—1	王森	相符
2. 获取或编制应收账款明细表，复核加计数额是否正确；检查应收账款账龄分析是否正确	是	A4—2	王森	自编
3. 选取账龄长、金额大、主要客户、有纠纷项目等的应收款项向债务人进行函证。回函金额不符的，要查明原因、作出记录或适当调整；未回函的，可再次复询，如不复询可采用替代审计程序进行检查，根据替代检查结果判断其债权的真实性与可收回性	是	A4—3 A4—3—1 A4—4	王森	发函 15 封，回函 13 封，确认 12 封，有异议及未回函的已作替代审计程序进行检查
4. 对未发询证函的应收账款，应抽查有关原始凭证	是	A4—5	王森	已检查
5. 检查应收账款中有无债务人破产或者死亡的，以及破产财产或者遗产清偿后仍无法收回的，或者债务人长期未履行偿债义务的。检查坏账损失的会计处理是否经授权批准	否	N/A	王森	
6. 抽查有无不属于结算业务的债权。如有，应作出记录或作适当调整	否	N/A	王森	
7. 检查应收账款的贴现、质押或出售	否	N/A	王森	
8. 对于用非记账本位币结算的应收账款，检查其采用的汇率及折算方法是否正确	是	A4—2	王森	已核对正确
9. 分析明细账余额。对于出现贷方余额的项目，应查明原因，必要时作重分类调整	是	A4—2	王森	有一笔，已作重分类分录
10. 验明应收账款是否已在资产负债表上作恰当披露	是	A4—1	王森	已恰当披露

注：N/A 表示无此情况，不适用。

表9—3　　ABC会计师事务所应收账款函询情况表　　**索引号:A4—3**

单位名称:W公司　　单位:元

发函询证纪要				是否收到回函	收到回函				未收到回函(A4—4)		审计意见
					可以确认金额		调节后可以确认				
序号	选取样本目的	单位名称	期末余额(2000年10月30日)		回函直接确认	调节后可以确定	争议未决金额	其他	通过替代审计可确认金额	未核实金额	
1	A	B公司	50 000.00	√	50 000.00						确认
2	A	Q公司	350 000.00	√	350 000.00						确认
3	A	D公司	500 000.00	√	500 000.00						确认
4	A	E公司	450 000.00	√		450 000.00					确认
5	A	F公司	250 000.00	×					250 000.00		确认
6	A	G公司	350 000.00	×					350 000.00		确认
		⋮									
15	C	P公司	320 000.00	√			320 000.00				确认,2006年处理
总值			6 000 000.00		463 000.00	450 000.00	320 000 000		600 000.00		

抽取企业应收款样本户数:15　　抽取样本总金额:6 000 000.00　　收到回函的样全金额:5 400 000.00　　回函可以确认的金额:5 080 000.00

企业期末应收账款客户总数;30　　企业期末应收账款总金额:9 000 000.00　　占样本总金额的比例:90%　　通过替代审计可确认金额:600 000.00

抽取样本占总户数的比例:50%　　抽取样本占期末总额的比例:66.7%　　可确认金额占样本总额的比例:95%

查验人员:王森　　日期:2006.3.10　　复核人员:李四　　日期:2006.3.13

选取样本目的:A. 大额　　B. 异常　　C. 账龄长　　D. 随机

函证的数量、范围主要由以下因素决定：①应收账款在全部资产中的重要性。若应收账款在全部资产中所占的比重较大，则函证的范围应相应大一些。②被审计单位内部控制的强弱。若内部控制制度较健全，则可以相应减少函证量；反之，则应相应扩大函证范围。③以前期间的函证结果。若以前期间函证中发现过重大差异，或欠款纠纷较多，则函证范围应相应扩大一些。④函证方式的选择。若采用积极的函证方式，则可以相应减少函证量；若采用消极的函证方式，则要相应增加函证量。

注册会计师通常应选择以下项目作为函证对象：大额或账龄较长的项目、与债务人发生纠纷的项目、关联方项目、主要客户（包括关系密切的客户）项目、交易频繁但期末余额较小甚至余额为零的项目、可能产生重大错报或舞弊的非正常的项目。

（2）函证方式。

函证方式分为积极的函证方式和消极的函证方式。

如果采用积极的函证方式，注册会计师应当要求被询证者在所有情况下必须回函，确认询证函所列示信息是否正确，或填列询证函要求的信息。在采用积极的函证方式时，只有注册会计师收到回函，才能为财务报表认定提供审计证据。注册会计师没有收到回函，可能是由于被询证者根本不存在，或是由于被询证者没有收到询证函，也可能是由于询证者没有理会询证函，因此，无法证明所函证信息是否正确。需要注意的是，如果注册会计师认为取得积极式询证函回函是获取充分、适当的审计证据的必要程序，则替代程序不能提供注册会计师所需要的审计证据。在这种情况下，如果未获取回函，注册会计师应当确定其对审计工作和审计意见的影响。

如果采用消极的函证方式，注册会计师只要求被询证者仅在不同意询证函列示信息的情况下才予以回函。在消极的函证方式中，如果收到回函，能够为财务报表认定提供说服力强的审计证据；未收到回函可能是因为被询证者已收到询证函且核对无误，也可能是因为被询证者根本就没有收到询证函。因此，消极的函证方式提供的审计证据通常没有积极的函证方式可靠。因而，在采用消极的函证方式时，注册会计师通常还须辅之以其他审计程序。

当同时存在下列情况时，注册会计师可考虑采用消极的函证方式：①重大错报风险评估为低水平；②涉及大量余额较小的账户；③预期不存在大量的错误；④没有理由相信被询证者不认真对待函证。

在审计实务中，注册会计师也可将这两种方式结合使用。当应收账款的余额是由少量的大额应收账款和大量的小额应收账款构成的时，注册会计师可以对所有的或抽取的大额应收账款样本采用积极的函证方式，而对抽取的小额应收账款样本采用消极的函证方式。

以下系《〈中国注册会计师审计准则第 1312 号——函证〉指南》提供的积极式和消极式询证函的格式，供参考。

积极式询证函（格式一）

企业询证函

编号：

××（公司）：

本公司聘请的××会计师事务所正在对本公司××年度财务报表进行审计，按照中国注册会计师审计准则的要求，应当询证本公司与贵公司的往来账项等事项。下列数据出自本公司账簿记录，如与贵公司记录相符，请在本函下端“信息证明无误”处签章证明；如有不符，请在“信息不符”处列明不符金额。回函请直接寄至××会计师事务所。

回函地址：

邮编：　　电话：　　传真：　　联系人：

1. 本公司与贵公司的往来账项列示如下：

单位：元

截止日期	贵公司欠	欠贵公司	备注

2. 其他事项。

本函仅为复核账目之用，并非催款结算。若款项在上述日期之后已经付清，仍请及时函复为盼。

（公司盖章）
年　月　日

结论：1. 信息证明无误。

（公司盖章）
年　月　日
经办人：

2. 信息不符，请列明不符的详细情况：

（公司盖章）
年　月　日
经办人：

积极式询证函（格式二）

企业询证函

编号：

××（公司）：

本公司聘请的××会计师事务所正在对本公司××年度财务报表进行审计，按照中国注册会计师审计准则的要求，应当询证本公司与贵公司的往来账项等事项。请列示截至××年×月×日贵公司与本公司往来款项余额。回函请直接寄至××会计师事务所。

回函地址：

邮编：　　　　　　电话：　　　　　　传真：　　　　　　联系人：

本函仅为复核账目之用，并非催款结算。若款项在上述日期之后已经付清，仍请及时函复为盼。

（公司盖章）

年　　月　　日

1. 贵公司与本公司的往来账项列示如下：

单位：元

截止日期	贵公司欠	欠贵公司	备注

2. 其他事项。

（公司盖章）

年　　月　　日

经办人：

消极式询证函

企业询证函

编号：

××（公司）：

本公司聘请的××会计师事务所正在对本公司××年度财务报表进行审计，按照中国注册会计师审计准则的要求，应当询证本公司与贵公司的往来账项等事项。下列数据出自本公司账簿记录，如与贵公司记录相符，则无须回复；如有不符，请直接通知会计师事务所，并请在空白处列明贵公司认为是正确的信息。回函请直接寄至××会计师事务所。

回函地址：

邮编：　　　　　　电话：　　　　　　传真：　　　　　　联系人：

1. 本公司与贵公司的往来账项列示如下：

单位：元

截止日期	贵公司欠	欠贵公司	备注

2. 其他事项。

本函仅为复核账目之用，并非催款结算。若款项在上述日期之后已经付清，仍请及时核对为盼。

（公司盖章）

年　　月　　日

××会计师事务所：

上面的信息不正确，差异如下：

（公司盖章）

年 月 日

经办人：

（3）函证时间的选择。

注册会计师通常以资产负债表日为截止日，在资产负债表日后适当时间内实施函证。如果重大错报风险评估为低水平，注册会计师可选择资产负债表日前适当日期为截止日实施函证，并对所函证项目自该截止日起至资产负债表日止发生的变动实施实质性程序。

（4）函证的控制。

注册会计师通常根据被审计单位提供的应收账款明细账户名称及客户地址等资料来编制询证函，但注册会计师应当对选择被询证者、设计询证函以及发出和收回询证函保持控制。出于掩盖舞弊的目的，被审计单位可能想方设法拦截或更改询证函及回函的内容。如果注册会计师对函证程序控制不严密，就可能给被审计单位以可乘之机，导致函证结果发生偏差和函证程序失效。

注册会计师应当采取下列措施对函证实施过程进行控制：①将被询证者的名称、地址与被审计单位有关记录核对；②将询证函中列示的账户余额或其他信息与被审计单位有关资料核对；③在询证函中指明直接向接受审计业务委托的会计师事务所回函；④询证函经被审计单位盖章后，由注册会计师直接发出；⑤将发出询证函的情况形成审计工作记录；⑥将收到的回函形成审计工作记录，并汇总统计函证结果。

在审计实务中，注册会计师经常会遇到被询证者以传真、电子邮件等方式回函的情况。这些方式确实能使注册会计师及时得到回函信息，但由于这些方式易被截留、篡改或难以确定回函者的真实身份，因此，注册会计师应当直接接收，并要求被询证者及时寄回询证函原件。

注册会计师经常会遇到采用积极的函证方式实施函证而未能收到回函的情况。对此，注册会计师应当考虑与被询证者联系，要求对方作出回应或再次寄发询证函。如果未能得到被询证者的回应，注册会计师应当实施替代审计程序，例如检查与销售有关的文件，包括销售合同或协议、销售订单、销售发票副本及发运凭证等，以验证这些应收账款的真实性。

注册会计师可通过应收账款函证结果汇总表的方式对询证函的收回情况加以控制。应收账款函证结果汇总表见表9—4。

（5）对不符事项的处理。

若收回的询证函有差异，注册会计师应当首先提请被审计单位查明原因，并作进一步分析和核实。不符事项的原因可能是由于双方登记入账的时间不同，或由于一方或双方记账错误，也可能是由被审计单位的舞弊行为导致的。登记入账的时间不同而产生的不符事项主要表现为：①询证函发出时，债务人已经付款，而被审计单位尚未收到货款；②询证函发出时，被审计单位的货物已经发出并已作销售记录，但货物仍在途中，债务人尚未收到货物；③债务人由于某种原因将货物退回，而被审计单位尚未收到；④债务人对收到的货物的数量、质量及价格等方面有异议而全部或部分拒付货款等。如果不符事项构成错报，注册会计师应当考虑是否修改所实施审计程序的性质、时间和范围。

表 9—4 **应收账款函证结果汇总表**

被审计单位名称： 制表： 日期：

结账日： 年 月 日 复核： 日期：

询证函编号	债务人名称	债务人地址及联系方式	账面金额	函证方式	函证日期		回函日期	替代程序	确认余额	差异金额及说明	备注
					第一次	第二次					
合计											

（6）管理层要求不实施函证的应对。

当被审计单位管理层要求对拟函证的某些账户余额或其他信息不实施函证时，注册会计师应当考虑该项要求是否合理。如果认为管理层的要求合理，注册会计师应当实施替代审计程序，以获取与这些账户余额或其他信息相关的充分、适当的审计证据。如果认为管理层的要求不合理，且被其阻挠而无法实施函证，注册会计师应当将这种情况视为审计范围受到限制，并考虑对审计报告可能产生的影响。

在分析管理层要求不实施函证的原因时，注册会计师应当保持职业怀疑态度，并考虑：①管理层是否诚信；②是否可能存在重大的舞弊或错误；③替代审计程序能否提供与这些账户余额或其他信息相关的充分、适当的审计证据。

（7）对函证结果的总结和评价。

根据函证的结果，注册会计师应：①重新考虑对内部控制的原有评价是否适当、控制测试的结果是否适当、分析程序的结果是否适当、相关的风险评价是否适当等；②如果函证结果表明没有审计差异，则注册会计师可以合理地推断，全部应收账款总体是正确的；③如果函证结果表明存在审计差异，则注册会计师应当估算应收账款，应抽查有关原始凭证，如销售合同、销售订单、销售发票副本及发运凭证等，以验证与其相关的应收账款的真实性。

【案例分析 9—1】杭州艾比艾公司验资案

在 2004 年 6 月 14 日披露杭州艾比艾公司有从事商业欺诈活动的嫌疑后，《南方周末》6 月 26 日再次披露了艾比艾公司虚假注资 1 000 万元的情况。对此，中国银行杭州分行凯旋支行副行长方正说：“我们出具了 8 万元的银行单据。”这家公司去年6月到凯旋支行下面的杭大分理处办验资手续，他们按照操作规定对该公司的资金情况予以核准并给会计师事务所发了询证函。方正说："我们拿到艾比艾公司的验资报告的时候，上面显示的资金是8万元，一共是7张交款凭证。"该行认定，他们出具的银行单证上写的是8万元人民币。

负责该公司验资业务的浙江江南会计师事务所办公室主任曹奕对记者说："当时我们接到银行出具单证上的金额是1 000万元；一共有7张单据，是合伙人各自的出资情况。"记者追问："这些单据的真假能够确定吗?""当然，这些印章和数字的书写都是正确的，一点都看不出有改写的迹象。"曹奕肯定地说。

凯旋支行说，已经将杭州艾比艾公司的验资询证函装信封并加封签交给查询单位。而浙江江南会计师事务所的曹奕说，这份询证函不是直接取自银行，而是由该公司董事长王增才自己拿过来的。他们当时看不出信封的封签有被动过的痕迹。记者追问曹奕："如果拿到询证函之后再向银行核对一下，是不是可以避免这样的事件发生?"曹奕承认，这对他们来说是一个教训。

在本案例中，函证程序控制不当可能是导致验资不实的原因之一。8万元的询证函回函变成1 000万元有三种可能：一种是银行内部职员与杭州艾比艾公司董事长王增才互相勾结，银行职员为其1 000万元的询证函盖章；二是王增才取得8万元的询证函回函之后，变造成1 000万元；三是王增才根据8万元的询证函回函上的银行印章私刻银行询证章，然后盖在会计师出具的1 000万元的询证函上。

9.5.2 坏账准备的余额测试

我们仍以ABC会计师事务所的审计工作底稿来表示坏账准备的实质性程序，见表9—5。其中，A5—1是坏账准备审定表，格式见表9—6。A5—2是坏账准备检查情况表，内容包括本年增加（含计提和坏账收回）、本年减少（坏账冲销和冲回）、年末余额（已提数）、应提坏账准备的比例、已审应收账款余额、应提坏账准备金额、应提坏账准备与已提的差异数、审计意见等项目。

9.5.3 其他应收款的余额测试

与应收账款明确地核算赊销货物不同，其他应收款是核算名目繁多的其他各种应收及暂付款项。在其他应收款的审计实务中，应重点对其他应收款的形成以及期末余额的合理性进行测试。具体审计时可参照以下程序：

（1）核对其他应收款明细账和总账的余额，并与报表核对相符。了解其他应收款明细项目的性质，通过对企业经营情况的了解，运用专业判断，形成其他应收款的预期或者说是该账户的商业逻辑。

（2）对性质特别、不符合预期、金额较大的明细进行审查，可参照应收账款的审计，如函证。

（3）在对其他应收款余额细节测试时，一定要分析其流动性，即为什么该明细余额不变动，是不是存在关联方占用资金。通过对其余额的合理性（流动性）做审计，可进一步为其他应收款是否真实存在、是否有重大错报提供证据。

表9—5 **坏账准备审计程序表**

客户名称：W公司 索引号：A5 页次：57

截止日期：2005.12.31 编制人：王森 日期：2006.3.10

复核人：李四 日期：2006.3.13

一、审计目标

1. 确定计提坏账准备的方法和比例是否恰当，坏账准备的计提是否充分；2. 确定坏账准备增加变动的记录是否完整；3. 确定坏账准备年末余额是否正确；4. 确定坏账准备在会计报表上的披露是否恰当。

二、审计程序

审计程序	执行情况			
	是否适用	索引	执行人	说明
1. 取得或编制坏账准备明细表，复核加计正确，与坏账准备总账数、明细账合计数核对相符	是	A5—1	王森	相符
2. 将应收账款坏账准备本期计提数与资产减值损失相应明细项目的发生额核对相符	是	A5—2	王森	相符
3. 检查应收账款坏账准备计提和核销的批准程序，评价坏账准备所依据的资料、假设及计提方法	是	A5—2	王森	无异常
4. 实际发生坏账损失的，检查转销依据是否符合有关规定，会计处理是否正确	是	A5—2	王森	无异常
5. 检查资产负债表日后仍未收回的长期挂账应收账款	是	A5—2	王森	无异常
6. 检查向债务人询证回函的例外事项及存有争执的余额	是	A5—2	王森	无异常
7. 计算坏账准备余额占应收账款余额的比率，并和以前年度的相关比率比较，检查分析其重大差异	是	A5—2	王森	已复核
8. 确定坏账准备的披露是否恰当	是	A5—1	王森	已披露

9.5.4 应交税费的余额测试

在了解企业基本情况阶段，注册会计师对企业应缴纳的各项税费就有个大致的了解。查阅被审计单位纳税鉴定或纳税通知及征、免、减税的批准文件，了解被审计单位适用的税种、计税基础、税率以及征、免、减税的范围与期限，确认其年度内应纳税项的内容。取得税务部门汇算清缴或其他确认文件、有关政府部门的专项检查报告、税务代理机构专业报告、被审计单位纳税申报资料等，并实施以下审计程序：

（1）计价和分摊：取得或编制应交税费明细表，复核其数字是否正确。

表 9—6　　坏账准备审定表

客户名称：W 公司　　索引号：A5—1　　页次：58

截止日期：2005. 12. 31　　编制人；王森　　日期：2006. 3. 10

复核人：李四　　日期：2001. 3. 13

上年末审定数	未审数核对			索引号	调整分录金额	重分类分录金额	审定数
	索引号	项目	金额				
800000B	Z15	报表数	800000G	Z9	+100 000		900000 T/B

调整分录：

借：管理费用　　100 000. 00

　贷：资产减值损失——坏账准备　　100 000. 00

审计标志：

B：与上年已审计会计报表核对相符

G：与总账核对相符

Z9：审计差异汇总表——调整分录汇总表

Z15：未审会计报表

T/B：与试算平衡表核对相符

审计结论：经审计调整后，余额可以确认。

（2）完整性：对应交税费明细表中本期增加和本期支付等发生额的低估错报进行验证，如增值税销项税额就结合营业收入来审计，增值税进项税额就结合原材料的购买进行审计，主要是判断本期变动的合理性，防止低估。

（3）权利和义务：任何一个税种都有纳税期限，如营业税以月为一期纳税，应于每月的 10 日之前申报纳税，那么我们就可知道资产负债表中营业税期末余额就是 12 月份的纳税义务。注册会计师可根据 12 月份的经营状况来判断该纳税义务是否正确。

9. 5. 5　销售费用的审计

进行销售费用审计时，要和客户的销售额挂钩，特别要分析客户用于广告费、促销费、宣传费、铺货费、进场费等直接用于开拓和巩固市场所发生的营销费用占销售额的比例，判断多少相关支出可以引发多少销售。在以营销为主的今天，销售费用中营销费用的增长与销售额的增长呈正相关关系。在审计销售费用时，要分析以前年度与销售额的比例，并结合行业平均值，关注异常波动，查明原因。注册会计师还应查明所有销售费用是否都有相应的支持性凭证，在审查发生认定时，也要审查完整性认定。

复习思考题

1. 销售及收款循环的内部控制有哪些？
2. 如何对销售及收款内部控制进行控制测试？
3. 销售业务不真实表现在哪几个方面？应如何进行审计？

4. 审计销售业务的真实性与完整性有何不同？

5. 如何审查销售业务的截止？

6. 应收账款积极式函证与消极式函证的对象有何区别？

7. 如果被函证方始终不回函，注册会计师应如何处理？

参考文献与推荐阅读

1. 财政部、证监会、审计署、银监会、保监会：《企业内部控制应用指引第9号——销售业务》，2010。

2. 于波成、孙回回：《对函证程序的几点思考》，载《中国注册会计师》，2005（4）。

3. 秦新安：《应收账款审计经验谈》，载《中国注册会计师》，2005（1）。

4. 黄世忠：《收入操纵的九大陷阱及其防范对策（上）》，载《中国注册会计师》，2004（1）。

5. 黄世忠：《收入操纵的九大陷阱及其防范对策（中）》，载《中国注册会计师》，2004（2）。

6. 黄世忠：《收入操纵的九大陷阱及其防范对策（下）》，载《中国注册会计师》，2004（3）。

7. 孙文军：《企业操纵营业收入的常见手法与审计对策》，载《中国注册会计师》，2004（9）。

8. 高山：《关联方交易审计策略》，载《中国注册会计师》，2004（7）。

9. 马永义：《对〈关联方之间出售资产等会计处理问题暂行规定〉的几点探讨》，载《中国注册会计师》，2003（2）。

10. 小益：《“银广夏”责任者的反思与“银广夏”事件的启示》，载《中国注册会计师》，2003（4）。

第10章

采购与付款循环审计

主要知识点

采购与付款循环的特性；采购与付款循环的内部控制和控制测试；购货交易的实质性程序；实质性分析程序；应付账款的实质性程序；固定资产和累计折旧的实质性程序

关键概念

采购与付款循环（Acquisition and Payment Cycle） 应付账款（Accounts Payable） 固定资产（Tangible Asset） 累计折旧（Accumulated Depreciation）

10.1 采购与付款循环的特性

采购与付款循环所涉及的财务报表项目主要是资产负债表项目，其在财务报表中的列示顺序通常应为预付款项、固定资产、在建工程、工程物资、固定资产清理、无形资产、开发支出、商誉、长期待摊费用、应付票据、应付账款和长期应付款等，所涉及的利润表项目通常为管理费用。

采购与付款循环中的主要业务活动包括请购商品和劳务、编制订货单、验收商品、储存已验收的商品存货、编制付款凭单、确认与记录负债、付款和记录现金、银行存款支出等。

采购与付款循环所涉及的主要凭证包括请购单、订购单、验收单、卖方发票、付款凭单、

企业内部记录、支付负债的授权证明文件、转账凭证、付款凭证、应付账款明细表、卖方对账单等。其中，卖方对账单由供货方按月编制，标明期初余额以及本期购买、本期支付给卖方的款项和期末余额（应与应付账款期末余额一致）。图10—1是采购与付款循环中的主要业务活动和一些凭证记录。

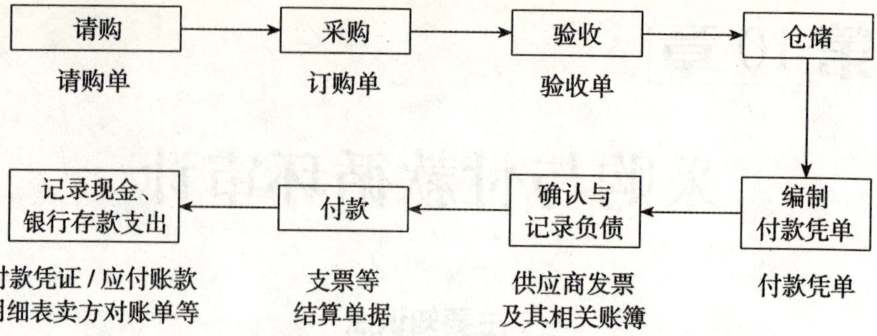

图 10—1　采购与付款循环中的主要业务活动和一些凭证记录

10.2 控制测试和交易的实质性测试

10.2.1　采购交易的内部控制、控制测试和交易的实质性程序

采购与付款循环的内部控制措施可以分为以下五类：

1）职责分离

不相容职务的分离可以有效地防止错误和舞弊。在采购与付款循环中，应当使采购、验收、储存、会计及财务部门在人员安排及职责分工等方面相互独立，偿还债务应经上述部门进行相应确认或批准。具体来说，采购与付款循环的以下六项职务必须分离，否则会出现舞弊或舞弊之后不能被及时发现：请购与审批，询价与确定供应商，采购合同的订立与采购合同审批，采购与验收，采购、验收与相关会计记录，付款审批与付款执行。

2）授权审批

在采购与付款循环中，需要注意授权审批的有：未经授权审批的请购单不得生成订单进行采购；已到期的应付款项须经有关授权人员审批后方可办理结算与支付。对于重要的和技术性较强的采购业务，单位应当组织专家进行论证，实行集体决策和审批，防止出现因决策失误而造成严重损失的情况。未经授权的机构或人员不得办理采购与付款业务。

3）凭证和记录

单位应当按照采购与付款业务流程设置相关的记录，填制相应的凭证，建立完整的采购登记制度，应该恰当使用的凭证包括请购单、订单、验收单、入库单、支票等，而且这些凭证应当预先按顺序编号，并按顺序使用。同时，固定资产明细账、应付账款明细账、库存现金日记账、银行存款日记账以及相关总账也要充分和完善。

4）实物控制

对现金和固定资产的接触限制属于很典型的实物控制措施。此外，重要的实物控制措施还包括限制接触那些能够用来授权不正当固定资产移动以及接触付款凭证、记录和会计电算化系统。

5）独立核查

独立核查主要核查采购与付款的内部控制是否健全、是否得到了有效执行，包括采购与付款的相关岗位设置和人员分工、授权审批制度的执行、应付账款和预收账款的管理、凭证和记录的使用和保管等。

表 10—1 是针对内部控制目标的内部控制、控制测试和交易实质性程序一览表。第四栏列示了注册会计师对被审计单位采购交易通常采用的交易实质性程序。交易实质性程序与第一栏所列的控制目标有直接关系，是证明第一栏中具体审计目标的证据，其目的在于确定交易中与该控制目标有关的金额是否有错误。交易实质性程序实施的范围在一定程度上取决于关键控制是否存在以及控制测试的结果。

表 10—1 **采购交易的控制目标、内部控制和测试一览表**

内部控制目标	关键的内部控制	常用的控制测试	交易实质性程序
所记录的采购都已收到物品或已接受劳务，并符合购货方的最大利益（存在）	请购单、订货单、验收单和卖方发票一应俱全，并附在付款凭单后 购货按正确的级别批准 注销凭证，以防止重复使用 对卖方发票、验收单、订货单和请购单进行内部核查	查验付款凭单后是否附有单据 检查核准购货标志 检查注销凭证的标志 检查内部核查的标志	复核采购明细账、总账及应付账款明细账，注意是否有大额或不正常的金额 检查卖方发票、验收单、订货单和请购单的合理性和真实性 追查存货的采购至存货永续盘存记录 检查取得的固定资产
已发生的采购业务均已记录（完整性）	订货单均经事先连续编号并已登记入账 验收单均经事先连续编号并已登记入账 卖方发票均经事先连续编号并已登记入账	检查订货单连续编号的完整性 检查验收单连续编号的完整性 检查卖方发票连续编号的完整性	从验收单追查至采购明细账 从卖方发票追查至采购明细账
所记录的采购业务估价正确（准确性、计价和分摊）	计算和金额的内部查核 控制采购价格和折扣的批准	检查内部检查的标志 审核批准采购价格和折扣的标志	将采购明细账中记录的业务同卖方发票、验收单和其他证明文件进行比较 复算包括折扣和运费在内的卖方发票缮写的准确性
采购业务的分类正确（分类）	采用适当的会计科目表 分类的内部核查	审查工作手册和会计科目表 检查有关凭证上内部核查的标记	参照卖方发票，比较会计科目表上的分类
采购业务按正确的日期记录（截止）	要求一收到商品或接受劳务就记录购货业务 内部核查	检查工作手册，并观察有无未记录的卖方发票存在 检查内部核查标志	将验收单和卖方发票上的日期与采购明细账中的日期进行比较
采购业务被正确记入应付账款和存货等明细账中，并被准确汇总（准确性、计价和分摊）	应付账款明细账内容的内部查核	检查内部查核的标志	通过加计采购明细账，追查过入采购总账和应付账款、存货明细账的数额是否准确，来测试过账和汇总的准确性

10.2.2 付款交易的内部控制、控制测试和交易的实质性程序

与采购相关的付款交易同样应有其内部控制。注册会计师应针对每个具体的内部控制目标确定关键的内部控制，并对其实施相应的控制测试和交易的实质性程序。付款交易中的控制测试的性质取决于内部控制的性质。付款交易的实质性程序的实施范围在一定程度上取决于关键控制是否存在以及控制测试的结果。对付款交易的部分测试可与测试采购交易一并实施。当然，另一些付款交易测试仍需单独实施。财政部发布的《内部会计控制规范——采购与付款（试行）》中规定的以下与付款交易相关的内部控制内容是应当共同遵循的：

（1）单位应当按照《现金管理暂行条例》、《支付结算办法》和《内部会计控制规范——货币资金（试行）》等规定办理采购付款业务。

（2）单位财会部门在办理付款业务时，应当对采购发票、结算凭证、验收证明等相关凭证的真实性、完整性、合法性及合规性进行严格审核。

（3）单位应当建立预付账款和定金的授权批准制度，加强预付账款和定金的管理。

（4）单位应当加强应付账款和应付票据的管理，由专人按照约定的付款日期、折扣条件等管理应付款项。已到期的应付款项需经有关授权人员审批后方可办理结算与支付。

（5）单位应当建立退货管理制度。对退货条件、退货手续、货物出库、退货货款回收等作出明确规定；及时收回退货款。

（6）单位应当定期与供应商核对应付账款、应付票据、预付款项等往来款项。如有不符，应查明原因，及时处理。

10.2.3 固定资产的内部控制和控制测试

对于制造业的被审计单位而言，固定资产在其资产总额中占有很大的比重。固定资产的购建会影响其现金流量，而固定资产的折旧、维修等费用则是影响其损益的重要因素。固定资产管理一旦失控，所造成的损失将远远超过一般的商品存货等流动资产，所以为了确保固定资产的真实、完整、安全和有效利用，被审计单位应当建立和健全固定资产的内部控制。以下是企业常用的固定资产内部控制以及注册会计师实施控制测试时应关注的地方。

1）固定资产的预算制度

预算制度是固定资产内部控制中最重要的部分。通常，大中型企业应编制旨在预测与控制固定资产增减和合理运用资金的年度预算；小规模企业即使没有正规的预算，对固定资产的购建也要事先加以计划。注册会计师应注意检查固定资产的取得与处置是否依据预算，对实际支出与预算之间的差异以及未列入预算的特殊事项，检查其是否履行了特别的审批手续。如果固定资产增减均能处于良好的经批准的预算制度之下，注册会计师即可减少针对固定资产增加、减少实施的实质性程序的样本量。

2）授权批准制度

完善的授权批准制度包括：企业的资本性支出预算只有经过董事会等高层管理机构批准方可生效；所有固定资产的取得和处置均需经企业管理当局的书面认可。注册会计师不仅要检查授权批准制度本身是否完善，还要关注授权批准制度是否得到了切实执行。

3）账簿记录制度

除固定资产总账外，被审计单位还需设置固定资产明细分类账和固定资产登记卡，按固定资产类别、使用部门和每项固定资产进行明细分类核算。固定资产增减变化均有原始凭证。一套设置完善的固定资产明细分类账和登记卡将为注册会计师分析固定资产的取得和处置以及复核折旧费用和修理支出的列支带来帮助。

4）职责分工制度

对固定资产的取得、记录、保管、使用、维修、处置等，均应明确划分责任，由专门的部门和专人负责。明确的职责分工制度有利于防止舞弊、降低注册会计师的审计风险。

5）资本性支出和收益性支出的区分制度

企业应制定区分资本性支出和收益性支出的书面标准，通常需明确资本性支出的范围和最低金额。凡不属于资本性支出的范围、金额低于下限的任何支出，均应列作费用并抵减当期收益。

6）固定资产的处置制度

固定资产的处置包括投资转出、报废、出售等，均要有一定的申请报批程序。

7）固定资产的定期盘点制度

对固定资产的定期盘点，是验证账面各项固定资产是否真实存在、了解固定资产放置地点和使用状况以及发现是否存在未入账固定资产的必要手段。注册会计师应了解和评价企业固定资产盘点制度，并应注意查询盘盈、盘亏固定资产的处理情况。

8）固定资产的维护保养制度

固定资产应有严密的维护保养制度，以防止其因各种自然和人为的因素而遭受损失，并应建立日常维护和定期检修制度，以延长其使用寿命。此外，注册会计师在检查、评价企业的内部控制时，应当了解企业对固定资产的保险情况。

10.2.4　在建工程的内部控制

根据财政部于 2003 年 10 月发布的《内部会计控制规范——工程项目（试行)》，在建工程的内部控制包括以下内容：

1）岗位分工

单位应当建立工程项目业务的岗位责任制，明确相关部门和岗位的职责、权限，确保办理工程项目业务的不相容岗位相互分离、制约和监督。工程项目业务不相容岗位一般包括：项目建议、可行性研究与项目决策，概预算编制与审核，项目实施与价款支付，竣工决算与竣工审计。

2）授权批准

单位应当对工程项目相关业务建立严格的授权批准制度；明确审批人的授权批准方式、权限、程序、责任及相关控制措施，规定经办人的职责范围和工作要求。审批人应当根据工程项目相关业务授权批准制度的规定，在授权范围内进行审批，不得超越审批权限。经办人应当在职责范围内，按照审批人的批准意见办理工程项目业务。对于审批人超越授权范围审批的工程项目业务，经办人有权拒绝办理并及时向审批人的上级授权部门报告。

3）概预算控制

单位应当建立工程项目概预算环节的控制制度，对概预算的编制、审核等作出明确规定，确保概预算的编制科学、合理。

4）价款支付控制

单位应当建立工程进度价款支付环节的控制制度，对价款支付的条件、方式以及会计核算程序作出明确规定，确保价款支付及时、正确。

5）竣工决算控制

单位应当建立竣工决算环节的控制制度，对竣工清理、竣工决算、竣工审计、竣工验收等作出明确规定，确保竣工决算真实、完整、及时。

6）监督检查

单位应当建立对工程项目内部控制的监督检查制度，明确监督机构或人员的职责权限，定期或不定期地进行检查。其内容主要包括：工程项目业务相关岗位及人员的设置情况；是否存在不相容职务混岗的现象；工程项目业务授权批准制度的执行情况；授权批准手续是否健全，是否存在越权审批行为；工程项目决策责任制的建立及执行情况；概预算控制制度的执行情况；各类款项支付制度的执行情况；竣工决算制度的执行情况。

【例10—1】B股份有限公司（以下简称“B公司”）主要经营中小型机电类产品的生产和销售。产品销售以B公司仓库为交货地点。B公司目前主要采用手工会计系统。ABC会计师事务所接受委托，审计B公司2004年度财务报表。通过了解，与B公司购货与付款循环、生产循环、销售与收款循环相关的部分内部控制程序如下：

（1）对需要购买的已经列入存货清单的项目由仓库负责填写请购单，对未列入存货清单的项目由相关需求部门填写请购单。每张请购单须由对该类采购支出预算负责的主管人员签字批准。

（2）采购部收到经批准的请购单后，由其职员E进行询价并确定供应商，再由其职员F负责编制和发出预先连续编号的订购单。订购单一式四联，经被授权的采购人员签字后，分别送交供应商、负责验收的部门、提交请购单的部门和负责采购业务结算的应付凭单部门。

（3）验收部门根据订购单上的要求，对所采购的材料进行验收；完成验收后，将原材料交由仓库人员存入库房，并编制预先连续编号的验收单，交仓库人员签字确认。验收单一式三联，其中两联分送应付凭单部门和仓库，一联留存验收部门。

(4) 应付凭单部门核对供应商发票、验收单和订购单，并编制预先连续编号的付款凭单。在付款凭单经被授权人员批准后，应付凭单部门将付款凭单连同供应商发票及时送交会计部门，并将未付款凭单副联保存在未付款凭单档案中。会计部门收到附供应商发票的付款凭单后，应及时编制有关的记账凭证，并登记“原材料”和“应付账款”账簿。

(5) 应付凭单部门负责确定尚未付款凭单在到期日付款，并将留存的未付款凭单及其附件根据授权审批权限送交审批人审批。审批人审批后，将未付款凭单连同附件交复核人复核，然后交财务出纳人员 J。出纳人员 J 据此办理支付手续，登记库存现金日记账和银行存款日记账，并在每月末编制银行存款余额调节表，交会计主管审核。

要求：

针对资料第 (1) 项至第 (5) 项，假定不考虑其他条件，请逐项判断 B 公司上述已经存在的内部控制程序在设计上是否存在缺陷。如果存在缺陷，请分别予以指出，并简要说明理由，提出改进建议。

参考答案：

第 (1) 项没有缺陷。

理由：仓库负责对列入清单的货物填写请购单；如果没有列入存货清单，则可以由其他部门根据需要填写。每张请购单要由对该类支付负预算责任的主管人员签字批准。

第 (2) 项有缺陷：由采购部的职员 E 进行询价并确定供应商。

理由：询价与确定供应商是不相容的岗位。

建议：询价与确定供应商应该由不同岗位的人员来实施。

第 (3) 项没有缺陷。

理由：验收单应当是一式多联的，而该单位根据实际情况制定三联是正确的。

第 (4) 项有缺陷：会计部门根据只附供应商发票的付款凭单进行账务处理。

理由：如果会计部门仅根据付款凭单和供应商发票记录存货和应付账款，而不需同时核对验收单和订购单，则会计部门将无法核查材料采购的真实性，从而可能记录错误的存货数量和金额。

建议：应付凭单部门应将经批准的付款凭单连同验收单、订购单和供应商发票送会计部门，会计部门应在核对收到的付款结算单以及后附的验收单、订购单和供应商发票后记录存货和应付账款。

第 (5) 项有缺陷：出纳人员 J 登记库存现金日记账和银行存款日记账，并在每月末编制银行存款余额调节表。

理由：登记库存现金日记账和银行存款日记账与月末编制银行存款余额调节表是不相容职务。

建议：编制银行存款余额调节表由出纳之外的人员来实施。

10.3 实质性分析程序

由于各个账户的重要性水平不同，所以不同账户可以采用不同的分析方法。在实施实质性分析程序时，获取的信息越全面、详细，实质性分析程序取证的效果就越好。在采购与付款循环中，注册会计师经常使用（但不限于）以下指标：

1）应付账款

比较当年及以前年度应付账款的增减变动；比较当年及以前年度应付账款的构成、账龄及主要供货商的变化；比较最近3个月及当年平均应付账款支付期的变动情况；比较当年及以前年度应付账款支付期的变动情况，并查明异常情况的原因；分析长期挂账的应付账款，判断被审计单位是否缺乏偿债能力或是否在利用应付账款隐瞒利润（确实无法支付的应付账款应转入“资本公积”账户）。

2）应付账款与本期销售成本、存货及流动负债的比率

计算应付账款与本期销售成本的比率，并与以前年度相关比率进行对比分析，评价应付账款整体的合理性。在正常的商业活动中，企业凭借其建立的信用，使应付账款与本期销售成本保持一个稳定或持续升高的比例。如果该比例大幅下降，则表明企业可能遇到了财务困难，其供应商可能会收缩对该企业提供的信用。注册会计师要关注其持续经营能力，计算应付账款对存货、流动负债的比例，并与以前期间对比，评价其整体合理性。

3）应付票据

许多上市公司的财务报表都出现了增利不增流的现象。这种情况在有些企业从表面上看是由结算方式（开出大量的应付票据，由此增加票据保证金）所致，从深层次来看可能是为关联方开出了银行汇票，关联方再将汇票贴现，从而变相占用上市公司资金。因此，注册会计师要严密审查企业与应付票据的对应方是否有真实的业务往来。如果发现货币资金用于应付票据的保证金而导致其使用受限，注册会计师应考虑是否应该对受限的货币资金进行重分类或者在附注中予以披露。

4）预付账款

深入分析预付账款的实质，分析其是由购建固定资产所致还是支付采购货物的预付款所致。如果是采购货物的预付款所致，我们还可以判断其是由于商品紧俏还是由于企业的信用下降。当然，对预付账款的账龄分析也是必要的。

5）固定资产与累计折旧

计算固定资产原值与本期产品产量的比例，并与此前期间进行比较。如果该比例上升，可能表明固定资产闲置或已减少了固定资产未在账上注销的问题。通过比较本期各月之间、本期与此前各期之间的修理与维护费用能发现修理费的错报问题；通过修理、维护费用与固定资产原值的比率变化，还能发现区分资本性支出和收益性支出上可能存在的错误。比较本期计提折旧额与固定资产总成本的比例，并与上期比较，可以发现本期折旧额计算上的错误。

6）固定资产减值准备

计算本期末固定资产减值准备占期末固定资产原值的比率，并与期初该比率比较，分析固定资产的质量状况。

7）固定资产周转率（或固定资产周转天数）

固定资产周转天数的计算公式为：

固定资产周转天数=销售收入÷平均固定资产

其中：

平均固定资产=（期初固定资产+期末固定资产）÷2

将该指标同以前年度比较，与同行业比较，判断固定资产周转率变化的原因。在某港的财务丑闻中，某港在收入造假的同时，利用多个账户之间资金的频繁往来制造收入已收回的假象，还以巨额增加的固定资产来消化经营现金的流入。一进一出，资金平衡，假账做得相当有创意。因此，在使用该指标时，一定要结合企业的生产能力来判断固定资产变动的合理性。如果企业目前的销售远远达不到当初的生产能力，则可以判断固定资产的增加有问题。

8）资产质量指数

该指标的计算公式为：

资产质量指数=本期资产质量÷上期资产质量

其中：

资产质量=1-（流动资产+固定资产净值）÷资产总额

资产质量指数越大，表明企业将经营费用资本化的风险越高。企业迫于利润压力，将经营费用资本化，虚增利润，而资本化的费用在以后年度可以逐渐转回。从长远来看，这并不影响企业的税收，只是影响了货币的时间价值。

10.4 账户余额的细节测试

10.4.1 应付账款的余额测试

应付账款是一项重要的流动负债。它是随着企业赊购交易的发生而发生的。企业可能利用低估负债来修饰其财务状况，利用应付账款来转移收入等，因此，应付账款具有较高的固有风险。同时，对许多企业而言，应付账款的内部控制制度也远不如应收账款，因此，应付账款的控制风险也较高。对于应付账款的实质性程序，注册会计师应给予足够的重视。

（1）获取或编制应付账款明细表，复核其加计是否正确，并与报表数、总账数和明细账合计数核对是否相符；检查非记账本位币应付账款的折算汇率及折算是否正确。

（2）函证应付账款。一般情况下，并不是必须函证应付账款的，因为函证不能保证查出未记录的应付账款，况且注册会计师能够取得采购发票等外部凭证来证实应付账款的余额。如果控制风险较高、某应付账款明细账户金额较大或被审计单位处于财务困难阶段，则应进行应付账款的函证。

在进行函证时，注册会计师应选择较大金额的债权人，以及那些在资产负债表日金额不大，甚至为零，但为企业重要供货人的债权人，作为函证对象。函证最好采用积极函证方式，并具体说明应付金额。同应收账款的函证一样，注册会计师必须对函证的过程进行控制，要求债权人直接回函，并根据回函情况编制与分析函证结果汇总表；对未回函的，应考虑是否再次函证。

如果存在未回函的重大项目，注册会计师应采用替代审计程序。比如，可以检查决算日后应付账款明细账及库存现金日记账和银行存款日记账，核实其是否已支付，同时检查该笔债务的相关凭证资料，如合同、发票、验收单等，以核实应付账款的真实性。

（3）检查应付账款是否计入了正确的会计期间，是否存在未入账的应付账款：①检查债务形成的相关原始凭证（如供应商发票、验收报告或入库单等），查找有无未及时入账的应付账款，确定应付账款期末余额的完整性。

②检查资产负债表日后应付账款明细账贷方发生额的相应凭证，关注其购货发票的日期，确认其入账时间是否合理。

③获取被审计单位与其供应商之间的对账单（应从非财务部门获取，如采购部门），并将对账单和被审计单位财务记录之间的差异进行调节（如在途款项、在途货物、付款折扣、未记录的负债等），查找有无未入账的应付账款，确定应付账款金额的准确性。

④针对资产负债表日后付款项目，检查银行对账单及有关付款凭证（如银行划款通知、供应商收据等），询问被审计单位内部或外部的知情人员，查找有无未及时入账的应付账款。

⑤结合存货监盘程序，检查被审计单位在资产负债日前后的存货入库资料（验收报告或入库单），检查是否有大额“料到单未到”的情况，确认相关负债是否计入了正确的会计期间。

（4）针对已偿付的应付账款，追查至银行对账单、银行付款单据和其他原始凭证，检查其是否在资产负债表日前真实偿付。

（5）针对异常或大额交易及重大调整事项（如大额的购货折扣或退回、会计处理异常的交易、未经授权的交易或缺乏支持性凭证的交易等），检查相关原始凭证和会计记录，以分析交易的真实性、合理性。

（6）检查应付账款是否已按照《企业会计准则》的规定在财务报表中作出了恰当列报。一般来说，“应付账款”项目应根据“应付账款”和“预付账款”科目所属明细科目的期末贷方余额的合计数填列。检查应付账款是否存在借方余额的项目，查明原因；必要时，作重分类调整。

10.4.2 固定资产的细节测试

固定资产是指为生产商品、提供劳务、出租或经营管理而持有的，使用期限超过一个会计年度的有形资产。固定资产折旧则是指在固定资产的使用寿命内，按照确定的方法对应计折旧额进行系统分摊。固定资产审计的范围很广。“固定资产”科目的余额反映企业所有固定资产的原价，“累计折旧”科目的余额反映企业固定资产的累计折旧数额，“固定资产减值准备”科目的余额反映企业对固定资产计提的减值准备数额。这三项都属于固定资产的审计范围。由于固定资产在企业资产总额中一般占有较大的比例，固定资产的安全、完整对企业的生产经营影响很大，所以注册会计师应对其高度重视。

1）固定资产账面余额的测试

（1）获取或编制固定资产和累计折旧分类汇总表。检查固定资产的分类是否正确，并与总账数和明细账合计数核对相符，结合“累计折旧”、“固定资产减值准备”科目与报表数核对相符。固定资产和累计折旧分类汇总表的参考格式见表10—2。

表10—2 **固定资产和累计折旧分类汇总表**

编制人：　　　日期：

被审计单位：　　　复核人：　　　日期：

类别	固定资产				累计折旧					
	期初余额	本期增加	本期减少	期末余额	折旧方法	折旧率	期初余额	本期增加	本期减少	期末余额
合计										

（2）实地检查重要固定资产。确定其是否存在，关注是否存在已报废但仍挂账的固定资产。实施实地检查审计程序时，注册会计师可以以固定资产明细分类账为起点，进行实地追查，以证明会计记录中所列固定资产确实存在，并了解其目前的使用状况；注册会计师也可以以实地检查为起点，追查至固定资产明细分类账，以获取实际存在的固定资产均已入账的证据。注册会计师实地检查的重点是本期新增加的重要固定资产。

（3）检查固定资产的所有权。对各类固定资产，注册会计师应获取、收集不同的证据，以确定其是否确实归被审计单位所有：对于外购的机器设备等固定资产，通常经审核采购发票、采购合同等予以确定；对于房地产类固定资产，尚需查阅有关的合同、产权证明、财产税单、抵押借款的还款凭据、保险单等书面文件；对于融资租入的固定资产，应验证有关融资租赁合同；对于汽车等运输设备，应验证有关运营证件等；对于受留置权限制的固定资产，通常还应审核被审计单位的有关负债项目等。

（4）检查本期固定资产的增加。审计固定资产的增加是固定资产实质性程序的重要内容。固定资产的增加有购置、自建、投资者投入、更新改造、债务人抵债、接受捐赠、无偿调入、盘盈等。审计中应注意：本年度增加固定资产的凭证、手续是否齐备，计价是否正确，会计处理是否正确；对已达到预定可使用状态但尚未办理竣工结算等手续的固定资产，应检查其是否已估价入账并按规定计提了折旧；检查资本性支出与收益性支出的划分是否恰当，资本化金额利息是否恰当。

（5）检查本期固定资产的减少。固定资产的减少主要包括出售、向其他单位投资转出、向债权人抵债转出、报废、毁损、盘亏等。有的被审计单位在全面清查固定资产时，常常会出现固定资产“账存实亡”的现象。这可能是由于固定资产管理或使用部门不了解报废固定资产与会计核算两者间的关系，擅自报废固定资产而未及时通知财务部门作相应的会计核算所致。这样势必造成财务报表反映失真。审计固定资产减少的主要目的就在于查明业已减少的固定资产是否有正当理由，是否经授权批准，是否正确、及时地进行了会计处理。

（6）检查固定资产后续支出的核算是否符合规定。根据《企业会计准则第4号——固定资产》，如果与固定资产有关的后续支出包含的经济利益很可能流入企业，成本能够可靠计量，应当将该后续支出计入固定资产成本，否则在该后续支出发生时将其计入当期损益。

在具体实务中，对于固定资产发生的下列各项后续支出，通常的处理方法为：①固定资产修理费用，应当直接计入当期费用。②固定资产改良支出，应当计入固定资产账面价值。其增计后的金额不应超过该固定资产的可收回金额。③如果不能区分是固定资产修理还是固定资产改良，或固定资产修理和固定资产改良结合在一起，则企业应按上述原则进行判断，将发生的后续支出分别计入固定资产价值或计入当期费用。④固定资产装修费用，符合上述原则、可予以资本化的，应在两次装修期间与固定资产尚可使用年限两者中较短的期间内，采用合理的方法单独计提折旧。如果在下次装修时，与该固定资产相关的固定资产装修项目仍有余额，应将该余额一次全部计入当期营业外支出。

（7）检查固定资产的租赁。租赁一般分为经营租赁和融资租赁两种。检查经营性租赁时，应查明：①固定资产的租赁是否签订了合同、租约，手续是否完备，合同内容是否符合国家规定，是否经相关管理部门的审批。②租入的固定资产是否确属企业必需，或出租的固定资产是否确属企业多余、闲置不用的，双方是否认真履行合同，其中是否存在不正当交易。③租金收取是否签有合同，有无多收、少收现象。④租入固定资产有无久占不用、浪费、损坏的现象；租出的固定资产有无长期不收租金、无人过问以及变相馈赠、转让等情况。⑤租入固定资产是否已登入备查簿。

在融资租赁中，租入单位支付的租金包括固定资产的价值和利息，并且这种租赁的结果通常是固定资产所有权最终归属租入单位。因此，租入单位在租赁期间，对融资租入的固定资产应视同企业自有固定资产一样管理，并计提折旧、进行维修。在检查融资租赁固定资产时，除可参照经营租赁固定资产检查要点以外，还应注意融资租入固定资产的计价是否正确，并结合“长期应付款”、“未确认融资费用”等科目检查相关的会计处理是否正确。

(8) 确定固定资产的披露是否恰当。财务报表附注通常应说明固定资产的标准、分类、计价方法和折旧方法；融资租入固定资产的计价方法；固定资产的预计使用寿命和预计净残值；对固定资产所有权的限制及其金额；已承诺将为购买固定资产支付的金额；暂时闲置的固定资产的账面价值；已提足折旧仍继续使用的固定资产的账面价值；已报废和准备处置的固定资产的账面价值。如果固定资产已处于处置状态而尚未转销，企业应披露这些固定资产的账面价值。

2) 累计折旧的测试

影响固定资产折旧的基本因素主要有折旧的基数、折旧的范围、预计净残值、预计使用年限和折旧方法。在这些基本因素中，预计净残值、预计使用年限两个因素只能根据有关人员的职业判断加以估计。因此，固定资产折旧带有一定程度的主观性。累计折旧实质性测试的主要程序是：

(1) 获取或编制固定资产和累计折旧分类汇总表，复核加计是否正确，并与报表数、总账数和明细账合计数核对相符。

(2) 检查被审计单位制定的折旧政策和方法是否符合国家有关制度的规定；其所采用的折旧方法能否在预计使用年限内合理分摊其成本，以及前后期是否一致；变更是否按规定办理。

(3) 检查折旧的计提和分配。折旧计提的审查主要有以下几个方面：①审查固定资产计提折旧的范围和基数是否符合规定。②审查固定资产计提折旧的方法是否恰当，变更是否符合规定。③审查固定资产预计使用年限和预计净残值是否符合规定，以及在当时的情况下是否合理。④审查固定资产折旧率的确定是否符合规定。固定资产折旧率一经确定，不得随意变更。⑤抽查各类固定资产中的重要项目，确定其折旧的计提是否正确无误，并追查至固定资产卡片。特别应注意有无已提足折旧的固定资产继续计提折旧或固定资产不提、少提折旧的情况。注意已经计提减值准备的固定资产是否按规定计提了折旧。⑥检查当期计提折旧的金额是否已全部计入产品成本或期间费用、其分配是否合理以及与上期分配方法是否一致。将“累计折旧”账户贷方的本期计提折旧额与相应的成本费用中的折旧费用明细账户的借方相比较。一旦发现差异，应及时追查原因，并考虑是否应建议进行适当调整。

(4) 检查累计折旧的减少是否合理、会计处理是否正确。

(5) 检查时注意固定资产折旧政策、计价基础和方法、累计折旧等情况是否在财务报表附注中披露。

3) 固定资产减值准备的测试

《企业会计准则》和《企业会计制度》规定，企业应当至少在每年年度终了时，对固定资产逐项进行检查。如果由于市价持续下跌、技术陈旧、损坏或长期闲置等原因导致其可收回金额低于账面价值，应当将可收回金额低于其账面价值的差额作为固定资产减值准备。可收回金额应当根据固定资产的公允价值减去处置费用后的净额与资产预计未来现金流量的现值两者之间的较高者确定。这里的处置费用包括与固定资产处置有关的法律费用、相关税费、搬运费以及为使固定资产达到可销售状态所发生的直接费用等。

固定资产减值准备的实质性程序一般包括：

（1）获取或编制固定资产减值准备明细表，复核加计正确，并与总账数和明细账合计数核对相符。

（2）检查固定资产减值准备的计提。主要应检查固定资产减值准备计提和核销的批准程序、取得书面报告等证明文件、计提方法是否符合制度规定、计提的依据是否充分、计提的数额是否恰当、相关会计处理是否正确、前后期是否一致。

（3）检查被审计单位处置固定资产时原计提的减值准备是否同时结转，会计处理是否正确。

（4）检查是否存在转回固定资产减值准备的情况。按照《企业会计准则》的规定，固定资产减值准备一经提取不得转回。

（5）确定固定资产减值准备的披露是否恰当。如果企业计提了固定资产减值准备，则企业应当在财务报表附注中进行披露。企业应当在财务报表附注中清晰地说明：①固定资产减值准备的确认标准和计提方法。②当期确认的固定资产减值损失金额。③企业提取的固定资产减值准备累计金额。如果发生重大固定资产减值损失，还应当说明导致重大固定资产减值损失的原因、固定资产可收回金额的确定方法以及当期确认的重大固定资产减值损失的金额。

10.4.3 应付票据的细节测试

应付票据是指企业因购买材料、商品和接受劳务等开出、承兑的商业汇票，包括银行承兑汇票和商业承兑汇票。随着商业活动的票据化，企业票据业务将越来越多，应付票据也将成为一个重要的审计领域。此外，由于应付票据大多是指向供货单位购入材料、商品或劳务时所开出的商业承兑票据，因此，对应付票据的审计需结合采购与付款交易一起进行。应付票据的实质性程序一般包括：

（1）获取或编制应付票据明细表，复核加计正确，并与应付票据备查簿、报表数、总账数和明细账合计数核对相符。

应付票据明细表一般应列示票据类别及编号、出票日期、面额、到期日、收款人名称、利息率、付息条件以及抵押品的名称、数量和金额等。在核对时，注册会计师应注意被审计单位有无漏报、错报票据，有无漏列作为抵押的资产，有无属于应付账款的票据，有无漏计、多计或少计应付利息费用等。

（2）选择应付票据重要项目（包括零账户），函证其余额是否正确，并根据回函情况编制与分析函证结果汇总表。对未回函的，可再次函证，或采用其他替代审计程序，以确定应付票据的真实性。询证函通常应包括出票日、到期日、票面金额、未付金额、已付息期间、利息率以及票据的抵押担保品等内容。

（3）检查应付票据备查簿，抽查若干原始凭证，确定其是否真实：①检查该笔债务的相关合同、发票、货物验收单等资料，核实交易事项的真实性，复核其应存入银行的承兑保证金，并与“其他货币资金”科目的相关项目勾稽。②抽查资产负债表日后应付票据明细账及库存现金、银行存款日记账，核实期后是否已付款并转销。③检查截至资产负债表日已偿付的应付票据的入账凭证，注意入账日期的合理性。

（4）复核带息应付票据的利息是否已足额计提，以及其会计处理是否正确。

（5）检查逾期未兑付应付票据的会计处理是否正确，并建议作充分披露。

（6）关注是否存在应付关联方的票据。若有，应通过了解关联交易事项的目的、价格和条件以及检查采购合同等方法确认该应付票据的合法性和合理性；通过向关联方或其他注册会计师查询和函证等方法，确认交易的真实性。

（7）确定应付票据是否已在资产负债表上恰当披露。

10.4.4 长期应付款的测试

1）长期应付款——账面余额的测试程序

（1）获取或编制长期应付款明细表，复核加计正确，并与报表数、总账数和明细账合计数核对是否相符；检查长期应付款的内容是否符合本行业会计制度的规定。

（2）对于融资租入固定资产的应付款：①取得相关的合同或契约，检查对方是否履行了融资租赁合约规定的义务、授权批准手续是否齐全、有无抵押情况，并作记录。②检查最低租赁付款额、每期租金、租赁期和初始直接费用等的确定是否正确，相关会计处理是否正确。③检查应付租赁款的支付情况，有无未按合同规定付款。如有，应查明原因并记录。

（3）对于购入有关资产超过正常信用条件延期支付价款或分期付款购入长期资产形成的应付款：①取得相关的销售合同或协议，检查授权批准手续是否齐全、有无抵押情况，并作适当记录。②检查合同规定的售价、收款期和折现率等要素。检查入账价值和会计处理是否正确。③检查支付情况，有无未按合同规定付款。如有，查明原因并记录。

（4）必要时，现场查看交易涉及的资产，并向债权人函证长期应付款。

（5）对于非记账本位币的长期应付款，检查其采用的折算汇率及折算是否正确。

（6）确定长期应付款的披露是否恰当，注意一年内到期的长期应付款是否在编制报表时重分类至一年内到期的非流动负债。

2）长期应付款——未确认融资费用的测试程序

（1）获取或编制未确认融资费用明细表，复核加计正确，并与总账数和明细账合计数核对相符。

（2）检查未确认融资费用的本期增加记录，审阅融资租赁合同及相关资料，结合固定资产等的审计，确定未确认融资费用的入账金额是否正确、摊销期限是否恰当、会计处理是否正确。

(3) 检查未确认融资费用本期摊销额。检查其摊销政策是否与前期一致，数据计算和相应的会计处理是否正确。

(4) 检查为购建固定资产等而发生的借款费用资本化金额是否正确。

(5) 确定未确认融资费用的披露是否恰当。

10.4.5 管理费用的测试

管理费用的测试程序一般包括：

(1) 取得或编制管理费用明细表，复核加计正确，并与报表数、总账数及明细账合计数核对是否相符。检查管理费用项目的核算内容与范围是否符合规定。

(2) 将本期、上期管理费用各明细项目进行比较分析。必要时比较各月份管理费用。对有重大波动和异常情况的项目应查明原因，考虑是否提请被审计单位调整。

(3) 将管理费用中列支的职工薪酬、研究费用、折旧费以及无形资产、长期待摊费用、其他长期资产的摊销额等项目与相关科目进行交叉勾稽，并作出相应记录。

(4) 选择管理费用中数额较大以及本期与上期相比变化异常的项目追查至原始凭证，并注意所有发生的费用是否有合理的原因、合法的依据、正确的授权批准。对于会计处理与税法有差异、超限额的项目，应注意是否经过纳税调整。

(5) 抽取资产负债表日前后一定数量的凭证，实施截止测试。对于重大跨期项目，应建议进行必要调整。

(6) 检查管理费用的披露是否恰当。

复习思考题

1. 采购与付款循环控制测试的内容有哪些？
2. 固定资产的内部控制制度和控制测试的内容有哪些？
3. 购货交易实质性程序的要点是什么？
4. 应付账款实质性程序的要点是什么？
5. 如何进行固定资产的实质性程序？
6. 如何进行累计折旧的实质性程序？
7. 如何进行固定资产减值准备的实质性程序？

参考文献与推荐阅读

1. 财政部、证监会、审计署、银监会、保监会：《企业内部控制应用指引第7号——采购业务》、《企业内部控制应用指引第8号——资产管理》、《企业内部控制应用指引第11号——工程项目》，2010。

2. 赵亚军：《对固定资产减值准备的几点思考》，载《中国注册会计师》，2004 (3)。

3. 张波：《浅议物资采购比价审计方法》，载《中国审计信息与方法》，2002（12）。

4. 程琳：《“应付账款”审计》，载《审计与理财》，2003（10）。

5. 程琳：《“应付账款”存在的弊端表现及其审计》，载《事业财会》，2005（1）。

第11章

存货与仓储循环审计

主要知识点

存货与仓储循环中的主要业务活动和凭证；成本会计与薪酬的内部控制和测试程序；存货监盘程序；存货计价测试；应付职工薪酬与主营业务成本的实质性程序

关键概念

存货与仓储循环（Inventory and Warehousing Cycle） 实物盘点（Physical Count） 在产品（Goods in Process） 存货计价（Inventory Valuation） 应付职工薪酬（Accrued Payroll） 销售成本（Cost of Goods Sold）

11.1 存货与仓储循环的特性

在制造性企业中，存货与仓储循环是衔接采购与付款循环和销售与收款循环的中间环节。生产循环主要是企业将购入的材料经过加工最后形成半成品或产成品的过程，它所涉及的内容主要是存货的管理及生产成本的计算。

本循环所涉及的资产负债表项目主要是存货、应付职工薪酬等，所涉及的利润表项目主要是主营业务成本。其中，存货包括：材料采购、原材料、包装物、低值易耗品、材料成本差异、自制半成品、库存商品、商品进销差价、委托加工物资、委托代销商品、受托代销商品、分期收款发出商品、生产成本、制造费用、劳务成本、存货跌价准备等。

本循环所涉及的主要业务活动包括：计划和安排生产、发出原材料、生产产品、核算产品成本、储存产成品、发出产成品等。上述业务活动通常涉及以下部门：生产计划部门、仓库部门、生产部门、人事部门、销售部门、会计部门等。

本循环涉及的凭证和记录有：生产任务通知单（生产指令）、领发料凭证、产量和工时记录、工薪汇总表及工薪费用分配表、材料费用分配表、制造费用分配汇总表、成本计算单、存货明细账等。

11.2 存货审计的重要性

在存货与仓储循环中，存货审计通常占有重要位置。存货对于生产制造业、批发业和零售行业十分重要。存货是资产负债表中的主要项目，通常也是流动资产中余额最大的项目。存货流动性强、周转快，受市场因素和生产计划的影响很大，在各年度之间往往不平衡，对各年度末的资产和各年度的损益有很大的影响。通常，存货的重大错报对流动资产、营运资本、总资产、销售成本、毛利以及净利润都会产生直接的影响。存货的重大错报对其他某些项目，如利润分配和所得税，也有间接影响。审计的许多复杂和重大的问题都与存货有关。存货、产品生产和销售成本构成了会计、审计乃至企业管理中最为普遍、重要和复杂的问题。

存货审计，尤其是对年末存货余额的测试，通常是审计中最复杂也最费时的部分。对存货存在性和存货价值的评估常常十分困难。导致存货审计复杂的主要原因包括：

①存货通常是资产负债表中的一个主要项目，而且通常是构成营运资本最大的项目。

②由于存货存放于不同的地点，使得对它的实物控制和盘点都很困难。企业必须将存货存放于便于产品生产和销售的地方，但是这种分散也给审计造成了困难。

③存货项目的多样性也给审计带来了困难。

④存货本身的陈旧以及存货成本的分配也使得对存货的估价出现困难。

⑤允许采用的存货计价方法的多样性。

由于存货对企业的重要性、存货问题的复杂性以及存货与其他项目密切的关联度，注册会计师应对存货项目的审计予以特别的关注。相应地，要求实施存货项目审计的注册会计师具备较高的专业素质和相关业务知识，分配较多的审计工时，运用多种有针对性的审计程序。

11.3　内部控制、控制测试及交易的实质性测试

存货与仓储循环的内部控制包括存货的内部控制、成本会计制度及工薪的内部控制三项内容。需要说明的是，存货与仓储循环中的某些审计测试，特别是对存货的审计测试，与其他相关业务循环的审计测试同时进行将更为有效。例如，原材料的取得和记录是作为采购与付款循环的一部分进行测试的，而装运产成品和记录营业收入与成本则是作为销售与收款循环的一部分进行测试的。

11.3.1　存货的内部控制

与存货相关的内部控制涉及被审计单位供、产、销各个环节，包括采购、验收、仓储、领用、加工、装运出库等方面，还包括存货的盘存制度。需要说明的是，与存货内部控制相关的措施有很多，其有效程度也存在差异。

1）采购

与采购相关的内部控制的总体目标是所有交易都已获得适当的授权与批准。使用购货订单是一项基本的内部控制措施。购货订单应当预先连续编号，事先确定采

购价格并获得批准。此外，还应当定期清点购货订单。

2）验收

与存货验收相关的内部控制的总体目标是所有收到的货物都已得到记录。使用验收报告单是一项基本的内部控制措施。被审计单位应当设置独立的部门负责验收货物。该部门具有验收存货实物、确定存货数量、编制验收报告、将验收报告传送至会计核算部门以及运送货物至仓库等一系列职能。

3）仓储

与仓储相关的内部控制的总体目标是确保与存货实物的接触必须得到管理层的指示和批准。被审计单位应当采取实物控制措施，使用适当的存储设施，以使存货免受意外损毁、盗窃或破坏。

4）领用

与领用相关的内部控制的总体目标是所有存货的领用均应得到批准和记录。使用存货领用单是一项基本的内部控制措施。对存货领用单，应当定期进行清点。

5）加工（生产）

与加工（生产）相关的内部控制的总体目标是对所有的生产过程作出适当的记录。使用生产报告是一项基本的内部控制措施。在生产报告中，应当对产品质量缺陷和零部件使用及报废情况及时作出说明。

6）装运出库

与装运出库相关的内部控制的总体目标是所有的装运都得到了记录。使用发运凭证是一项基本的内部控制措施。发运凭证应当预先编号，定期进行清点，并作为日后开具收款账单的依据。

7）存货的盘存制度

存货的盘存制度一般分为实地盘存制和永续盘存制。存货盘存制度不同，对存货数量的控制程度的影响也不同。即使采用永续盘存制，也并不意味着无须对存货实物进行盘点。为了核对存货账面记录、加强对存货的管理，被审计单位每年至少应对存货进行一次全面盘点。

被审计单位与存货实地盘点相关的充分内部控制通常包括：制定合理的存货盘点计划，确定合理的存货盘点程序，配备相应的监督人员，对存货进行独立的内部验证，将盘点结果与永续存货记录进行独立的调节，对盘点表和盘点标签进行充分控制。

11.3.2 成本会计制度的内部控制、控制测试及交易的实质性程序

表 11—1 列示了成本会计制度的内部控制目标、关键的内部控制、常用的控制测试和交易实质性程序。存货与仓储循环有关交易的实质性程序也分别在表 11—1、表 11—2 以及本章的后续内容中列示。

11.3.3 工薪的内部控制、控制测试及交易的实质性程序

表 11—2 针对内部控制目标列示了工薪的关键内部控制、常用的控制测试及交易实质性程序。

表 11—1　　成本会计制度的目标、内部控制和测试一览表

内部控制目标	关键的内部控制	常用的控制测试	交易实质性程序
生产业务是根据管理层一般或特定的授权进行的（发生）	对以下三个关键点应履行恰当手续，经过特别审批或一般审批：（1）生产指令的授权批准；（2）领料单的授权批准；（3）工薪的授权批准	检查在凭证中是否包括这三个关键点的恰当审批	检查生产指令、领料单、工薪等是否经过授权
记录的成本为实际发生的，而非虚构的（发生）	成本的核算是以经过审核的生产通知单、领发料凭证、产量和工时记录、工薪费用分配表、材料费用分配表、制造费用分配表为依据的	检查有关成本的记账凭证是否附有生产通知单、领发料凭证、产量和工时记录、工薪费用分配表、材料费用分配表、制造费用分配表等原始凭证的顺序编号是否完整	对成本实施分析程序；将成本明细账与生产通知单、领发料凭证、产量和工时记录、工薪费用分配表、材料费用分配表、制造费用分配表相核对
所有耗费和物化劳动均已反映在成本中（完整性）	生产通知单、领发料凭证、产量和工时记录、工薪费用分配表、材料费用分配表、制造费用分配表均事先编号并已经登记入账	检查生产通知单、领发料凭证、产量和工时记录、工薪费用分配表、材料费用分配表、制造费用分配表的顺序编号是否完整	对成本实施分析程序；将生产通知单、领发料凭证、产量和工时记录、工薪费用分配表、材料费用分配表，制造费用分配表与成本明细账相核对
成本以正确的金额，在恰当的会计期间及时记录于适当的账户（发生、完整性、准确性、计价和分摊）	采用适当的成本核算方法，并且前后各期一致；采用适当的费用分配方法，并且前后各期一致；采用适当的成本核算流程和账务处理流程；内部核查	选取样本测试各种费用的归集和分配以及成本的计算；测试是否按照规定的成本核算流程和账务处理流程进行核算和账务处理	对成本实施分析程序；抽查成本计算单，检查各种费用的归集和分配以及成本的计算是否正确；对重大在产品项目进行计价测试
对存货实施保护措施，保管人员与记录、批准人员相互独立（完整性）	存货保管人员与记录人员职务相分离	询问和观察存货与记录的接触以及相应的批准程序	
账面存货与实际存货定期核对相符（存在、完整性、计价和分摊）	定期进行存货盘点	询问和观察存货盘点程序	对存货实施监盘程序

表 11—2　　工薪内部控制的控制目标、内部控制和测试一览表

内部控制目标	关键的内部控制	常用的控制测试	交易实质性程序
工薪账项均经正确批准（发生）	应对以下五个关键点履行恰当的手续，经过特别审批或一般审批：批准上工；工作时间，特别是加班时间；工资、薪金或佣金；代扣款项；工薪结算表和工资汇总表	审查人事档案；检查工时卡的有关核准说明；检查工薪记录中的有关内部检查的标记；检查人事档案中的授权；检查工薪记录中的有关核准的标记	将工时卡同工时记录等进行比较
记录的工薪为真实的，而非虚构的（发生）	工时卡经领班核准；用生产记录钟记录工时	检查工时卡的核准说明；检查工时卡；复核人事政策、组织结构图	对本期工薪费用的发生情况进行分析性复核；将有关费用明细账与工薪费用分配表、工薪汇总表、工薪结算表相核对
所有已发生的工薪支出已作记录（完整性）	工薪分配表、工薪汇总表完整反映了已发生的工薪支出	审查工资分配表、工资汇总表、工资结算表，并核对员工工资手册、员工手册等	对本期工薪费用的发生情况进行分析性复核；将工薪费用分配表、工薪汇总表、工薪结算表与有关费用明细账相核对
工薪以正确的金额、在恰当的会计期间、及时记录于适当的账户（发生、完整性、准确性、计价和分摊）	采用适当的工资费用分配方法，并且前后各期一致；采用适当的账务处理流程	选取样本测试工资费用的归集和分配；测试是否按照规定的账务处理流程进行账务处理	对本期工薪费用进行分析性复核；检查工薪的计提是否正确、分配方法是否与上期一致
人事、考勤、工薪发放、记录之间相互分离（准确性）	人事、考勤、工薪发放、记录等职务相互分离	询问和观察各项职责的执行情况	

具体而言，在测试工薪内部控制时，应注意：

（1）应选择若干月份的工薪汇总表，作如下检查：计算复核每一份工薪汇总表；检查每一份工薪汇总表是否经过授权批准；检查应付工薪总额与人工费用分配汇总表中的合计数是否相符；检查其代扣款项的账务处理是否正确；检查实发工薪总额与银行付款凭单及银行存款对账单是否相符，并正确地过入相关账户。

（2）从工资单中选取若干个样本（应包括各种不同类型的人员），进行如下检查：检查员工工薪卡或人事档案，确保工薪发放有依据；检查员工工资率及实发工薪额的计算；检查实际工时统计记录（或产量统计报告）与员工个人钟点卡（或产量记录）是否相符；检查员工加班加点记录与主管人员签证的月度加班费汇总表是否相符；检查员工扣款依据是否正确；检查员工的工薪签收证明；实地抽查部

分员工，证明其确在本公司工作（如已离开本公司，需获得管理层证实）。

11.4 存货监盘

11.4.1 存货监盘的定义和作用

存货监盘是指注册会计师现场观察被审计单位存货的盘点，并对已盘点的存货进行适当检查。可见，存货监盘有两层含义：一是注册会计师应亲临现场观察被审计单位存货的盘点；二是在此基础上，注册会计师应根据需要抽查已盘点的存货。

存货监盘针对的主要是存货的存在认定、完整性认定以及权利和义务的认定。注册会计师监盘存货的目的在于获取有关存货数量和状况的审计证据，以确证被审计单位记录的所有存货确实存在、已经反映了被审计单位拥有的全部存货且属于被审计单位的合法财产。存货监盘作为存货审计的一项核心审计程序，通常可同时实现上述多项审计目标。需要指出的是，注册会计师在测试存货的所有权认定和完整性认定时，可能还需要实施其他审计程序。

存货监盘可以理解为一种双重目的测试。被审计单位的存货盘点可以理解为一项控制活动。相应地，注册会计师的存货监盘可以理解为一项控制测试，即注册会计师通过观察和检查，确定被审计单位的存货盘点控制能否合理确定存货的数量和状况。除上述的控制测试功能外，存货监盘程序也是一种实质性程序。注册会计师通过检查存货的数量和状况，能够提供存货账面金额是否存在错报的直接审计证据。

因此，注册会计师需要确定存货监盘程序以控制测试为主还是以实质性程序为主，以及哪种方式更加有效。如果只有少数项目构成了存货的主要部分，注册会计师以实质性程序为主的审计方式获取与存在认定相关的证据更为有效。在这种情况下，对于单位价值较高的存货项目，应实施百分之百的实质性程序，而对于其他存货，则可视情况进行抽查。然而，在大多数审计业务中，注册会计师会发现以控制测试为主的审计方式更加有效。如果注册会计师采用以控制测试为主的审计方式，并准备信赖被审计单位存货盘点的控制措施与程序，那么，绝大部分的审计程序将限于询问、观察以及抽查。

【案例分析 11—1】麦克森·罗宾斯公司案例

1938 年初，长期贷款给罗宾斯药材公司的朱利安·汤普森公司在审核罗宾斯药材公司财务报表时发现两个疑问：①罗宾斯药材公司中的制药原料部门原来是个盈利率较高的部门，但该部门却一反常态地没有现金积累，而且其流动资金亦未见增加。相反，该部门还不得不依靠公司管理者重新调集资金来进行再投资，以维持生产。②公司董事会曾开会决议，要求公司减少存货金额，但到 1938 年年底，公司存货反而增加了 100 万美元。汤普森公司请求纽约证券交易委员会调查此事。

纽约证券交易委员会在收到请求之后，立即组织有关人员进行调查。调查发现，该公司在经营的十余年中，每年都聘请了著名的普赖斯·沃特豪斯会计师事务所对该公司的财务报表进行审计。注册会计师每年都对该公司的财务报表发表了“正确、适当”等无保留的审计意见。为了核实这些审计结论是否正确，调查人员对该公司1937年的财务状况与经营成果进行了重新审核，结果发现：1937年12月31日的合并资产负债表共有总资产8 700万美元，但其中1 907.5万美元的资产是虚构的，包括存货虚构1 000万美元、销售收入虚构900万美元、银行存款虚构7.5万美元；在1937年年度合并损益表中，虚假的销售收入和毛利分别达到1 820万美元和180万美元。根据调查结果，罗宾斯药材公司早已“资不抵债”，应立即宣布破产。作为罗宾斯药材公司最大的债权人，汤普森公司是首当其冲的受害者。为此，汤普森公司指控沃特豪斯会计师事务所，认为自己之所以给罗宾斯公司贷款，是因为信赖了沃特豪斯会计师事务所出具的审计报告。他们要求沃特豪斯会计师事务所赔偿他们的全部损失。

在听证会上，沃特豪斯会计师事务所拒绝了汤普森公司的赔偿要求。沃特豪斯会计师事务所认为，他们执行的审计遵循了美国注册会计师协会在1936年颁布的《财务报表检查》中所规定的各项规则。罗宾斯药材公司的欺骗是由于经理部门共同串通合谋所致，因此注册会计师对此不负任何责任。最后，在证券交易委员会的调解下，沃特豪斯会计师事务所以退回历年来收取的审计费用（共50万美元）作为对汤普森公司债权损失的赔偿。

罗宾斯药材公司案件暴露了当时审计程序的不足：只重视账册凭证，而轻视实物的审核；只重视企业内部的证据，而忽视了外部审计证据的取得。证券交易委员会根据有关专家证词颁布了新规则，要求：今后，注册会计师在评价存货时，除了查验有关单据外，还要进行实物盘查；在审核应收账款时，如果应收账款在流动资产中占有较大比例，则除了要在企业内部核对有关证据外，还需进一步发函询证，以从外部取得可靠、合理的证据。美国的注册会计师协会于1939年5月对上述几个方面的审计程序作出了相应修改，使它成为了公认审计准则。

11.4.2 存货监盘计划

注册会计师应当根据被审计单位存货的特点、盘存制度和存货内部控制的有效性等情况，在评价被审计单位存货盘点计划的基础上，编制存货监盘计划，对存货监盘作出合理安排。

1）编制存货监盘计划之前应实施的审计程序

在编制存货监盘计划之前，注册会计师应当实施下列审计程序：

(1) 了解存货的内容、性质以及各存货项目的重要程度及存放场所。

对于存货项目的重要程度，注册会计师需要考虑：存货与其他资产和净利润的相对比率及其内在联系；各类存货（原材料、在产品和产成品）占存货总数的比重；各存放地存货占存货总数的比重。考虑并评价存货项目的重要程度直接关系到注册会计师如何恰当地分配审计资源。

(2) 了解与存货相关的内部控制。

在制定存货监盘计划时，注册会计师应当了解被审计单位与存货相关的内部控制，并根据内部控制的完善程度确定进一步审计程序的性质、时间和范围。

（3）评估与存货相关的重大错报风险和重要性。

存货通常具有较高水平的重大错报风险。影响重大错报风险的因素具体包括：存货的数量和种类、成本归集的难易程度、陈旧过时的速度或易损坏程度、遭受失窃的难易程度。由于制造过程和成本归集制度的差异，与其他企业（如批发企业）的存货相比，制造企业的存货往往具有更高的重大错报风险，因而注册会计师的审计工作更具复杂性。外部因素也会对重大错报风险产生影响。例如，技术进步可能导致某些产品过时，从而导致存货价值更容易被高估。

（4）查阅以前年度的存货监盘工作底稿。

注册会计师可以通过查阅以前年度的存货监盘工作底稿，了解被审计单位的存货情况、存货盘点程序以及其他在以前年度审计中遇到的重大问题。在查阅以前年度的存货监盘工作底稿时，注册会计师应充分关注存货盘点的时间安排、周转缓慢的存货的识别、存货的截止确认、盘点小组人员的确定以及存货多处存放等内容。

（5）考虑实地察看存货的存放场所。

注册会计师应当考虑实地察看被审计单位的存货存放场所，特别是金额较大或性质特殊的存货。这有助于注册会计师熟悉在库存货及其组织管理方式，也有助于注册会计师在盘点工作进行前发现潜在问题，如存在难以盘点的存货、周转缓慢的存货、过时存货、残次品以及代销存货。

注册会计师应关注所有的存货存放地点，以防止被审计单位或自己发生任何遗漏。对存放大额存货的每一个地点尤其应当予以特别关注。对多处存放存货的情况，注册会计师应当考虑被审计单位与存货相关内部控制措施和盘点惯例，评价审计风险以及除存货监盘以外的其他替代程序的可行性，从而确定实施监盘的范围。例如，由于连锁商店的分店的数目可能很多，注册会计师通常不会对零售连锁商店的每一家分店实施监盘，而是选择一定数目的分店进行监盘，并使用分析程序等替代程序，或者利用内部审计人员的工作，以便对其他分店存货余额的准确性作出评价。

（6）考虑是否需要利用专家的工作。

注册会计师可能不具备其他专业领域的专长与技能。在确定资产数量或资产实物（如矿石堆）状况时，在收集特殊类别存货（如艺术品、稀有玉石、房地产、电子器件、工程设计等）的审计证据时，或评估在产品完工程度时，注册会计师可以考虑利用专家的工作。

（7）复核或与管理层讨论其存货盘点计划。

在复核或与管理层讨论其存货盘点计划时，注册会计师应当考虑下列主要因素，以评价其能否合理地确定存货的数量和状况：盘点的时间安排，存货盘点范围和场所的确定，盘点人员的分工及胜任能力，盘点前的会议及任务布置，存货的整理和排列，对毁损、陈旧、过时、残次及所有权不属于被审计单位的存货的区分，存货的计量工具和计量方法，在产品完工程度的确定方法，存放在外单位的存货的盘点安排，存货收发截止的控制，盘点期间存货移动的控制，盘点表单的设计、使用与控制，盘点结果的汇总以及盘盈或盘亏的分析、调查与处理。如果认为被审计单位的存货盘点计划存在缺陷，注册会计师应当提请被审计单位调整。

2）存货监盘计划的主要内容

存货监盘计划应当包括下列主要内容：

（1）存货监盘的目标、范围及时间安排。

存货监盘的目标是获取被审计单位资产负债表日有关存货数量和状况的审计证据，检查存货的数量是否真实完整、是否归属被审计单位，以及存货有无毁损、陈旧、过时、残次和短缺等状况。

存货监盘范围的大小取决于存货的内容、性质以及与存货相关的内部控制的完善程度和重大错报风险的评估结果。对存放于外单位的存货，应当考虑实施适当的替代程序，以获取充分、适当的审计证据。

存货监盘的时间包括实地察看盘点现场的时间、观察存货盘点的时间和对已盘点存货实施检查的时间等。这三个时间应当与被审计单位实施存货盘点的时间相协调。

（2）存货监盘的要点及关注事项。

存货监盘的要点主要包括注册会计师实施存货监盘程序的方法和步骤、各个环节应注意的问题以及所要解决的问题。注册会计师需要重点关注的事项包括盘点期间的存货移动、存货的状况、存货的截止确认、存货的各个存放地点及金额等。

（3）参加存货监盘的人员的分工。

注册会计师应当根据被审计单位参加存货盘点的人员的分工、分组情况、存货监盘工作量的大小和人员素质情况，确定参加存货监盘的人员组成、各组成人员的职责和具体的分工情况，并加强督导。

（4）检查存货的范围。

注册会计师应当根据对被审计单位存货盘点和对被审计单位内部控制的评价结果确定检查存货的范围。注册会计师在实施观察程序后，如果认为被审计单位内部控制设计良好且得到了有效实施、存货盘点组织良好，可以相应缩小实施检查程序的范围。

11.4.3 存货监盘程序

1）观察程序

在被审计单位盘点存货之前，注册会计师应当观察盘点现场，确定应纳入盘点范围的存货是否已经适当整理和排列并附有盘点标志，防止遗漏或重复盘点。对未纳入盘点范围的存货，注册会计师应当查明原因。对所有权不属于被审计单位的存货，注册会计师应当取得其规格、数量等有关资料，确定其是否已分开存放、标明且未被纳入盘点范围。注册会计师在存货监盘时也应当关注是否存在某些存货不属于被审计单位的迹象，以避免盘点范围不当。

注册会计师在实施存货监盘的过程中，应当跟随被审计单位安排的存货盘点人员，注意观察被审计单位预先制定的存货盘点计划是否得到了贯彻，盘点人员是否准确无误地记录了被盘点存货的数量和状况。

2）检查程序

注册会计师应当对已盘点的存货进行适当检查，将检查结果与被审计单位盘点记录相核对，并形成相应记录。检查的目的既可以是为了确证被审计单位的盘点计划得到了适当的执行（控制测试），也可以是为了证实被审计单位的存货实物总额（实质性程序）。注册会计师应尽可能避免让被审计单位事先了解将抽取检查的存货项目。如果观察程序能够表明被审计单位的组织管理得当，盘点、监督以及复核程序充分有效，注册会计师可据此减少所需检查的存货项目。

在检查已盘点的存货时，注册会计师应当从存货盘点记录中选取项目追查至存货实物，以测试盘点记录的准确性；注册会计师还应当从存货实物中选取项目追查至存货盘点记录，以测试存货盘点记录的完整性。

注册会计师在实施检查程序时发现差异，很可能表明被审计单位的存货盘点在准确性或完整性方面存在错误。对此，一方面，注册会计师应当查明原因，及时提请被审计单位更正；另一方面，注册会计师应当考虑错误的潜在范围和重大程度，并在可能的情况下，扩大检查范围，以减少错误的发生。

3）需要特别关注的情况

（1）存货移动情况。

注册会计师应当特别关注存货的移动情况，防止遗漏或重复盘点。盘点存货时最好能保持存货不发生移动，但在某些情况下存货的移动是难以避免的。如果在盘点过程中被审计单位的生产经营仍将持续进行，注册会计师应通过实施必要的检查程序来确定被审计单位是否已经对此设置了相应的控制程序，确保在适当的期间内对存货作出了准确记录。

（2）存货的状况。

注册会计师应当特别关注存货的状况，观察被审计单位是否已经恰当地区分了所有毁损、陈旧、过时及残次的存货。注册会计师还应当把所有毁损、陈旧、过时及残次存货的详细情况记录下来。这既便于进一步追查这些存货的处置情况，也能为测试被审计单位存货跌价准备计提的准确性提供证据。

（3）存货的截止。

注册会计师应当获取盘点日前后存货收发及移动的凭证，检查库存记录与会计记录期末截止是否正确。注册会计师在对期末存货进行截止测试时，通常应当关注：①所有在截止日以前入库的存货项目是否均已包括在盘点范围内，并已反映在截止日以前的会计记录中；任何在截止日期以后入库的存货项目是否均未包括在盘点范围内，也未反映在截止日以前的会计记录中。②所有在截止日以前装运出库的存货项目是否均未包括在盘点范围内，且未包括在截止日的存货账面余额中；任何在截止日期以后装运出库的存货项目是否均已包括在盘点范围内，并已包括在截止日的存货账面余额中。③所有已确认为销售但尚未装运出库的商品是否均未包括在盘点范围内，且未包括在截止日的存货账面余额中。④所有已记录为购货但尚未入库的存货是否均已包括在盘点范围内，并已反映在会计记录中。⑤在途存货和被审计单位直接向顾客发运的存货是否均已得到了适当的会计处理。

在存货监盘过程中，注册会计师应当获取存货验收入库、装运出库以及内部转移截止等信息，以便将来追查至被审计单位的会计记录。

注册会计师通常可观察存货的验收入库地点和装运出库地点，以执行截止测试。在存货入库和装运过程中采用连续编号的凭证时，注册会计师应当关注截止日期前的最后编号。如果被审计单位没有使用连续编号的凭证，注册会计师应当列出截止日期以前的最后几笔装运和入库记录。如果被审计单位使用运货车厢或拖车进行存储、运输或验收入库，注册会计师应当详细列出存货场地上满载和空载的车厢或拖车，并记录它们各自的存货状况。

4）存货监盘结束时的工作

在被审计单位存货盘点结束前，注册会计师应当：①再次观察盘点现场，以确定所有应纳入盘点范围的存货是否均已盘点。②取得并检查已填用、作废及未使用盘点表单的号码记录，确定其是否连续编号，查明已发放的表单是否均已收回，并与存货盘点的汇总记录进行核对。注册会计师应当根据自己在存货监盘过程中获取的信息，对被审计单位最终的存货盘点结果汇总记录进行复核，并评估其是否正确地反映了实际盘点结果。

在很多情况下，存货盘点日并不是资产负债表日，而有可能是在资产负债表日之后或之前，甚至是在几个不同日期进行的。对此，注册会计师应当实施适当的审计程序，确定盘点日与资产负债表日之间存货的变动是否已作了正确的记录。

如果被审计单位采用永续盘存制核算存货，注册会计师应当关注永续盘存制下的期末存货记录与存货盘点结果之间是否一致。如果这两者之间出现重大差异，注册会计师应当实施追加的审计程序以查明原因，并检查永续盘存记录是否已作出了适当调整。如果认为被审计单位的盘点方式及其结果无效，注册会计师应当提请被审计单位重新盘点。

【案例分析 11—2】ABC 公司存货监盘案例

ABC 公司为一家 2004 年 6 月开始在上海证券交易所上市的股份有限公司，所属行业为软饮料制造业，主要产品是浓缩苹果汁。ABC 公司期末存货余额为73 492万元，占资产总额的45%，比上年增加66%。存货中主要是“原材料——工业苹果”和“产成品——桶装苹果汁”。其中，工业苹果 15 374 万元，桶装苹果汁57 669万元。工业苹果贮存在公司租赁的 23 个地下仓库中，桶装苹果汁分别贮存在生产工厂仓库、租赁的 5 个中转仓库或发往运输码头中。

注册会计师对存货的主要工作有：①注册会计师小张在 2006 年 10 月份对公司进行了预审。小张发现公司实物资产的内部控制制度比较健全，运行情况较好，但 23 个地下保管仓库比较简陋，且主要分布在偏远山区的废旧防空洞；桶装苹果汁的贮存条件好一些，但生产一直没有停止，产品在车间、仓库、码头进出频繁。

②2006年年末，公司进行盘点。小张以审计时间紧、存货分布广、已进行预审（已去存货现场观察过）等为由而没有安排进行期末存货监盘。③2007 年 4 月，对公司进行年度审计。注册会计师抽查工业苹果和桶装苹果汁，抽查量为 90%，并倒轧到 2006 年 12 月 31 日，没有发现公司存货存在重大问题，予以通过。④ 注册会计师小张在其他项目均没问题的情况下，对 ABC 公司 2006 年的财务报表签发了无保留意见的审计报告。

2007 年 7 月，某证监局接到举报，称 ABC 公司 2006 年度财务报表存在重大问题，存货严重不实。经查，上述举报属实，ABC 公司 2006 年财务报表反映的存货有 10 034 万元存在虚假，调整后公司当年由盈利转变为亏损。小张和其所在的会计师事务所以"在 2006 年年报审计中未按《中国注册会计师审计 1311 号——存货监盘》执业"为由受到行政处罚。

经披露，会计师事务所存货审计中存在的主要问题有：①转移损失确认时间。2006 年 11—12 月，西北地区气候异常，造成 23 个地下仓库中有 7 个仓库的工业苹果腐烂，价值 3 003 万元（有内部报告，证监局是通过该报告认定的）。公司为了使 2006 年盈利，将该事实反映到 2007 年 3 月，并在 2007 年 3 月的报表中进行了盘亏处理。由于注册会计师没有在年末进行存货监盘，所以仅仅通过 2007 年 4 月的抽查是无法发现的。②拆东墙补西墙。截至 2006 年 12 月 31 日，公司产成品已经存在亏损 7 031 万元，但公司财务报表没有反映这一情况。由于公司的产成品在 3 个地方（车间、中转仓库、码头）不停地流动，注册会计师在 4 月抽查时，安排了 3 个小组在不同的时间里进行。这就为公司拆东墙补西墙提供了条件（证监局到公司时要求进行全面盘点，发现了该问题）。

11.5 存货计价测试

监盘程序主要是对存货的结存数量予以确认。为验证财务报表上存货余额的真实性，还必须对存货的计价进行审计，即确定存货实物数量和永续盘存记录中的数量是否经过正确的计价和汇总。该步骤包括 3 个环节：存货收发的计价、在产品和产成品的计价、期末存货的计价（存货跌价准备的计提）。

1）存货收发的计价测试

在采购与付款循环中，我们已涉及通过外购取得存货的计价测试，即将有关记录追查至相应的购货发票，对存货价格的组成内容予以审核。在本循环中，注册会计师需要按照所了解的计价方法对所选择的存货样本的发出和结存进行计价测试。《企业会计准则》规定，发出的存货可以采用先进先出法、加权平均法和移动加权平均法。被审计单位应结合《企业会计准则》的基本要求，选择符合自身特点的方法。注册会计师除应了解和掌握被审计单位的存货计价方法外，还应对这种计价方法的合理性与一贯性予以关注。如果没有充足的理由，计价方法在同一会计年度内不得变动。

存货计价审计表见表11—3。

表11—3 存货计价审计表

日期	品名及规格	购入			发出			余额		
		数量	单价	金额	数量	单价	金额	数量	单价	金额

1. 计价方法说明：
2. 情况说明及审计结论：

2）在产品和产成品的计价测试

在产品和产成品的计价测试也就是存货成本的计价。注册会计师应该测试直接材料、直接人工以及制造费用，从而确保生产成本中包含了所有正确的产品成本项目。注册会计师还应该验证在产品的完工阶段或完工百分比，确保完工产品与在产品之间的分配是合理的。

（1）直接材料成本的审计。

直接材料成本的审计一般应从审阅材料和生产成本明细账入手，抽查有关的费用凭证，验证企业产品直接耗用材料的数量、计价和材料费用分配是否真实、合理。其主要审计程序通常包括：

①抽查产品成本计算单，检查直接材料成本的计算是否正确、材料费用的分配标准与计算方法是否合理和适当、是否与材料费用分配汇总表中该产品分摊的直接材料费用相符。

②检查直接材料耗用数量的真实性，有无将非生产用材料计入直接材料费用。

③分析比较同一产品前后各年度的直接材料成本。如有重大波动，应查明原因。

④抽查材料发出及领用的原始凭证，检查领料单的签发是否经过授权、材料发出汇总表是否经过适当的人员复核、材料单位成本计价方法是否适当、是否正确并及时入账。

⑤对采用定额成本或标准成本的被审计单位，应检查直接材料成本差异的计算、分配与会计处理是否正确，并查明直接材料的定额成本、标准成本在本年度内有无重大变更。

（2）直接人工成本的审计。

直接人工成本的主要审计程序通常包括：

①抽查产品成本计算单，检查直接人工成本的计算是否正确、人工费用的分配标准与计算方法是否合理和适当、是否与人工费用分配汇总表中该产品分摊的直接人工费用相符。

②将本年度直接人工成本与前期进行比较，查明其异常波动的原因。

③分析比较本年度各个月份的人工费用发生额。人工费用发生额如有异常波动，应查明原因。

④结合应付职工薪酬的检查，抽查人工费用会计记录及会计处理是否正确。

⑤对采用标准成本法的被审计单位，应抽查直接人工成本差异的计算、分配与会计处理是否正确，并查明直接人工的标准成本在本年度内有无重大变更。

（3）制造费用的审计。

制造费用是企业为生产产品和提供劳务而发生的各项间接费用，即生产单位为组织和管理生产而发生的费用，包括分厂和车间管理人员的工薪等职工薪酬、折旧费、修理费、办公费、水电费、取暖费、租赁费、机物料消耗、低值易耗品摊销、劳动保护费、保险费、设计制图费、实验检验费、季节性和修理期间的停工损失等。制造费用的主要审计程序通常包括：

①获取或编制制造费用汇总表，并与明细账、总账核对相符，抽查制造费用中的重大数额项目及例外项目是否合理。

②审阅制造费用明细账，检查其核算内容及范围是否正确，并应注意是否存在异常交易事项。如有，则应追查至记账凭证和原始凭证，重点查明被审计单位有无将不应列入成本费用的支出（如投资支出，被没收的财物，支付的罚款、违约金等）计入制造费用。

③必要时，对制造费用实施截止测试，即检查资产负债表日前后若干天的制造费用明细账及其凭证，确定有无跨期入账的情况。

④检查制造费用的分配是否合理。重点查明制造费用的分配方法是否符合被审计单位自身的生产技术条件，是否体现受益原则，分配方法一经确定是否在相当时期内保持稳定，有无随意变更的情况；分配率和分配额的计算是否正确，有无以人为估计数代替分配数的情况。对按预定分配率分配费用的企业，还应查明计划与实际差异是否及时调整。

⑤对于采用标准成本法的被审计单位，应抽查标准制造费用的确定是否合理，计入成本计算单的数额是否正确，制造费用的计算、分配与会计处理是否正确，并查明标准制造费用在本年度内有无重大变动。

3）期末存货的计价测试

由于被审计单位对期末存货采用成本与可变现净值孰低的方法计价，所以注册会计师应充分关注其对存货可变现净值的确定及存货跌价准备的计提。

可变现净值是指企业在日常活动中，存货的估计售价减去至完工时估计将要发生的成本、估计的销售费用以及相关税费后的金额。企业确定存货的可变现净值，应当以取得的确凿证据为基础，并且考虑持有存货的目的、资产负债表日后事项的影响等因素。

当存在下列情况之一时，应当计提存货跌价准备：①市价持续下跌，并且在可预见的未来无回升的希望；②企业使用该项原材料生产的产品成本大于产品的销售价格；③企业因产品更新换代，原有库存原材料已不适应新产品的需要，而该原材料的市场价格又低于其账面成本；④因企业所提供的商品或劳务过时或消费者偏好改变而使市场的需求发生变化，导致市场价格逐渐下跌；⑤其他足以证明该项存货实质上已经发生减值的情形。

当存在以下一项或若干项情况时，应当将存货账面余额全部转入当期损益：①已霉烂变质的存货；②已过期且不可退货的存货（主要指食品）；③生产中已不再需要，并且已无转让价值的存货；④其他足以证明已无使用价值和转让价值的存货。

11.6 应付职工薪酬的实质性测试

职工薪酬是企业支付给员工的劳动报酬，其主要核算方式有计时制和计件制两种。职工薪酬可能采用现金的形式支付，因而相对于其他业务而言，职工薪酬更容易发生错误或舞弊行为，如虚报冒领、重复支付和贪污等。同时，职工薪酬有时是构成企业成本费用的重要项目，所以它在审计中便显得十分重要。职工薪酬业务的审计主要涉及应付职工薪酬项目。

应付职工薪酬的实质性程序通常包括：

（1）获取或编制应付职工薪酬明细表，复核加计是否正确，并与报表数、总账数和明细账合计数核对是否相符。

（2）实施实质性分析程序。

①比较被审计单位员工人数的变动情况，检查被审计单位各部门各月工资费用的发生额是否有异常波动。若有，则查明其波动原因是否合理。

②比较本期与上期工资费用总额，要求被审计单位解释其增减变动原因，或取得公司管理当局关于员工工资标准的决议。

③结合员工社保的缴纳情况，明确被审计单位员工范围，检查其是否与关联公司员工工资混淆列支。

④核对下列相互独立的部门的相关数据：A. 工资部门记录的工资支出与出纳记录的工资支付数；B. 工资部门记录的工时与生产部门记录的工时。

⑤比较本期应付职工薪酬余额与上期应付职工薪酬余额，是否有异常变动。

（3）检查工资、奖金、津贴和补贴的计提和发放。

①计提是否正确，依据是否充分，将执行的工资标准与有关规定核对，并对工资总额进行测试；被审计单位如果实行工效挂钩的，应取得有关主管部门确认的效

益工资发放额认定证明，并结合有关合同文件和实际完成的指标，检查其计提额是否正确，是否应作纳税调整。

②检查分配方法与上年是否一致，除因解除与职工的劳动关系给予的补偿直接计入管理费用外，被审计单位是否根据职工提供服务的受益对象，分别下列情况进行了处理：A. 应由生产产品、提供劳务负担的职工薪酬，计入产品成本或劳务成本；B. 应由在建工程、无形资产负担的职工薪酬，计入建造固定资产或无形资产；C. 作为外商投资企业，按规定从净利润中提取的职工奖励及福利基金，是否相应计入“利润分配——提取的职工奖励及福利基金”科目；D. 其他职工薪酬，计入当期损益。

③检查发放金额是否正确，代扣的款项及其金额是否正确。

④检查是否存在属于拖欠性质的职工薪酬，并了解拖欠的原因。

（4）检查社会保险费（包括医疗、养老、失业、工伤、生育保险费）、住房公积金、工会经费和职工教育经费等计提（分配）和支付（或使用）的会计处理是否正确，依据是否充分。

（5）检查非货币性福利。

①检查以自产产品发放给职工的非货币性福利，是否根据受益对象，按照该产品的公允价值，计入相关资产成本或当期损益，同时确认应付职工薪酬。对于难以认定受益对象的非货币性福利，是否直接计入当期损益和应付职工薪酬。

②检查无偿向职工提供住房的非货币性福利，是否根据受益对象，将该住房每期应计提的折旧计入相关资产成本或当期损益，同时确认应付职工薪酬。对于难以认定受益对象的非货币性福利，是否直接计入当期损益和应付职工薪酬。

③检查租赁住房等资产供职工无偿使用的非货币性福利，是否根据受益对象，将每期应付的租金计入相关资产成本或当期损益，并确认应付职工薪酬。对于难以认定受益对象的非货币性福利，是否直接计入当期损益和应付职工薪酬。

（6）检查以现金与职工结算的股份支付。

①检查授予后立即可行权的以现金结算的股份支付，是否在授予日以承担负债的公允价值计入相关成本或费用。

②检查完成等待期内的服务或达到规定业绩条件以后才可行权的以现金结算的股份支付，在等待期内的每个资产负债表日，是否以可行权情况的最佳估计为基础，按照承担负债的公允价值金额，将当期取得的服务计入成本或费用。在资产负债表日，后续信息表明当期承担债务的公允价值与以前估计不同的，是否进行了调整，并在可行权日调整至实际可行权水平。

③检查可行权日之后，以现金结算的股份支付当期公允价值的变动金额，是否借记或贷记了“公允价值变动损益”科目。

④检查在可行权日，实际以现金结算的股份支付金额是否正确，会计处理是否恰当。

（7）检查应付职工薪酬的期后付款情况，并关注在资产负债表日至财务报表批准报出日之间，是否有确凿证据表明需要调整资产负债表日原确认的应付职工薪酬事项。

（8）检查应付职工薪酬是否已在财务报表中作出恰当的列报。

11.7 营业成本的实质性测试

营业成本是指企业从事对外销售商品、提供劳务等主营业务活动和销售材料、出租固定资产、出租无形资产、出租包装物等其他经营活动所发生的实际成本。以制造业的产成品销售为例，它是由期初库存产品成本加上本期入库产品成本，再减去期末库存产品成本求得的。

主营业务成本的实质性程序通常包括：

（1）获取或编制主营业务成本明细表，复核加计是否正确，并与总账数和明细账合计数核对是否相符，结合“其他业务成本”科目与营业成本报表数，核对是否相符。

（2）复核主营业务成本明细表的正确性，编制生产成本与主营业务成本倒轧表（见表11—4），并与“库存商品”等相关科目勾稽。

表11—4　生产成本与主营业务成本倒轧表

项目	未审数	调整或重分类金额（借/贷）	审定数
原材料期初余额			
加：本期购进			
减：原材料期末余额			
其他发出额			
直接材料成本			
加：直接人工成本			
制造费用			
生产成本			
加：在产品期初余额			
减：在产品期末余额			
产品生产成本			
加：产成品期初余额			
减：产成品期末余额			
主营业务成本			

（3）检查主营业务成本的内容和计算方法是否符合会计准则的规定以及前后期是否一致。

（4）必要时，实施实质性分析程序：①比较当年与以前年度不同品种产品的主营业务成本和毛利率，并查明异常情况的原因。②比较当年与以前年度各月主营业务成本的波动趋势，并查明异常情况的原因。③比较被审计单位与同行业的毛利率，并查明异常情况的原因。④比较当年及以前年度主要产品的单位产品成本，并查明异常情况的原因。

（5）抽取若干月份的主营业务成本结转明细清单，结合生产成本的审计，检查销售成本结转数额的正确性，比较计入主营业务成本的商品品种、规格、数量与计入主营业务收入的口径是否一致，是否符合配比原则。

（6）针对主营业务成本中重大调整事项（如销售退回）、非常规项目，检查相关原始凭证，评价其真实性和合理性，检查其会计处理是否正确。

（7）在采用计划成本、定额成本、标准成本或售价核算存货的条件下，应检查产品成本差异或商品进销差价的计算、分配和会计处理是否正确。

（8）结合期间费用的审计，判断被审计单位是否通过将应计入生产成本的支出计入期间费用或将应计入期间费用的支出计入生产成本等手段调节生产成本，从而调节主营业务成本。

（9）检查营业成本是否已在财务报表中作出了恰当列报。

复习思考题

1. 成本会计制度中有哪些关键内部控制？
2. 工薪中有哪些关键内部控制？
3. 存货监盘要注意哪些问题？
4. 存货计价测试的主要程序包括哪些？
5. 存货正确截止的关键是什么？如何进行存货截止测试？
6. 应付职工薪酬的实质性测试有哪些程序？

参考文献与推荐阅读

1. 阎至刚、卢俊霞：《存货欺诈防范技巧》，载《中国注册会计师》，2003（5）。

2. 熊建生：《存货审计应关注的几个问题》，载《中国注册会计师》，2002（9）。

3. 王亮：《浅谈企业成本的审计方法》，载《中国审计》，2000（12）。

4. 张辉：《浅析以调节存货成本增减生产成本的几种手段及审计对策》，载《中国审计信息与方法》，2001（5）。

5. 包晓捷、李景学：《审计企业成本核算不实的几种方法》，载《中国审计信息与方法》，2001（1）。

6. 尹种信：《揭开虚增成本之谜——一次成功的成本审计》，载《中国审计信息与方法》，2002（11）。

7. 程琳：《应付工资存在的弊端及其审计》，载《审计与理财》，2003（3）。

8. 陈晓玲：《工资表审计不应忽视》，载《中州审计》，2003（4）。

9. 汪祥耀等:《成本会计学》,杭州,浙江人民出版社,2004。

10. 中国注册会计师协会:《〈中国注册会计师审计准则第1311号——存货监盘〉指南》,2006。

11. 财政部、证监会、审计署、银监会、保监会:《企业内部控制应用指引第8号——资产管理》,2010。

第 12 章

筹资与投资循环审计

主要知识点

筹资活动和投资活动的内部控制和控制测试；银行借款的审计；股本（实收资本）的审计；资本公积、盈余公积、未分配利润的审计；投资相关项目的审计

关键概念

筹资与投资循环（Financing and Investment Cycle）　股本（Capital Stock）资本公积（Paid-in Capital in Excess of Par）

12.1 筹资与投资循环的特性

筹资与投资循环中所涉及的资产负债表项目主要包括：交易性金融资产、应收利息、应收股利、可供出售金融资产、持有至到期投资、长期股权投资、投资性房地产、短期借款、交易性金融负债、应付利息、应付股利、长期借款、应付债券、实收资本（或股本）、资本公积、盈余公积、未分配利润等。筹资与投资循环中所涉及的利润表项目主要包括：财务费用、投资收益等。

筹资所涉及的主要业务活动包括：管理层审批授权；签订合同或协议——向银行或其他金融机构融资须签订借款合同，发行债券须签订债券契约和债券承销或包销合同；取得资金；计算利息或股利；按有关合同或协议的规定偿还本息，根据股东大会的决定发放股利。筹资活动中涉及的凭证和会计记录有：债券、股票、债券契约、股东名册、公司债券存根簿、承销或包销协议、有关会计科目的明细账和总账。

投资所涉及的主要业务活动包括：管理层授权审批；取得证券或其他投资；取得股利收入、利息收入和其他投资收益；转让证券或收回其他投资。投资活动中涉及的凭证和会计记录有：股票或债券、经纪人通知书、债券契约、企业的章程及有关协议、投资协议、有关记账凭证、有关会计科目的明细账和总账。

筹资与投资循环具有以下特征：

（1）会计年度内发生的筹资与投资业务相对较少，但每笔金额巨大，对企业的财务状况具有重大影响。这就决定了对该循环涉及的财务报表项目，更可能采用实质性方案。

（2）漏记或不恰当地对一笔筹资与投资业务进行会计处理将会导致重大错误；

如果业务的期末余额存在漏记或者低估，将使财务报表产生重大错报。因此，筹资与投资业务审查通常采取详细审计的方式。

（3）筹资与投资业务涉及企业和债权人、所有者之间的关系，而这种关系往往存在法律、法规和合同的约束。因此，注册会计师必须深入了解企业所处的法律环境，检查企业是否准确履行了相关的义务以及报表中有关事项的披露是否恰当。

12.2 控制测试和交易的实质性测试

12.2.1 筹资的内部控制、控制测试和交易的实质性程序

筹资活动主要由所有者投入和借款两种交易组成。借款交易涉及短期借款、长期借款和应付债券。它们的内部控制基本类似。所有者权益增减变动的业务较少，但金额较大，所以注册会计师在审计中一般直接进行实质性程序。这里，我们以“长期借款”为例说明其内部控制和控制测试。

1）适当的授权

长期借款属于重大筹资活动。它一般是为了满足企业基本建设投资、引进先进技术和设备、开展对外长期投资等活动的资金需求。长期投资金额大、期间长，对企业未来的财务状况和盈利能力具有深远影响。因此，在举借长期借款、偿还债务、借款到期向银行申请借款展期等环节均须经企业最高管理当局批准。

2）职责分工

长期借款的批准、执行与记录等方面都应有明确的分工。任何一项借款业务的全过程或过程中的某一重要环节不得由一人或一个机构独立负责。

3）按时支付利息和偿还本金

企业会计部门要将借款合同和借款申请书用专夹保管，并按照到期时间的先后顺序排列。企业应于借款到期日签发转账支票或填制贷款偿还凭证，并经管理当局批准后直接交银行办理还款手续。

4）定期的独立核对

每隔一段时间，由独立于长期借款明细账记录职责的人员复核长期借款的总账和明细账以及利息计算；定期向银行、信托投资公司等部门取得对账单，与长期负债明细账互相核对。出现差异时，应查明发生差异的原因，并及时进行调节。

表12—1针对内部控制目标列出了筹资活动中关键的内部控制、常用的内部控制测试和交易实质性程序。

12.2.2 投资的内部控制、控制测试和交易的实质性程序

1）授权控制

一般的授权原理同样适用于投资的管理。企业进行投资必须经过认真的分析研究，并经过主管人员的授权才可以进行。投资一般应由企业的主管经理负责管理，并聘用专人负责经营，授予其经营决策权。在执行投资决策前，应经主管经理批准。重大的投资项目关系到企业的兴衰存亡，应该由董事会组成投资小组，进行可

行性研究，并在执行时由董事会批准。投资资产的出售和回收也同样应经过授权和批准才能进行。

表 12—1 **筹资活动的控制目标、内部控制和测试一览表**

内部控制目标	关键的内部控制	常用的控制测试	交易实质性程序
借款和所有者权益账面余额在资产负债表日确实存在，借款利息费用和已支付的股利是由被审计期间实际发生的交易事项引起的（存在与发生）	借款或发行股票经过授权审批 签订借款合同或协议、债券契约、承销或包销协议等相关法律文件	索取借款或发行股票的授权批准文件，检查其权限是否恰当，手续是否齐全 索取借款合同或协议、债券契约、承销或包销协议	获取或编制借款和股本明细表，复核加计正确，并与报表数、总账数和明细账合计数核对相符 检查与借款或股票发行有关的原始凭证，确认其真实性，并与会计记录核对 检查利息计算的依据，复核应计利息的正确性，并确认全部利息已记入相关账户
借款和所有者权益的增减变动及其利息和股利已登记入账（完整性）	筹资业务的会计记录、授权和执行等方面职责分工明确 借款合同或协议由专人保管。如保存债券持有人的明细资料，应同总分类账核对相符；如由外部机构保存，需定期同外部机构核对	观察并描述筹资业务的职责分工 了解债券持有人明细资料的保管制度，检查被审计单位是否将其与总账或外部机构核对	检查年度内借款和所有者权益增减变动的原始凭证，核实变动的真实性、合规性，检查授权批准手续是否完备、入账是否及时准确
借款均为被审计单位承担的债务，所有者权益代表所有者的法定求偿权（权利与义务）			向银行或其他金融机构、债券包销人函证，并与账户余额核对 检查股东是否已按合同、协议、章程的约定时间缴付出资额，以及其出资额是否经注册会计师审验
借款和所有者权益的期末余额正确（计价和分摊）	建立严密、完善的账簿体系和记录制度 核算方法符合会计准则和会计制度的规定	抽查筹资业务的会计记录，从明细账抽取部分会计记录，按原始凭证到明细账、总账的顺序核对有关数据和情况；判断其会计处理过程是否合规、完整	
借款和所有者权益在资产负债表上的披露正确（列报）	筹资业务明细账与总账的登记职务分离 筹资披露符合会计准则和会计制度的要求	观察职务是否分离	确定借款和所有者权益的披露是否恰当，注意一年内到期的借款是否已列入流动负债

2）合理的职责分工制度

一项合法的投资业务，应在业务的授权、业务的执行、业务的会计记录以及投资资产的保管等方面都有明确的分工。任何一项投资业务的全过程或过程中的某一重要环节不得由一人或一个机构独立负责。比如，投资业务在企业高层管理机构核准后，可由高层负责人员授权签批，由财务经理办理具体的股票或债券的买卖业务，由会计部门负责进行会计记录和账务处理，并由专人负责保管股票或债券。这种相互牵制的、合理的职责分工有利于避免或减少投资业务中发生错误或舞弊的可能性，并且一旦发生错误或舞弊，也能及时发现，从而将企业的损失控制到最低。

3）对投资凭证的保管

投资资产保管有两种方式：一是由独立的专门机构保管。例如，在企业拥有较大的投资资产的情况下，可以委托银行、证券公司、信托投资公司等机构进行保管。这些机构拥有专门的保存和防护措施，可以防止各种证券及单据的失窃或毁损，并且由于与投资业务的会计记录工作完全分离，因而可以大大降低舞弊的可能性。另一种方式是由企业自行保管。在这种方式下，必须建立严格的联合控制制度，即要由两名以上人员共同控制，不得一人单独接触证券。对于任何证券的存入或取出，都要将债券名称、数量、价值及存取的日期、数量等详细记录于证券登记簿内，并由所有在场的经手人员签名。

4）健全的会计核算制度

对于股票或债券类投资，无论是由企业保管还是由他人保管，都要进行完整的会计记录，并对其增减、会计核算制度变动及投资收益的实现情况进行相关的会计核算。企业应分股权投资、债券投资和其他投资为每一个投资项目设立明细账和备查登记簿，记录股权投资的股票名称、面值、数量、购入时间、取得成本、占被投资企业的份额、取得的股利收入等情况；对于债券投资，则应记录债券的面额、数量、取得成本、票面利率、计息方式、发行日、到期日等；对于其他投资，应记录被投资企业的名称、出资方式、占被投资企业的份额、利润分配方式和取得的投资收益等情况，还应记录上述资产项目有无抵押的情况。

5）严格的记名登记制度

除无记名证券外，企业在购入股票或债券时应在购入的当日及时登记于企业名下，切忌登记于经办人员名下，以防止冒名转移并借其他名义谋取私利的舞弊行为发生。

6）完善的盘点核对制度

如果企业所拥有的投资是委托专业机构保管的，则企业应该建立起定期核对制度。如果投资存放在企业内部，应该由独立于投资授权、买卖、保管、记录的人员进行定期盘点。

表12—2针对内部控制目标列出了投资活动的关键内部控制、常用的控制测试和交易实质性程序。

表 12—2 **投资活动的控制目标、内部控制和测试一览表**

内部控制目标	关键内部控制	常用的控制测试	交易实质性程序
投资账面余额为资产负债表日确实存在的投资。投资收益（或损失）是由被审计期间实际发生的投资交易事项引起的（存在与发生）	投资业务经过授权审批 与被投资单位签订合同、协议，并获取被投资单位出具的投资证明	索取投资的授权批准文件，检查其权限是否恰当、手续是否齐全 索取投资合同或协议，检查其是否合理有效 索取被投资单位的投资证明，检查其是否合理有效	获取或编制投资明细表，复核加计正确，并与报表数、总账数和明细账合计数核对相符 向被投资单位函证投资金额、持股比例及发放股利情况
投资增减变动及其收益（或损失）均已登记入账（完整性）	投资业务的会计记录与授权、执行和保管等方面明确职责分工 健全证券投资资产的保管制度，或者委托专门机构保管，或者在内部建立两名人员以上的联合控制制度。证券的存取均需详细记录和签名	观察并描述投资业务的职责分工 了解证券资产的保管制度。检查被审计单位自行保管时，存取证券是否进行详细的记录并由所有经手人员签字	检查年度内投资增减变动的原始凭证：对于增加项目要核实其入账基础是否符合投资合同、协议的有关规定，会计处理是否正确；对于减少的项目要核实其变动原因及授权批准手续
投资均为被审计单位所有（权利与义务）	内部审计人员或其他不参与投资业务的人员定期盘点证券投资资产，检查其是否为企业实际拥有	了解企业是否定期进行证券投资资产的盘点 审阅盘核报告，检查盘点方法是否恰当、盘点结果与会计记录核对情况以及对出现的差异的处理是否合规	盘点证券投资资产 向委托的专门保管机构函证，以证实投资证券是否真实存在
投资的计价方法正确、期末余额正确（计价和分摊）	建立详尽的会计核算制度，并按每一种证券分别设立明细账，详细记录相关资料 核算方法符合会计准则和会计制度的规定	抽查投资业务的会计记录，从明细账抽取部分会计记录，按原始凭证到明细账、总账的顺序核对有关数据和情况，判断其会计处理过程是否合规、完整	检查投资的入账价值是否符合投资合同、协议的规定，会计处理是否正确。对于重大投资项目，应查阅董事会有关决议，并取证 检查长期股权投资的核算是否符合会计准则的规定 检查长期债券投资的溢价或折价是否按有关规定进行了摊销
投资在资产负债表上的披露正确（列报）	投资明细账与总账的登记职务分离 投资披露符合会计准则的要求	观察职务是否分离	验明投资的披露是否恰当，注意一年内到期的长期投资是否已列入流动资产

12.3 借款相关项目的审计

借款是企业承担的一项经济义务，是企业的负债项目。借款的内容包括银行借款和应付债券。银行借款又有短期借款和长期借款。在一般情况下，被审计单位不会高估负债，因为这样一方面难以与债权人的会计记录相互印证，另一方面，高估负债会对财务状况产生负面影响，使企业在商业信用、银行信贷中以及向所有者筹资中处于不利地位。因此，注册会计师对负债项目的审计主要是防止企业低估债务。低估债务经常伴随着低估成本费用，从而高估利润。

12.3.1 银行借款的实质性测试

以长期借款为例，银行借款的实质性测试程序包括：

（1）获取或编制长期借款明细表，复核加计数是否正确，并与明细账、总账和报表核对相符。

（2）对年度内增加的长期借款，检查借款合同和授权批准，了解借款数额、借款条件、借款日期、还款期限、借款利率，并与相关会计记录进行核对。

（3）向银行或其他债权人函证长期借款。准则要求注册会计师对借款及与金融机构往来的其他重要信息实施函证程序，包括零余额账户和在本期内注销的账户，除非有充分证据表明这些项目对财务报表不重要且与之相关的重大错报风险很低。如果不对这些项目进行函证，注册会计师应当在工作底稿中说明理由。银行借款和银行存款的函证可以同时进行。

（4）对年度内减少的长期借款，检查相关会计记录和原始凭证，核实还款数额。

（5）检查年末有无到期未偿还的借款，逾期借款是否办理了延期手续。

（6）复核已计借款利息是否正确（如有未计利息，应作出记录，必要时进行适当调整）、长期借款利息资本化的会计处理是否正确。

（7）检查非记账本位币采用的折算汇率，折算差额是否按规定进行了会计处理。

（8）验明借款是否已在资产负债表上充分披露。长期借款项目应根据“长期借款”科目的期末余额扣除将于一年内到期的长期借款后的数额填列。该项扣除数应当填列在流动负债类下的“一年内到期的长期负债”项目单独反映。

12.3.2 应付债券的实质性测试

应付债券的业务通常不多，但每一笔业务的数额一般很大。因此，注册会计师应重视对应付债券的实质性测试工作。应付债券的实质性测试程序包括：

（1）取得或编制应付债券明细表，并同有关的明细账和总账核对相符。应付债券明细表通常包括债券名称、承销机构、发行日、到期日、债券总额（面值）、实收金额、折价和溢价及其摊销、应付利息、担保情况、期初及期末余额以及本期增减变动情况等内容。

（2）审查债券交易的各项原始凭证，确认应付债券发行的合法性与账面金额的正确性。

（3）审查应计利息、债券折（溢）价摊销及其会计处理是否正确。一般可通过审查债券利息、溢价、折价等账户分析表来进行。该表可以由企业代为编制或由注册会计师自己编制。

（4）函证应付债券账户期末余额。注册会计师如果认为必要，可以直接向债权人及债券的承销人或包销人进行函证。函证内容应包括应付债券的名称、发行日、到期日、利率、已付利息期间、年内偿还的债券、资产负债表日尚未偿还的债权等事项。

（5）审查到期债券的偿还，注册会计师应核实偿还数，审查相关会计记录，检查其会计处理是否正确。

（6）确认应付债券是否已在资产负债表上充分披露。

12.3.3 财务费用的实质性测试

财务费用的实质性测试程序主要包括：

（1）获取或编制财务费用明细表，复核加计正确，与报表数、总账数及明细账合计数核对是否相符。

（2）将本期、上期财务费用各明细项目作比较分析，必要时比较本期各月份财务费用，如有重大波动和异常情况应追查原因、扩大审计范围或增加测试量。

（3）检查利息支出明细账，确认利息收支的真实性及正确性。检查各项借款期末应计利息有无预计入账。注意检查现金折扣的会计处理是否正确。

（4）检查汇兑损失明细账，检查汇兑损益计算方法是否正确，核对所用汇率是否正确，前后期是否一致。

（5）审阅下期期初的财务费用明细账，检查财务费用各项目有无跨期入账的现象。对于重大跨期项目，应作必要调整。

12.4 所有者权益相关项目的审计

12.4.1 实收资本（股本）的实质性测试

实收资本（股本）的实质性测试程序通常包括：

（1）获取或编制实收资本（股本）增减变动情况明细表，复核加计正确，与报表数、总账数和明细账合计数核对相符。

（2）查阅公司章程、股东大会、董事会会议记录中有关实收资本（股本）的规定。收集与实收资本（股本）变动有关的董事会会议纪要、合同、协议、公司章程及营业执照以及公司设立批文、验资报告等法律性文件，并更新永久性档案。

（3）检查实收资本（股本）增减变动的原因，查阅其是否与董事会纪要、补充合同、协议及其他有关法律性文件的规定一致，逐笔追查至原始凭证，检查其会计处理是否正确。注意有无抽资或变相抽资的情况。如有，应取证核实，并作恰当处理。对首次接受委托的客户，除取得验资报告外，还应检查并复印记账凭证及进账单。

（4）对于以资本公积、盈余公积和未分配利润转增资本的，应取得股东（大）会等资料，并审核其是否符合国家有关规定。

（5）以权益结算的股份支付，应取得相关资料，检查其是否符合相关规定。

（6）中外合作企业根据合同规定在合作期间归还投资的，应检查以下内容：①如系直接归还投资，检查是否符合有关的决议与公司章程和投资协议的规定、款项是否已付出、会计处理是否正确；②如系以利润归还投资，还需检查是否与利润分配的决议相符，并检查与利润分配的有关会计处理是否正确。

（7）以非记账本位币出资的，检查其折算汇率是否符合规定。

（8）检查认股权证及其有关交易，确定委托人及认股人是否遵守认股合约或认股权证中的有关规定。

（9）确定实收资本（股本）的披露是否恰当。

12.4.2 资本公积的实质性测试

资本公积包括资本或股本溢价以及计入所有者权益的利得和损失。对资本公积的测试重点放在资本公积的增减变动，从而证实资本公积余额相关认定。资本公积的实质性测试程序主要包括：

（1）收集与资本公积变动有关的股东（大）会决议、董事会会议纪要、资产评估报告等文件资料。

（2）根据资本公积明细账，对股本溢价、其他资本公积各明细的发生额进行逐项审查。

（3）查阅股东（大）会或类似机构决议，是否决定用资本公积转增资本。只能用资本溢价或股本溢价转增资本。其他资本公积是不能用于转增资本的。

12.4.3 盈余公积的实质性测试

盈余公积的实质性测试程序主要包括：

（1）检查盈余公积各明细项目的提取比例是否符合有关规定，检查其发生额及其原始凭证。

（2）检查股东（大）会或类似机构决议，是否将盈余公积用于弥补亏损或转增资本，是否用盈余公积派送新股，是否有股东（大）会决议，会计处理是否正确。

12.4.4 未分配利润的实质性测试

未分配利润的实质性测试程序主要包括：

（1）检查未分配利润期初数与上期审定数是否相符，涉及损益的上期审计调整是否正确入账。

（2）收集和检查与利润分配有关的董事会会议纪要、股东（大）会决议、政府部门批文及有关合同、协议、公司章程等文件资料，更新永久性档案。对照有关规定，确认利润分配的合法性。检查对资产负债表日后至财务报告批准报出日之间由董事会或类似机构制定的利润分配方案中拟分配的股利，是否在财务报表附注中单独披露。注意当境内与境外会计师事务所审定的可供分配利润不同时，被审计单位进行利润分配的基数是否正确。

（3）了解本年利润弥补以前年度亏损的情况。如果已超过弥补期限，且已因为抵扣亏损而确认递延所得税资产的，应当进行调整。

（4）结合“以前年度损益调整”科目的审计，检查以前年度损益调整的内容是否真实、合理，注意对以前年度所得税的影响。对重大调整事项应逐项核实其发生原因、依据和有关资料，复核数据的正确性。

12.4.5 应付股利的实质性测试

应付股利的实质性测试程序主要包括：

（1）审阅公司章程和股东（大）会决议中有关股利的规定，了解股利分配标准和发放方式是否符合有关规定并经法定程序批准。若被审计单位董事会或类似机构通过利润分配方案拟分配现金股利或利润的，注意其是否披露。

（2）检查应付股利的发生额，是否根据股东（大）会决定的利润分配方案，从可供分配利润中计算确定，并复核应付股利的计算和会计处理的正确性。

（3）检查股利支付的原始凭证的内容、金额和会计处理是否正确。

（4）现金股利是否按公告规定的时间、金额予以发放结算，非标准手之零星股东股利是否采用适当方法结算，对无法结算及委托发放而长期未结的股利是否作出适当处理。

12.5 投资相关项目的审计

与投资相关的项目包括：交易性金融资产、可供出售金融资产、持有至到期投资、长期股权投资、投资性房地产、应收利息、投资收益、应收股利、交易性金融负债等。

12.5.1 交易性金融资产的实质性测试

交易性金融资产，是指企业为了近期出售而持有的金融资产。在会计科目设置上，企业持有的直接指定为以公允价值计量且其变动计入当期损益的金融资产，也通过该科目核算。交易性金融资产的实质性测试程序主要包括：

（1）获取或编制交易性金融资产明细表，复核加计正确，并与报表数、总账数和明细账合计数核对相符。对期末结存的相关交易性金融资产，向被审计单位核实其持有目的，并检查本科目核算范围是否恰当。

（2）对于交易性金融资产的增减变动：①抽取交易性金融资产增加的记账凭证，注意其原始凭证是否完整、合法，成本、交易费用和相关利息或股利的会计处理是否符合规定；②抽取交易性金融资产减少的记账凭证，检查其原始凭证是否完整、合法，会计处理是否正确。注意出售交易性金融资产时其成本结转是否正确，原计入的公允价值变动损益是否已调整至“投资收益”科目。

（3）监盘库存交易性金融资产，并与相关账户余额进行核对。如有差异，应查明原因，并作出记录或进行适当调整。

（4）向相关金融机构发函询证交易性金融资产期末数量以及是否存在变现限制，并记录函证过程。取得回函时应检查相关签章是否符合要求。

（5）复核与交易性金融资产相关的损益计算是否准确，并与公允价值变动损益及投资收益等有关数据核对。

（6）复核股票、债券及基金等交易性金融资产的期末公允价值是否合理，相关会计处理是否正确。

12.5.2 可供出售金融资产的实质性测试

可供出售金融资产，是指初始确认时即被指定为可供出售的非衍生金融资产，以及除下列各类资产以外的金融资产：①贷款和应收账款；②持有至到期投资；③以公允价值计量且其变动计入当期损益的金融资产。可供出售金融资产的实质性测试程序主要包括：

（1）获取或编制可供出售金融资产明细表，复核加计正确，并与总账数和明细账合计数核对相符。对期末结存的可供出售金融资产，向被审计单位核实其持有目的，检查本科目核对范围是否恰当。

（2）检查库存可供出售金融资产，并与相关账户余额进行核对。如有差异，应查明原因，并作出记录或进行适当调整。

（3）向相关金融机构发函询证可供出售金融资产的期末数量，并记录函证过程。取得回函时应检查相关签章是否符合要求。

（4）对于可供出售金融资产的增减变动：①抽取可供出售金融资产增加的记账凭证，注意其原始凭证是否完整、合法，成本、交易费用和相关利息或股利的会计处理是否符合规定。②抽取可供出售金融资产减少的记账凭证，检查其原始凭证是否完整、合法，会计处理是否正确。注意已计入资本公积的公允价值累计变动额是否转入“投资收益”科目。

（5）复核可供出售金融资产的期末公允价值是否合理，检查其会计处理是否正确。

（6）如果可供出售金融资产的公允价值发生了较大幅度的下降，并且预期这种下降趋势属于非暂时性的，应当检查被审计单位是否计提了资产减值准备，计提金额和相关会计处理是否正确。

（7）已确认减值损失的可供出售金融资产，当公允价值回升时，检查其相关会计处理是否正确。注意债券等债务工具应从“资产减值损失”科目转回；股票等权益工具则应从“资本公积”科目转回，不得从当期损益转回。

（8）若债券等债务工具类可供出售金融资产发生减值，检查相关利息的计算和会计处理是否正确。

（9）复核可供出售金融资产划转为持有至到期投资的依据是否充分、会计处理是否正确。

12.5.3　持有至到期投资的实质性测试

持有至到期投资，是指到期日固定、回收金额固定或可确定，且企业有明确意图和能力持有至到期的非衍生金融资产。持有至到期投资的实质性测试程序主要包括：

（1）获取或编制持有至到期投资明细表，复核加计正确，并与总账数和明细账合计数核对相符。对期末结存的持有至到期投资资产，核实被审计单位持有的目的和能力，检查本科目核算范围是否恰当。

（2）检查库存持有至到期投资，并与账面余额进行核对。如有差异，应查明原因，并作出记录或进行适当调整。

（3）向相关金融机构发函询证持有至到期投资的期末数量，并记录函证过程。取得回函时应检查相关签章是否符合要求。

（4）抽取可供出售金融资产增减变动的相关凭证，检查其原始凭证是否完整、合法，会计处理是否正确。

（5）根据相关资料，确定债券投资的计息类型；结合“投资收益”科目，复核计算利息采用的利率是否恰当，相关会计处理是否正确；检查持有至到期投资持有期间收到的利息的会计处理是否正确。检查债券投资票面利率和实际利率有较大差异时，被审计单位采用的利率及其计算方法是否正确。

（6）检查当持有目的改变时，“持有至到期投资”划转为“可供出售金融资产”的会计处理是否正确。

（7）当有客观证据表明持有至到期投资发生减值的，应当复核相关资产项目的预计未来现金流量现值，并与其账面价值进行比较，检查相关准备计提是否充分。同时，检查相关利息的计算及处理是否正确。

（8）对于处置持有至到期投资，结合“投资收益”科目复核处置损益的计算是否准确，已计提的减值准备是否同时结转。

12.5.4　长期股权投资的实质性测试

长期股权投资核算企业持有的采用权益法或成本法核算的长期股权投资，具体包括：对子公司的投资、对合营企业的投资、对联营企业的投资，以及企业对被投资单位不具有控制、共同控制或重大影响，且在活跃市场中没有报价、公允价值不能可靠计量的权益性投资。长期股权投资的实质性测试程序通常包括：

（1）获取或编制长期股权投资明细表，复核加计正确，并与总账数和明细账合计数核对相符；结合“长期股权投资减值准备”科目与报表数核对相符。

（2）根据有关合同和文件，确认股权投资的股权比例和持有时间，检查股权投资的核算方法是否正确。

（3）对于重大的投资，向被投资单位函证被审计单位的投资额、持股比例及被投资单位发放股利等情况。

（4）对于应采用权益法核算的长期股权投资，获取被投资单位已经注册会计师审计的年度财务报表。如果未经注册会计师审计，则应考虑对被投资单位的财务报表实施适当的审计或审阅程序。

(5) 对于采用成本法核算的长期股权投资，检查股利分配的原始凭证及分配决议等资料，确定其会计处理是否正确；对被审计单位实施控制而采用成本法核算的长期股权投资，比照权益法编制变动明细表，以备合并报表使用。

(6) 对于成本法和权益法相互转换的，检查其投资成本的确定是否正确。

(7) 确定长期股权投资的增减变动的记录是否完整：①对本期增加的长期股权投资，追查至原始凭证及相关的文件或决议及被投资单位验资报告或财务资料等，确认长期股权投资是否符合投资合同、协议的规定并已确实投资，以及其会计处理是否正确。②对本期减少的长期股权投资，追查至原始凭证，确认长期股权投资的收回有合理的理由及授权批准手续并已确实收回投资，以及会计处理是否正确。

(8) 期末对长期股权投资进行逐项检查，以确定长期股权投资是否已经发生减值。根据被投资单位经营政策和法律环境的变化、市场需求的变化、行业的变化、盈利能力等各种情形，判断长期股权投资是否存在减值迹象。确有出现导致长期股权投资可收回金额低于账面价值的，将可收回金额低于账面价值的差额作为长期股权投资减值准备予以计提，并与被审计单位已计提数相核对。如有差异，查明原因。长期股权投资减值损失一经确认，在以后会计期间不得转回。

(9) 确定长期股权投资在资产负债表上已恰当列报。结合银行借款等的检查，了解长期股权投资是否存在质押、担保等情况。如存在，则应详细记录，并提请被审计单位进行充分披露。确定是否存在被投资单位由于所在国家和地区及其他方面的影响，其向被审计单位转移资金的能力受到限制的情况。如存在，应提请被审计单位充分披露。

12.5.5 投资收益的实质性测试

投资收益的实质性测试程序主要包括：

(1) 与以前年度投资收益相比较，结合投资本期的变动情况，分析本期投资收益是否存在异常现象。如存在，应查明原因，并作出适当的调整。

(2) 与长期股权投资、交易性金融资产、交易性金融负债、可供出售金融资产、持有至到期投资等相关项目的审计结合，验证投资收益的记录是否正确，确定投资收益被记入正确的会计期间。

复习思考题

1. 筹资与投资循环具有哪些特征？它们会对审计产生哪些影响？
2. 如何进行短期借款和长期借款的实质性程序？
3. 如何进行实收资本（股本）的实质性程序？
4. 资本公积、盈余公积、未分配利润的实质性测试程序有哪些？
5. 如何进行交易性金融资产、可供出售金融资产、持有至到期投资和长期股权投资的实质性测试？

参考文献与推荐阅读

1. 苑宝良、焦戌永：《企业长期投资核算中值得探讨的几个问题》，载《中国审计》，2003（24）。

2. 宫娉娜：《股票投资审计应注意的几个问题》，载《审计月刊》，2002（7）。

3. 张建民：《浅谈对固定资产投资借款费用的审计》，载《中国审计信息与方法》，2002（10）。

4. 建守强：《国有企业审计：筹资、投资决策不可忽视》，载《中国审计》，2004（24）。

5. 沈升尧、方咏梅：《股权投资的会计成本与计税成本差异》，载《中国注册会计师》，2001（6）。

6. 黄亚丽：《房地产开发企业筹资中的常见问题及审计策略》，载《中国注册会计师》，2006（11）。

7. 财政部、证监会、审计署、银监会、保监会：《企业内部控制应用指引第6号——资金活动》、《企业内部控制应用指引第12号——担保业务》，2010。

第 13 章

货币资金审计

主要知识点

货币资金的内部控制及控制测试；现金监盘；银行存款的实质性测试

关键概念

现金（Cash） 盗用（或挪用）现金（Defalcation of Cash） 银行存款（Cash in Bank） 银行对账单（Cutoff Bank Statement） 银行存款余额调节表（Bank Reconciliation） 银行询证函（Bank Confirmation Form）

13.1 货币资金业务循环

货币资金是企业资产的重要组成部分，是企业资产中流动性最强的一种资产。任何企业进行生产经营活动都必须拥有一定数额的货币资金。持有货币资金是企业生产经营活动的基本条件。货币资金在企业的会计核算中占有重要的位置。

货币资金与其他业务循环直接相关。图 13—1 列示了货币资金与业务循环的关系。

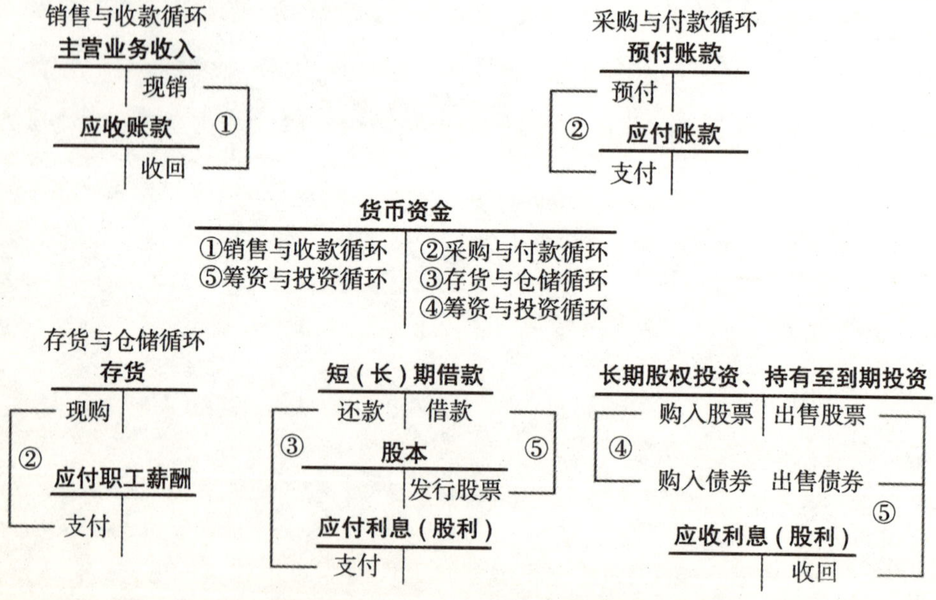

图 13—1 货币资金与业务循环的关系

货币资金审计所涉及的凭证和会计记录主要有：现金盘点表、银行对账单、银行存款余额调节表、有关科目的记账凭证、有关会计账簿。

13.2 货币资金的内部控制及控制测试

由于货币资金是企业流动性最强的资产，所以企业必须加强对货币资金的管理，建立良好的货币资金内部控制，以确保：全部应收取的货币资金均能收取，并及时、正确地予以记录；全部货币资金支出是按照经批准的用途进行的，并及时、正确地予以记录；库存现金、银行存款报告正确，并得以恰当保管；正确预测企业正常经营所需的货币资金收支额，确保企业有充足又不过剩的货币资金余额。

具体而言，货币资金的内部控制包括以下内容：

1）岗位分工

单位应当建立货币资金业务的岗位责任制，明确相关部门和岗位的职责权限，确保办理货币资金业务的不相容岗位相互分离、制约和监督。出纳人员不得兼任稽核、会计档案保管和收入、支出、费用、债权债务账目的登记工作。单位不得由一人办理货币资金业务的全过程。

2）授权批准

单位应当对货币资金业务建立严格的授权批准制度，明确审批人对货币资金业务的授权批准方式、权限、程序、责任和相关控制措施，规定经办人办理货币资金业务的职责范围和工作要求。审批人应当根据货币资金授权批准制度的规定，在授权范围内进行审批，不得超越审批权限。经办人应当在职责范围内，按照审批人的批准意见办理货币资金业务。对于审批人超越授权范围审批的货币资金业务，经办人员有权拒绝办理，并及时向审批人的上级授权部门报告。对于重要的货币资金支付业务，单位应当实行集体决策和审批，并建立责任追究制度，防范贪污、侵占、挪用货币资金等行为。

单位应当按照规定的程序办理货币资金支付业务：

（1）支付申请。单位有关部门或个人用款时，应当提前向审批人提交货币资金支付申请，注明款项的用途、金额、预算、支付方式等内容，并附有效经济合同或相关证明。

（2）支付审批。审批人根据其职责、权限和相应程序对支付申请进行审批。对不符合规定的货币资金支付申请，审批人应当拒绝批准。

（3）支付复核。复核人应当对批准后的货币资金支付申请进行复核，复核货币资金支付申请的批准范围、权限、程序是否正确，手续及相关单证是否齐备，金额计算是否准确，支付方式、支付单位是否妥当等。复核无误后，交由出纳人员办理支付手续。

（4）办理支付。出纳人员应当根据复核无误的支付申请，按规定办理货币资金支付手续，及时登记库存现金日记账和银行存款日记账。

3）现金和银行存款的管理

（1）单位应当加强现金库存限额的管理。超过库存限额的现金应及时存入银行。

（2）单位必须根据《中华人民共和国现金管理暂行条例》的规定，结合本单位的实际情况，确定本单位现金的开支范围。不属于现金开支范围的业务应当通过银行办理转账结算。

（3）单位现金收入应当及时存入银行，不得用于直接支付单位自身的支出。因特殊情况需坐支现金的，应事先报经开户银行审查批准。单位借出款项必须执行严格的授权批准程序，严禁擅自挪用、借出货币资金。

（4）单位取得的货币资金收入必须及时入账，不得私设“小金库”，不得账外设账，严禁收款不入账。

（5）单位应当严格按照《支付结算办法》等国家有关规定，加强银行账户的管理，严格按照规定开立账户，办理存款、取款和结算。单位应当定期检查、清理银行账户的开立及使用情况。发现问题，及时处理。单位应当加强对银行结算凭证的填制、传递及保管等环节的管理与控制。

（6）单位应当严格遵守银行结算纪律，不准签发没有资金保证的票据或远期支票，套取银行信用；不准签发、取得和转让没有真实交易和债权债务的票据，套取银行和他人资金；不准无理拒绝付款，任意占用他人资金；不准违反规定开立和使用银行账户。

（7）单位应当指定专人定期核对银行账户，每月至少核对一次，编制银行存款余额调节表，使银行存款账面余额与银行对账单调节相符。如调节不符，应查明原因，及时处理。

（8）单位应当定期和不定期地进行现金盘点，确保现金账面余额与实际库存相符。发现不符，及时查明原因，作出处理。

4）票据及有关印章的管理

（1）单位应当加强与货币资金相关的票据的管理，明确各种票据的购买、保管、领用、背书转让、注销等环节的职责权限和程序，并专设登记簿进行记录，防止空白票据的遗失和被盗用。

（2）单位应当加强银行预留印鉴的管理。财务专用章应由专人保管，个人名章必须由本人或其授权人员保管。严禁一人保管支付款项所需的全部印章。

按规定需要有关负责人签字或盖章的经济业务，必须严格履行签字或盖章手续。

5）监督检查

货币资金监督检查的内容主要包括：货币资金业务相关岗位及人员的设置情况，是否存在不相容职务混岗的现象；货币资金授权批准制度的执行情况；支付款项印章的保管情况；票据的保管情况。对监督检查过程中发现的货币资金内部控制中的薄弱环节，应当及时采取措施，加以纠正和完善。

以现销收入交易为例，表 13—1 针对控制目标列示了相关的内部控制和交易实质性程序。

表 13—1　　**现销收入业务的控制目标、关键控制和测试一览表**

内部控制目标	关键的内部控制	常用的控制测试	交易实质性程序
登记入账的现金收入确定为企业已经实际收到的现金（存在或发生）	现金出纳与现金记账的岗位分离 现金折扣必须经过适当的审批手续	观察 检查现金折扣是否经过恰当的审批	检查现金收入的日记账、总账和应收账款明细账的大金额项目和异常项目
收到的现金收入已全部登记入账（完整性）	现金出纳与现金记账的岗位分离 每日及时记录现金收入 定期向顾客寄送对账单 现金收入记录的内部复核	观察 检查是否存在未入账的现金收入 检查是否向顾客寄送对账单，了解其是否定期进行 检查复核标记	现金收入的截止测试 抽查顾客对账单并与账面金额核对
已经收到的现金确实为企业所有（权利和义务）	定期盘点现金并与账面余额核对	检查是否定期盘点，检查盘点记录	盘点库存现金。如与账面应有数存在差异，分析差异原因
登记入账的现金已经如数存入银行并登记入账（计价或分摊）	定期取得银行对账单 编制银行存款余额调节表	检查银行对账单和银行存款余额调节表	检查银行存款余额调节表中未达账项的真实性以及资产负债表日后的进账情况
现金收入在资产负债表上的披露正确（分类）	库存现金日记账与总账的登记职责分开	观察	

13.3 库存现金的实质性测试

库存现金的实质性测试程序一般包括：

（1）核对库存现金日记账与总账的余额是否相符。注册会计师测试现金余额的起点是核对库存现金日记账与总账的余额是否相符。如果不相符，应查明原因，并作出适当调整。

（2）监盘库存现金。监盘库存现金是证实资产负债表中所列现金是否存在的一项重要程序。企业盘点库存现金，通常包括对已收到但未存入银行的现金、零用金、找换金等的盘点。盘点库存现金的时间和人员应视被审计单位的具体情况而定，但必须有现金出纳员和被审计单位会计主管人员参加，并由注册会计师进行监盘。盘点和监盘库存现金的步骤和方法主要有：

①制定监盘计划，确定监盘时间。对库存现金的监盘最好实施突击性的检查，

时间最好选择在上午上班前或下午下班时进行。盘点的范围一般包括被审计单位各部门经管的现金。在进行现金盘点前，应由出纳员将现金集中起来存入保险柜。必要时可加以封存，然后由出纳员把已办妥现金收付手续的收付款凭证登入库存现金日记账。如被审计单位库存现金存放部门有两处或两处以上，应多处同时进行盘点。

②审阅库存现金日记账，并同时与现金收付凭证相核对。一方面检查库存现金日记账的记录与凭证的内容和金额是否相符；另一方面了解凭证的日期与库存现金日记账的日期是否相符或接近。

③由出纳员根据库存现金日记账加计累计数额，结出现金结余。

④盘点保险柜的现金实存数，同时由注册会计师编制“库存现金盘点表”，分币种、面值列示盘点金额。库存现金盘点表的格式参见表 13—2。

表 13—2

库存现金盘点表

客户：＿＿＿＿＿＿　　编制：　　日期：　　索引号：

项目：<u>现金监盘</u>　　复核：　　日期：　　页次：

会计期间：＿＿＿＿＿＿

盘点日期：＿＿年＿＿月＿＿日

检查盘点记录				实有现金盘点记录				
项目	项次	人民币	外币	面额	人民币		外币	
					张	金额	张	金额
上一日账面库存余额	1			1 000 元				
盘点日未记账传票收入金额	2			500 元				
盘点日未记账传票支出金额	3							
盘点日账面应有金额	4＝1+2+3			100 元				
盘点实有现金数额	5			50 元				
盘点日应有与实有差异	6＝4−5			10 元				
差异原因分析：白条抵库（张）				5 元				
				2 元				
				1 元				
				0. 5 元				
				0. 2 元				
				0. 1 元				
				合计				
报表日至查账日现金付出总额				情况说明及审计结论：				
报表日至查账日现金收入总额								
报表日库存现金应有余额								
报表日账面汇率								
报表日余额折合本位币金额								
本位币合计								

⑤资产负债表日后进行盘点时，应调整至资产负债表日的金额。

⑥将盘点金额与库存现金日记账余额进行核对。如有差异，应查明原因，并作出记录或适当调整。

⑦若有冲抵库存现金的借条、未提现支票、未作报销的原始凭证，应在“库存现金盘点表”中注明或作出必要的调整。

（3）抽查大额库存现金收支。注册会计师应检查大额现金收支的原始凭证是否齐全、原始凭证是否完整、有无授权批准、记账凭证和原始凭证是否相符、账务处理是否正确、是否记录于恰当的会计期间等项内容。

（4）检查现金收支的正确截止。被审计单位资产负债表的货币项目中的库存现金数额，应以结账日实有数额为准。因此，注册会计师必须验证现金收支的截止日期。通常，注册会计师可考虑对结账日前后一段时期内的现金收支凭证进行审计，以确定是否存在跨期事项，是否应考虑提出调整建议。

（5）检查外币现金的折算方法是否符合规定，是否与上年度一致。

（6）检查库存现金是否在资产负债表上恰当披露。根据有关规定，库存现金在资产负债表的“货币资金”项目中反映。注册会计师应在实施上述审计程序后，确定“库存现金”账户的期末余额是否恰当，进而确定库存现金是否在资产负债表上进行了恰当披露。

13.4 银行存款的实质性测试

银行存款的实质性测试程序一般包括：

（1）核对银行存款日记账与总账的余额是否相符。注册会计师测试银行存款余额的起点是核对银行存款日记账与总账的余额是否相符。如果不相符，应查明原因，并考虑是否应建议作出适当调整。

（2）实施实质性分析程序。计算银行存款累计余额应收利息收入，分析比较被审计单位银行存款应收利息收入与实际利息收入的差异是否恰当，评估利息收入的合理性，检查是否存在高息资金拆借，确认银行存款余额是否存在、利息收入是否已经完整记录。

（3）取得并检查银行对账单和银行存款余额调节表。银行存款余额调节表通常应由被审计单位根据不同的银行账户及货币种类分别编制，其格式见表13—3。

具体测试程序通常包括：

①核对被审计单位资产负债表日的银行对账单与银行询证函回函，确认二者是否一致，抽样核对账面记录的已付票据金额及存款金额是否与对账单记录一致。

②检查资产负债表日的银行存款余额调节表中的加计数是否正确，以及调节后银行存款日记账余额与银行对账单余额是否一致。

表 13—3 **银行存款余额调节表**

年　月　日

编制人：　　日期：　　索引号：

复核人：　　日期：　　页次：

户别：　　币别：

项　目
银行对账单余额（　　年　月　日） 加：企业已收，银行尚未入账金额 　其中：1. ______元 　　　　2. ______元 减：企业已付，银行尚未入账金额 　其中：1. ______元 　　　　2. ______元 调整后银行对账单金额
企业银行存款日记账金额（　　年　月　日） 加：银行已收，企业尚未入账金额 　其中：1. ______元 　　　　2. ______元 减：银行已付，企业尚未入账金额 　其中：1. ______元 　　　　2. ______元 调整后企业银行存款日记账金额

经办会计人员：（签字）　　会计主管：（签字）

③检查调节事项的性质和范围是否合理：A. 检查是否存在跨期收支和跨行转账的调节事项。编制跨行转账业务明细表，检查跨行转账业务是否同时对应转入和转出，以及未在同一期间完成的转账业务是否反映在银行存款余额调节表的调整事项中。B. 检查大额在途存款的日期，查明发生在途存款的具体原因，追查期后银行对账单的存款记录日期，确定被审计单位与银行记账时间的差异是否合理，确定在资产负债表日是否需审计调整。C. 检查被审计单位的未付票据明细清单，查明被审计单位未及时入账的原因，确定账簿记录时间晚于银行对账单的日期是否合理。D. 检查被审计单位未付票据明细清单中有记录但截至资产负债表日银行对账单无记录且金额较大的未付票据，获取票据领取人的书面说明。确认其在资产负债表日是否需要进行调整。E. 检查资产负债表日后的银行对账单是否完整地记录了调节事项中银行未付票据的金额。

④检查是否存在未入账的利息收入和利息支出。

⑤检查是否存在其他跨期收支事项。

⑥如果被审计单位未经授权或授权不清，支付货币资金的现象比较突出，检查银行存款余额调节表中支付给异常的领款（包括没有载明收款人）、签字不全、收款地址不清、票据金额较大的调整事项，确认其是否存在舞弊。

（4）函证银行存款余额，检查银行回函，编制银行函证结果汇总表。函证银行存款余额是证实资产负债表所列银行存款是否存在的重要程序。通过向往来银行函证，注册会计师不仅可以了解企业资产的存在，还可以了解企业账面反映所欠银行债务的情况，并有助于发现企业未入账的银行借款和未披露的或有负债。函证对象应是被审计单位在本期存过款的所有银行，包括零账户和账户已结清的银行，因为有可能存款账户已结清，但仍有银行借款或其他负债存在。根据函证情况确定被审计单位账面余额与银行函证结果的差异，对不符事项作出适当处理。

根据财政部和中国人民银行于 1999 年 1 月 6 日联合印发的《关于做好企业的银行存款、借款及往来款项函证工作的通知》，各商业银行、政策性银行、非银行金融机构要在收到询证函之日起 10 个工作日内，根据函证的具体要求及时回函，并可按照国家有关规定收取询证费用。

下面列示了银行询证函的参考格式，供参考。

银行询证函

编号：

××（银行）：

本公司聘请的××会计师事务所正在对本公司××年度财务报表进行审计，按照中国注册会计师审计准则的要求，应当询证本公司与贵行相关的信息。下列信息出自本公司记录。如与贵行记录相符，请在本函下端“信息证明无误”处签章证明；如有不符，请在“信息不符”处列明不符项目及具体内容；如存在与本公司有关的未列入本函的其他重要信息，也请在“信息不符”处列出其详细资料。回函请直接寄至××会计师事务所。

回函地址：

邮编： 电话： 传真： 联系人：

截至××年×月×日止，本公司与贵行相关的信息列示如下：

1. 银行存款

账户名称	银行账号	币种	利率	余额	起止日期	是否被质押、用于担保或存在其他限制	备注

除上述列示的银行存款外，本公司并无在贵行的其他存款。

注：“起止日期”一栏今适用于定期存款。如为活期或保证金存款，可只填写“活期”或“保证金”在字样。

2. 银行借款

账户名称	币种	余额	借款日期	还款日期	利率	其他借款条件	抵（质）押品/担保人	备注

除上述列示的银行借款外，本公司并无自贵行的银行借款。

注：此项仅函证截至资产负债表日本公司尚未归还的借款。

3. 截至函证日之前12个月内注销的账户

账户名称	银行账号	币种	注销账户日

除上述列示的账户外，本公司并无截至函证日之前12个月内在贵行注销的其他账户。

（公司盖章）
年　月　日
经办人：

以下仅供被函证银行使用。

结论：1. 信息证明无误。

（银行盖章）
年　月　日
经办人：

2. 信息不符，请列明不符项目及具体内容（其他未在本函列出的项目，请列出金额及其详细资料）。

（银行盖章）
年　月　日
经办人：

（5）检查银行存单。编制银行存单检查表，检查是否与账面记录金额一致、是否被质押或限制使用以及存单是否为被审计单位所拥有。对已质押的定期存款，应检查定期存单，并与相应的质押合同核对，同时关注与定期存单对应的质押借款是否已入账；对未质押的定期存款，应检查开户证实书原件；对审计外勤工作结束日前已提取的定期存款，应核对相应的兑付凭证、银行对账单和定期存款复印件。

（6）检查银行存款账户的存款人是否为被审计单位。若存款人为非被审计单位，应获取该账户户主和被审计单位的书面声明，确认资产负债表日是否需要调整。

（7）关注是否存在质押、冻结等对变现有限制或存在境外的款项，是否已作必要的调整和披露。

（8）抽查大额银行存款收支的原始凭证，检查原始凭证是否齐全、记账凭证与原始凭证是否相符、账务处理是否正确、是否记录于恰当的会计期间等项内容。检查是否存在非营业目的的大额货币资金转移，并核对相关账户的进账情况；如有与被审计单位的生产经营无关的收支事项，应查明原因并作相应的记录。

（9）检查银行存款收支的正确截止。选取资产负债表日前后若干天的银行存款收支凭证，实施截止测试，关注业务内容及对应项目。如有跨期收支事项，应考虑是否应提出调整建议。

（10）检查外币银行存款的折算是否符合有关规定，是否与上年度一致。

（11）检查银行存款的列报是否恰当。

复习思考题

1. 对货币资金应建立哪些内部控制制度？
2. 现金监盘的步骤有哪些？
3. 检查银行对账单和银行存款余额调节表时应注意哪些方面？
4. 询证银行存款余额能达到哪些目的？

参考文献与推荐阅读

1. 财政部、证监会、审计署、银监会、保监会：《企业内部控制应用指引第6号——资金活动》，2010。

2. 刘琼、童丽丽：《关注银行存款审计中的几个问题》，载《中国注册会计师》，2004（12）。

3. 赵艳美、王金易：《银行存款审计应关注的几个问题》，载《中国注册会计师》，2004（6）。

4. 陈武朝：《银行存款审计：调节表编平就算完了吗?》，载《财务与会计》，2003（7）。

第 14 章

终结审计工作

主要知识点

根据重要性原则处理错报；项目质量控制复核；期后事项对审计工作的影响；与被审计单位管理层和治理层的沟通要求；管理层声明书的作用和内容

关键概念

项目质量控制复核（Engagement Quality Control Review） 期后事项（Subsequent Events） 治理层（Those Charged with Governance） 管理层声明书（Management Representations）

注册会计师在按业务循环完成财务报表的各项目审计测试后，应该汇总审计测试结果，进行更具综合性的审计工作，如编制审计差异调整表和试算平衡表、获取管理层声明书、执行分析程序、实施质量控制复核、与被审计单位沟通等。在此基础上，确定应出具的审计报告的意见类型和措词，进而编制并致送审计报告，终结审计工作。

14.1 汇总测试结果并评价审计结果

14.1.1 汇总审计差异

审计差异是指在审计中发现的被审计单位的会计处理方法与《企业会计准则》的不一致。审计项目经理应根据审计重要性原则予以初步确定并汇总审计差异，并建议被审计单位进行调整，使经审计的财务报表所载信息能够公允反映被审计单位的财务状况、经营成果和现金流量。对审计差异内容的初步确定并汇总直至形成已审计的财务报表的过程，主要是通过编制审计差异调整表和试算平衡表完成的。

审计差异内容按是否需要调整账户记录可分为核算误差和重分类误差。核算误差是因企业对经济业务进行了不正确的会计核算而引起的误差。用审计重要性原则来衡量每一项核算误差，又可把这些核算误差区分为建议调整的不符事项和不建议调整的不符事项（即未调整不符事项）。建议调整的不符事项包括：①单笔核算误差超过所涉及财务报表项目（或账项）层次重要性水平的误差；②单笔核算误差低于所涉及财务报表项目（或账项）层次重要性水平，但性质重要的误差，比如涉及舞弊与违法行为的核算误差、影响收益趋势的核算误差、股本项目等不期望出现的核算误差；③单笔核算误差低于财务报表项目（或账项）层次重要性水平，并且性质不重要，但当若干笔同类型未调整不符事项汇总数超过财务报表项目（或账项）层次重要性水平时，应从中选取几笔转为建议调整的不符事项，过入调整分录汇总表，使未调整不符事项汇总金额降至重要性水平之下。

重分类误差是因企业未按有关会计制度规定编制财务报表而引起的误差。重分类误差通常发生在应收账款、预收账款、应付账款、预付账款、一年内到期的长期债券投资、一年内到期的长期负债等项目中。例如，在编制报表时没有将一年内到期的长期负债归入“一年内到期的非流动负债”项目，导致报表中长期负债被高估、流动负债被低估。又如，企业在“应付账款”项目中反映的预付账款、在“应收账款”项目中反映的预收账款，在编制报表时没有从科目中转出。

无论是核算误差还是重分类误差，在审计工作底稿中通常都是以会计分录的形式反映的。为便于审计项目负责人综合分析和判断，通常需将建议调整的不符事项、未调整不符事项和重分类误差分别汇总至调整分录汇总表、重分类分录汇总表和未调整不符事项汇总表，其格式见表 14—1、14—2、14—3。

表 14—1 **调整分录汇总表**

客户________ 项目 调整分录汇总表 ________ 会计期间________	签名 日期 编制________ ________ 复核________ ________	索引号______ 页 次______

序号	调整内容及项目	索引号	调整金额		影响利润
			借方	贷方	+（-）

表 14—2 **重分类分录汇总表**

客户________ 项目 重分类分录汇总表 ________ 会计期间________	签名 日期 编制________ ________ 复核________ ________	索引号______ 页 次______

序号	重分类内容及重分类项目	索引号	重分类金额	
			借方	贷方

表14—3　**未调整不符事项汇总表**

客户________		签名　日期		
项目　未调整不符事项汇总表		编制________		索引号______
________		复核________		页　次______
会计期间________				

序号	未调整的内容及说明	索引号	未调整金额		备注
			借方	贷方	

未予调整的影响：

项目	金额	百分比	计划百分比
1. 净利润	______	______	______
2. 净资产	______	______	______
3. 资产总额	______	______	______
4. 主营业务收入	______	______	______

注册会计师确定了建议调整的不符事项和重分类误差后，应以书面形式及时征求被审计单位对需要调整财务报表事项的意见。若被审计单位予以采纳，应取得被审计单位同意调整的书面确认；若被审计单位不予采纳，应分析原因，并根据未调整不符事项的性质和重要程度，确定是否在审计报告中予以反映以及如何反映。

14.1.2　编制试算平衡表

试算平衡表是注册会计师在被审计单位未审计财务报表的基础上，考虑调整分录、重分类分录等内容，以确定已审数与报表披露数的表式。有关资产负债表和利润表的试算平衡表的参考格式分别见表14—4、14—5所示。

需要说明以下两点：

（1）试算平衡表中的“审计前金额”栏，应根据被审计单位提供的未审计财务报表填列。

（2）在编制完成试算平衡表后，应注意核对相应的勾稽关系。如资产负债表试算平衡表左边的“审计前金额”、“审定金额”、“报表反映数”各栏合计数应分别等于其右边相应各栏合计数；资产负债表试算平衡表左边的“调整金额”栏中的借方合计数与贷方合计数之差应等于右边的“调整金额”栏中的借方合计数与贷方合计数之差；资产负债表试算平衡表左边的“重分类调整”栏中的借方合计数与贷方合计数之差应等于右边的“重分类调整”栏中的借方合计数与贷方合计数之差等。

表 14—4 资产负债表试算平衡表

客户______________ 签名 日期 索引号______
项目资产负债表试算平衡表工作底稿 编制________ ________ 页 次______
截止日______________ 复核________

项目	审计前金额	调整金额		审定金额	重分类调整		报表反映数
	借方	借方	贷方	借方	借方	贷方	借方
货币资金							
短期投资							
减：短期投资跌价准备							
应收票据							
应收股利							
应收利息							
应收账款							
其他应收款							
减：坏账准备							
预付账款							
应收补贴款							
存货							
减：存货跌价准备							
待处理流动资产净损失							
一年内到期的长期债权投资							
其他流动资产							
长期股权投资							
长期债权投资							
减：长期投资减值准备							
固定资产原价							
减：累计折旧							
工程物资							
在建工程							
固定资产清理							
待处理固定资产净损失							
无形资产							
开办费							
长期待难费用							
其他长期资产							
递延税款借项							
合 计							

客户________________________
项目资产负债表试算平衡表工作底稿
截止日________________________

签名　　日期
编制________　________
复核________　________

索引号______
页　次______

项目	审计前金额	调整金额		审定金额	重分类调整		报表反映数
	贷方	借方	贷方	贷方	借方	贷方	贷方
短期借款							
应付票据							
应付账款							
预收账款							
代销商品款							
应付职工薪酬							
应付股利							
应交税金							
其他应交款							
一年内到期的非流动负债							
其他流动负债							
内部往来							
长期借款							
应付债券							
长期应付款							
住房周转金							
其他长期负债							
递延税款贷项							
股本							
资本公积							
盈余公积							
其中：公益金							
未分配利润							
合计							

表 14—5 **利润表试算平衡表**

客户______________
项目 利润表试算平衡表工作底稿
____
会计期间______________

签名 日期
编制______ ______
复核______ ______

索引号______
页 次______

项目		审计前金额	调整金额		审定金额
			借方	贷方	
一	营业收入				
	减：折扣与折让				
	营业成本				
	营业税金及附加				
	资产减值损失				
	销售费用				
	管理费用				
	财务费用				
	加：公允价值变动收益				
	投资收益				
	补贴收入				
二	营业利润				
	加：营业外收入				
	减：营业外支出				
三	利润总额				
	减：所得税				
四	净利润				
	加：年初未分配利润				
	盈余公积转入				
五	可供分配的利润				
	减：提取法定盈余公积				
	提取法定公益金				
六	可供股东分配的利润				
	减：应付优先股股利				
	提取任意盈余公积				
	应付普通股股利				
	转作股本的普通股股利				
七	未分配利润				

14.1.3 对财务报表总体合理性实施分析程序

在审计结束或临近结束时，注册会计师运用分析程序是强制要求。此时运用分析程序的目的是确定经审计调整后的财务报表整体是否与其对被审计单位的了解一致。在运用分析程序进行总体复核时，如果识别出以前未识别的重大错报风险，注册会计师应当重新考虑对全部或部分各类交易、账户余额、列报评估的风险是否恰当，并在此基础上重新评价之前计划的审计程序是否充分，是否有必要追加审计程序。

14.1.4 评价审计结果

注册会计师评价审计结果，主要为了确定将要发表的审计意见的类型以及在整个审计工作中是否遵循了审计准则。为此，注册会计师必须完成两项工作：一是对重要性和审计风险进行最终的评价；二是对被审计单位已审计财务报表形成审计意见并草拟审计报告。

1）对重要性和审计风险进行最终的评价

对重要性和审计风险进行最终评价，是注册会计师决定发表何种类型审计意见的必要过程。该过程可通过以下两个步骤来完成：

（1）确定可能错报金额。可能错报金额包括已经识别的具体错报和推断误差。

（2）根据财务报表层次重要性水平，确定可能的错报金额的汇总数（即可能错报总额）对财务报表的影响程度。这里的可能错报总额一般是指各财务报表项目可能的错报金额的汇总数，但也可能包括上一期间的任何未更正可能错报对本期财务报表的影响。上一期间的未更正可能错报与本期未更正可能错报累计起来，可能会导致本期财务报表产生重大错报。因此，注册会计师估计本期的可能错报总和时，应当包括上一期间的未更正可能错报。

注册会计师在审计计划阶段已确定了审计风险的可接受水平。随着可能错报总和的增加，财务报表可能被严重错报的风险也会增加。如果注册会计师认为审计风险处在一个可接受的水平，则可以直接提出审计结果所支持的意见；如果注册会计师认为审计风险不能接受，则应追加测试或者说服被审计单位作必要调整，以便将重要错报的风险降低到一个可接受的水平。否则，注册会计师应慎重考虑该审计风险对审计报告的影响。

2）形成审计意见并草拟审计报告

在完成审计工作阶段，为了对财务报表整体发表适当的意见，必须将审计项目组各成员分散执行的审计结果加以汇总和评价，综合考虑在审计过程中所收集到的全部证据。负责该审计项目的主任会计师对这些工作负有最终的责任。在有些情况下，这些工作可以先由审计项目经理初步完成，然后再逐级交给部门经理和主任会计师认真复核。

在对审计意见形成最后决定之前，会计师事务所通常要与被审计单位召开沟通会。在会议上。注册会计师可口头报告本次审计所发现的问题，并说明建议被审计单位作必要调整或表外披露的理由。当然，管理层也可以在会上申辩其立场。最后，通常会对需要被审计单位作出的改变达成协议。如达成了协议，注册会计师一般即可签发标准审计报告，否则注册会计师可能不得不发表其他类型的审计意见。

14.2 与被审计单位治理层的沟通

与被审计单位沟通，主要是指与被审计单位治理层的沟通。《中国注册会计师审计准则第 1151 号——与治理层的沟通》指出："注册会计师应当就与财务报表审计相关且根据职业判断认为与治理层责任相关的重大事项，以适当的方式及时与治理层沟通。"这里的"治理层"是指对被审计单位战略方向以及管理层履行经营管理责任负有监督责任的人员或组织。

14.2.1 沟通的目的

公司治理层和注册会计师在健全、完善公司治理结构中都扮演着重要的角色。两者在对管理层编制的财务报表进行监督方面具有共同的关注点。治理层和注册会计师对各自从不同层面掌握的情况和信息进行有效的沟通，对于公司治理层对管理层进行有效监督与制衡以及增加注册会计师审计工作的针对性，特别是保护注册会计师独立性不受管理层干扰，有着积极的作用。

注册会计师与治理层沟通的主要目的是：

(1) 就审计范围和时间以及注册会计师、治理层和管理层各方在财务报表审计和沟通中的责任，取得相互了解。

(2) 及时向治理层告知审计中发现的与治理层责任相关的事项。

(3) 共享有助于注册会计师获取审计证据和治理层履行责任的其他信息。

一般说来，注册会计师没有必要（实际上也不可能）就全部沟通事项与治理层整体进行沟通。适当的沟通对象往往是治理层的下设组织和人员，如董事会下设的审计委员会、独立董事、监事会，或者被审计单位特别指定的某位董事或监事等。

14.2.2 沟通的事项

注册会计师应当直接与治理层沟通的事项包括：

1) 注册会计师的责任

注册会计师应当向治理层说明：注册会计师的责任是对管理层在治理层监督下编制的财务报表发表审计意见，对财务报表的审计并不能减轻管理层和治理层的责任。注册会计师还应当使治理层清楚地了解注册会计师负有的与治理层沟通方面的责任。

2) 计划的审计范围和时间

让治理层了解审计的范围和时间安排有利于取得治理层的理解和配合。沟通时，注册会计师应当保持职业谨慎，以防止具体审计程序被治理层事先预见而损害审计工作的有效性。

3）审计工作中发现的问题

这包括：注册会计师对被审计单位会计处理质量的看法；审计工作中遇到的重大困难；尚未更正的重大错报；审计中发现的、根据职业判断认为重大且与治理层履行财务报告监督责任直接相关的其他事项。当治理层并非全部参与管理时，注册会计师还应当与治理层直接沟通下列事项：根据职业判断认为需要提请治理层注意的管理层声明；已与管理层讨论或书面沟通的、审计中发现的重大事项。

4）注册会计师的独立性

如果被审计单位是上市公司，注册会计师应当就独立性与治理层直接沟通下列内容：就审计项目组成员、会计师事务所其他相关人员以及会计师事务所按照法律法规和职业道德规范的规定保持了独立性作出声明；会计师事务所提供审计、非审计服务的收费总额；为消除对独立性的威胁或将其降至可接受的水平，已经采取的防护措施。

14.3 复核审计工作

会计师事务所应当建立完善的审计工作底稿分级复核制度。如前所述，对审计工作底稿的复核可分为两个层次——项目组内部复核和独立的项目质量控制复核。

项目组内部复核又分为两个层次：审计项目经理的现场复核和项目合伙人的复核。审计项目经理对审计工作底稿的复核属于第一级复核。该级复核通常在审计现场完成，以便及时发现和解决问题，争取审计工作的主动。项目合伙人对审计工作底稿实施复核是项目组内部最高级别的复核。该复核既是对审计项目经理复核的再监督，也是对重要审计事项的重点把关。

项目质量控制复核是指在出具报告前，对项目组作出的重大判断和在准备报告时形成的结论作出客观评价的过程。项目质量控制复核也称独立复核，并应在出具报告前完成。对审计工作底稿进行独立复核，有助于对审计工作结果的最后质量控制，有助于确认审计工作是否已达到会计师事务所的工作标准，有助于消除妨碍注册会计师判断的偏见。很多会计师事务所都备有详细的复核工作核对表。表14—6列示除了有关业务执行复核工作的有关复核内容范例，供参考。

表 14—6　**业务执行复核工作核对表**

被审计单位：__________	索引号：__________
项目：__________	财务报表截止日/期间：__________
编制：__________	复核：__________
日期：__________	日期：__________

一、项目负责经理复核

复核事项	是/否/不适用	备注
1. 是否已复核已完成的审计计划以及导致对审计计划作出重大修改的事项？		
2. 是否已复核重要的财务报表项目？		
3. 是否已复核特殊交易或事项，包括债务重组、关联方交易、非货币性交易、或有事项、期后事项、持续经营能力等？		
4. 是否已复核重要会计政策、会计估计的变更？		
5. 是否已复核重大事项概要？		
6. 是否已复核建议调整事项？		
7. 是否已复核管理层声明书，股东大会、董事会相关会议纪要，与客户的沟通记录及重要会谈记录，律师询证函复函？		
8. 是否已复核审计小结？		
9. 是否已复核已审计财务报表和拟出具的审计报告？		
10. 实施上述复核后，是否可以确定下列事项：		
(1) 审计工作底稿提供了充分、适当的记录，作为审计报告的基础。		
(2) 已按照中国注册会计师审计准则的规定执行了审计工作。		
(3) 对重大错报风险的评估及采取的应对措施是恰当的；针对存在特别风险的审计领域，设计并实施了针对性的审计程序，且得出了恰当的审计结论。		
(4) 作出的重大判断恰当、合理。		
(5) 提出的建议调整事项恰当，相关调整分录正确。		
(6) 未更正错报无论是单独还是汇总起来，对财务报表整体均不具有重大影响。		
(7) 已审计财务报表的编制符合《企业会计准则》的规定，在所有重大方面公允反映了被审计单位的财务状况、经营成果和现金流量。		
(8) 拟出具的审计报告措辞恰当，已按照中国注册会计师审计准则的规定发表了恰当的审计意见。		

签字：__________　日期：__________

二、项目负责合伙人复核

复核事项	是/否/不适用	备注
1. 是否已复核已完成的审计计划以及导致对审计计划作出重大修改的事项？ 2. 是否已复核重大事项概要？ 3. 是否已复核存在特别风险的审计领域以及项目组采取的应对措施？ 4. 是否已复核项目组作出的重大判断？ 5. 是否已复核建议调整事项？ 6. 是否已复核管理层声明书，股东大会、董事会相关会议纪要，与客户的沟通记录及重要会谈记录，律师询证函复函？ 7. 是否已复核审计小结？ 8. 是否已复核已审计财务报表和拟出具的审计报告？ 9. 实施上述复核后，是否可以确定： （1）对项目负责经理实施的复核结果满意。 （2）对重大错报风险的评估及采取的应对措施是恰当的；针对存在特别风险的审计领域，设计并实施了针对性的审计程序，且得出了恰当的审计结论。 （3）项目组作出的重大判断恰当、合理。 （4）提出的建议调整事项恰当、合理，未更正错报无论是单独还是汇总起来，对财务报表整体均不具有重大影响。 （5）已审计财务报表的编制符合《企业会计准则》的规定，在所有重大方面公允反映了被审计单位的财务状况、经营成果和现金流量。 （6）拟出具的审计报告措辞恰当，已按照中国注册会计师审计准则的规定发表了恰当的审计意见。		

签字：____________ 日期：____________

三、项目质量控制复核

复核事项 （由独立的项目质量控制复核人员进行复核。项目质量控制复核适用于上市公司财务报表审计或会计师事务所规定的其他类型审计业务。）	是/否/不适用	备注
1. 项目质量控制复核之前进行的复核是否均已得到满意的执行？ 2. 是否已复核项目组针对本业务对本所独立性作出的评价，并认为该评价是恰当的？ 3. 是否已复核项目组在审计过程中识别的特别风险以及采取的应对措施，包括项目组对舞弊风险的评估及采取的应对措施，认为项目组作出的判断和应对措施是恰当的？ 4. 是否已复核项目组作出的判断，包括关于重要性和特别风险的判断，认为这些判断恰当、合理？		

续表

复核事项 （由独立的项目质量控制复核人员进行复核。项目质量控制复核适用于上市公司财务报表审计或会计师事务所规定的其他类型审计业务。）	是/否/不适用	备注
5. 是否确定项目组已就存在的意见分歧、其他疑难问题或争议事项进行适当咨询，且咨询得出的结论是恰当的？		
6. 是否已复核项目组与管理层和治理层沟通的记录以及拟与其沟通的事项，对沟通情况表示满意？		
7. 是否认为所复核的审计工作底稿反映了项目组针对重大判断执行的工作，能够支持得出的结论？		
8. 是否已复核已审计财务报表和拟出具的审计报告，认为已审计财务报表符合《企业会计准则》的规定，拟出具的审计报告已按照中国注册会计师审计准则的规定发表了恰当的审计意见？		

签字：__________________ 日期：__________________

14.4 期后事项

14.4.1 期后事项的含义

期后事项，是指资产负债表日至审计报告日之间发生的事项以及审计报告日后发现的事实。

为了确定期后事项对被审计单位财务报表公允性的影响，有两类期后事项需要被审计单位管理层考虑，并需要注册会计师审计：一是资产负债表日后调整事项，即对资产负债表日已经存在的情况提供了新的或进一步证据的事项。这类事项影响财务报表金额，需提请被审计单位管理层调整财务报表及与之相关的披露信息。二是资产负债表日后非调整事项，即表明资产负债表日后发生的情况的事项。这类事项虽不影响财务报表金额，但可能影响对财务报表的正确理解，需提请被审计单位管理层在财务报表的附注中作适当披露。

资产负债表日后调整事项的例子有：①资产负债表日后诉讼案件结案，法院判决证实了企业在资产负债表日已经存在现时义务，需要调整原先确认的与该诉讼案件相关的预计负债，或确认一项新负债。②资产负债表日后取得确凿证据，表明某项资产在资产负债表日发生了减值或者需要调整该项资产原先确认的减值金额。③资产负债表日后进一步确定了资产负债表日前购入资产的成本或售出资产的收入。④资产负债表日后发现了财务报表舞弊或差错。

资产负债表日后非调整事项的例子有：①资产负债表日后发生重大诉讼、仲裁、承诺。②资产负债表日后资产价格、税收政策、外汇汇率发生重大变化。③资产负债表日后因自然灾害导致资产发生重大损失。④资产负债表日后发行股票和债券以及其他巨额举债。⑤资产负债表日后资本公积转增资本。⑥资产负债表日后发生巨额亏损。⑦资产负债表日后发生企业合并或处置子公司。⑧资产负债表日后企业利润分配方案中拟分配的以及经审议批准宣告发放的股利或利润。

理解期后事项首先必须辨析四个日期：资产负债表日、财务报表批准日、财务报表报出日及审计报告日。资产负债表日，是指财务报表涵盖的最近期间的截止日期；财务报表批准日，是指被审计单位董事会或类似机构批准财务报表报出的日期；财务报表报出日，是指被审计单位对外披露已审计财务报表的日期。依据有关规定，审计报告的日期不应早于注册会计师获取充分、适当的审计证据（包括管理层认可对财务报表的责任且已批准财务报表的证据）并在此基础上形成对财务报表审计意见的日期。因此，审计报告日通常与财务报表批准日是相同的日期。

期后事项可以按时段划分为三段：第一个时段是资产负债表日后至审计报告日。我们可以把在这一期间发生的事项称为“第一时段期后事项”。第二个时段是审计报告日后至财务报表报出日。我们可以把这一期间发现的事实称为“第二时段期后事项”。第三个时段是财务报表报出日后。我们可以把这一期间发现的事实称为“第三时段期后事项”。图 14—1 是期后事项的分段示意图。

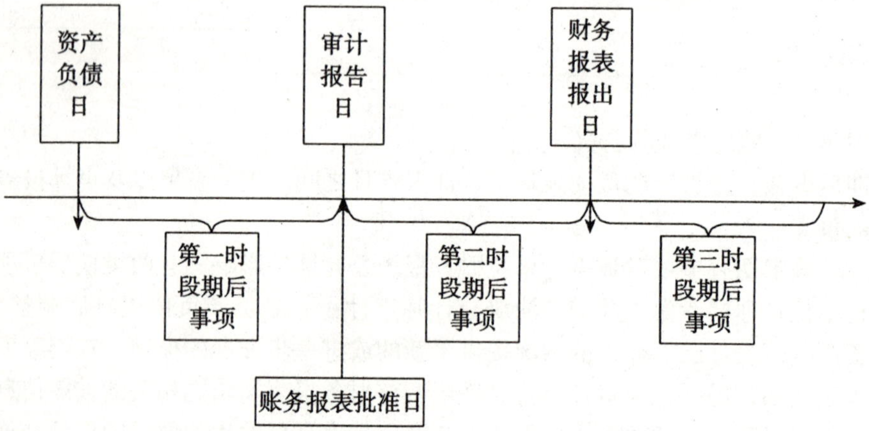

图 14—1　期后事项的分段示意图

14.4.2　第一时段期后事项：资产负债表日后至审计报告日期间的事项

1）主动识别第一时段期后事项

注册会计师应当实施必要的审计程序，获取充分、适当的审计证据，以确定截至审计报告日发生的、需要在财务报表中调整或披露的事项是否均已得到识别。资产负债表日至审计报告日之间发生的期后事项属于第一时段期后事项。对于这一时段的期后事项，注册会计师负有主动识别的义务，应当设计专门的审计程序来识别这些期后事项，并根据这些事项的性质判断其对财务报表的影响，从而进一步确定是否进行调整或披露。

2）用以识别期后事项的审计程序

注册会计师应当尽量在接近审计报告日时，实施旨在识别需要在财务报表中调整或披露的事项的审计程序。通常，针对期后事项的专门审计程序，其实施时间越接近审计报告日越好。越接近审计报告日，也就意味着离资产负债表日越远，被审计单位在这段时间内累积的对资产负债表日已经存在的情况提供的进一步证据也就越多；越接近审计报告日，注册会计师遗漏期后事项的可能性也就越低。用以识别第一时段期后事项的审计程序通常有：复核被审计单位管理层建立的用于确保识别期后事项的程序；查阅股东会、董事会及其专门委员会在资产负债表日后举行的会议的纪要，并在不能获取会议纪要时询问会议讨论的事项；查阅最近的中期财务报表；在必要的时候还应当查阅预算、现金流量预测及其他相关管理报告；向被审计单位律师或法律顾问询问有关诉讼和索赔事项；向管理层询问是否发生可能影响财务报表的期后事项。

3）询问管理层事项

向管理层询问可能影响财务报表的期后事项时，注册会计师询问的内容主要包括：根据初步或尚无定论的数据作出会计处理的项目的现状；是否发生新的担保、借款或承诺；是否出售或购进资产，或者计划出售或购进资产；是否已发行或计划发行新的股票或债券；是否已签订或计划签订合并或清算协议；资产是否被政府征用或因不可抗力而遭受损失；在风险领域和或有事项方面是否有新进展；是否已作出或考虑作出异常的会计调整；是否已发生或可能发生影响会计政策适当性的事项。

4）与其他注册会计师的协调

如果被审计单位的分支机构、子公司等组成部分的财务信息由其他注册会计师审计，注册会计师应当考虑其他注册会计师对资产负债表日后事项所实施的审计程序。例如，其他注册会计师是否实施了专门针对期后事项的审计程序，实施专门审计程序的时间是否接近审计报告日。注册会计师应当考虑是否需要向其他注册会计师告知计划的审计报告日。告知其他注册会计师计划的审计报告日，有助于其他注册会计师计划所负责的分支机构、子公司等组成部分的期后事项实施审计程序的时间，从而更好地降低审计风险。

5）知悉对财务报表有重大影响的期后事项时的考虑

针对知悉的对财务报表有重大影响的期后事项应当采取以下措施：针对对财务报表有重大影响的期后事项，注册会计师应当考虑这些事项在财务报表中是否得到了恰当的会计处理或予以充分披露；如果所知悉的期后事项属于调整事项，注册会计师应当考虑被审计单位是否已对财务报表作出了适当的调整；如果所知悉的期后事项属于非调整事项，注册会计师应当考虑被审计单位是否在财务报表附注中对其进行了充分披露。

14.4.3　第二时段期后事项：审计报告日后至财务报表报出日期间的事项

1）被动识别第二时段期后事项

在审计报告日后，注册会计师没有责任针对财务报表实施审计程序或进行专门查询。审计报告日后至财务报表报出日前发现的事实属于“第二时段期后事项”。此时，注册会计师针对被审计单位的审计业务已经结束，要识别可能存在的期后事项比较困难，因而无法承担主动识别第二时段期后事项的审计责任。然而，在这一阶段，被审计单位的财务报表并未报出，管理层有责任将发现的可能影响财务报表的事实告知注册会计师。当然，注册会计师还可能从媒体报道、举报信或者证券监管部门告知等途径获悉影响财务报表的期后事项。

2）知悉第二时段期后事项时的考虑

在审计报告日后至财务报表报出日前，如果知悉可能对财务报表产生重大影响的事实，注册会计师应当与管理层讨论并考虑是否需要修改财务报表，同时根据具体情况采取适当措施。如果注册会计师认为期后事项的影响足够重大，确定需要修改财务报表，也需要视管理层是否同意修改或审计报告是否已经提交等具体情况采取适当措施。

3）管理层修改了财务报表时的处理

如果管理层修改了财务报表，注册会计师应当根据具体情况实施必要的审计程序。此时，注册会计师需要获取充分、适当的审计证据，以验证管理层根据期后事项所作出的财务报表调整或披露是否符合《企业会计准则》和相关会计制度的规定。由于管理层修改了财务报表，注册会计师除了根据具体情况实施必要的审计程序外，还要针对修改后的财务报表出具新的审计报告和索取新的管理层声明书。新的审计报告日期不应早于董事会或类似机构批准修改后的财务报表的日期。此外，由于审计报告日的变化，注册会计师还应当将用以识别期后事项的审计程序延伸至新的审计报告日，以避免重大遗漏。

4）管理层不修改财务报表时的处理

管理层不修改财务报表时的处理可以分为两种情况：管理层不修改财务报表且审计报告未提交，以及管理层不修改财务报表且审计报告已提交。当注册会计师认为应当修改财务报表而管理层没有修改时，如果审计报告尚未提交给被审计单位，则注册会计师应出具保留意见或否定意见的审计报告；当注册会计师认为应当修改财务报表而管理层没有修改且审计报告已提交时，注册会计师应当通知治理层不要将财务报表和审计报告向第三方报出；如果财务报表仍被报出，注册会计师应当采取措施防止财务报表使用者信赖该审计报告。如果是上市公司，注册会计师可以利用有关传媒刊登必要的声明，防止使用者信赖审计报告。注册会计师采取相应措施时，应充分考虑自身的权利和义务，并征询法律专家的意见。

14.4.4 第三时段期后事项：财务报表报出后发现的事实

财务报表报出日后发现的事实属于第三时段期后事项，注册会计师没有义务针对财务报表作出查询，但这并不排除注册会计师通过媒体等其他途径获悉可能对财务报表产生重大影响的期后事项的可能性。

1）知悉第三时段期后事项时的考虑

在财务报表报出后，如果知悉在审计报告日已存在的、可能导致修改审计报告的事实，注册会计师应当考虑是否需要修改财务报表，并与管理层进行讨论。同时，注册会计师还需要根据管理层是否修改财务报表、是否采取必要措施确保所有收到原财务报表和审计报告的人士了解这一情况、是否临近公布下一期财务报表等具体情况采取适当措施。应当强调的是，需要注册会计师在知悉后采取行动的第三时段期后事项是有严格限制的。首先，这类期后事项应当是在审计报告日已经存在的事实；其次，如果被注册会计师在审计报告日前获知该事实，可能影响审计报告。只有同时满足这两个条件，注册会计师才需要采取行动。

2）管理层修改财务报表时的处理

在修改了财务报表的情况下，管理层应当采取恰当的措施，让所有收到原财务报表和审计报告的人士了解这一情况。例如，上市公司管理层刊登公告的媒体必须是中国证券监督管理委员会指定的媒体。若仅刊登在其注册地的媒体，则异地的使用者可能无法了解这一情况。如果管理层修改了财务报表，注册会计师应当首先实施必要的审计程序，如查阅法院判决文件、复核会计处理或披露事项、确定管理层对财务报表的修改是否恰当以及复核管理层采取的措施能否确保所有收到原财务报表和审计报告的人士了解这一情况。

3）针对修改后的财务报表出具了新的审计报告

如果针对修改后的财务报表出具了新的审计报告，新审计报告应当增加强调事项段，提请财务报表使用者注意财务报表附注中对修改原财务报表原因的详细说明。新的审计报告日期不应早于董事会或类似机构批准修改后的财务报表的日期。相应地，注册会计师应当将用以识别期后事项的审计程序延伸至新的审计报告日，以避免重大遗漏。

4）管理层未采取任何行动时的处理

针对期后事项，如果管理层未采取任何行动，注册会计师应当采取措施防止财务报表使用者信赖该审计报告，并将拟采取的措施通知治理层。通常针对上市公司客户，注册会计师可以考虑在中国证券监督管理委员会指定的媒体上刊登公告，指出审计报告日已存在的、对已公布的财务报表存在重大影响的事项及其影响。注册会计师决定采取的具体措施取决于自身的权利和义务以及所征询的法律意见。

如果在临近公布下一期财务报表的时候知悉第三时段期后事项时，注册会计师应当根据法律法规的规定确定是否仍有必要提请被审计单位修改财务报表，并出具新的审计报告。依据《公开发行证券的公司信息披露编报规则第 19 号——财务信息的更正及相关披露》的规定，公司已公开披露的定期报告存在差错，经董事会决定更正的，应当以重大事项临时报告的方式及时披露更正后的公司财务信息；对以前年度已经公布的年度财务报告进行更正，需要聘请具有执行证券、期货相关业务资格的会计师事务所对更正后的年度报告进行审计。因此，如果注册会计师知悉在审计报告日已存在的、对审计报告有影响的第三时段期后事项，尽管已经临近公布下一期财务报表，注册会计师仍应按中国证券监督管理委员会的规定，提请管理层修改财务报表。

14.5 取得管理层声明书

被审计单位管理层声明书是被审计单位管理层在审计期间向注册会计师提供的各种重要口头声明的书面陈述，通常由管理层中对被审计单位及其财务负主要责任的人员签署后送注册会计师本人。管理层声明书所注明的日期通常应为审计报告日，以保证在签署审计报告时，与已获取管理层声明相关的事项没有发生变化，不会引致对财务报表的调整。

14.5.1 管理层声明书的作用

被审计单位管理层声明书是列示管理层所作声明的书面文件，是重要的审计证据。注册会计师在出具审计报告前，应向被审计单位管理层索取声明书，以进一步明确管理层责任，避免双方产生误解。管理层声明书主要有以下作用：

1）明确管理层对财务报表的责任，保护注册会计师

在被审计单位治理层的监督下，按照适用的会计准则和相关会计制度的规定编制财务报表是被审计单位管理层的责任。在形成声明的过程中，注册会计师应当与管理层就与财务报表审计相关的重大事项不断地进行沟通。管理层在声明上签名并盖章，表明其已对声明中所列示的重大事项进行考虑，并予以确认。这有助于管理层履行自身责任，提高注册会计师与管理层沟通的透明度，为双方所做的沟通提供证据，从而可以减少潜在的纠纷，起到保护注册会计师的作用。

2）提供审计证据，保证审计工作的顺利开展

在某些情况下，管理层声明是注册会计师通过实施其他审计程序获得审计证据的补充，尤其是针对完整性的认定。如果合理预期不存在其他充分、适当的审计证据，管理层声明还可以作为重要的审计证据，保证审计工作的顺利开展。

管理层声明书属于非独立来源的书面说明，不能将其视为十分可靠的证据，因此，注册会计师不应以管理层声明书替代能够合理预期获取的其他审计证据。当管理层声明的事项对财务报表具有重大影响时，注册会计师应当实施下列审计程序：①从被审计单位内部或外部获取佐证证据。②评价管理层声明是否合理，并与获取的其他审计证据一致。③考虑作出声明的人员是否熟知所声明的事项。

14.5.2 管理层声明书的格式和内容

被审计单位管理层声明书一般应包括：标题、收件人、声明内容、签署人、签署日期。被审计单位管理层声明书的日期通常与审计报告日一致，但在某些情况下，被审计单位管理层可能会在被审计过程中或审计报告日后就某些交易或事项出具单独的声明书。此时，声明书的日期可以是注册会计师获取该声明书的日期。

管理层声明一般包括以下三方面的内容：关于财务报表的声明；关于信息的完整性的声明；关于确认、计量和列报的声明。

下面列示了一种常见的被审计单位管理层声明书范例，供参考。

管理层声明书

××会计师事务所并××注册会计师：

本公司已委托贵事务所对本公司 20×7 年 12 月 31 日的资产负债表、20×7 年度的利润表、股东权益变动表和现金流量表以及财务报表附注进行审计，并出具审计报告。

为配合贵事务所的审计工作，本公司作出如下声明：

关于财务报表

1. 本公司承诺，按照《企业会计准则》和《××会计制度》的规定编制财务报表是我们的责任。

2. 本公司已按照《企业会计准则》和《××会计制度》的规定编制 20×7 年度财务报表。财务报表的编制基础与上年度保持一致。本公司管理层对上述财务报表的真实性、合法性和完整性承担责任。

3. 设计、实施和维护内部控制，保证本公司资产安全和完整，防止或发现并纠正错报，是本公司管理层的责任。

4. 本公司承诺财务报表不存在重大错报。贵事务所在审计过程中发现的未更正错报，无论是单独还是汇总起来，对财务报表整体均不具有重大影响。未更正错报汇总（见附件）附后。

本公司就已知的全部事项，作出如下声明：

关于信息的完整性

5. 本公司已向贵事务所提供了：

(1) 全部财务信息和其他数据；

(2) 全部重要的决议、合同、章程、纳税申报表等相关资料；

(3) 全部股东会和董事会的会议记录。

关于确认、计量和列报

6. 本公司所有经济业务均已按规定入账，不存在账外资产或未计负债。

7. 本公司认为所有与公允价值计量相关的重大假设是合理的，恰当地反映了本公司的意图和采取特定措施的能力；用于确定公允价值的计量方法符合《企业会计准则》的规定，并在使用上保持了一贯性；本公司已在财务报表中对上述事项作出了恰当披露。

8. 本公司不存在导致重述比较数据的任何事项。

9. 本公司已提供所有与关联方和关联方交易相关的资料，并已根据《企业会计准则》和《××企业会计制度》的规定恰当披露了所有重大关联方交易。

10. 本公司已提供全部或有事项的相关资料。除财务报表附注中披露的或有事项外，本公司不存在其他应披露而未披露的诉讼、赔偿、背书、承兑、担保等或有事项。

11. 除财务报表附注披露的承诺事项外，本公司不存在其他应披露而未披露的承诺事项。

12. 本公司不存在未披露的、影响财务报表公允性的重大不确定事项。

13. 本公司已采取必要措施防止或发现舞弊及其他违反法规的行为，不存在对财务报表产生重大影响的舞弊和其他违反法规的行为。

14. 本公司严格遵守了合同规定的条款，不存在因未履行合同而对财务报表产生重大影响的事项。

15. 本公司对所有资产均拥有合法权利。除已披露的事项外，无其他被抵押、质押的资产。

16. 本公司编制财务报表所依据的持续经营假设是合理的，没有计划终止经营或破产清算。

17. 本公司已提供全部资产负债表日后事项的相关资料。除财务报表附注中披露的资产负债表日后事项外，本公司不存在其他应披露而未披露的重大资产负债表日后事项。

18. 本公司管理层确信：

（1）未收到监管机构有关调整或修改财务报表的通知；

（2）无税务纠纷。

19. 其他事项。

注册会计师认为重要而需声明的事项，或者管理层认为必要而声明的事项。如：

（1）本公司在银行存款或现金运用方面未受到任何限制。

（2）本公司对存货均已按照《企业会计准则》的规定予以确认和计量；受托代销商品或不属于本公司的存货均未包括在会计记录内；在途物资或由代理商保管的货物均已确认为本公司存货。

（3）本公司不存在未披露的大股东及关联方资金占用和担保事项。

××有限责任公司
法定代表人（签名并盖章）
财务负责人（签名并盖章）
二〇×八年×月×日

14.5.3 管理层拒绝提供声明时的措施

如果管理层拒绝提供注册会计师认为必要的声明，注册会计师应当将其视为审计范围受到限制，出具保留意见或无法表示意见的审计报告。同时，在这种情况下，注册会计师应当评价在审计过程中获取的管理层其他声明的可靠性，并考虑管理层拒绝提供声明是否可能对审计报告产生其他影响。

例如，如果被审计单位房地产的用途发生改变，将自用房地产转换为投资性房地产并采用公允价值模式计量，停止对其计提折旧，注册会计师应就转换用途的目的或意图向管理层实施询问程序，并对询问结果获取管理层认可，取得书面声明。

如果管理层拒绝就此提供声明，而停止计提折旧这一事项对本期财务报表的损益影响重大，则注册会计师应将其视为审计范围受到限制，根据具体情况考虑出具保留意见或无法表示意见的审计报告。

复习思考题

1. 审计差异内容按是否需要调整账户记录可分为哪两类？建议调整的不符事项通常包括哪些内容？

2. 注册会计师应当与治理层沟通的事项有哪些？

3. 请解释审计工作底稿的分级复核制度。

4. 什么是期后事项？期后事项分为哪几种类型？注册会计师分别应实施怎样的审计程序？

5. 管理层声明书的作用有哪些？管理层拒绝提供声明时如何处理？

参考文献与推荐阅读

1. 中国注册会计师协会：《审计》，北京，经济科学出版社，2008。

2. 李文祥：《期后事项在会计、审计和税务中的处理》，载《中国注册会计师》，2004（12）。

第15章

审计报告

主要知识点

审计报告的种类、内容及格式；出具不同类型审计报告所要求的特定条件；重要性与审计意见类型的关系

关键概念

审计报告（Audit Report） 无保留意见（Unqualified Opinion） 保留意见（Qualified Opinion） 否定意见（Adverse Opinion） 无法表示意见（Disclaimer of Opinion） 强调事项（Emphasis of Matter） 解释段（Explanatory Paragraph） 公允反映（Present Fairly） 在所有重大方面（In All Material Respects） 持续经营（Continue as a Going Concern） 重大错报（Material Misstatement） 广泛（Pervasive）

15.1 审计报告概述

15.1.1 审计报告的含义

审计报告是指注册会计师根据审计准则的规定，在执行审计工作的基础上，对财务报表发表审计意见的书面文件。审计报告是注册会计师在完成审计工作后向委托人提交的最终产品。注册会计师只有在实施审计工作的基础上才能出具审计报告。注册会计师通过对财务报表发表意见，从而履行业务约定书约定的责任。

审计报告是注册会计师对财务报表合法性和公允性发表审计意见的书面文件，因此，注册会计师应当将已审计的财务报表附于审计报告之后，以便于财务报表使用者正确理解和使用审计报告，并防止被审计单位替换、更改已审计的财务报表。

15.1.2 审计报告的分类

审计报告可按不同标准进行分类。

1）按审计报告性质，可分为标准审计报告和非标准审计报告

标准审计报告，是指不含有说明段、强调事项段、其他事项段或其他任何修饰性用语的无保留意见的审计报告。包含其他报告责任段但不含有强调事项段或其他事项段的无保留意见的审计报告也被视为标准审计报告。非标准审计报告，是指带强调事项段或其他事项段的无保留意见的审计报告和非无保留意见的审计报告。

2）按审计报告的使用目的，可分为公布目的的审计报告和非公布目的的审计报告

公布目的的审计报告，一般用于对企业股东、投资者、债权人等非特定利益关系者公布的附送财务报表的审计报告。非公布目的的审计报告，一般用于经营管理、融通资金等特定目的而实施审计的审计报告。这类审计报告是分发给特定使用者的。

3）按审计报告的详略程度，可分为简式审计报告和详式审计报告

简式审计报告是注册会计师对应公布的财务报表进行审计后编制的简明扼要的审计报告。简式审计报告所反映的内容是非特定多数的利害关系人共同认为必要的审计事项。它具有记载事项为法令或准则所规定的特征，具有标准格式。因而，简式审计报告一般适用于公布目的，具有标准审计报告的特点。

详式审计报告是指对审计对象的所有重要的经济业务和情况都要做详细说明和分析的审计报告。详式审计报告主要用于指出企业经营管理存在的问题和帮助企业改善经营管理。详式审计报告一般适用于非公布目的，具有非标准审计报告的特点。

15.2 对财务报表形成审计意见时的要求

注册会计师应当就财务报表是否在所有重大方面按照适用的财务报告编制基础编制并实现公允反映形成审计意见。为此，注册会计师应当对财务报表整体是否不存在由于舞弊或错误导致的重大错报得出结论，确定是否已就此获取合理保证。在这一过程中，注册会计师首先应当考虑：是否已获取充分、适当的审计证据；未更正错报单独或累计起来是否构成重大错报。

在此基础上，注册会计师应当评价财务报表是否在所有重大方面按照适用的财务报告编制基础编制，依据适用的财务报告编制基础评价下列内容：①财务报表是否充分披露了选择和运用的重要会计政策；②选择和运用的会计政策是否符合适用的财务报告编制基础，并适合于被审计单位的具体情况；③管理层作出的会计估计是否合理；④财务报表列报的信息是否具有相关性、可靠性、可比性和可理解性；⑤财务报表是否作出充分披露，使财务报表预期使用者能够理解重大交易和事项对财务报表所传递的信息的影响；⑥财务报表使用的术语（包括每一财务报表的标题）是否适当。

上述评价还应当包括财务报表是否实现公允反映，注册会计师应当考虑：①财务报表的整体列报、结构和内容是否合理；②财务报表（包括相关附注）是否公允地反映了相关交易和事项。

最后，注册会计师应当评价财务报表是否恰当提及或说明适用的财务报告编制基础。

15.3 标准审计报告

15.3.1 出具标准审计报告的条件

标准审计报告，首先应当是无保留意见，然后不含有说明段、强调事项段、其他事项段或其他任何修饰性用语。经过评价，如果认为财务报表在所有重大方面按照适用的财务报告编制基础编制并实现公允反映，注册会计师应当发表无保留意见。

15.3.2 标准审计报告的要素

1）标题

审计报告的标题应当统一规范为“审计报告”。

2）收件人

审计报告应当按照审计业务约定的要求载明收件人。注册会计师应当与委托人在业务约定书中约定致送审计报告的对象，以防止在此问题上发生分歧或审计报告被委托人滥用。针对整套通用目的财务报表出具的审计报告，审计报告的致送对象通常为被审计单位的全体股东。

3）引言段

审计报告的引言段应当说明被审计单位的名称和财务报表已经过审计，并包括下列内容：指出构成整套财务报表的每张财务报表的名称；提及财务报表附注；指明财务报表的日期和涵盖的期间。

审计报告的引言段应当包括下列内容：①指出被审计单位的名称；②说明财务报表已经审计；③指出构成整套财务报表的每一财务报表的名称；④提及财务报表附注，包括重要会计政策概要和其他解释性信息；⑤指明构成整套财务报表的每一财务报表的日期或涵盖的期间。

4）管理层对财务报表的责任段

审计报告应当包含标题为“管理层对财务报表的责任”的段落，用以描述被审计单位中负责编制财务报表的人员的责任。管理层对财务报表的责任段应当说明，编制财务报表是管理层的责任。这种责任包括：①按照适用的财务报告编制基础编制财务报表，并使其实现公允反映；②设计、执行和维护必要的内部控制，以使财务报表不存在由于舞弊或错误导致的重大错报。

在审计报告中指明管理层的责任，有利于区分管理层和注册会计师的责任，降低财务报表使用者误解注册会计师责任的可能性。

5）注册会计师的责任段

审计报告应当包含标题为“注册会计师的责任”的段落，用以说明下列内容：

(1) 注册会计师的责任是在执行审计工作的基础上对财务报表发表审计意见。注册会计师按照中国注册会计师审计准则的规定执行了审计工作。中国注册会计师审计准则要求注册会计师遵守中国注册会计师职业道德守则，计划和执行审计工作以对财务报表是否不存在重大错报获取合理保证。

（2）审计工作涉及实施审计程序，以获取有关财务报表金额和披露的审计证据。选择的审计程序取决于注册会计师的判断，包括对由于舞弊或错误导致的财务报表重大错报风险的评估。在进行风险评估时，注册会计师考虑与财务报表编制和公允列报相关的内部控制，以设计恰当的审计程序，但目的并非对内部控制的有效性发表意见。审计工作还包括评价管理层选用会计政策的恰当性和作出会计估计的合理性，以及评价财务报表的总体列报。

（3）注册会计师相信获取的审计证据是充分、适当的，为其发表审计意见提供了基础。

如果结合财务报表审计对内部控制的有效性发表意见，注册会计师应当删除上述第（2）项中“但目的并非对内部控制的有效性发表意见”的措辞。

理解注册会计师的责任段内容时，应当注意以下两点：①第一段内容阐明了注册会计师的主要责任。其中，合理保证是指注册会计师通过不断修正的、系统的执业过程，获取充分、适当的审计证据，对财务报表整体发表审计意见，提供的是一种高水平但非百分之百的保证。②第二段内容阐明注册会计师执行审计工作的主要过程，包括运用职业判断实施风险评估程序、控制测试以及实质性程序。这向财务报表使用者说明，注册会计师的审计是建立在风险导向审计基础上的。在进行风险评估时，注册会计师考虑与财务报表编制相关的内部控制，但目的并非对内部控制的有效性发表意见。因此，审计报告对内部控制不提供任何保证。

6）审计意见段

审计报告应当包含标题为“审计意见”的段落。财务报表审计的目标是注册会计师通过执行审计工作，对财务报表“是否在所有重大方面按照适用的财务报告编制基础（如企业会计准则等）编制，公允反映了被审计单位的财务状况、经营成果和现金流量”发表审计意见。因此，当注册会计师完成审计工作，获取了充分、适当的审计证据时，应当就上述内容在审计意见段对财务报表发表审计意见。

如果在审计意见中提及的适用的财务报告编制基础不是企业会计准则，而是国际财务报告准则、国际公共部门会计准则或者其他国家或地区的财务报告准则，注册会计师应当在审计意见段中指明国际财务报告准则、国际公共部门会计准则或者财务报告准则所属的国家或地区。

7）注册会计师的签名和盖章

注册会计师在审计报告上签名并盖章，有利于明确法律责任。《财政部关于注册会计师在审计报告上签名盖章有关问题的通知》（财会［2001］1035 号）明确规定：审计报告应当由两名具备相关业务资格的注册会计师签名盖章并经会计师事务所盖章方为有效。需要注意的是：合伙会计师事务所出具的审计报告，应当由一名对审计项目负最终复核责任的合伙人和一名负责该项目的注册会计师签名盖章；有限责任会计师事务所出具的审计报告，应当由会计师事务所主任会计师或其授权的副主任会计师和一名负责该项目的注册会计师签名盖章。

8）会计师事务所的名称、地址及盖章

根据《中华人民共和国注册会计师法》的规定，注册会计师承办业务，由其所在的会计师事务所统一受理并与委托人签订委托合同。因此，审计报告应当载明会计师事务所的名称和地址，并加盖会计师事务所公章。

9）报告日期

审计报告应当注明报告日期。审计报告的日期不应早于注册会计师获取充分、适当的审计证据，并在此基础上对财务报表形成审计意见的日期。在确定审计报告日期时，注册会计师应当确信已获取下列两方面的审计证据：①构成整套财务报表的所有报表（包括相关附注）已编制完成；②被审计单位的董事会、管理层（或类似机构）已经认可其对财务报表负责。

审计报告的日期非常重要。注册会计师对不同时段的资产负债表日后事项有不同的责任，而审计报告的日期是划分时段的关键时点。在实务中，注册会计师在正式签署审计报告前，通常把审计报告草稿和已审计财务报表草稿一同提交给管理层。如果管理层批准并签署已审计财务报表，注册会计师即可签署审计报告。注册会计师签署审计报告的日期通常与管理层签署已审计财务报表的日期为同一天，或晚于管理层签署已审计财务报表的日期。在审计报告日期晚于管理层签署已审计财务报表日期时，注册会计师应当获取自管理层声明书日到审计报告日期之间的进一步审计证据，如补充的管理层声明书。

10）审计报告中可能包含的额外要素

（1）其他报告责任。

除审计准则规定的注册会计师对财务报表出具审计报告的责任外，相关法律法规可能对注册会计师设定了其他报告责任。如果注册会计师在对财务报表出具的审计报告中履行其他报告责任，那么他应当在审计报告中将其单独作为一部分，并以“按照相关法律法规的要求报告的事项”为标题。此时，审计报告应当区分为“对财务报表出具的审计报告”和“按照相关法律法规的要求报告的事项”两部分。前述9项内容置于“对财务报表出具的审计报告”标题下；“按照相关法律法规的要求报告的事项”属于第二部分，置于“对财务报表出具的审计报告”部分之后。

（2）同时提及两套审计准则。

注册会计师在按照中国注册会计师审计准则执行审计工作时，还可能同时被要求按照其他国家或地区审计准则执行审计工作。在这种情况下，审计报告除了提及中国注册会计师审计准则外，还可能同时提及其他国家或地区审计准则。然而，只有在同时符合下列条件时，注册会计师才应当同时提及：

①其他国家或地区审计准则与中国注册会计师审计准则不存在冲突，即不会导致注册会计师形成不同的审计意见，也不会导致在中国注册会计师审计准则要求增加强调事项段的情况下而其他国家或地区的审计准则不要求增加强调事项段。

②如果使用其他国家或地区审计准则规定的结构和措词，审计报告至少应当包括前述的9项要素，并且指明其他国家或地区审计准则。

如果审计报告同时提及中国注册会计师审计准则和其他国家或地区审计准则，审计报告应当指明审计准则所属的国家或地区。如果不满足上述两个条件，那么注册会计师声称同时遵守了中国注册会计师审计准则和其他国家或地区审计准则是不恰当的。

（3）与财务报表一同披露的补充信息。

如果被审计单位将适用的财务报告编制基础没有要求的补充信息与已审计财务报表一同列报，注册会计师应当评价被审计单位是否清楚地将这些补充信息与已审计财务报表予以区分。如果被审计单位未能清楚地将补充信息与已审计财务报表予以区分，注册会计师应当要求管理层改变未审计补充信息的列报方式。如果管理层拒绝改变，注册会计师应当在审计报告中说明补充信息未审计。

对于适用的财务报告编制基础没有要求的补充信息，如果由于其性质和列报方式导致不能使其清楚地与已审计财务报表予以区分，从而构成财务报表必要的组成部分，那么，这些补充信息应当涵盖在审计意见中。例如，财务报表附注中可能提供了该报表与另一财务报告编制基础的符合程度的解释。这属于补充信息，审计也已经涵盖该附注或补充报表。

标准审计报告的参考格式如下。其中，财务报表由被审计单位管理层基于通用目的，按照企业会计准则的规定编制。

审计报告

ABC 股份有限公司全体股东：

一、对财务报表出具的审计报告

我们审计了后附的 ABC 股份有限公司（以下简称 ABC 公司）财务报表，包括 20×1 年 12 月 31 日的资产负债表，20×1 年度的利润表、股东权益变动表和现金流量表以及财务报表附注。

（一）管理层对财务报表的责任

编制和公允列报财务报表是 ABC 公司管理层的责任。这种责任包括：（1）按照企业会计准则的规定编制财务报表，并使其实现公允反映；（2）设计、执行和维护必要的内部控制，以使财务报表不存在由于舞弊或错误导致的重大错报。

（二）注册会计师的责任

我们的责任是在实施审计工作的基础上对财务报表发表审计意见。我们按照中国注册会计师审计准则的规定执行了审计工作。中国注册会计师审计准则要求我们遵守职业道德守则，计划和实施审计工作以对财务报表是否不存在重大错报获取合理保证。

审计工作涉及实施审计程序，以获取有关财务报表金额和披露的审计证据。选择的审计程序取决于注册会计师的判断，包括对由于舞弊或错误导致的财务报表重大错报风险的评估。在进行风险评估时，注册会计师考虑与财务报表编制和公允列报相关的内部控制，以设计恰当的审计程序，但目的并非对内部控制的有效性发表意见。审计工作还包括评价管理层选用会计政策的恰当性和作出会计估计的合理性，以及评价财务报表的总体列报。

我们相信，我们获取的审计证据是充分、适当的，为发表审计意见提供了基础。

（三）审计意见

我们认为，ABC 公司财务报表在所有重大方面按照企业会计准则的规定编制，公允反映了 ABC 公司 20×1 年 12 月 31 日的财务状况以及 20×1 年度的经营成果和现金流量。

二、按照相关法律法规的要求报告的事项

（本部分报告的格式和内容，取决于相关法律法规对其他报告责任的规定。）

××会计师事务所	中国注册会计师：×××
	（签名并盖章）
（盖章）	中国注册会计师：×××
	（签名并盖章）
中国××市	二〇×二年×月×日

这个标准审计报告中假设除对财务报表实施审计外，注册会计师还承担法律法规要求的其他报告责任，且注册会计师决定在审计报告中解决其他报告责任。如果没有其他报告责任，注册会计师则不需要加入“一、对财务报表出具的审计报告”标题以及“二、按照相关法律法规的要求报告的事项”部分的标题和内容。

15.4 非标准审计报告

非标准审计报告，是指带强调事项段或其他事项段的无保留意见的审计报告和非无保留意见的审计报告。

15.4.1 非无保留意见的审计报告

非无保留意见包括保留意见、否定意见和无法表示意见。

1）导致出具非无保留意见的情形

当存在下列情形之一时，注册会计师应当在审计报告中发表非无保留意见：①根据获取的审计证据，得出财务报表整体存在重大错报的结论；②无法获取充分、适当的审计证据，不能得出财务报表整体不存在重大错报的结论。

注册会计师确定具体出具何种意见类型，取决于下列事项：①导致非无保留意见的事项的性质，是财务报表存在重大错报，还是在无法获取充分、适当的审计证据的情况下，财务报表可能存在重大错报；②注册会计师就导致非无保留意见的事项对财务报表产生或可能产生影响的广泛性作出的判断。

“广泛性”在判断意见类型时至关重要。它是描述错报影响的术语，用以说明错报对财务报表的影响，或者由于无法获取充分、适当的审计证据而未发现的错报（如存在）对财务报表可能产生的影响。根据注册会计师的判断，对财务报表的影响具有广泛性的情形包括：①不限于对财务报表的特定要素、账户或项目产生影响；②虽然仅对财务报表的特定要素、账户或项目产生影响，但这些要素、账户或项目是（或可能是）财务报表的主要组成部分；③当与披露相关时，产生的影响对财务报表使用者理解财务报表至关重要。

2）导致发表非无保留意见的说明段

审计报告的说明段是指审计报告中位于审计意见段之前用于描述注册会计师对财务报表发表保留意见、否定意见或无法表示意见理由的段落。当出具非无保留意见的审计报告时，注册会计师应当在审计意见段之前增加一个段落（以下简称“说明段”），并使用恰当的标题，如“导致保留意见的事项”、“导致否定意见的事项”或“导致无法表示意见的事项”，说明导致发表非无保留意见的事项。

如果财务报表中存在与具体金额（包括定量披露）相关的重大错报，注册会计师应当在此段中说明并量化该错报的财务影响。如果无法量化财务影响，注册会计师应当说明这一情况。如果财务报表中存在与叙述性披露相关的重大错报，注册会计师应当解释该错报错在何处。如果财务报表中存在与应披露而未披露信息相关的重大错报，注册会计师应当与治理层讨论未披露信息的情况，并在说明段中描述未披露信息的性质；如果可行并且已针对未披露信息获取了充分、适当的审计证据，注册会计师可在说明段中包含对未披露信息的披露，除非法律禁止。

如果无法获取充分、适当的审计证据而导致发表非无保留意见，注册会计师应当在说明段中说明无法获取审计证据的原因。

3）保留意见的审计报告

当存在下列情形之一时，注册会计师应当发表保留意见：①在获取充分、适当的审计证据后，注册会计师认为错报单独或累计起来对财务报表影响重大，但不具有广泛性；②注册会计师无法获取充分、适当的审计证据以作为形成审计意见的基础，但认为未发现的错报（如存在）对财务报表可能产生的影响重大，但不具有广泛性。

当由于财务报表存在重大错报而发表保留意见时，注册会计师应当在审计意见段中使用“除……的影响外”等措辞。当无法获取充分、适当的审计证据而导致发表保留意见时，注册会计师应当在审计意见段中使用“除……可能产生的影响外”等措辞。

当发表保留意见时，注册会计师应当修改对注册会计师责任的描述，以说明：注册会计师相信，注册会计师已获取的审计证据是充分、适当的，为发表保留意见提供了基础。

由于财务报表存在重大错报而发表保留意见的参考格式如下。在这里，注册会计师对被审计单位管理层按照企业会计准则编制的整套通用目的财务报表执行审计；存货存在错报，该错报对财务报表影响重大但不具有广泛性；除对财务报表实施审计外，注册会计师还承担法律法规要求的其他报告责任。

审计报告

ABC 股份有限公司全体股东：

一、对财务报表出具的审计报告

我们审计了后附的 ABC 股份有限公司（以下简称 ABC 公司）财务报表，包括 20×1 年 12 月 31 日的资产负债表，20×1 年度的利润表、股东权益变动表和现金流量表以及财务报表附注。

（一）管理层对财务报表的责任

编制和公允列报财务报表是 ABC 公司管理层的责任。这种责任包括：（1）按照企业会计准则的规定编制财务报表，并使其实现公允反映；（2）设计、执行和维护必要的内部控制，以使财务报表不存在由于舞弊或错误导致的重大错报。

（二）注册会计师的责任

我们的责任是在实施审计工作的基础上对财务报表发表审计意见。我们按照中国注册会计师审计准则的规定执行了审计工作。中国注册会计师审计准则要求我们遵守职业道德守则，计划和实施审计工作以对财务报表是否不存在重大错报获取合理保证。

审计工作涉及实施审计程序，以获取有关财务报表金额和披露的审计证据。选择的审计程序取决于注册会计师的判断，包括对由于舞弊或错误导致的财务报表重大错报风险的评估。在进行风险评估时，注册会计师考虑与财务报表编制和公允列报相关的内部控制，以设计恰当的审计程序，但目的并非对内部控制的有效性发表意见。审计工作还包括评价管理层选用会计政策的恰当性和作出会计估计的合理性，以及评价财务报表的总体列报。

我们相信，我们获取的审计证据是充分、适当的，为发表保留意见提供了基础。

（三）导致保留意见的事项

ABC 公司 20×1 年 12 月 31 日资产负债表中存货的列示金额为×元。管理层根据成本对存货进行计量，而没有根据成本与可变现净值孰低的原则进行计量，这不符合企业会计准则的规定。公司的会计记录显示，如果管理层以成本与可变现净值孰低来计量存货，存货列示金额将减少×元。相应地，销售成本将增加×元，所得税、净利润和股东权益将分别减少×元、×元和×元。

（四）保留意见

我们认为，除前段所述事项可能产生的影响外，ABC 公司财务报表在所有重大方面按照企业会计准则的规定编制，公允反映了 ABC 公司 20×1 年 12 月 31 日的财务状况以及 20×1 年度的经营成果和现金流量。

二、按照相关法律法规的要求报告的事项

（本部分报告的格式和内容，取决于相关法律法规对其他报告责任的规定。）

××会计师事务所　　　　　　　　　　中国注册会计师：×××

　　　　　　　　　　　　　　　　　（签名并盖章）

（盖章）　　　　　　　　　　　　　中国注册会计师：×××

　　　　　　　　　　　　　　　　　（签名并盖章）

中国××市　　　　　　　　　　　　　二〇×二年×月×日

由于注册会计师无法获取充分、适当的审计证据而发表保留意见的参考格式如下。在这里，注册会计师对被审计单位管理层按照企业会计准则编制的整套通用目的财务报表执行审计；对于在境外分支机构的投资，注册会计师无法获取充分、适当的审计证据，这一事项对财务报表影响重大但不具有广泛性；除对财务报表实施审计外，注册会计师还承担法律法规要求的其他报告责任。

审计报告

ABC股份有限公司全体股东：

一、对财务报表出具的审计报告

我们审计了后附的ABC股份有限公司（以下简称ABC公司）财务报表，包括20×1年12月31日的资产负债表，20×1年度的利润表、股东权益变动表和现金流量表以及财务报表附注。

（一）管理层对财务报表的责任

编制和公允列报财务报表是ABC公司管理层的责任。这种责任包括：（1）按照企业会计准则的规定编制财务报表，并使其实现公允反映；（2）设计、执行和维护必要的内部控制，以使财务报表不存在由于舞弊或错误导致的重大错报。

（二）注册会计师的责任

我们的责任是在实施审计工作的基础上对财务报表发表审计意见。我们按照中国注册会计师审计准则的规定执行了审计工作。中国注册会计师审计准则要求我们遵守职业道德守则，计划和实施审计工作以对财务报表是否不存在重大错报获取合理保证。

审计工作涉及实施审计程序，以获取有关财务报表金额和披露的审计证据。选择的审计程序取决于注册会计师的判断，包括对由于舞弊或错误导致的财务报表重大错报风险的评估。在进行风险评估时，注册会计师考虑与财务报表编制和公允列报相关的内部控制，以设计恰当的审计程序，但目的并非对内部控制的有效性发表意见。审计工作还包括评价管理层选用会计政策的恰当性和作出会计估计的合理性，以及评价财务报表的总体列报。

我们相信，我们获取的审计证据是充分、适当的，为发表保留意见提供了基础。

（三）导致保留意见的事项

如财务报表附注×所述，ABC公司于20×1年取得了XYZ公司30%的股权，因能够对XYZ公司施加重大影响，故采用权益法核算该项股权投资，于20×1年度确认对XYZ公司的投资收益×元；截至20×1年12月31日该项股权投资的账面价值为×元。由于我们未被允许接触XYZ公司的财务信息、管理层和执行XYZ公司审计的注册会计师，我们无法就该项股权投资的账面价值以及ABC公司确认的20×1年度对XYZ公司的投资收益获取充分、适当的审计证据，也无法确定是否有必要对这些金额进行调整。

（四）保留意见

我们认为，除前段所述事项可能产生的影响外，ABC公司财务报表在所有重大方面按照企业会计准则的规定编制，公允反映了ABC公司20×1年12月31日的财务状况以及20×1年度的经营成果和现金流量。

二、按照相关法律法规的要求报告的事项

（本部分报告的格式和内容，取决于相关法律法规对其他报告责任的规定。）

××会计师事务所	中国注册会计师：×××
	（签名并盖章）
（盖章）	中国注册会计师：×××
	（签名并盖章）
中国××市	二○×二年×月×日

4）否定意见的审计报告

在获取充分、适当的审计证据后，如果认为错报单独或累计起来对财务报表的影响重大且具有广泛性，注册会计师应当发表否定意见。

当发表否定意见时，注册会计师应当根据适用的财务报告编制基础在审计意见段中说明：①注册会计师认为，由于导致否定意见的事项段所述事项的重要性，财务报表没有在所有重大方面按照适用的财务报告框架编制，未能实现公允反映（当财务报表按照公允列报框架编制时）；②注册会计师认为，由于导致否定意见的事项段所述事项的重要性，财务报表没有在所有重大方面按照适用的财务报告框架编制（当财务报表按照遵循性框架编制时）。

当发表否定意见时，注册会计师应当修改对注册会计师责任的描述，以说明：注册会计师相信，注册会计师已获取的审计证据是充分、适当的，为发表否定意见提供了基础。

否定意见审计报告的参考格式如下。在这里，注册会计师对被审计单位管理层按照企业会计准则编制的整套通用目的财务报表执行审计；财务报表因未合并子公司而存在重大错报，该错报对财务报表影响重大且具有广泛性，但量化该错报对财务报表的影响是不切实际的；除对合并财务报表实施审计外，注册会计师还承担法律法规要求的其他报告责任。

审计报告

ABC 股份有限公司全体股东：

一、对合并财务报表出具的审计报告

我们审计了后附的 ABC 股份有限公司（以下简称 ABC 公司）的合并财务报表，包括 20×1 年 12 月 31 日的合并资产负债表，20×1 年度的合并利润表、合并现金流量表和合并股东权益变动表以及财务报表附注。

（一）管理层对合并财务报表的责任

编制和公允列报合并财务报表是 ABC 公司管理层的责任。这种责任包括：(1) 按照企业会计准则的规定编制合并财务报表，并使其实现公允反映；(2) 设计、执行和维护必要的内部控制，以使合并财务报表不存在由于舞弊或错误导致的重大错报。

（二）注册会计师的责任

我们的责任是在实施审计工作的基础上对合并财务报表发表审计意见。我们按照中国注册会计师审计准则的规定执行了审计工作。中国注册会计师审计准则要求我们遵守职业道德守则，计划和实施审计工作以对合并财务报表是否不存在重大错报获取合理保证。

审计工作涉及实施审计程序，以获取有关合并财务报表金额和披露的审计证据。选择的审计程序取决于注册会计师的判断，包括对由于舞弊或错误导致的合并财务报表重大错报风险的评估。在进行风险评估时，注册会计师考虑与合并财务报表编制和公允列报相关的内部控制，以设计恰当的审计程序，但目的并非对内部控制的有效性发表意见。审计工作还包括评价管理层选用会计政策的恰当性和作出会计估计的合理性，以及评价合并财务报表的总体列报。

我们相信，我们获取的审计证据是充分、适当的，为发表否定意见提供了基础。

（三）导致否定意见的事项

如财务报表附注×所述，20×1 年 ABC 公司通过非同一控制下的企业合并获得对 XYZ 公司的控制权，因未能取得购买日 XYZ 公司某些重要资产和负债的公允价值，故未将 XYZ 公司纳入合并财务报表的范围，而是按成本法核算对 XYZ 公司的股权投资。ABC 公司的这项会计处理不符合企业会计准则的规定。如果将 XYZ 公司纳入合并财务报表的范围，ABC 公司合并财务报表的多个报表项目将受到重大影响。但我们无法确定未将 XYZ 公司纳入合并范围对财务报表产生的影响。

（四）否定意见

我们认为，由于受到前段所述事项的重大影响，ABC 公司的合并财务报表没有在所有重大方面按照企业会计准则的规定编制，未能公允反映 ABC 公司及其子公司 20×1 年 12 月 31 日的财务状况以及 20×1 年度的经营成果和现金流量。

二、按照相关法律法规的要求报告的事项

（本部分报告的格式和内容，取决于相关法律法规对其他报告责任的规定。）

××会计师事务所 中国注册会计师：×××

（签名并盖章）

（盖章） 中国注册会计师：×××

（签名并盖章）

中国××市 二〇×二年×月×日

5）无法表示意见的审计报告

如果无法获取充分、适当的审计证据以作为形成审计意见的基础，但认为未发现的错报（如存在）对财务报表可能产生的影响重大且具有广泛性，注册会计师应当发表无法表示意见。

在极其特殊的情况下，可能存在多个不确定事项。尽管注册会计师对每个单独的不确定事项获取了充分、适当的审计证据，但由于不确定事项之间可能存在相互影响，以及可能对财务报表产生累积影响，注册会计师不可能对财务报表形成审计意见。在这种情况下，注册会计师也应当发表无法表示意见。

如果未发现的错报（如存在）可能对财务报表产生的影响重大且具有广泛性，以至于发表保留意见不足以反映情况的严重性，注册会计师应当在可行时解除业务约定（除非法律法规禁止），并与治理层沟通在审计过程中发现的、将会导致发表非无保留意见的所有错报事项；如果在出具审计报告之前解除业务约定被禁止或不可行，应当发表无法表示意见。

在格式和措辞方面，当由于无法获取充分、适当的审计证据而发表无法表示意见时，注册会计师应当在审计意见段中说明：由于导致无法表示意见的事项段所述事项的重要性，注册会计师无法获取充分、适当的审计证据以为发表审计意见提供基础，因此，注册会计师不对这些财务报表发表审计意见。

当由于无法获取充分、适当的审计证据而发表无法表示意见时，注册会计师应当修改审计报告的引言段，说明注册会计师接受委托审计财务报表。

注册会计师还应当修改对注册会计师责任和审计范围的描述，并仅能作出如下说明："我们的责任是在按照中国注册会计师审计准则的规定执行审计工作的基础上对财务报表发表审计意见。但由于导致无法表示意见的事项段中所述的事项，我们无法获取充分、适当的审计证据以为发表审计意见提供基础。"

无法表示意见审计报告的参考格式如下。在这里，注册会计师对被审计单位管理层按照按照×国财务报告准则编制的整套通用目的财务报表执行审计；对财务报表的多个要素，注册会计师无法获取充分、适当的审计证据。例如，对被审计单位的存货和应收账款，注册会计师无法获取审计证据，这一事项对财务报表可能产生的影响重大且具有广泛性；除对财务报表实施审计外，注册会计师还承担法律法规要求的其他报告责任。

审计报告

ABC 股份有限公司全体股东：

一、对合并财务报表出具的审计报告

我们审计了后附的 ABC 股份有限公司（以下简称 ABC 公司）的合并财务报表，包括 20×1 年 12 月 31 日的合并资产负债表，20×1 年度的合并利润表、合并现金流量表和合并股东权益变动表以及财务报表附注。

（一）管理层对合并财务报表的责任

编制和公允列报合并财务报表是 ABC 公司管理层的责任。这种责任包括：(1) ×国财务报告准则按照×国财务报告准则的规定编制合并财务报表，并使其实现公允反映；(2) 设计、执行和维护必要的内部控制，以使合并财务报表不存在由于舞弊或错误导致的重大错报。

（二）注册会计师的责任

我们的责任是在按照中国注册会计师审计准则的规定执行审计工作的基础上对财务报表发表审计意见。但由于导致无法表示意见的事项段中所述的事项，我们无法获取充分、适当的审计证据以为发表审计意见提供基础。

（三）导致无法表示意见的事项

我们于 20×2 年 1 月接受 ABC 公司的审计委托，因而未能对 ABC 公司 20×1 年初金额为×元的存货和年末金额为×元的存货实施监盘程序。此外，我们也无法实施替代审计程序获取充分、适当的审计证据。并且，ABC 公司于 20×1 年 9 月采用新的应收账款电算化系统，由于存在系统缺陷导致应收账款出现大量错误。截至审计报告日，管理层仍在纠正系统缺陷并更正错误，我们也无法实施替代审计程序，以对截至 20×1 年 12 月 31 日的应收账款总额×元获取充分、适当的审计证据。因此，我们无法确定是否有必要对存货、应收账款以及财务报表其他项目作出调整，也无法确定应调整的金额。

（四）无法表示意见

由于前段所述事项的重要性，我们无法获取充分、适当的审计证据以为发表审计意见提供基础，因此，我们不对 ABC 公司财务报表发表审计意见。

二、按照相关法律法规的要求报告的事项

（本部分报告的格式和内容，取决于相关法律法规对其他报告责任的规定。）

××会计师事务所　　　　中国注册会计师：×××

（签名并盖章）

（盖章）　　　　中国注册会计师：×××

（签名并盖章）

中国××市　　　　二〇×二年×月×日

6）小结

表 15—1 反映了错报金额大小或审计范围受到限制与审计报告类型的关系。

表 15—1 **审计意见决策表**

导致发表非无保留意见的事项的性质	这些事项对财务报表产生或可能产生影响的广泛性	
	重大但不具有广泛性	重大且具有广泛性
财务报表存在重大错报	保留意见	否定意见
无法获取充分、适当的审计证据	保留意见	无法表示意见

15.4.2 带强调事项段和其他事项段的审计报告

1）审计报告中的强调事项段

如果认为有必要提醒财务报表使用者关注已在财务报表中列报或披露，且根据职业判断认为对财务报表使用者理解财务报表至关重要的事项，注册会计师在已获取充分、适当的审计证据证明该事项在财务报表中不存在重大错报的条件下，应当在审计报告中增加强调事项段。强调事项段应当仅提及已在财务报表中列报或披露的信息。

如果在审计报告中增加强调事项段，注册会计师应当采取下列措施：①将强调事项段紧接在审计意见段之后；②使用“强调事项”或其他适当标题；③明确提及被强调事项以及相关披露的位置，以便能够在财务报表中找到对该事项的详细描述；④指出审计意见没有因该强调事项而改变。

注册会计师需要根据职业判断确定是否需要增加强调事项段。可能需要增加强调事项段的例子包括（但不限于）：异常诉讼或监管行动的未来结果存在不确定性；提前应用（在允许的情况下）对财务报表有广泛影响的新会计准则；存在已经或持续对被审计单位财务状况产生重大影响的特大灾难。

带强调事项段的保留意见审计报告的参考格式如下。在这里，注册会计师对被审计单位管理层按照企业会计准则编制的整套通用目的财务报表执行审计；异常的未决诉讼事项存在不确定性；由于违反企业会计准则的规定导致发表保留意见；除对财务报表执行审计外，注册会计师还承担法律法规要求的其他报告责任。

审计报告

ABC 股份有限公司全体股东：

一、对财务报表出具的审计报告

我们审计了后附的 ABC 股份有限公司（以下简称 ABC 公司）财务报表，包括 20×1 年 12 月 31 日的资产负债表，20×1 年度的利润表、股东权益变动表和现金流量表以及财务报表附注。

（一）管理层对财务报表的责任

编制和公允列报财务报表是 ABC 公司管理层的责任。这种责任包括：（1）按照企业会计准则的规定编制财务报表，并使其实现公允反映；（2）设计、执行和维护必要的内部控制，以使财务报表不存在由于舞弊或错误导致的重大错报。

（二）注册会计师的责任

我们的责任是在实施审计工作的基础上对财务报表发表审计意见。我们按照中国注册会计师审计准则的规定执行了审计工作。中国注册会计师审计准则要求我们遵守职业道德守则，计划和实施审计工作以对财务报表是否不存在重大错报获取合理保证。

审计工作涉及实施审计程序，以获取有关财务报表金额和披露的审计证据。选择的审计程序取决于注册会计师的判断，包括对由于舞弊或错误导致的财务报表重大错报风险的评估。在进行风险评估时，注册会计师考虑与财务报表编制和公允列报相关的内部控制，以设计恰当的审计程序，但目的并非对内部控制的有效性发表意见。审计工作还包括评价管理层选用会计政策的恰当性和作出会计估计的合理性，以及评价财务报表的总体列报。

我们相信，我们获取的审计证据是充分、适当的，为发表保留计意见提供了基础。

（三）导致保留意见的事项

ABC 公司管理层对截至 20×1 年 12 月 31 日金额为×元的交易性金融资产未按照公允价值进行后续计量，这不符合企业会计准则的规定。如果按照公允价值进行后续计量，ABC 公司的交易性金融资产将减少×元，相应地，20×1 年度公允价值变动损失将增加×元，所得税、净利润和股东权益将分别减少×元、×元和×元。

（四）保留意见

我们认为，除前段所述事项可能产生的影响外，ABC 公司财务报表在所有重大方面按照企业会计准则的规定编制，公允反映了 ABC 公司 20×1 年 12 月 31 日的财务状况以及 20×1 年度的经营成果和现金流量。

（五）强调事项

我们提醒财务报表使用者关注，如财务报表附注×所述，截至财务报表批准日，XYZ 公司对 ABC 公司提出的诉讼尚在审理当中，其结果具有不确定性。本段内容不影响已发表的审计意见。

二、按照相关法律法规的要求报告的事项

（本部分报告的格式和内容，取决于相关法律法规对其他报告责任的规定。）

××会计师事务所	中国注册会计师：×××
	（签名并盖章）
（盖章）	中国注册会计师：×××
	（签名并盖章）
中国××市	二〇×二年×月×日

2）审计报告中的其他事项段

对于未在财务报表中列报或披露，但根据职业判断认为与财务报表使用者理解

审计工作、注册会计师的责任或审计报告相关且未被法律法规禁止的事项，如果认为有必要沟通，注册会计师应当在审计报告中增加其他事项段，并使用“其他事项”或其他适当标题。注册会计师应当将其他事项段紧接在审计意见段和强调事项段（如有）之后。如果其他事项段的内容与其他报告责任部分相关，这一段落也可以置于审计报告的其他位置。

注册会计师需要根据职业判断确定是否需要增加其他事项段。可能需要增加其他事项段的例子包括（不限于）：

（1）与使用者理解审计工作相关的情形

在极其特殊的情况下，即使管理层对审计范围施加的限制导致无法获取充分、适当的审计证据的可能影响具有广泛性，注册会计师也不能解除业务约定。此时，注册会计师可能增加其他事项段，解释为何不能解除业务约定。

（2）与使用者理解注册会计师的责任或审计报告相关的情形

法律法规或行业惯例可能要求或允许注册会计师详细说明某些事项，以进一步解释注册会计师在财务报表审计中的责任或审计报告。此时，注册会计师可以使用一个或多个子标题来描述其他事项段的内容。然而，前述的标准审计报告中的“其他报告责任”，以及注册会计师可能被要求实施额外的程序并予以报告，或对特定事项发表意见，都不属于其他事项段。

（3）对两套以上财务报表出具审计报告

被审计单位可能按照通用目的编制基础（如中国会计准则）编制一套财务报表，且按照另一个通用目的编制基础（如国际财务报告准则）编制另一套财务报表，并委托注册会计师同时对两套报表出具审计报告。如果认为两个编制基础在各自情形下是可接受的，那么注册会计师可以在审计报告中增加其他事项段，说明该被审计单位根据另一编制基础（如国际财务报告准则）编制了另一套财务报表以及注册会计师对该报表已出具了审计报告。

（4）限制审计报告分发和使用的情形

为特定目的编制的财务报表可能按通用目的编制基础编制，因为财务报表预期使用者确定这种通用目的财务报表能满足他们对财务信息的需求。由于审计报告旨在提供给特定使用者，注册会计师可能认为这时需要增加其他事项段，说明审计报告只是提供给预期使用者，不应被分发给机构或人员，或者被其他机构或人员使用。

15.4.3 错报的性质

错报性质的不同对财务报表使用者的决策产生的影响不一样，对注册会计师出具审计报告类型的影响也不一样。从性质上看，以下列举的错报通常认为是严重的：①非法交易或舞弊；②对当期影响不大，但对将来各期影响重大；③具有心理效应（如小额利润相对于小额亏损、存款结余相对于透支）；④根据合同责任判断影响重大（违反合同某一条款导致银行收回贷款）；⑤对遵守国家有关法律、法规和规章影响重大（如商业银行的资本充足率、首次发行股票公司的净资产收益率）。

复习思考题

1. 审计报告的意见类型有哪些？
2. 出具标准审计报告的条件有哪些？
3. 在判断审计意见类型时如何利用重要性概念？
4. 何时需要在审计报告之后添加强调事项段？
5. 出具保留意见、否定意见、无法表示意见审计报告的条件是什么？

参考文献与推荐阅读

1. 中国注册会计师协会：《中国注册会计师执业规范指南第 5 号——审计报告》，2002。

2. 中国注册会计师协会：《历年年度审计报告意见分析》，中国注册会计师协会网站，www. cicpa. org. cn。

3. 赵爱玲：《合法性优先还是真实公允优先》，载《中国注册会计师》，2004（11）。

4. 赵丽：《浅谈审计报告中的强调事项段》，载《中国注册会计师》，2005（2）。

5. 李爽、吴溪：《中国证券市场中的审计报告行为：监管视角与经验证据》，北京，中国财政经济出版社，2003。

6. 保留意见审计报告：青鸟华光（600076）、夏新电子（600057）2007 年年报。

7. 否定意见审计报告：《重庆渝港钛白粉股份有限公司 1997 年年度报告摘要》，http：//stock. jrj. com. cn/cominfo/ggdetail_ 1997-12-31_ 000515_ 112946. htm。

8. 无法表示意见审计报告：鑫安科技（000719）、国药股份（600511）2007 年年报。

9. 添加强调事项的审计报告：ST 长运（600369）、飞亚股份（002042）2007 年年报。